LA
FOULE CRIMINELLE

ESSAI DE PSYCHOLOGIE COLLECTIVE

PAR

SCIPIO SIGHELE

Professeur à l'Université Nouvelle de Bruxelles

DEUXIÈME ÉDITION, ENTIÈREMENT REFONDUE

PARIS
FÉLIX ALCAN, ÉDITEUR
ANCIENNE LIBRAIRIE GERMER BAILLIÈRE ET Cᵢₑ
108, BOULEVARD SAINT-GERMAIN, 108

1901

LA

FOULE CRIMINELLE

LA
FOULE CRIMINELLE

ESSAI DE PSYCHOLOGIE COLLECTIVE

PAR

SCIPIO SIGHELE

Professeur à l'Université Nouvelle de Bruxelles.

Deuxième édition, entièrement refondue.

PARIS

FÉLIX ALCAN, ÉDITEUR

ANCIENNE LIBRAIRIE GERMER BAILLIÈRE ET Cⁱᵉ

108, BOULEVARD SAINT-GERMAIN, 108

1901

A LA MÉMOIRE SACRÉE

DE MON·PÈRE

AVANT-PROPOS

Mon premier devoir — en présentant au public français la deuxième édition de cet ouvrage — est de le remercier vivement de l'accueil qu'il a bien voulu faire à la première édition.

Ma reconnaissance est très grande, non seulement envers tous ceux qui, comme Gabriel Tarde et le regretté Victor Cherbuliez, ont longuement et loyalement discuté ma théorie, mais aussi envers ceux qui, comme M. Gustave Le Bon, ont utilisé mes observations sur la psychologie des foules, sans me citer. Et il n'y a pas d'ironie dans ce que j'écris; je pense que lorsqu'on adopte nos idées sans nous citer, c'est le genre d'éloge le moins suspect qui puisse nous être adressé.

Cette deuxième édition est en grande partie un ouvrage tout à fait nouveau. Le problème si intéressant de la psychologie collective est à la mode depuis quelques années et il ne se passe pas de semaine, pour ainsi dire, sans qu'un nouveau volume paraisse sur ce sujet. En Italie on a même fondé, il y a trois mois, les *Archives de psychologie collective*. J'ai dû naturellement tenir compte de toute cette littérature qui — je le reconnais bien volontiers — a jeté une vive lumière sur mon sujet.

Mon livre ne comprenait dans sa première édition que l'étude des crimes de la foule : étude très importante surtout pendant cette fin de siècle (je pourrais presque dire cette aube de siècle) durant laquelle — des grèves d'ouvriers aux soulèvements publics — les violences collectives de la plèbe ne manquent pas et sont une espèce d'émonctoire par lequel le peuple croit soulager tous les ressentiments que les injustices dont il souffre ont accumulés en lui.

Mais il y a d'autres manifestations de la foule, en dehors des manifestations criminelles, et dans cette deuxième édition j'ai tâché d'en analyser quelques-unes. Je n'ai pas toutefois la prétention d'avoir envisagé tous les côtés de ce polyèdre psychologique qu'est la foule. Mes lecteurs savent que ce volume se rattache à mes deux autres ouvrages : *Le crime à deux* et la *Psychologie des sectes* qui eurent également l'honneur d'être traduits en français ; et s'ils trouvent ici des lacunes, ils voudront bien se rappeler que je les ai peut-être comblées ailleurs.

En 1892, dans la préface de ma première édition française, j'écrivais : « je serai satisfait de mon ouvrage s'il fait naître en d'autres l'envie de faire mieux et plus que je n'ai fait moi-même. »

Je puis à présent être content, car mon livre a fait éclore toute une pléïade d'écrivains dont les analyses ont illustré la psychologie collective.

Je souhaite que, comme je reconnais le mérite des autres, les autres voudront bien aussi reconnaître le mérite de l'école italienne d'anthropologie criminelle à laquelle j'ai l'honneur d'appartenir. Cette nouvelle branche de la science sociologique, que mon maître Enrico Ferri a baptisée *psychologie collective*, a été entrevue par lui, et c'est sur son conseil que, en 1891, j'ai été le premier à en faire l'objet d'une longue étude.

Je revendique donc, non pour moi, mais pour mon école, la priorité de cette recherche. Quant à moi, je ne veux être que le simple soldat lancé en avant-garde : ce furent certainement les bataillons qui suivirent qui gagnèrent la bataille, mais on ne pourra pas nier que je leur ai indiqué le chemin.

SCIPIO SIGHELE.

Nago (Trentino), octobre 1900.

LA FOULE CRIMINELLE

INTRODUCTION

LA SOCIOLOGIE ET LA PSYCHOLOGIE COLLECTIVE

> « Dans les phénomènes psychologiques, la
> réunion de plusieurs individus ne donne jamais
> un résultat égal à celui qu'on devrait s'attendre
> de la somme de chacun d'eux. »
>
> Enrico Ferri

I

« Donnez à un maçon — écrit Spencer — des briques bien
cuites, dures, aux arêtes vives, il pourra construire sans mortier un mur très solide d'une assez grande hauteur. Au contraire, si les briques sont faites d'une mauvaise argile, si leur
cuisson a été irrégulière, si elles sont gauchies, fendues, cassées, il sera impossible de construire sans mortier un mur égal
au premier en élévation et en stabilité. Lorsqu'un ouvrier travaille dans un arsenal à empiler des boulets de canon, ces
masses sphériques ne se comportent pas comme se comporte-
raient des briques. Il y a pour les piles de boulets des formes
définies : le tétraèdre, la pyramide à base carrée et le solide à
base rectangulaire terminé par une arête. Chacune de ces
formes permet d'obtenir la symétrie et la stabilité qui sont
incompatibles avec toutes les formes à faces verticales ou très
inclinées. Si encore, au lieu de boulets sphériques et de même
volume, il s'agit d'empiler des galets irréguliers, à demi arrondis
et de grosseur différente, force sera de renoncer aux formes

géométriques définies. L'ouvrier ne pourra obtenir qu'un tas instable, dépourvu d'angles et de surfaces régulières.

En rapprochant ces faits et en cherchant à en déduire une vérité générale, nous voyons que le caractère de l'agrégat est déterminé par les caractères des unités qui le composent.

Si nous passons de ces unités visibles et tangibles à celles que considèrent les physiciens et les chimistes, nous constatons le même principe. Pour chacun de ces soi-disant éléments, pour chacun de leurs composés, pour chaque combinaison nouvelle de ces composés, il existe une forme particulière de cristallisation. Bien que ces cristaux diffèrent de grandeur, bien qu'on puisse les modifier en tronquant leurs angles et leurs arêtes, leur type de structure reste constant comme le clivage en est la preuve. Toutes les espèces de molécules ont des formes cristallines particulières suivant lesquelles elles s'agrègent. La relation entre la nature des molécules et leur mode de cristallisation est tellement constante, qu'étant données deux sortes de molécules voisines l'une de l'autre par leurs réactions chimiques, on peut prévoir avec certitude que leurs systèmes de cristallisation seront très rapprochés. En somme, on sera en droit d'affirmer sans hésitation, comme un résultat démontré par la physique et la chimie, que dans tous les phénomènes que présente la matière inorganique, la nature des éléments détermine certains caractères dans les agrégats.

Ce principe se vérifie également sur les agrégats qu'on rencontre dans la matière vivante. Dans la substance de chaque espèce de plante ou d'animal, il y a une tendance vers la structure de cette plante ou de cet animal, tendance constatée jusqu'à l'évidence dans tous les cas où les conditions de la persistance de la vie sont suffisamment simples, et où les tissus n'ont pas acquis une structure trop délicate pour se prêter à un arrangement nouveau. Parmi les animaux, l'exemple si souvent cité du polype fait ressortir cette vérité. Quand on le coupe en morceaux, chaque fragment se trouve être un polype doué de la même organisation et des mêmes facultés que l'animal entier. Parmi les plantes, l'exemple du *begonia* est aussi frappant. Mettez en terre un morceau de feuille, vous verrez se développer une plante complète.

La même vérité se manifeste dans les sociétés plus ou moins définies que forment entre eux les êtres inférieurs. Soit que ces sociétés ne se composent que d'un assemblage confus, soit qu'elles constituent une sorte d'organisation avec division du travail entre leurs membres, — cas qui se présente fréquemment, — les propriétés des éléments sont encore déterminantes. Étant donnée la structure des individus avec les instincts qui en résultent, la communauté présentant les mêmes traits ne pourra être formée par des individus doués d'une autre structure et d'instincts différents [1]. »

Or, celui qui a secoué le joug des préjugés de la théologie et de la métaphysique, et qui sait qu'il n'existe qu'une seule loi pour l'humanité comme pour l'univers ; celui qui connaît, même d'une manière très superficielle, la théorie de l'évolution, n'éprouvera aucune difficulté à comprendre les agrégats d'hommes dans la formule de Spencer.

Dire que les qualités des parties déterminent les qualités du tout, est, en effet, énoncer une vérité qui s'applique aussi bien à la société humaine qu'à tout autre agrégat organique ou inorganique. C'est sur cette vérité que Spencer a fondé sa conception de la sociologie, posant comme axiome scientifique : que les caractères principaux de la société humaine correspondent aux caractères principaux de l'homme.

Il ratifiait ainsi l'idée d'Auguste Comte, qui, résumant la même pensée, avait dit : *la société humaine doit être consi-*

---

(1) H. SPENCER. *Introduction à la science sociale.* Paris, F. Alcan, chapitre III.

dérée comme un seul homme qui ait toujours existé [1].

Schopenhauer en était aussi arrivé à la même conclusion. « Depuis les temps les plus reculés — écrivait-il — on a toujours considéré l'homme comme un *microcosme* : j'ai renversé la proposition, et j'ai prouvé que le monde est un *macanthrope*, en ce sens que volonté et représentation donnent la définition de la substance du monde aussi complètement que celle de l'homme [2]. »

La conception de Schopenhauer part d'un principe tout autre que celui sur lequel se fondent la conception de Comte et celle de Spencer. En effet, la philosophie de Schopenhauer, bien qu'elle renferme des pages splendides dictées par une méthode positive, est cependant théorique et *a priori ;* tandis que celles de Spencer et de Comte sont basées sur l'observation et sur l'expérience. Le point de départ est donc différent, mais le but atteint est le même.

Affirmer en effet, comme le fait Schopenhauer, que le monde est un *macanthrope* (c'est-à-dire *un homme très grand*), c'est exprimer par un seul mot, la même idée que Comte et Spencer.

Et, tout en laissant de côté, pour le moment, la question de l'analogie entre l'homme et la société humaine, — analogie qui, selon quelques écrivains, irait jusqu'à faire de la société un vrai organisme [3] — il est impossible de nier qu'il y a dans

(1) A. COMTE. *Système de politique positive.* Paris, 1851, p. 320 et suiv.

(2) A. SCHOPENHAUER. *Le monde comme volonté et comme représentation,* trad. franç. de A. Burdeau. Paris, F. Alcan, livre IV.

(3) Voy. les ouvrages de A. COMTE et de H. SPENCER, de A. ESPINAS (*Des sociétés animales.* Paris, Alcan, 1878), de M. CAZELLES (*Introduction à la traduction des Premiers principes*) et surtout de M. SCHAEFFLE (*Bau und Leben des Socialen Körpers.* Tubingen, 1875), et de Novicow (*Conscience et volonté sociales.* Paris, 1897). SPENCER insiste, dans toutes ses œuvres, sur l'affirmation que la société est un organisme : dans son livre *Social Statics* à la page 481 il écrit : « Ainsi que le développement de l'homme et celui de la vie, le développement de la société peut se définir une tendance à devenir quelque chose. » C'est donc un autre caractère, celui de l'*individuation*, qui est commun à la société comme à tout organisme. D'autres écrivains ont appelé *pure métaphore* la conformité de l'organisme

toute société des phénomènes qui sont le résultat naturel des phénomènes que présentent les membres de cette société ; que, en d'autres termes, l'agrégat présente une série de propriétés déterminée par la série des propriétés de ses parties. Il suffit de se demander ce qui arriverait si l'homme avait une préférence pour celui qui lui fait du mal, pour comprendre que les rapports sociaux seraient complètement opposés (si cela était possible) aux rapports sociaux actuels, lesquels sont établis sur le penchant inhérent à l'homme de préférer celui qui lui procure le plus de plaisir. Il suffit de se demander ce qui arriverait si, au lieu de chercher les moyens les plus faciles d'atteindre un but déterminé, les hommes cherchaient les moyens les plus difficiles d'y parvenir, pour comprendre que la société (en admettant toutefois qu'il en pût exister une en de telles conditions) ne ressemblerait en rien à celle que nous connaissons [1].

Cette analogie de structure et par conséquent de fonctions, qui se montre évidente et incontestable entre l'homme et la société, se retrouve encore, non seulement pour les caractères généraux, mais aussi pour certains caractères particuliers, entre les individus appartenant à une classe déterminée et cette même classe considérée comme un être collectif.

Nous savons que la société n'est pas un tout homogène et égal en chacune de ses parties, mais plutôt un terrain d'alluvions

animal et de l'organisme social : entre autres, M. GABBA (*Intorno ad alcuni più generali problemi della scienza sociale*. Firenze, 1891), M. GUMPLOWICZ (*Grundniss der Sociologie*, Wien, 1885), G. DE GREEF (*Introduction à la sociologie*. Paris, 1886) et LETOURNEAU (*L'évolution du mariage et de la famille*. Paris, 1888). — M. FERRI dans la dernière édition de sa *Sociologie criminelle* (p. 573), et M. SERGI dans son volume *Antropologia e scienze antropologiche*, leur ont très bien répondu. — Quant à nous, nous croyons que cette analogie entre l'organisme humain et l'organisme social existe, et nous avons même traité ailleurs la question ; mais nous croyons aussi qu'il faut se méfier des exagérations, ici comme partout, et ne pas prétendre, comme M. Schaeffle, qui est par trop simpliste dans ses analogies, trouver non seulement des analogies, mais des identités matérielles entre les organes du corps humain et les organes de la société.

(1) H. SPENCER. Ouvr. cit., ch. III.

formé lentement des dépouilles transportées par une série infinie d'êtres, un organisme qui a, comme le corps animal, des
tissus de différentes structures et de différentes sensibilités. Or,
ces tissus, ou couches, ou groupes sociaux, qui se sont formés
peu à peu avec le temps, par le passage continuel et progressif
du simple au composé, de l'homogène à l'hétérogène, — ce en
quoi consiste la loi d'évolution, — ces tissus ont, comme les
tissus divers des plantes et des animaux, des caractères organiques et psychiques, propres à chacun d'eux, et qui reproduisent les caractères spéciaux des individus qui font partie de
tels groupes.

La plus vulgaire observation nous le prouve amplement. Si
nous jetons un regard sur l'histoire, nous y voyons que les
anciennes séparations entre vainqueurs et vaincus, entre
maîtres et esclaves, entre nobles et plébéiens, n'étaient pas
seulement des divisions politiques et économiques, mais
qu'elles désignaient vraiment des mondes différents. Éducation, langage, costumes, vêtements, manières d'être, tout avait
un caractère spécial, réglé par de très sévères habitudes, et
même par des formules traditionnelles écrites, auxquelles il
n'était pas permis de se soustraire.

Et qui ne sait que l'aristocratie, — du talent, de l'argent et
de la naissance — la magistrature, le clergé, l'armée, le peuple,
enfin toutes les classes sociales qui représentent de nos jours
sous une forme élective et spontanée les anciennes *castes* déterminées uniquement par le rapport héréditaire, rendent exactement dans leur esprit et dans leurs manifestations collectives,
non seulement les caractères généraux de l'homme, mais aussi
les caractères particuliers de l'aristocrate, du magistrat, du
prêtre, du soldat ? Qui ne sait que les habitudes, les idées, les
sentiments, les tendances, en un mot les fonctions propres à
chacune de ces classes, sont différentes de celles de toutes les
autres ?

Tocqueville le disait : « les classes qui composent la société forment autant de nations différentes[1]. »

Donc, l'axiome que « les caractères de l'agrégat sont déterminés par les caractères des unités qui le composent » doit s'appliquer non seulement à l'organisme collectif de la société, mais aussi aux organismes partiels qui la composent.

Et il était impossible qu'il en fût autrement. Si dans la société humaine qui n'est autre qu'un fragment de l'univers, ou, pour mieux dire, un épisode de l'évolution universelle, se vérifient nécessairement toutes les lois naturelles qui dirigent le monde organique — à plus forte raison, les lois générales de la société doivent se vérifier dans les organismes partiels qui la composent : de même, selon l'heureuse et juste expression de M. Enrico Ferri, les caractères minéralogiques d'un cristal se reproduisent inévitablement dans ses fragments.

Considérée sous ce point de vue, la sociologie est, en ses grandes lignes, une reproduction fidèle de la psychologie, mais de beaucoup plus complexe et plus vaste. La psychologie étudie l'homme, et la sociologie étudie le corps social ; mais nous savons que les caractères de l'un ne peuvent être déterminés que par les caractères de l'autre ; c'est pourquoi les fonctions de l'organisme social sont analogues à celles de l'organisme humain.

L'individualité sociale, — dirait M. Espinas — est parallèle à l'individualité humaine ; la sociologie n'est donc qu'une psychologie en grand, dans laquelle les lois principales de la psychologie individuelle se reflètent étendues et complétées ; elle est, comme a dit Tarde, « le microscope solaire de la psychologie[2] ».

____

(1) TOCQUEVILLE. *La démocratie en Amérique*, t. I, ch. VI. Et, pour tout ce qui se rattache à cet argument, je me permets de renvoyer le lecteur à mon livre : *Psychologie des sectes*. Paris, Giard et Brière, 1897.

(2) G. TARDE. *La philosophie pénale*. Paris, Lyon, Storck-Masson. p. 118.

II

Mais jusqu'où s'étend cette analogie entre les qualités de l'agrégat et celles des unités qui le composent? Ce rapport entre les lois psychologiques qui gouvernent l'individu et celles qui gouvernent un groupe d'individus, est-il toujours constant? Est-il toujours vrai qu'une réunion d'hommes possède des caractères propres, qui résultent des caractères des hommes pris séparément? En un mot, n'y a-t-il jamais d'exception au principe énoncé plus haut?

Avant de répondre à cette question je veux rappeler ici quelques phénomènes psychologiques très communs ; ils nous aideront à trouver la réponse, ou plutôt ils seront eux-mêmes la réponse.

Personne n'ignore les erreurs que les jurés commettent assez fréquemment. Elles proviennent souvent de leur incapacité individuelle, ou de la difficulté particulière des questions qui leur sont soumises ; mais parfois un jugement parfaitement absurde sur des questions qui ne demanderaient qu'un peu de bon sens pour être résolues est rendu par des personnes fort intelligentes.

Il m'est arrivé, par exemple, de voir acquitter trois jeunes gens, qui s'étaient avoués coupables d'avoir fait subir les plus vils outrages à une pauvre jeune fille, et de l'avoir ensuite martyrisée de la manière la plus affreuse, en lui versant de la chaux vive dans les parties délicates, lui causant de très graves brûlures. Croyez-vous que, pris chacun séparément, ces jurés auraient absous de tels criminels? Je me permets d'en douter.

Garofalo a rapporté un essai fait sur un collège de six médecins distingués, parmi lesquels étaient des professeurs illustres, qui, priés de donner un jugement sur un homme accusé de vol, le déclarèrent innocent, malgré les preuves évidentes de culpabilité ; et reconnurent après s'être trompés [1].

Le jury de la Haute-Vienne acquittait dernièrement trois paysans : le père, Jean Pouzy, sa femme et son fils, qui avaient à répondre de l'assassinat d'un pauvre garçon, Pierre Grasset, leur ancien domestique, étranglé et assommé — en famille, — dans des conditions de férocité inouïe. Les détails du crime sont affreux. Après avoir étouffé sous son poids la victime, Jean Pouzy dit en ricanant : — Je crois bien qu'il est mort ! — Peut-être bien que non — dit la femme, et pour plus de sûreté elle lui défonça le crâne de deux derniers coups de son lourd bâton. — Cette fois — reprit le mari — je crois que ça y est ! Le joli lapin que nous avons pris là [2] !

Qui pourrait croire que la lâcheté de toute cette famille acharnée sur un homme sans défense, aurait trouvé grâce devant le jury ?

Eh bien, que prouvent tous ces faits, et tant d'autres semblables que chacun a pû observer par soi-même [3]? Ils prouvent simplement ceci : que douze hommes de bon sens et intelligents peuvent rendre un jugement stupide et absurde. Une réunion d'individus peut donc donner un résultat opposé à celui qu'aurait donné chacun d'eux.

(1) R. GAROFALO. *Un giuri di persone colte* dans l'*Archivio di psichiatria, scienze penali e antropologia criminale*, vol. II, fasc. 3, p. 374.

(2) Voy. l'ouvrage BATAILLE. *Causes criminelles et mondaines de 1899.* Paris, Dentu, p. 283.

(3) On compte par milliers les verdicts absurdes du jury. Voyez-en quelques-uns rapportés par LOMBROSO, *Sull'incremento del delitto in Italia*, Torino, Bocca, 1879, p. 49 et suiv. ; — CARELLI. *Verdetti di giurati*, dans l'*Archivio di psich., scienze penali ed antrop. crimin.*, vol. VIII, livr. 6e ; — OLIVIERI. *Un verdetto negativo in tema di furto qualificato*, dans les mêmes Archives, vol. IX, 1° ; — GAROFALO. *Una quindicina alle Assise*, dans *La Scuola positiva*, année I, N. 7 ; — GROTHER. *The psychology of a Jury in a long Trial.* dans *Med. Leg. Journ.* 1895 ; — TOLSTOÏ, dans son dernier et magnifique roman *Résurrection*, nous a donné une analyse très profonde du mécanisme psychologique du jury, et nous a démontré comment les verdicts sont presque toujours la conséquence d'une erreur ou d'une équivoque.

Un phénomène semblable se vérifie, au sein des nombreuses commissions — artistiques, scientifiques ou industrielles — qui sont une des plaies les plus douloureuses de notre système d'administration. Il arrive souvent que leurs décisions surprennent et abasourdissent le public par leur étrangeté. Comment se peut-il, se dit-on, que les hommes, qui appartenaient à cette commission, aient pu arriver à une conclusion semblable? Comment se fait-il que dix ou vingt artistes, dix ou vingt hommes de science réunis émettent un avis qui n'est conforme ni aux principes de l'art, ni à ceux de la science?

Et comment se peut-il que parfois une réunion de savants, lorsqu'il s'agit de nommer leur chef, leur président, choisissent non pas le meilleur mais celui qui compte le moins parmi eux? Un écrivain italien a observé que dans l'élection du recteur d'une Université, il arrive souvent que les voix des professeurs s'accumulent sur le nom du plus obscur et du plus médiocre. C'est une chose un peu étrange au premier abord, mais qui n'est pas aussi difficile à expliquer qu'elle en a l'air. On choisit celui qui blesse le moins l'amour-propre. celui qui fait le moins peur, qui est le plus effacé au point de vue intellectuel. Souvent on recherche le plus tolérant, le plus indulgent, celui qui pèsera le moins, le plus maniable, enfin l'homme qui a le moins d'énergie et de volonté et saura le moins s'imposer. De là vient que l'élu n'a pas, naturellement, la confiance de ceux qui lui furent contraires, mais il n'a pas davantage celle de ceux qui lui furent favorables, chacun d'eux sachant trop bien pourquoi il lui a donné sa voix.

Et voilà pourquoi certaines élections ne donnent pas le résultat auquel on s'attendait et auquel on devait s'attendre; c'est ainsi que la psychologie collective nous ménage des surprises douloureuses.

En politique c'est à peu près la même chose. Parfois les décisions des conseils des ministres sont extraordinairement

médiocres alors que le talent de chaque ministre est indiscutable. Melchior de Vogüé disait un jour, à propos d'un des derniers ministères français : « ces ministres, dont je me plaisais
à constater ailleurs la valeur individuelle, ces hommes qui
pour la plupart montrent dans leurs départements respectifs
d'éminentes qualités d'administration, semblent frappés de
paralysie foudroyante quand ils se trouvent réunis autour de la
table du conseil, et qu'ils doivent prendre une résolution collective [1]. »

Quelles sont les raisons de tous ces phénomènes étranges
mais indéniables ?

Il y a avant tout, des raisons que j'appellerai *extrinsèques*,
parce qu'elles ne résolvent pas le problème, mais l'éclaircissent
par analogie.

« On dit — écrivait très justement M. Gabelli — que les commissions, les conseils, en un mot, toutes les collectivités qui
exercent un pouvoir, sont une garantie contre les abus. Mais il
faut voir avant tout si elles sont une aide à l'usage. En effet :
on donne le pouvoir afin de s'en servir. Quand les garanties
sont telles qu'elles en empêchent l'usage, il est inutile de les
donner. Or, le nombre est justement une garantie de ce genre,
à cause de l'esprit de parti, ou des discordes que font naître l'intérêt, ou des opinions et des humeurs qui peuvent différer : l'un
vient, l'autre ne vient pas, l'un est malade, l'autre en voyage ;
et fréquemment tout doit être remis avec perte incalculable de
temps, et souvent d'opportunité et d'efficacité ; parce que, s'il
est difficile de trouver du talent en tous, il est encore bien plus
difficile de trouver en tous résolution et fermeté ; parce que,
n'ayant pas de responsabilité personnelle, chacun cherche à
s'abstenir ; parce que celui qui a le pouvoir, et ne l'exerce pas,
est un obstacle à celui qui devrait l'exercer ; parce que enfin

(1) E. MELCHIOR DE VOGÜÉ. *Explorations parlementaires*, dans la *Revue
des Deux-Mondes* du 1er septembre 1891.

*les forces d'hommes réunis se détruisent et ne s'additionnent
pas.* Cela est si vrai que souvent il sort une chose fort
médiocre d'une assemblée dont chacun des membres aurait
su mieux faire à lui seul. « Les hommes, disait Galilée, ne
sont pas comme des chevaux attelés à un char, qu'ils tirent
tous ensemble, mais comme des chevaux libres qui courent, et
l'un d'eux remporte le prix [1]. »

Cette dernière pensée — que les forces des hommes unis
se détruisent et ne s'additionnent pas — que Gabelli énonce
seulement en quelques mots, est selon moi la plus profonde
et la plus importante.

Certes il est facile et il peut sembler très logique de dire :
plusieurs esprits additionnés donneront un résultat supérieur à
celui que donnerait une seule intelligence. Mais pouvons-nous
en sociologie appliquer toujours ces règles purement mathématiques? Je ne le crois point.

L'âme humaine n'est pas en effet un chiffre qui puisse être
soumis aux lois simples et élémentaires de l'arithmétique ;
c'est plutôt une entité étrange qui obéit aux lois très compli-
quées de la chimie, et qui, s'associant avec d'autres entités
semblables, donne naissance aux phénomènes toujours surpre-
nants, souvent inexplicables qu'on appelle combinaisons et
fermentations. Et c'est pourquoi le résultat d'une réunion
d'hommes n'est pas une somme mais bien un produit; c'est un
quid inconnu qui se dégage comme une étincelle psychologique imprévue des divers éléments psychiques individuels qui
se rencontrent et qui se choquent.

« Que de fois j'ai constaté — écrivait Guy de Maupassant —
que l'intelligence s'agrandit et s'élève dès qu'on vit seul, qu'elle
s'amoindrit et s'abaisse dès qu'on se mêle de nouveau aux
autres hommes. Les contacts, les idées répandues, tout ce

____

(1) A. GABELLI. *L'istruzione in Italia*. Bologna, Zanichelli. 1re partie,
p. 257.

qu'on est forcé d'écouter, d'entendre et de répondre agissent sur la pensée. Un flux et reflux d'idées va de tête en tête, de maison en maison, de rue en rue, de ville en ville, de peuple à peuple, et un niveau s'établit, une moyenne d'intelligence pour toute agglomération nombreuse d'individus [1]. »

Si l'on nous demandait le pourquoi de ce phénomène que tout le monde assurément a pu observer, si on nous demandait la raison qui fait que les forces de plusieurs hommes réunis se détruisent et ne s'additionnent pas, nous ne pourrions mieux répondre qu'en citant une page très spirituelle de Max Nordau.

« Réunissez vingt ou trente Gœthe, Kant, Helmholtz, Shakespeare, Newton, etc... — écrit-il — et soumettez à leur jugement et à leur suffrage les questions pratiques du moment. Leurs discours seront peut-être tout autres que ceux que pourrait prononcer une assemblée quelconque (bien que je ne veuille pas même répondre de cela); mais quant à leurs décisions, je suis certain qu'elles ne différeront en rien de celles d'une assemblée quelconque. Et pourquoi cela? Parce que, chacun des vingt ou trente élus, outre sa propre originalité, qui fait de lui un individu excellent, possède aussi un patrimoine de qualités provenant de l'espèce, qui le rendent non seulement semblable à son voisin dans l'assemblée, mais aussi à tous les individus inconnus qui passent dans la rue. On peut dire que tous les hommes, à l'état normal, ont certaines qualités qui constituent une valeur commune, identique, supposons égale à x, valeur qui est augmentée chez les individus supérieurs d'une autre valeur qui varie selon chaque individu, et qui pour cela devra être appelée différemment pour chacun d'eux : soit, par exemple, b, c, d, etc. Cela étant admis, il en résulte que, dans une assemblée de vingt hommes, — tous des génies du plus haut rang — on aurait $20\,x$, et seulement $1\,b$, $1\,c$, $1\,d$, etc.,

(1) *Sur l'eau*, p. 149. Voy. aussi à ce sujet mon volume *Psychologie des sectes*. Paris, 1898, p. 191.

et nécessairement les 20 x vaincraient les quantités isolées ;
c'est-à-dire que l'essence générale humaine vaincrait la personnalité individuelle, et que le bonnet de l'ouvrier couvrirait
complètement le chapeau du médecin et du philosophe [1]. »

Après ces paroles, qui constituent selon moi un axiome intuitif plutôt qu'une démonstration, il est facile de comprendre
comment, non seulement le jury et les commissions, mais aussi
les assemblées politiques accomplissent parfois des actes qui
contrastent d'une manière absolue avec les opinions et les tendances individuelles de la plus grande partie des membres qui
les composent. Pour s'en convaincre, il suffit de mettre dans
l'exemple donné par Nordau, le nombre cent ou deux cents à
la place de vingt.

Le bon sens public, du reste, avait déjà eu l'intuition de
l'observation mise en lumière par le philosophe allemand.
Solon disait des Athéniens que chacun individuellement était
rusé comme un renard, mais que réunis, ils avaient l'esprit
obtus. Un ancien dicton latin disait également : *Senatores
boni viri, senatus autem mala bestia.* — Et le peuple répète
de nos jours cette observation et la confirme, quand il dit à
propos de certains groupes sociaux que, pris séparément,
les individus qui les composent sont d'honnêtes gens, mais
qu'ensemble, ils sont des coquins.

Si, partant de ces réunions, dans lesquelles il y a au moins
un certain choix des individus, nous descendons à d'autres réunions formées par le hasard, comme par exemple : l'auditoire
d'une assemblée, les spectateurs dans un théâtre, le peuple
dans les rassemblements imprévus qui se forment sur les
places et sur les voies publiques, nous verrons que le phénomène
qui nous occupe se manifeste de nouveau et plus clairement.

---

(1) Max Nordau. *Paradoxes*, ch. III. — Nous reviendrons plus loin sur
cette subtile explication de Nordau, qui a, comme on le voit, un *substratum*
biologique de grande importance.

Ces réunions d'hommes ne reproduisent certainement pas, — chacun le sait et il est inutile de le prouver, — la psychologie des individus qui les composent.

On ne peut donc mettre en doute que très souvent le résultat total, donné par une réunion d'hommes, ne soit bien différent de celui qui devrait résulter de la simple somme de chacun d'eux, selon la logique. C'est-à-dire qu'il arrive qu'on doit souvent s'inscrire en faux contre le principe de Spencer « que les caractères de l'agrégat sont déterminés par les caractères des unités qui le composent. »

Enrico Ferri avait senti cette vérité, quand il écrivait : « Une réunion de personnes capables n'est pas toujours une garantie sûre de la capacité totale et définitive ; de la réunion d'individus de bon sens, on peut obtenir une assemblée qui n'a pas le sens commun ; comme dans la chimie de l'union de deux gaz, on peut obtenir un liquide ».

C'est ce qui lui avait suggéré cette remarque que, outre la Psychologie qui étudie l'individu, et la Sociologie qui étudie une société entière, il y a place pour une autre branche de science, qu'on pourrait appeler *Psychologie collective*. Celle-ci devrait s'occuper exclusivement de ces réunions d'individus — comme les jurys, les assemblées, les comices, les théâtres, etc., — qui dans leurs manifestations s'éloignent des lois de la psychologie individuelle ainsi que de celles de la sociologie [1].

Mais, avant de définir la psychologie collective et d'en déter-

(1) M. P. Rossi dans son ouvrage *Psicologia collettiva* (Milan, 1900) n'accepte pas la définition de la psychologie collective que Ferri a donnée et que moi-même j'ai suivie. Selon M. Rossi, la psychologie collective se confond avec la sociologie, parce que, selon lui, elle a pour objet non seulement les phénomènes statiques mais aussi les phénomènes dynamiques de l'association entre les individus. Nous reviendrons plus loin sur cette question (II° partie) : mais il est bon de noter que les savants accueillent plutôt la définition de Ferri et la mienne, que celle de Rossi. Voy. A. GROPPALI : *Rapport au quatrième Congrès international de psychologie*. Paris, 1900.

miner les limites, il nous faut nous demander : quelle est donc, indépendamment du motif déjà noté par Max Nordau, la raison pour laquelle ces réunions d'hommes donnent des résultats qui démentent l'axiome de Spencer ?

Les causes d'un phénomène quelconque sont toujours nombreuses : cependant, en ce cas, on pourrait les résumer toutes en deux causes principales, savoir : que ces réunions ne *sont pas homogènes* et *sont inorganiques*.

Il est évident, et il ne serait même pas nécessaire de le faire remarquer, que l'analogie entre les caractères de l'agrégat et ceux des unités qui le composent, n'est possible que lorsque ces unités sont égales ou, pour parler plus exactement, sont très semblables entre elles. La réunion d'unités différentes l'une de l'autre, non seulement ne pourrait donner un agrégat qui reproduise les divers caractères de ces unités, mais elle ne pourrait même produire un agrégat quelconque. Un homme, un cheval, un poisson et un insecte ne peuvent former entre eux aucun agrégat.

C'est là la vérification de ce qui arrive en arithmétique : pour pouvoir faire une somme il faut que les parties qui la composent soient toutes de même espèce. On ne peut additionner des livres et des chaises, ou des pièces de monnaie et des animaux. Si même on voulait en faire matériellement la somme, le résultat serait un nombre privé de signification.

Or, si l'analogie entre les caractères des unités et ceux de l'agrégat n'est possible que quand ces unités ont au moins un certain degré de ressemblance entre elles (soit, par exemple, des hommes) il est bien facile d'en déduire logiquement que cette analogie grandira ou diminuera, selon que grandit ou diminue la ressemblance, l'*homogénéité*, entre les unités qui composent l'agrégat.

Une réunion cosmopolite ne peut évidemment refléter dans son ensemble les caractères divers des individus qui la compo-

sent, aussi exactement qu'une réunion d'individus tous italiens, ou tous allemands, refléterait dans son ensemble les
caractères particuliers de ces Italiens ou de ces Allemands. On
peut en dire autant d'un jury, dans lequel le hasard aveugle a
placé un épicier près d'un homme de science, en comparaison
d'une assemblée d'experts, qui ont tous, à peu près, le même
degré de culture. On peut en dire autant du public d'un théâtre,
dans lequel il y a des individus de toutes conditions et de différents degrés d'éducation et d'instruction.

On peut en dire autant de toutes les réunions d'hommes nombreuses et variées comparativement à celles qui sont compo-
sées de personnes d'une seule classe, d'un même rang. L'hétérogénéité des éléments psychologiques (idées, intérêts, goûts,
habitudes) rend impossible, en un cas, le rapport entre les
caractères de l'agrégat et ceux des unités, rapport que l'homogénéité des éléments psychologiques permet d'établir dans
l'autre cas.

Mais il ne suffit pas que les unités soient très semblables
entre elles, pour pouvoir établir une analogie entre leurs caractères et ceux de l'agrégat qu'elles composent ; il faut encore
que ces unités soient unies entre elles par un rapport perma-
manent et organique.

Spencer notait, dans l'exemple rapporté au commencement
de cet ouvrage, comme preuve que les qualités d'un tout sont
déterminées par les qualités des parties qui le composent.
qu'avec des briques dures, bien cuites et vraiment rectangu-
laires, on peut construire sans mortier un mur d'une assez
grande hauteur, tandis qu'il est impossible d'obtenir ce résultat avec des pierres irrégulières.

Mais on comprend aisément que la possibilité de construire
le mur, donnée dans le premier cas, ne dépend pas seulement
de l'emploi de briques égales, plutôt que de pierres informes :
cela dépend aussi et surtout du fait que ces briques sont

posées l'une près de l'autre et l'une sur l'autre, dans un certain ordre ; c'est-à-dire qu'elles sont unies solidement entre elles. Il est clair, en effet, que si j'amassais ces mêmes briques sans ordre, pêle-mêle, l'agrégat qui en résulterait différerait bien peu ou pas du tout de celui que je pourrais obtenir en amassant des pierres de formes différentes et de grandeurs diverses.

Transportons cette observation dans le champ sociologique, et nous en tirerons la conclusion que les réunions passagères et inorganiques d'individus — comme celles qu'on a dans un jury, dans un théâtre, dans une foule — ne peuvent pas reproduire dans leurs manifestations les caractères des unités qui les composent, de même que l'assemblage confus et désordonné d'une certaine quantité de briques ne peut reproduire la forme rectangulaire d'une seule de ces briques. De même que, dans ce dernier cas, il faut la *disposition régulière* de toutes les briques, pour construire un mur ; de même, dans le premier cas, pour qu'un agrégat donne les qualités des individus qui le composent, il faut que ces individus soient unis entre eux par des rapports *permanents* et *organiques*, comme, par exemple, les membres d'une même famille, ou les individus qui appartiennent à une même classe de la société. — Jérémie Pentham, parlant des assemblées politiques et du jury anglais, faisait remarquer la grande différence qu'il y a entre les manifestations des corps politiques qui ont une existence *permanente,* et les manifestations des corps politiques qui ont une existence *occasionnelle* et *éphémère ;* et il disait que les premiers donnent plus facilement que les seconds des résultats qui répondent aux vrais intérêts et aux vraies tendances de leur nombre[1].

Donc il est clair que non seulement l'*homogénéité,* mais

<hr>

[1] Voy. *Tactique des Assemblées politiques délibérantes,* extraits des manuscrits de J. BENTHAM, par ET. DRUMONT. Bruxelles, 1840, ch. II.

aussi l'*union organique* est nécessaire entre les unités, afin que l'agrégat qu'elles forment reproduise leurs caractères.

III

La conclusion simple et logique, qui découle des observations que nous avons faites, peut se résumer brièvement ainsi : le principe de Spencer — que les caractères de l'agrégat sont déterminés par les caractères des unités qui le composent — est parfaitement exact et peut s'appliquer dans toute son étendue, quand il s'agit d'agrégats composés d'unités *homogènes* et *unies organiquement* entre elles. Mais il cesse d'être exact, et ne peut plus s'appliquer que d'une manière restreinte, quand il s'agit d'unités *peu homogènes* et *peu organiques*. Enfin, il devient absolument faux et inapplicable, lorsque les agrégats sont formés d'unités *hétérogènes* et *inorganiques*.

Cette évolution dans l'application du principe de Spencer aux agrégats d'hommes, avait été reconnue par Spencer lui-même. — « Nous rappellerons ici — écrivait-il au troisième chapitre de l'*Introduction à la science sociale* — que les agrégats sociaux présenteront évidemment d'autant plus de propriétés communes, qu'il y a plus de propriétés communes à tous les êtres humains considérés comme unités sociales. » — Et cette évolution nous indique aussi, très clairement, le rôle différent et les fonctions différentes de la sociologie et de la psychologie collective.

La sociologie est — si je puis m'exprimer ainsi — l'étude de la société humaine dans sa marche historique ; c'est-à-dire qu'elle considère l'organisme social au point de vue *dynamique*.

La psychologie collective, au contraire, devrait être l'étude de la société humaine à un moment donné ; c'est-à-dire qu'elle devrait considérer les agrégats sociaux au point de vue *statique*, dans un temps et dans un espace déterminés.

La sociologie dicte ses lois — parallèles, comme je l'ai dit, à celles de la psychologie individuelle — pour les agrégats homogènes et organiques : la psychologie collective devrait dicter ses lois pour les agrégats non homogènes et inorganiques. Elle a donc un champ différent et suit dans son développement un chemin diamétralement opposé à celui de la sociologie : elle s'étend là où celle-ci se retire, et ses lois dominent là où celles de la sociologie perdent leur empire.

Je reconnais moi-même qu'il est bien difficile de déterminer avec précision les limites qui séparent le domaine de la psychologie collective de celui de la sociologie. L'ensemble des phénomènes naturels — surtout des phénomènes psychiques — n'est pas un agrégat qu'on puisse ramener à ses éléments constitutifs, analysant séparément chacun des dits éléments ; c'est plutôt une sorte de nébuleuse qu'on ne peut pas résoudre, et de laquelle, si l'on en voit le point central, il est presque impossible de déterminer les limites.

J'ai tâché ailleurs[1] d'éclaircir ce point et de définir — avec cet *à peu près* qui est une des conditions de la science positiviste, toujours modeste et relative, jamais orgueilleuse et absolue dans ses formules — quels sont les groupes sociaux et quelles sont les manifestations collectives qui sont plus particulièrement du domaine de la psychologie collective, et se dégagent des lois par trop rigides et simplistes de la sociologie.

Dans cette introduction il nous a suffi de poser le problème et de démontrer que l'idée de Spencer, qui croit que la psychologie des agrégats est toujours et seulement la psychologie

(1) Voy. mon ouvrage : *Psychologie des sectes.* Paris, Giard et Brière, 1898, et l'article de M. Worms. *Psychologie collective et psychologie individuelle*, dans la *Revue internationale de sociologie*, avril 1899.

individuelle élevée à un degré extraordinaire de puissance et de grandeur, est une idée qui comporte de nombreuses exceptions.

Il y a dans les collectivités humaines des réactions psychiques mystérieuses, comme il y a dans tout organisme — qui est une collectivité de cellules — des réactions chimiques imprévues. La psychologie collective doit étudier ces étranges fermentations psychologiques que, jusqu'à présent, la sociologie n'avait pas même daigné honorer d'un regard.

Or, si nous ne nous trompons pas, parmi les agrégats d'hommes plus ou moins hétérogènes et inorganiques que nous avons nommés, tels que le jury, les comices, le public des théâtres, les rassemblements passagers de n'importe quel genre, celui qui plus que d'autres doit se soustraire aux lois de la sociologie, et être soumis aux lois de la psychologie collective, est, sans aucun doute, la foule.

La foule est, en effet, un agrégat d'hommes *hétérogène par excellence*, puisqu'il est composé d'individus de tous les âges, des deux sexes, de toutes les classes et de toutes les conditions sociales, de tous les degrés de moralité et de culture ; et *inorganique par excellence*, puisqu'il se forme sans accord préalable, soudainement, à l'improviste.

L'étude de la psychologie de la foule sera donc l'étude de la *psychologie collective* dans le phénomène qui, mieux que d'autres, en fera connaître les lois, et mettra en évidence leur mécanisme.

C'est ce que nous nous proposons de faire en cet ouvrage, non seulement pour pouvoir nous rendre un compte bien exact de la nature et du danger social des crimes commis par la foule, mais aussi parce que désormais — et malgré l'opinion de certains aristocrates individualistes — la foule a conquis une puissance qu'on ne peut plus nier.

En effet, le phénomène le plus caractéristique du moment

actuel, le seul peut-être qui permette de donner une définition de notre siècle mourant, c'est l'importance que la collectivité a fini par prendre en face de l'individu.

Jadis l'individu était tout, en politique et dans la science. Aujourd'hui l'individu est en baisse ; en politique devant cet être collectif qu'est l'opinion publique, dans la science psychologique devant cet être collectif qu'est la foule.

Il faut reconnaitre que la sociologie avait déjà cherché à l'abaisser devant l'espèce ; mais qu'est-ce que l'espèce — pour la sociologie — sinon un immense et monstreux individu ? On avait diminué la valeur personnelle de chaque homme, mais on avait aussi cru pouvoir démontrer que toutes les qualités de l'homme se retrouvaient — agrandies — dans la collectivité.

La sociologie, en somme, comparait l'individu à une goutte d'eau dans la mer : bien peu de chose en soi, quantité immense une fois unie à ses semblables. Seulement la sociologie faisait de l'agrégat humain une mer tranquille et immobile : la psychologie collective en fait une mer orageuse, une puissance terrible qui surprend par ses tempêtes imprévues et par ses vagues qui peuvent tout submerger.

C'est cette mer périlleuse, cette mer sur laquelle soufflent en la bouleversant tous les vents psychologiques, que nous allons sonder dans les chapitres suivants.

PREMIÈRE PARTIE

LA PSYCHO-PHYSIOLOGIE DE LA FOULE ET LA FOULE CRIMINELLE

CHAPITRE PREMIER

LA PSYCHO-PHYSIOLOGIE DE LA FOULE

I

Le problème de la responsabilité pénale est relativement simple, lorsqu'une seule personne est auteur du crime. Il est plus compliqué, lorsque plusieurs personnes prennent part à un même crime, car on doit alors examiner la part qu'a eue chacune d'elles à l'action criminelle. Il devient enfin d'une solution très difficile, lorsque les auteurs du crime ne sont ni plusieurs ni beaucoup, mais en nombre si grand qu'on ne peut le préciser : en un mot, quand le crime est l'œuvre d'une foule.

La répression juridique, facile dans le premier cas, plus difficile dans le second, parait dans le dernier cas d'une impossibilité presque absolue, car on ne sait comment trouver les vrais coupables, et on ne peut les punir.

Comment agit-on alors ?

Les anciens criminalistes ont toujours affirmé que ceux qui avaient pris part à un crime de la foule devaient êtres punis de la même façon : *Omnes qui tumultui se miscuerint.* Ce n'était ni un principe de justice, ni, surtout, un principe de psychologie : c'était une monstruosité morale et légale qui rappelait la théorie sauvage d'Aladin : *afin que le coupable ne se sauve pas, l'innocent doit périr.*

Cette théorie—comme on l'a très bien démontré [1] — avait le

(1) Voy. l'ouvrage de M. D. Girmati. *Gli errori giudiziarii*, Milan, Dumolard, 1893.

double défaut de condenser sur la tête de chaque individu une responsabilité collective, et de punir de la même manière celui qui avait conseillé le crime et l'avait dirigé, et celui qui s'y était trouvé mêlé en dehors de sa volonté, simple automate entre les mains d'un homme volontaire et impérieux.

Un autre système — non moins irrationnel — employé pour punir les crimes collectifs, était la *décimation*. Quoiqu'il ait été préféré par les juges militaires, il faut reconnaître qu'il était relativement plus humain puisqu'il épargnait neuf individus sur dix. On faisait défiler les complices supposés, et celui qui venait le dixième devait être fusillé. La chose, comme on le comprend aisément, ne fatiguait pas le cerveau des juges, mais elle blessait mortellement la justice parce que c'était le sort aveugle qui infligeait le châtiment. En un sens, c'était une aggravation de la méthode barbare d'Aladin, puisque l'innocent pouvait périr sans que pour cela le vrai coupable fût atteint.

Dans la suite, la foule criminelle a été jugée avec un peu plus de bon sens et de justice. Un jurisconsulte italien proposa un principe de distinction entre la multitude et ses chefs : *non omnes qui tumultui se miscuerint sed autores dumtaxat et principes seditionis*. Brissot eut le courage d'affirmer que lorsqu'un crime est commis par une foule, c'est plutôt un obstacle à punir sévèrement les individus, et posa le principe que *les peines doivent diminuer en raison du nombre*[1]. Et l'orateur du Corps Législatif français, en expliquant l'article du Code pénal qui s'y rapporte, déclara que — « lorsqu'il s'agit d'attroupements, de réunions assez nombreuses pour pouvoir y reconnaître les caractères d'une sédition, les auteurs et les provocateurs sont les seuls responsables ». — Cette dernière doctrine serait bonne et acceptable si, dans la pratique, elle ne se confondait avec celle de Caïphe, le grand prêtre pharisien,

---

(1) Brissot. *Lois criminelles*, vol. I, p. 315.

proclamant la nécessité que quelqu'un mourût pour tous : *necesse est ut unus moriatur pro populo.*

Après cela, on peut dire que les législations des pays civilisés n'ont pas progressé. Sans nous attarder à reproduire ici les articles des différents codes au sujet de la participation de plusieurs personnes à un crime (travail que nous avons accompli ailleurs [1]), il suffit à présent de constater que même aujourd'hui dans les cas très fréquents de crimes collectifs, la loi, la jurisprudence et la science se comportent à peu près comme se comportaient les anciens juges. On suit la stupide loi militaire de la décimation, c'est-à-dire qu'on frappe les quelques individus que les agents de la force publique réussissent à arrêter souvent au hasard au milieu du tumulte; — ou l'on suit l'exemple de Tarquin (plus logique, il est vrai, mais cependant loin d'être parfaitement juste), et l'on croit comme lui vaincre l'ennemi en abattant *les têtes des plus hauts pavots,* c'est-à-dire, dans notre cas, les instigateurs, les meneurs qui ne manquent jamais dans une foule.

Placés entre ces deux solutions également illogiques et insuffisantes, il arrive souvent que les juges populaires acquittent tous les accusés, et confirment de la sorte les paroles de Tacite : « là où beaucoup sont coupables, on ne châtie personne. » Et c'est un des cas où, comme disait Pellegrino Rossi, on en arrive à l'impunité en vertu de raisonnements absurdes.

Mais l'impunité est-elle juste? Et si elle l'est, pour quelles raisons l'est-elle? Si elle ne l'est pas, quel sera donc le moyen de réagir contre les crimes commis par une foule?

Le but de cet ouvrage est de répondre à ces questions.

(1) Voy. mon ouvrage : *La teorica positiva della complicità,* 2ᵉ éd., Bocca frères, Turin, 1894, au chap. 1ᵉʳ. Le nombre des individus nécessaire à former une foule est naturellement laissé au bon sens du juge : il est impossible de le fixer d'avance. Un vieux jurisconsulte italien, Andrea di Isernia, a écrit : « ultra octo, dicitur multitudo innumerosa quae nihil habet honestum ». (*Constitutiones Regum Siciliae.*)

II

L'école classique de droit pénal ne s'est jamais demandé si le crime d'une foule devait être puni de la même manière que le crime d'un individu qui agit seul. C'était tout naturel. Il lui suffisait d'étudier le crime comme une *entité juridique;* le coupable était au second plan; c'était un x qu'on ne voulait pas et qu'on ne savait pas déchiffrer. Il lui importait peu qu'un criminel fût né de parents épileptiques ou ivrognes, plutôt que d'êtres sains; qu'il fût né d'une race ou d'une autre, sous un climat torride ou sous un climat froid; qu'il eût eu auparavant une bonne ou une mauvaise conduite. Il devait donc lui importer fort peu de connaître dans quelles conditions le crime avait été commis. Que l'accusé eût agi seul ou au milieu d'une foule qui l'excitait et l'enivrait par ses seuls cris, c'était toujours uniquement son libre arbitre qui l'avait poussé au crime. Dans les deux cas, la cause étant la même, la punition était aussi la même.

Le principe étant admis, le raisonnement ne pouvait être plus logique; mais le principe étant rejeté, le raisonnement devait tomber nécessairement de lui-même. C'est ce qui arriva.

L'école positiviste de droit pénal [1] prouva que le libre arbitre est une illusion de la conscience, elle dévoila le monde, inconnu jusqu'alors, des facteurs anthropologiques, physiques et sociaux du crime, et elle érigea en principe juridique cette idée qui était déjà sentie inconsciemment par tous, mais qui ne pouvait trouver place parmi les formules rigides des

---

(1) Il m'importe de noter — une fois pour toutes — que lorsque j'écris « école positiviste » je n'entends pas indiquer l'école des disciples de Comte. En France, *positivisme* a — je crois — une signification réduite aux principes rigides de la philosophie de Comte ; en Italie *positivisme* signifie plutôt une méthode qu'une philosophie, c'est le contraire de la méthode aprioristique et de la philosophie spiritualiste. C'est dans ce sens que je m'en sers ici, et que je m'en servirai dans le cours de mon livre.

juristes, que le crime commis par une foule doit être jugé autrement que celui qui est commis par un seul individu, et cela parce que, dans l'un et l'autre cas, la part que prennent le facteur anthropologique et le facteur social est bien différente.

M. Pugliese a été le premier à exposer dans une brochure[1] la doctrine de la responsabilité pénale dans le crime collectif. Il concluait en soutenant la demi-responsabilité de tous ceux qui commettent un crime, entraînés par le courant d'une foule : « Quand c'est une foule, un peuple qui se révolte, écrivait-il, l'individu n'agit pas comme individu, mais il est comme une goutte d'eau d'un torrent qui déborde, et le bras qui lui sert pour frapper n'est qu'un instrument inconscient. »

J'ai complété dans la suite la pensée de M. Pugliese en essayant de donner, par une comparaison, la raison anthropologique de sa théorie : j'ai comparé[2] les crimes commis dans l'impétuosité d'une foule au crime commis par un individu aveuglé par la passion.

M. Pugliese avait appelé *crime collectif* ce phénomène étrange et complexe d'une foule qui commet un crime, entraînée qu'elle est par la parole d'un démagogue ou exaspérée par un fait qui est, ou qui lui semble être, une injustice ou une insulte envers elle. J'ai préféré l'appeler simplement *crime de la foule*, parce que, selon moi, il y a deux formes de *crimes collectifs* et il est nécessaire de les bien distinguer : il y a le *crime par tendance connaturelle de la collectivité*, dans lequel entrent le *brigandage*, la *camorra*, la *maffia*; et il y a le *crime par passion de la collectivité*, représenté parfaitement par les crimes que commet une foule.

L'un est analogue au crime du criminel-né, l'autre est le fait d'un criminel d'occasion.

(1) *Del delitto collettivo*. Trani, 1887.
(2) Voy. mon étude : *La Complicità* dans l'*Archivio di psichiatria* de 1890.

Le premier est toujours prémédité ; le second, jamais. Dans le premier, le facteur anthropologique a le dessus ; dans le second, c'est le facteur social qui domine. L'un excite contre ses auteurs une crainte constante et fort grave ; l'autre une crainte passagère et légère.

La demi-responsabilité, invoquée par M. Pugliese pour les crimes commis par la foule, était donc juste, sinon en elle-même, du moins comme moyen d'arriver au but qu'il se proposait.

Sous l'empire de nos codes [1], on ne peut mieux arriver au but souhaité de faire punir les crimes d'une multitude avec plus d'indulgence que ceux de simples individus, qu'en invoquant la demi-responsabilité [2].

Mais au point de vue scientifique, la demi-responsabilité est une absurdité, particulièrement pour les disciples de l'école italienne d'anthropologie criminelle qui soutient que l'homme est toujours entièrement responsable de toutes ses actions [3].

La théorie positive doit avoir une base différente.

Nous ne devons pas chercher si les auteurs d'un crime commis dans la fureur d'une foule sont responsables ou demi-responsables, vieilles formules qui expriment des idées fausses ; nous devons rechercher seulement quelle est la manière la mieux appropriée de réagir contre eux.

C'est là le problème que nous devons résoudre.

(1) Le Code pénal français et le Code pénal italien sont tout à fait comparables au sujet de la responsabilité.

(2) Dans la 2ᵉ édition italienne de cet ouvrage j'ai rapporté, *in extenso*, bien des arrêts de Cours d'appel et de tribunaux italiens qui ont accordé la demi-responsabilité à des accusés de crimes commis dans la fureur de la foule, en s'appuyant sur nos observations de psychologie des foules. Voyez, à ce propos, la IIIᵉ partie de ce volume, où j'ai résumé quelques-uns de ces arrêts.

(3) Voy. sur ce point la *Sociologia criminale* de E. Ferri, IVᵉ éd. Turin, 1900, p. 706. Les positivistes français (et particulièrement Tarde) n'admettent pas que l'homme soit *toujours* responsable de toute action antijuridique qu'il accomplit, et ils soutiennent qu'il y a des cas d'irresponsabilité. — Nous verrons au chapitre III quelle valeur a cette théorie.

III

Il est nécessaire de faire le diagnostic d'une maladie pour la bien déterminer et pour en proposer les remèdes. Avant donc de discuter ce qu'est le crime d'une foule et d'indiquer les moyens de le réprimer, il faut l'étudier dans ses manifestations.

Nous examinerons donc avant tout quels sont les sentiments qui poussent une foule à agir; puis nous essayerons de donner l'explication de son étrange psychologie.

Le malheureux Guy de Maupassant, avec cette intuition de l'artiste qui précède bien souvent, dans la découverte de vérités psychologiques, le travail plus réfléchi du savant, a écrit sur la foule des pages splendides; je me plais à reproduire ici l'une d'elles :... « toutes ces personnes, côte à côte, distinctes, différentes d'esprit, d'intelligence, de passion, d'éducation, de croyances, de préjugés, par le seul fait de leur réunion, forment tout à coup un être spécial, doué d'une âme propre, d'une manière de penser nouvelle, commune, qui est une résultante inanalysable de la moyenne des opinions individuelles.

« C'est une foule, et cette foule est quelqu'un, un vaste individu collectif, aussi distinct d'une autre foule qu'un homme est distinct d'un autre homme.

« Un dicton populaire affirme que la foule ne raisonne pas. Or pourquoi la foule ne raisonne-t-elle pas, du moment que chaque particulier dans la foule raisonne? Pourquoi une foule fera-t-elle spontanément ce qu'aucune des unités de cette foule n'aurait fait? Pourquoi une foule a-t-elle des impulsions irrésistibles, des volontés féroces, des entraînements stupides que rien n'arrête; pourquoi, emportée par ces entraînements irréfléchis, accomplit-elle des actes que n'accomplirait aucun des individus qui la composent?

« Un inconnu jette un cri, et voilà qu'une sorte de frénésie

s'empare de tous, et tous, d'un même élan auquel personne
n'essaye de résister, emportés par une même pensée qui instantanément leur devient commune, malgré les castes, les opinions, les croyances, les mœurs différentes, se précipiteront sur
un homme, le massacreront, le noieront sans raison, presque
sans prétexte, alors que chacun, s'il eût été seul, se serait pré-
cipité au risque de sa vie, pour sauver celui qu'il tue.

« Et le soir, chacun rentré chez soi, se demandera quelle
rage ou quelle folie l'a saisi, l'a jeté brusquement hors de sa
nature et de son caractère, comment il a pu céder à cette
impulsion féroce ?

« C'est qu'il avait cessé d'être un homme pour faire partie
d'une foule. Sa volonté individuelle s'était mêlée à la volonté
commune comme une goutte d'eau se mêle à un fleuve.

« Sa personnalité avait disparu, devenant une infime parcelle
d'une vaste et étrange personnalité, celle de la foule. Les pani-
ques qui saisissent une armée et ces ouragans d'opinions qui
entraînent un peuple entier, et la folie des danses macabres,
ne sont-ils pas encore des exemples saisissants de ce même
phénomène?

« En somme il n'est pas plus étonnant de voir les individus
réunis former un tout que de voir des molécules rapprochées
former un corps [1]. »

Écoutons, après l'artiste, le philosophe.

« Une foule — écrit Tarde — est un ramassis d'éléments
hétérogènes, inconnus les uns aux autres ; pourtant, dès qu'une
étincelle de passion, jaillie de l'un d'eux, électrise ce pêle-mêle,
il s'y produit une sorte d'organisation subite, de génération
spontanée. Cette incohérence devient cohésion, ce bruit devient
voix, et ce millier d'hommes pressés ne forme bientôt plus

---

(1) GUY DE MAUPASSANT. *Sur l'eau*, p. 150 et suiv. — FLAUBERT a, lui
aussi, des pages magnifiques sur la foule.

qu'une seule et unique bête, un fauve innommé et monstrueux, qui marche à son but avec une finalité irrésistible.

« La majorité était venue là par pure curiosité, mais la fièvre de quelques-uns a rapidement gagné le cœur de tous, et chez tous, s'élève au délire.

« Tel, qui était accouru précisément pour s'opposer au meurtre d'un innocent, est des premiers saisis par la contagion homicide, et qui plus est, n'a pas même l'idée de s'en étonner [1]. »

Ce qu'il y a d'incompréhensible dans la foule, c'est son organisation soudaine. Il n'y a pas en elle la préexistence voulue d'un but commun; il n'est donc pas possible — ainsi que le fait observer un anonyme dans le journal *The Lancet*, — qu'elle ait vraiment une volonté collective déterminée par les facultés élémentaires les plus élevées de tous les cerveaux qui en font partie. Et cependant nous voyons une unité d'action et de but parmi la variété infinie de ses mouvements, et nous entendons une seule note, malgré la dissonance de ses mille voix [2]. Le nom collectif même de *foule* indique que les personnalités particulières des individus qui en font partie, se concentrent et s'identifient en une seule personnalité; il faut donc forcément reconnaître dans la foule — bien qu'on ne puisse s'en rendre compte — l'action de *quelque chose*, qui sert provisoirement de pensée commune. « Ce *quelque chose* n'est pas la mise en scène des plus basses forces mentales, et ne peut prétendre au rang de vraie faculté intellectuelle : on ne peut donc trouver d'autre nom pour la définir que : *âme de la foule* [3]. »

(1) G. Tarde. *La philosophie pénale*, p. 320. Paris, Lyon, Storck-Masson. 1890.

(2) « Une foule a la puissance simple et profonde d'un large unisson. » Tarde, ouvr. cit.

(3) Extrait d'une monographie publiée dans le journal de médecine *The Lancet*.

Voilà ce que nous avaient dit les artistes et les savants [1]. Ils s'étaient bornés à constater l'existence de l'âme de la foule, ils n'avaient pas cherché à l'expliquer et à l'analyser.

C'est à nous de nous demander : mais d'où vient cette âme de la foule ? Surgit-elle par miracle ? Est-elle un phénomène dont on doit renoncer à découvrir la cause ? Ou est-elle fondée sur quelque faculté primitive de l'homme ? Comment s'explique-t-on qu'un signe, un mot, un cri provenant d'un seul individu — entraînent inconsciemment tout un peuple, jusqu'aux plus horribles excès ?

« C'est la faculté de l'imitation — répond M. Bordier — qui, comme la diffusion dans un milieu gazeux tend à équilibrer la tension des gaz, tend à équilibrer le milieu social dans toutes ses parties, à détruire l'originalité, à uniformiser les caractères d'une époque, d'un pays, d'une ville, d'un petit cercle d'amis. Chaque homme est individuellement disposé à l'imitation, mais cette faculté atteint son maximum chez les hommes assemblés ; les salles de spectacle et les réunions publiques, où le moindre battement des mains, le moindre sifflet suffisent à soulever la salle dans un sens ou dans l'autre, en donnent la preuve [2]. »

Et c'est une vérité incontestable et incontestée que la tendance qu'a l'homme d'imiter est une des tendances les plus fortes de sa nature. Il suffit de jeter un regard autour de nous pour voir que le monde social n'est qu'un tissu de *similitudes ;* similitudes qui sont produites par l'imitation sous toutes ses formes, imitation-mode ou imitation-coutume, imitation-sympathie ou imitation-obéissance, imitation-instruction ou imitation-éducation, imitation-spontanée ou imitation-réflexe [3]. « Rien

(1) Dans un tout récent article de M. Marpillero : *La folla in alcuni antichi scrittori* (Rivista italiana di sociologia, avril 1900) on trouvera bien des descriptions et des intuitions psychologiques sur la foule dues aux écrivains les plus anciens.

(2) A. Bordier. *La vie de société.* Paris, 1888, p. 76.

(3) Voy. à ce propos : G. Tarde. *Les lois de l'imitation.* Paris, Alcan, 1890.

n'est si contagieux que l'exemple — dit La Rochefoucauld — et nous ne faisons jamais de grands biens ni de grands maux qui n'en produisent de semblables. »

Et ce qui prouve, non seulement l'universalité de l'imitation dans les rapports sociaux, mais aussi son importance, c'est la peine que nous éprouvons lorsque notre imitation n'est pas heureuse. Une doctrine cynique prétend que la plupart des hommes aimeraient mieux être accusés de perversité que de gaucherie. Cela revient à dire que la maladresse à copier les manières prédominantes nous cause souvent plus de honte qu'on ne le croirait au premier abord, lorsque l'on considère que la gaucherie n'est pas, à l'exception de certains cas extra-ordinaires, une offense à la religion et à la morale, mais seulement une mauvaise imitation [1].

La société, sous un certain point de vue, pourrait être comparée à un grand lac tranquille, dans lequel on jette de temps en temps une pierre ; les ondes vont en se propageant du point où la pierre tomba jusqu'à la rive. Il en est ainsi du génie dans le monde : il lance une idée au milieu de l'eau dormante des intelligences médiocres, et cette idée, d'abord peu appréciée et peu suivie, s'étend dans la suite comme les rides du lac.

Les hommes, disait Tarde, sont un troupeau de brebis, parmi lesquelles on voit naître parfois une brebis folle, — le génie — qui, par la seule force de l'exemple, contraint les autres à la suivre.

En effet, tout ce qui existe et qui est l'œuvre de l'homme — depuis les objets matériels jusqu'aux idées — tout n'est que l'imitation ou la répétition plus ou moins modifiée d'une idée jadis inventée par une individualité supérieure. Ainsi que toutes les paroles de notre vocabulaire, qui sont aujourd'hui

(1) BAGEHOT. *Lois scientifiques du développement des nations.* Paris, Alcan. 1885, 5e éd., p. 101-102.

très communes, étaient autrefois des néologismes ; — de même tout ce qui est ordinaire aujourd'hui, était autrefois unique et original.

L'originalité — a dit très spirituellement Max Nordau[1] — n'est pas autre chose que la *première* de la vulgarité. Si cette originalité n'a pas en elle-même les conditions de vie, les imitateurs manquent et elle meurt dans l'oubli, ainsi que retombe dans le néant une comédie sifflée à sa première représentation ; si, au contraire, elle possède un seul germe bon et utile, les imitateurs se succèdent à l'infini, comme les représentations d'un drame au théâtre.

Le fond des idées que nous méprisons aujourd'hui comme trop communes, parce qu'elles sont dans toutes les bouches, est donc formé des intuitions — autrefois miraculeuses et maintenant vieillies — des philosophes de l'antiquité ; et les lieux communs des discours les plus ordinaires ont été à leurs débuts des étincelles brillantes d'originalité[2].

Il en est ainsi dans l'histoire pour les choses grandes et durables ; il en est de même dans la chronique pour les petits faits de la vie journalière et modeste. Tout le monde, les personnes sérieuses comme les plus frivoles, les plus âgées comme les plus jeunes, les plus instruites comme les ignorantes, sont soumises, bien qu'à un degré différent, à l'instinct qui leur fait imiter ce qu'elles voient, ce qu'elles entendent, ce qu'elles savent. Les courants de l'opinion publique — dans la politique comme dans les affaires, — sont toujours déterminés par cet instinct. « Aujourd'hui vous trouvez les gens de bourse tous entreprenants, enthousiastes, pleins de vigueur, prompts à acheter, prompts à donner des ordres : une semaine plus tard vous verrez presque toute la troupe abattue, inquiète, pressée de

____

(1) *Paradoxes psychologiques.* Paris, F. Alcan.

(2) Voy. à ce propos, NORDAU (ouvr. déjà cité) et STUART MILL, *La liberté*, Turin, 1865, p. 97 et suiv.

vendre. Si vous cherchez les raisons de cette ardeur, de cette mollesse, de ce changement, à peine pourrez-vous les trouver, et si vous êtes capables de les découvrir, elles n'ont que peu de valeur. En réalité ce n'est pas la raison, c'est l'instinct d'imitation qui a produit ces courants d'opinion. Il est arrivé je ne sais quoi qui a semblé assez heureux ; là-dessus des hommes à l'esprit ardent, confiant, ont parlé bien haut, et la foule à leur suite a pris le même ton. Quelques jours après, lorsqu'on commençait à se fatiguer de parler sur ce ton, quelque chose est encore arrivé qui cette fois paraissait un peu moins heureux ; aussitôt les gens d'un naturel triste, inquiet, se sont mis à discourir, et ce qu'ils disaient, tout le reste l'a répété [1]. »

Ce qui arrive dans la politique et dans les affaires se produit dans tous les domaines de l'activité humaine. De la mode du vêtement à la forme du gouvernement, des actions honnêtes aux crimes, du suicide à la folie, toutes les manifestations de la vie, — les moindres comme les plus grandes, les plus douloureuses comme les plus gaies, — sont un produit de l'imitation.

Et il me parait nécessaire de dire ici un mot du *misonéisme*. Il me semble que si l'on soutient l'universalité de l'instinct d'imitation, on soutient implicitement l'existence du misonéisme dans la nature humaine. M. Tarde, qui illustra si bien les lois de l'imitation, croit au contraire qu'elles n'admettent pas le misonéisme, parce que, dit-il, si l'on imite tout et toujours, on doit imiter non seulement ce qui est vieux, mais aussi ce qui est nouveau. Or, je ne nie point qu'une partie de nos imitations ne soit déterminée par *l'amour de ce qui est nouveau*, mais je nie que l'existence de ce *philonéisme* doive

<hr>

(1) BAGEHOT, ouvr. cit., p. 104. — « Le peuple est un troupeau imbécile..... On lui dit : amuse-toi, et il s'amuse. On lui dit : va te battre avec le voisin, il va se battre. On lui dit : admire un tel, et il admire. On lui dit de frémir patriotiquement, et il suffit d'un drapeau agité au vent et d'un peu de Marseillaise » (MAUPASSANT).

exclure celle du *misonéisme*. La plupart des hommes sont misonéistes pour une innovation importante, philonéistes pour un fait nouveau de peu d'importance ou d'importance nulle. Les deux phénomènes procèdent séparément et parallèlement ; il n'est donc pas possible de les confondre. Le même public qui se raidit et se cabre devant une nouvelle théorie politique, adopte de suite avec joie un nouvel objet qui lui est offert par la réclame. Et je n'aurais pas besoin d'ajouter autre chose, si je ne tenais à réfuter une observation, en apparence très subtile, que M. Tarde fit à M. Lombroso. « Comme exemple du misonéisme national — écrit M. Tarde — Lombroso cite le peuple français qui, depuis Strabon, est demeuré le même, vain, belliqueux, *amoureux des nouveautés*. Ici la contradiction est tellement forte, qu'il faut l'attribuer à un *lapsus calami*[1]. » — Au contraire, il n'y a aucune contradiction, si l'on veut bien réfléchir à la distinction que j'ai faite tout à l'heure. Une nation peut être *misonéiste* et *amoureuse des nouveautés* en même temps ; comme une femme qui aime changer sa toilette selon la mode, mais reste incrédule devant les découvertes de la science, et se montre offensée si vous lui dites que la religion n'est qu'un amas de préjugés.

Nous pouvons donc nous arrêter ici et, reprenant notre argumentation, conclure qu'il est bien naturel que la faculté de l'imitation, innée chez l'homme[2], non seulement accroisse

---

(1) TARDE. *Le délit politique* dans la *Revue scientifique*, octobre 1890.

(2) Et, il faut ajouter, aussi dans les animaux.

« Dans l'*Évolution mentale chez les animaux* par ROMANES, il y a un chapitre très intéressant consacré à l'influence de l'imitation sur la formation et le développement des instincts. Cette influence est bien plus grande et plus répandue qu'on ne le suppose. Non seulement les individus de la même espèce, parents ou même non parents, s'imitent, — beaucoup d'oiseaux chanteurs ont besoin que leurs mères ou leurs camarades leur apprennent à chanter, — mais encore des individus d'espèce différente s'empruntent des particularités utiles ou insignifiantes. Ici se révèle le besoin profond d'imiter pour imiter, source première de nos arts. Darwin a cru observer que des abeilles avaient emprunté à un frelon l'idée ingénieuse de sucer certaines fleurs en les perforant par le côté. Il y a des

et redouble sa puissance, mais la rende cent fois plus grande au milieu d'une foule, là où toutes les imaginations sont excitées, et où l'unité de temps et de lieu hâte d'une manière extraordinaire et presque foudroyante l'échange des impressions et des sentiments.

Mais, dire que l'homme *imite* est une explication insuffisante en notre cas. Il faut savoir *pourquoi* l'homme imite ; c'est-à-dire il nous faut une explication qui ne s'arrête pas à la cause superficielle, mais qui découvre la cause première du phénomène.

Beaucoup d'écrivains ont observé que l'imitation prend parfois, en se propageant, des formes aiguës, tant pour l'intensité que pour l'extension ; ils ont vu en outre qu'en certains cas, elle est moins volontaire qu'inconsciente ; ils ont tenté de l'expliquer, en recourant à l'hypothèse de la contagion morale.

« Il y a dans les phénomènes de l'imitation — disait le docteur Ebrard — quelque chose de mystérieux, une attraction qui ne peut mieux se comparer qu'à cet instinct irréfléchi et tout puissant qui nous incite, à peu près à notre insu, à répéter les actes dont nous avons été témoins et qui ont agi vivement sur nos sens et sur notre imagination. Cette action est si générale et si vraie, que nous en subissons tous plus ou moins le joug. Il y a une espèce de fascination dont certains esprits faibles ne peuvent se défendre [1]. »

M. Jolly écrivait plus clairement encore : « L'imitation est une véritable contagion qui a son principe dans l'exemple, de même que la variole naît du virus qui la transmet ; et de

oiseaux, des insectes, des bêtes quelconques de génie, et le génie, même dans le monde animal, peut compter sur quelque succès. Seulement, faute de langage, ces ébauches sociales avortent. » — Voyez TARDE. *Lois de l'imitation.*

(1) EBRARD. *Le suicide considéré au point de vue médical, philosophique, etc.*, ch. VII.

même qu'il existe dans notre organisation des maladies qui n'attendent pour se développer que la plus légère cause, de même il est en nous des passions qui restent muettes dans l'exercice de la raison, et qui peuvent s'éveiller par le seul effet de l'imitation [1]. »

Despine, Moreau de Tours et dans la suite beaucoup d'autres vinrent se joindre à Ébrard et à Jolly [2], et tous d'un commun accord affirmèrent que la contagion morale est aussi sûre que celle de certaines maladies physiques. « De même — disait Despine — que la résonance d'une note musicale fait vibrer la même note dans toutes les tables d'harmonie qui, susceptibles de donner cette note, se trouvent sous l'influence du son émis, — de même aussi, la manifestation d'un sentiment, d'une passion, excite le même élément instinctif, le met en activité, le fait vibrer, pour ainsi dire, chez tout individu susceptible par sa constitution morale d'éprouver plus ou moins vivement ce même élément instinctif [3]. »

Et par cette métaphore — ingénieuse sinon profonde, — et qui

---

(1) Jolly. *De l'imitation* dans l'*Union médicale*, t. VIII, p. 369, année 1869.

(2) Le Dr Prosper Despine dans ses deux ouvrages : *De la contagion morale*, 1870, et *De l'imitation considérée au point de vue des différents principes qui la déterminent*, 1871 ; Moreau de Tours dans le volume : *De la contagion du suicide à propos de l'épidémie actuelle*, Thèse de Paris, 1875, et dans la communication : *Un mot sur la contagion du crime et sa prophylaxie*, dans l'*Union médicale*, t. XXII, n. 88. — Avant eux, La Rochefoucauld (*Maximes*), avait déjà fait allusion au phénomène de la contagion morale ; Brierre de Boismont au phénomène de la contagion du suicide, dans son livre : *Du suicide et de la folie suicide*. Paris 1865, 2ᵉ éd., p. 258 et suiv. — Calmeil et Prosper Lucas avaient parlé de la contagion de la folie, le premier, dans son œuvre, encore jeune aujourd'hui : *De la folie considérée sous le point de vue pathologique, philosophique, etc.*, Paris, 1845, — et Prosper Lucas dans la brochure *De l'imitation contagieuse ou de la propagation sympathique des névroses et des monomanies*. Paris, 1833. Je rappelle ici, à titre de curiosité, qu'en 1866 Emile Augier avait fait représenter une comédie intitulée : *La contagion*. De nos jours, l'idée de la contagion morale est devenue une idée commune, et on en a peut-être même abusé. Il suffit de citer ici Caro dans ses *Mélanges et portraits*, I, p. 247 ; et plus encore Aubry, dans son livre : *La contagion du meurtre*. Paris, Alcan.

(3) Despine. *De la contagion morale*, p. 13.

éclairait l'hypothèse de la contagion morale, un grand nombre
ont cru pouvoir expliquer non seulement les cas les plus communs, naturels et constants de l'imitation, mais aussi et surtout les cas les plus rares et les plus étranges, ces vraies *épidémies* qui se propagent de temps en temps, à propos d'un
phénomène ou d'un autre.

C'est ainsi que l'on attribuait à la contagion morale telles épidémies de suicide qui suivaient un suicide célèbre qui avait
vivement intéressé et ému l'opinion publique. En 1772, quinze
invalides se pendirent successivement et dans un très court
espace de temps à un crochet qui se trouvait dans un passage
très obscur de l'hôtel. Dans les premières années de ce siècle,
un lord fatigué de la vie se jeta dans le cratère du Vésuve, et
immédiatement beaucoup d'Anglais suivirent son exemple [1].

C'est ainsi que l'on croyait dus à la contagion morale tous
les crimes qui suivaient un crime atroce dont tous les journaux avaient parlé. Il suffit de rappeler ici les deux séries
d'épidémies d'attentats analogues commis avec le revolver ou
le vitriol par des femmes sur leurs amants : épidémies qui se
produisirent en France, et surtout à Paris, après que Marie
Bière en 1880 eut tué de trois coups de revolver son séducteur
qui l'avait abandonnée, et après que Clotilde Andral eut, la
même année, défiguré son amant avec du vitriol [2].

C'est ainsi qu'on croyait dues à la contagion morale ces
épidémies politiques et religieuses qui entraînent tout d'un
coup tel peuple à la parole enflammée d'un tribun enthousiaste
ou d'un démagogue inconscient.

« Il est des affections dont l'action se porte sur l'intelligence

(1) On pourrait rapporter ici une quantité de faits semblables. Voyez-
les dans les ouvrages déjà cités de EBRARD et de BRIERRE DE BOISMONT et
dans celui de MORSELLI : *Le suicide*. Milan, Dumolard.

(2) Selon le prof. BROUARDEL, le point de départ de la série des crimes
au vitriol serait un roman de A. KARR dans lequel on lit l'histoire d'un
mari trahi qui se venge en défigurant sa femme avec du vitriol.

et engendre épidémiquement les altérations mentales les plus singulières. Le moyen âge a été remarquable par plusieurs affections de ce genre ; les unes propagées surtout grâce à l'imitation, les autres développées sous l'influence des idées prédominantes parmi les hommes : telle est la chorée ou danse de Saint-Guy, qui était caractérisée par un besoin irrésistible de se livrer à des sauts et à des mouvements désordonnés... Ces phénomènes révèlent un endroit vulnérable de l'homme, le penchant à l'imitation, et tiennent par conséquent de très près à la vie sociale. De telles maladies se propagent avec la rapidité de la pensée [1]. »

Nous pouvons donc aussi — et à plus forte raison — attribuer à la contagion morale les manifestations imprévues et au premier abord incompréhensibles de la foule.

Mais cette explication nous satisfait-elle ? La *contagion morale* diffère-t-elle de l'*imitation* en autre chose que dans son expression verbale ?

On voit aisément que pour rendre cette explication suffisante, il faut savoir comment et par quel moyen se propage cette contagion morale. Autrement nous en serions toujours au même point.

M. Tarde a compris cette nécessité, et il y a plus de seize ans déjà, il a émis l'hypothèse [2] alors nouvelle et très hardie, que la contagion morale a sa cause dans le phénomène de la suggestion.

Quelle que soit la fonction cellulaire qui provoque la pensée — écrivait-il, — on ne peut douter qu'elle se reproduit, qu'elle se multiplie dans l'intérieur du cerveau à chaque instant de notre vie mentale, et que, à chaque perception distincte, correspond une fonction cellulaire distincte. C'est la continuation

(1) Littré. *Des grandes épidémies*, *Revue des Deux-Mondes*, 15 janvier 1836.
(2) Dans la *Revue philosophique* du mois de novembre 1884, dans l'article : *Qu'est-ce qu'une société ?*

indéfinie, intarissable de ces rayonnements enchevêtrés, qui constitue tantôt seulement la mémoire, tantôt l'habitude, suivant que la répétition multipliante dont il s'agit est restée renfermée dans le système nerveux, ou que, débordant, elle a gagné le système musculaire. La mémoire est si l'on veut, une habitude purement nerveuse ; l'habitude, une mémoire musculaire.

Or (je résume ici la théorie de Tarde), puisque chaque idée ou image, dont on a le souvenir, a été déposée primitivement dans notre cerveau par une conversation ou par une lecture ; puisque chaque action habituelle tire son origine de la vue ou de la connaissance d'une action analogue faite par autrui, — il est évident que cette mémoire et cette habitude, avant d'être une imitation involontaire de soi-même en soi-même, ont été une imitation plus ou moins volontaire du monde extérieur.

Donc, considérée sous le point de vue psychologique, toute la vie intellectuelle n'est qu'une suggestion de cellule à cellule dans le cerveau ; considérée plus à fond dans sa cause première, et sous le point de vue social, elle n'est qu'une suggestion de personne à personne.

Cette théorie, qui a reçu l'approbation d'un grand nombre d'illustres philosophes [1], et qui me semble admirable dans sa profonde simplicité n'a pas trouvé tout d'abord beaucoup de disciples pour la vulgariser ; mais elle a eu l'honneur de voir surgir çà et là, quelque temps après, d'autres théories, qui la reproduisaient en substance, bien que leurs auteurs ne l'aient certainement pas connue.

Il en est ainsi par exemple de la théorie de M. Sergi qui, dans son petit livre intitulé *Psicosi epidemica*, développe spontané-

---

(1) Nous citerons, parmi les autres, TAINE, RIBOT, ESPINAS. M. TAINE écrivait à M. Tarde que sa théorie était une clef *qui ouvrait presque tous les tiroirs.*

ment des idées semblables à celles de Tarde, qui lui étaient inconnues.

Sergi, tout en reproduisant Tarde, a cependant le mérite de ne s'être point arrêté aux généralités et à l'indécision du philosophe français ; il expose plus clairement et d'une manière plus précise ce qu'on pourrait appeler la *base physique* de la suggestion ; c'est pourquoi je juge utile de rapporter ici ses propres paroles.

L'activité psychique — dit Sergi — est une manière générale d'activité identique à toute autre activité organique, sans aucune exception. Celui qui a quelque connaissance de ce genre d'activité sait que chaque tissu organique agit au moyen de stimulants ; quand il est aiguillonné par quelque agent extérieur, il agit d'une manière correspondante à la nature et à l'énergie de l'aiguillon.

Le tissu musculaire peut nous en fournir un exemple ; en effet, nous voyons que les muscles ne se contractent que quand une excitation extérieure vient réveiller leur aptitude. Il en est ainsi de l'activité psychique dans ses organes ; elle n'a rien de spontané, rien d'autonome ; elle entre en activité quand elle y est excitée, et elle se manifeste extérieurement selon la nature de ces stimulants.

« J'appelle *recettività* l'aptitude à recevoir les impressions du dehors ; j'appelle *riflessione* l'aptitude à manifester l'activité excitée, selon les impressions reçues. Les deux conditions peuvent être comprises en une loi fondamentale, *recettività riflessiva* de l'activité psychique.

« Les aliénistes s'occupent beaucoup, depuis quelque temps, du phénomène de la suggestion dans l'hypnotisme, et en général, ils croient que ce fait ne se vérifie que dans l'état hypnotique de leurs sujets. Ils ne se sont pas aperçus que leur *suggestion* est un phénomène plus aigu de la condition fondamentale que nous avons appelée *recettività*, selon ce qui arrive à l'état morbide, dans lequel les phénomènes prennent une forme exagérée, et deviennent plus évidents qu'ils ne le sont à l'état normal. La suggestion hypnotique ne manifeste que la disposition de l'organisme, ses conditions fondamentales, selon lesquelles elle agit. La suggestion se rapporte à la *recettività* décrite, qui se rapporte à son tour à la loi générale de l'organisme, qui n'entre pas spontanément en activité, mais d'après les stimulants reçus [1]. »

Donc, selon Sergi comme selon Tarde, chaque idée, comme chaque émotion de l'individu, n'est qu'un *reflexe* — pour ainsi dire, — de l'impulsion extérieure qu'il a subie. Personne ne bouge, n'agit, ne pense, sinon par l'effet d'une *suggestion* qui provient de la vue d'un objet, d'une parole, ou d'un son entendus, d'un mouvement quelconque qui a lieu hors de notre organisme. Et cette suggestion peut s'étendre à un seul individu, à plusieurs, à un grand nombre ; elle peut se propager au loin comme une vraie épidémie dans le monde, laissant les uns tout à fait indemnes, d'autres frappés d'une manière bénigne, d'autres enfin atteints avec violence. Dans ce dernier cas, les phénomènes qu'elle fait naître, si étranges et terribles qu'ils soient, ne sont que le dernier degré, l'expression la plus aiguë du simple phénomène inaperçu de la suggestion, qui est la cause première de chaque manifestation psychologique quelle qu'elle soit. L'intensité seule varie, la nature du phénomène reste toujours la même.

Par cette heureuse intuition, MM. Tarde et Sergi font de l'imitation d'un grand nombre un phénomène semblable, bien que plus aigu, à celui de l'imitation d'un seul individu ; ils rapportent l'imitation épidémique à l'imitation sporadique et ils les expliquent toutes deux par la suggestion dont ils révèlent les conditions et les causes.

[1] G. SERGI. *Psicosi epidemica*. Milan, Dumolard, 1889, p. 4.

Et nous voyons cette théorie confirmée par toutes les formes, toutes les espèces de l'activité humaine.

Quel est celui qui pourra refuser au rapport qui s'établit entre le maître et le disciple et à l'imitation de l'un par l'autre — imitation qui vient de la sympathie et de l'admiration involontaires et instinctives — le caractère d'une vraie suggestion ? Et qui pourra nier que ce rapport, établi d'abord entre deux personnes, est la forme primitive, l'embryon — si je puis dire ainsi — de cette suggestion qui s'établit plus tard entre un et un très grand nombre ; entre le chef d'une école scientifique, ou politique, ou religieuse et ses disciples, ses adeptes, ses coreligionnaires ? Qui ne comprend que cette suggestion épidémique est le plus haut degré de la première suggestion isolée ?

Et ne faudra-t-il pas reconnaître que cette suggestion épidémique peut croître en étendue et en intensité, si elle est favorisée par des conditions spéciales de lieu ou par les caractères particuliers de celui ou de ceux qui l'excitent et la font agir ?

Les sectes politiques et religieuses en sont arrivées parfois à donner le spectacle de vraies folies épidémiques et se sont propagées dans le monde comme le feu dans les prairies arides de l'Amérique. Nietzsche dit que la folie — qui est une exception chez l'individu — est la règle dans les partis et dans les sectes. C'est exagéré, mais au fond c'est très vrai. Des Derviches arabes et indiens aux démonomaniaques du moyen âge, dont on a retrouvé les derniers rejetons dernièrement en Italie [1] ; — des Criards, des Perfectionnistes, des Trembleurs de l'Amérique du Nord, aux Stundistes, aux Cholaputes et aux Scopzi de la Rus-

---

(1) Je fais ici allusion à l'épidémie convulsive dont furent frappées en 1878 les femmes de la commune de Verzenis dans le Frioul excitées par les sermons d'un énergumène et par des pratiques de religion. Voir à ce propos : FRANZOLINI, *La epidemia di demonopatia in Verzenis*, dans la *Rivista sperimentale di freniatria e di medicina legale*. Reggio, 1878. — On pourrait citer une infinité d'épidémies semblables, comme celle de Lazzaretti, etc.

sie[1], des foules guidées par Judas le Gaulonite et par Teuda qui précédèrent la révolution de Christ[2], à celles, qui poussées par un fétichisme étrange et maladif pour Klopstock, précédèrent la Renaissance en Allemagne[3], nous avons une variété infinie d'épidémies morales, de *psychoses épidémiques*, qui, au premier abord, nous surprennent par les atrocités et les infamies qu'elles commirent, mais qui, bien examinées, ne sont au fond que l'exagération pathologique du phénomène de la suggestion, qui est la loi la plus universelle du monde social.

Et, comme en parlant de la vie normale, on peut passer de la suggestion d'un seul individu sur un autre, d'un maître sur un disciple, d'un fort sur un faible, à la suggestion d'un seul sur un grand nombre, d'un génie de la pensée ou du sentiment sur tous ses contemporains, d'un chef de secte sur ses affiliés ; ainsi, en parlant de la pathologie, on peut passer de la suggestion d'un fou sur un autre fou, à celle d'un fou sur tous ceux qui l'entourent.

Ceci est une preuve, non seulement que la pathologie suit les mêmes lois que la physiologie, mais aussi que le phénomène de la suggestion est universel.

Legrand du Saulle a merveilleusement décrit le *délire à deux*[4], cette forme étrange de folie, qui vient de l'ascendant

---

(1) Voy. Lombroso et Laschi. *Le Crime politique*. Paris, Alcan.
Ce sont des sectes d'individus plus ou moins exaltés et malades, qui accompagnent le mouvement nihiliste en Russie. Les *Stundistes* veulent que tout soit en commun ; les *Cholapules* sont les adorateurs extatiques des esprits saints ; les *Scopzi* se font châtrer. — V. Tsakni. *La Russie sectaire*. et les magnifiques articles de J. Finot dans la *Revue des Revues* de 1896.

(2) Voy. Renan. *Les apôtres*.

(3) Voy. Lombroso et Laschi, œuvre citée. — Il est intéressant de remarquer ici que ce temps de folie qui préluda à la Renaissance en Allemagne prit le nom de *Sturm und Drang Periode*. Voyez aussi à ce propos l'ouvrage très remarquable de M. Pasquale Rossi. *Mistici e Settarii*. Milan, 1900 ; et celui tout récent de M. José Ramos Méjia. *Las multitudes argentinas*. Buenos-Aires, 1900.

(4) Legrand du Saulle. *Le délire de la persécution*. Paris, Delahaye, ch. II.

qu'un fou a sur un individu — prédisposé naturellement à la contagion — et qui peu à peu perd la raison et prend le même genre de folie que son instigateur.

Il s'établit alors un lien de dépendance entre les deux êtres ; l'un domine l'autre ; celui-ci n'est que l'écho du premier ; il fait ce que fait l'autre ; et la force imitative est telle qu'elle arrive parfois à faire partager à l'un même les hallucinations de l'autre.

Euphrasie Mercier, une folle assassin, avait ce pouvoir sur son amie Elodie Ménétret qui fut plus tard sa victime[1].

Et il semble que ce phénomène ne soit pas exclusif à l'homme, mais que même les animaux le connaissent. Le Dr Féré rapporte de curieux exemples de folie communiquée chez les chiens de races dégénérées adoptant l'émotivité morbide de leurs maitresses, devenant agoraphobes, n'osant plus traverser une rue, ne pouvant plus supporter certaines odeurs[2]. Et on peut rapprocher un fait encore plus extraordinaire et tout à fait pathologique : un homme marié, chaque fois que sa femme avait ses règles, éprouvait certains phénomènes équivalents[3].

Partant de cette *folie à deux* (qui est la forme pathologique de la suggestion normale de maître à disciple, d'amant à amant),

---

(1) Voy. le procès d'Euphrasie Mercier dans les *Causes criminelles et mondaines* de A. BATAILLE, année 1896.

TEBALDI donne un exemple typique de *délire à deux*. « Voici une *forme à deux*, écrit-il, de laquelle l'imitation, — nous dirions la suggestion, — est l'insidieuse cause : il y avait dans un petit village de la province de Venise, un couple de deux êtres, nés sous la mauvaise étoile, qui partageaient les mêmes besoins, et luttaient contre la même misère. Le mari et la femme furent frappés de la même maladie, et la préoccupation de leurs malheurs les poussa à en attribuer la cause aux injustices du conseil municipal, qui aurait mal distribué, selon eux, les secours dus aux pauvres. Ils s'exaltèrent l'un l'autre, et se décidèrent à aller sur la place y lancer des imprécations, et menacer les Autorités. La même voiture les conduisit à l'hôpital ; ils se quittèrent avec l'enthousiasme de ceux qui devraient se revoir dans un Eden, et sous la même forme délirante ils entrèrent dans leurs salles respectives. » V. *Ragione e follia*. Milan, 1884, p. 143.

(2) *Société de Biologie*, 28 février 1893.

(3) AUBRY. *La contagion du meurtre*, 2e éd. Paris, Alcan, 1894.

on remonte à la folie à trois, à quatre, à cinq, qui se produit de la même manière que la folie à deux. C'est toujours un fou qui influe sur ses parents, sur ceux qui vivent habituellement avec lui, et qui, par son exemple, communique à ces individus ses idées bizarres ainsi que le trouble de ses sens et fait que leur conscience s'obscurcit peu à peu et laisse le champ libre à la folie, qui se reproduit exactement sous la même forme ou d'une manière plus légère, plus pâle.

M. Roscioli, un médecin italien très distingué, a rapporté un cas typique de *folie à quatre*. Les époux N..., honnêtes et laborieux paysans, ont trois filles. La cadette, jeune fille de dix-huit ans, est frappée à l'improviste dans l'église d'un fort accès de folie, et est ramenée chez elle. A cette vue, le père est si profondément ému qu'après huit jours à peine il est en proie à un accès de panophobie. Peu après la mère a le même sort; et enfin quinze jours après, la fille aînée est frappée d'exaltation mentale [1].

Et, outre ces vrais cas de folie multiple et simultanée produits par la suggestion, tous les aliénistes s'accordent à attribuer au fou une force de suggestion, moins intense mais plus générale, sur tous ceux qui l'entourent. En vivant habituellement avec des personnes qui pensent faux, raisonnent mal, et agissent de même, notre cerveau recevant sans cesse

---

(1) V. Roscioli dans le *Manicomio*, 1888, nº 1. On peut lire beaucoup d'autres cas semblables dans les ouvrages de Jorger, Tucue, Martineng et Verner.

Sur ces formes de folie — surtout sur la folie à deux — après la communication faite par Lasègue et Falret à l'Académie de médecine (*De la folie à deux*, dans les *Ann. méd. psych.*, 1877) les ouvrages ne manquèrent pas, non plus que les discussions sur le nom clinique qu'on doit lui donner. Les uns voulaient l'appeler *folie communiquée*, d'autres *folie imposée*, d'autres *folie simultanée* (V. Régis, *La folie à deux ou folie simultanée*. Paris, Baillière, 1880), et ils lui attribuaient aussi des causes différentes. Ventum souleva le premier l'hypothèse de la suggestion (adoptée par Sergi dans la suite) dans son ouvrage: *L'allucinazione a due e la pazzia a due*, dans le *Manicomio*, 1886, N. I.

Voy. pour cette polémique scientifique l'ouvrage de M. Seppilli: *La pazzia indotta* dans la *Rivista sperimentale di frenatria*, 1890.

le contre-coup déréglé du leur, tend à se laisser aller à ce même mouvement, qui, par son influence sur nos facultés intellectuelles, nous entraîne à agir comme elles [1]. La vue même du malade — écrit Seppilli — les idées qu'il manifeste, suscitent dans le cerveau de ceux qui l'entourent les mêmes images psychologiques, sensorielles et motrices, qui peuvent transformer plus ou moins les individus, selon leur intensité et leur durée. Avant eux, Maudsley avait écrit à propos de la vie en commun avec les fous : « Nul ne peut contracter l'habitude d'être inconséquent dans ses pensées, dans le sentiment, dans l'action, sans que la sincérité et l'intégrité de sa nature n'en reçoive atteinte, et sans que la lucidité et la force de son intelligence n'en soient diminuées [2] ».

Enfin, outre la contagion générale, mais lente et peu intense, à laquelle on ne prend pas garde, et il y a la contagion immédiate, foudroyante parmi les fous, qui sévit particulièrement parmi les épileptiques. C'est un phénomène différent de ceux que j'ai rapportés jusqu'ici, mais l'origine et la cause sont les mêmes : la suggestion.

Van Swieten observe que les mouvements convulsifs, que certains enfants manifestent, sont reproduits par tous ceux qui ont le malheur d'en être témoins [3]; et personne n'ignore le cas qui se produisit à l'hôpital de Harlem où une jeune fille frappée d'épilepsie, provoqua instantanément par suggestion le même mal chez toutes les autres malades.

Moi-même j'ai étudié un cas de folie collective instantanée

(1) J. RAMBOSSON. *Phénomènes nerveux, intellectuels et moraux, leur transmission par contagion.* Paris, Firmin-Didot, 1883, p. 230.

(2) MAUDSLEY. *Le crime et la folie.* p. 214. Paris, F. Alcan. La même observation avait été faite par rapport à la folie par LEURET, *Du traitement de la Folie,* par FLOURENS, *Psychologie comparée,* et par VIGNA, *Il contagio nella pazzia,* Venise, 1881.

(3) Voy. *Dictionnaire des sciences médicales.* A propos des mouvements convulsifs et des sentiments chez les enfants, voir DE SARLO, *I piccoli candidati alla delinquenza,* dans l'*Archivio di psichiatria,* XIII, 4 et 5.

dans un petit village de la Sicile. Toute une famille, le père, la mère et quatre filles, tombèrent en une nuit dans un état d'extase religieuse et de monomanie, qui les poussa inconsciemment au crime ; et ils tuèrent un pauvre jeune homme qu'on croyait possédé du démon, tout en chantant les psaumes de la Sainte Vierge et en invoquant le nom de Jésus[1].

Ce développement parallèle du phénomène de la suggestion — d'un à un autre, d'un à plusieurs, à un grand nombre — que nous avons vu dans la *folie*, se vérifie aussi dans le *suicide* et dans le *crime*.

Quant au suicide, il y a le *couple suicide*, — deux amants dont l'un persuade l'autre, lui suggère de mourir avec lui ; — forme qui est devenue très fréquente de nos jours et que j'ai analysée ailleurs[2]. Il y a le *suicide à trois, à quatre, à cinq*, — familles entières qui, presque toujours en raison de la misère à laquelle elles sont réduites, se décident à en finir avec la vie. C'est ordinairement le père qui a l'idée du suicide ; il la communique à sa femme et à ses enfants, et la leur fait accepter. Je puis citer ici deux exemples typiques de cette suggestion de suicide multiple : l'un, celui de la famille Hayem (père, mère et quatre enfants) qui se sont suicidés par le charbon l'hiver 1890 à Paris ; et la famille Paul (père, mère et trois enfants) qui se sont suicidés en 1885 en Bretagne en se jetant à la mer[3]. — Il y a enfin le *suicide épidémique*, duquel on pourrait citer bien des exemples ; selon Ebrard, à Lyon, les femmes dégoûtées de

(1) Voy. *Le drame de Mezzojuso* dans le volume : *Il mondo criminale italiano*, deuxième série, Milan, 1891.

(2) Voy. ma brochure : *L'evoluzione dal suicidio all'omicidio nei drammi d'amore*, dans l'*Archivio di psichiatria*, 1890. Voyez aussi : CAROLLANSKI, *Des analogies entre la folie à deux et le suicide à deux*, Paris, 1885, et GAUSIER, *Le suicide à deux*, dans les *Annales d'hygiène publique*, mars 1891.

(3) Pour ce dernier fait, consultez BATAILLE, *Causes criminelles et mondaines de 1885*, p. 22 — et ANFOSSO, *Di alcuni fattori del suicidio*, où il parle du suicide à trois des sœurs Romaeo, *Arch. di psichiatria*, vol. X, fasc. II, p. 176. La chronique des journaux est du reste, malheureusement, toujours pleine de cas de suicides multiples.

la vie, se jetaient dans le Rhône, par deux ou trois à la fois. A Marseille, les jeunes filles se réunissaient pour se suicider par amour.

Quant au crime, on peut répéter exactement ce que j'ai dit pour le suicide : il y a le *couple criminel*, — le criminel-né qui suggestionne et corrompt le criminel d'occasion en le rendant son esclave (*incube* et *succube*) : c'est le cas de Iago et d'Othello qui se répète bien souvent dans la vie, c'est le cas de tous les amants qui veulent se défaire d'un mari trop incommode[1]; — il y a l'*association criminelle*, où le chef entraîne au crime les jeunes délinquants d'occasion par la seule force de sa volonté et par l'empire moral qu'il exerce sur eux : c'est le cas de Lacenaire avec Avril et tous les autres de sa bande.

Il y a enfin l'*épidémie criminelle* qui se développe surtout parmi les bandes nombreuses des criminels, et dans les crimes contre la pudeur. Quand une pauvre jeune fille est la victime de plusieurs malfaiteurs, ces criminels ne se contentent pas de la violer ; il suffit que l'un d'entre eux ait l'idée de quelque horrible outrage, pour que tous ses compagnons l'imitent aussitôt, en proie à un vrai délire. C'est ce qui arriva à une pauvre femme qui, après avoir été séquestrée et violée par une bande de quinze individus, dut encore supporter les supplices les plus honteux. On lui introduisit dans les parties génitales des allumettes enflammées, et on lui enfonça des épingles dans tout le corps. Un seul de ces bandits avait donné l'exemple ; les autres l'avaient de suite imité, chantant et dansant autour du corps de la malheureuse.

Et, sans chercher d'autres exemples, je crois pouvoir conclure que le tableau que nous avons fait des formes suggérées de la folie, du suicide ou du crime, correspond exactement au

(1) J'ai consacré au *couple criminel* un ouvrage spécial (*Le crime à deux*, Lyon, Storck) auquel je me permets de renvoyer le lecteur. On peut aussi consulter pour les cas de *double suicide* et de *crime à deux* le travail de M. Aubry, déjà cité.

tableau des formes de suggestion à l'état normal. Dans tous les états de dégénérescence, comme à l'état normal, la suggestion commence par un simple cas qu'on pourrait appeler d'imitation, et peu à peu elle se développe et s'étend, et elle arrive aux formes collectives et épidémiques, aux formes de vrai délire, dans lesquelles les actes sont involontaires, accomplis, je dirais presque, par une force irrésistible.

Or, n'est-il donc pas évident que cette suggestion, — que nous avons voulu décrire, peut-être trop au long, afin d'en montrer l'universalité, — doit être aussi la cause des manifestations de la foule? N'est-il pas évident que même au milieu d'une multitude, le cri d'un seul individu, la parole d'un orateur, l'acte de quelque audacieux, exerce une suggestion sur tous ceux qui entendent ce cri ou cette parole, ou qui voient cet acte, et les conduit comme un troupeau docile à commettre de mauvaises actions? N'est-il pas évident que c'est dans la foule que la suggestion aura son effet le plus puissant, et passera instantanément de la *forme à deux* à la *forme épidémique*, puisque, dans la foule, l'unité de temps et de lieu et le rapport immédiat entre les individus portent aux dernières limites du possible la rapidité de la contagion des émotions?

Je ne pense pas que personne puisse répondre d'une manière négative à cette demande ; cependant, afin de mieux faire comprendre comment la suggestion agit dans la foule, c'est-à-dire de quelle manière une émotion quelconque de peur ou de colère, manifestée par un seul individu, se propage dans une multitude, je veux rapporter ici quelques très belles pages d'Alfred Espinas.

Nous y trouverons — présentée d'une manière clair cise — l'explication physiologique de la psycholo· foule.

L'illustre naturaliste français, parlant des sociétés domestiques maternelles, et en particulier de la société des guêpes, raconte que, chez ces animaux la division du travail se fait d'une manière parfaite, et qu'il y a même des guêpes exclusivement chargées de veiller à la sûreté commune. Le nid est, en effet, gardé par des sentinelles qui veillent aux abords, rentrent en cas de danger, et avertissent les autres guêpes, qui sortent en colère, et piquent leurs agresseurs. — « Mais — écrit M. Espinas — comment les sentinelles peuvent-elles avertir leurs compagnes de la présence d'un ennemi? Disposent-elles donc d'un langage assez précis pour communiquer des renseignements? On ne voit pas les guêpes se servir de leurs antennes pour se communiquer leurs impressions d'une manière aussi délicate que les fourmis; mais, dans le cas donné, tout langage précis leur est, comme on va le voir, inutile. Il suffit, pour l'explication du fait, que nous concevions comment une émotion d'alarme et de colère se communique d'un individu à l'autre. Chaque individu, remué soudain par cette impression rapide, s'élancera au dehors et suivra l'élan général, il se précipitera même sur la première personne venue, de préférence sur celle qui fuit. Tous les animaux sont entraînés par l'aspect du mouvement. Il ne reste donc plus qu'à dire comment les émotions se communiquent à toute la masse. *Par le seul spectacle*, répondons-nous, *d'un individu irrité. C'est une loi universelle dans tout le domaine de la vie intelligente, que la représentation d'un état émotionnel provoque la naissance de ce même état chez celui qui en est témoin*[1]. Au-dessous des

(1) Cette loi, que Espinas, ainsi que les plus illustres psychologues modernes, ont contribué à mettre au grand'jour, avait déjà été formulée par Cabanis depuis le commencement de ce siècle : — « par la seule puissance de leurs signes, écrivait-il, les impressions peuvent se communiquer d'un être sensible à d'autres êtres qui, pour les partager, semblent alors s'identifier avec lui. » — Voir Cabanis, *Œuvres complètes*, Paris, 1824. Firmin Didot, t. III, Préface, p. 14. Déjà Malebranche disait : les personnes passionnées nous passionnent et elles font des impressions dans notre imagination qui ressemblent à celles dont elles sont touchées. (*De la recherche de la vérité*, livre II.) — Au reste, l'intuition de cette loi remonte bien plus haut encore. Horace dans l'*Art poétique*, dit : — Ainsi

régions où commence l'intelligence, il faut que les circonstances extérieures agissent isolément sur chaque individu d'une manière simultanée pour qu'il y ait accord dans les impressions ressenties ; mais, dès que la représentation est possible, il suffit qu'un seul soit ébranlé par les circonstances extérieures pour que tous le soient également presque aussitôt. En effet, *l'individu alarmé manifeste extérieurement son état de conscience d'une manière énergique ; la guêpe, par exemple, bourdonne d'une manière significative, correspondant chez elle à un état de colère et d'inquiétude ; les autres guêpes l'entendent et se représentent ce bruit ; mais elles ne peuvent se le représenter sans que les fibres nerveuses qui, chez elles, le produisent d'ordinaire, ne soient plus ou moins excitées.* C'est un fait psychologique facile à observer chez les animaux supérieurs que toute représentation d'un acte entraîne un commencement d'exécution de cet acte ; la chèvre à qui on présente un morceau de sucre, le chien à qui on présente un morceau de viande, se lèchent les lèvres et salivent aussi abondamment que s'ils l'avaient dans la bouche. L'enfant et le sauvage miment la scène qu'ils racontent. Et M. Chevreul a montré qu'en l'état de repos parfait il suffit qu'un homme adulte, un savant, d'esprit rassis, ait l'idée d'un mouvement possible de son bras pour que ce mouvement commence à s'effectuer, même à son insu. *Nous ne pensons pas seulement avec notre cerveau, mais avec tout notre système nerveux, et l'image, envahissant d'emblée, avec le sens qui perçoit, les organes qui correspondent d'ordinaire à la perception, y provoque inévitablement des mouvements appropriés qu'un contre-ordre énergique peut seul parvenir à suspendre* [1]. Plus la concentration de la pensée est faible, plus les

que le rire fait naître le rire, de même les larmes font pleurer ; ce sont nos visages qui se comprennent : si tu veux que je pleure, pleure toi-même.

(1) SPENCER écrivait aussi (*Premiers principes*, ch. VIII) : — Il y a une corrélation et une équivalence entre les sensations et les forces physiques qui, sous la forme d'actions du corps, en sont les résultats.

mouvements, nés de cette sorte, suivent impétueusement leur cours. Nos guêpes, voyant l'une des leurs entrer dans le nid, puis en sortir d'un vol rapide, seront donc elles-mêmes tirées au dehors, et au bruit produit par elle, leur bourdonnement répondra à l'unisson. De là une effervescence générale de tous les membres de la société[1]. »

Cette description magistrale d'Alfred Espinas nous explique suffisamment — je crois — la psychologie de la foule.

Comme parmi les guêpes, comme parmi les oiseaux, dont une volée entière, au moindre battement d'ailes, est prise d'un panique invincible, ainsi parmi les hommes une émotion se répand *suggestivement*. au moyen de la vue et de l'ouïe, avant même que les motifs en soient connus ; et l'impulsion vient de la représentation même du fait imité, de même que nous ne pouvons jeter un regard au fond d'un précipice sans éprouver le vertige qui nous y attire[2].

IV

Mais, dira-t-on, tout ce que vous nous avez dit jusqu'à présent suffit à donner l'explication de certains mouvements, de

(1) A. Espinas. *Des sociétés animales.* 2e édition, Paris, F. Alcan, 1878, p. 358 et suiv.

(2) Rambosson dans son œuvre. *Phénomènes nerveux intellectuels et moraux, leur transmission par contagion.* a appliqué aux phénomènes nerveux et intellectuels, qui se transmettent par contagion, la loi de la transmission et de la transformation du mouvement expressif. Il admet (je résume ici sa théorie), que à chaque état psychologique correspond un mouvement cérébral qui se manifeste extérieurement par des modifications de la physionomie, du maintien, des gestes, coordonnés d'une manière particulière. Ce mouvement ne s'arrête pas, mais il se répand dans l'espace, et se communique à un autre cerveau, sans se modifier, et répétant le même phénomène. Le rire, le bâillement, la douleur, se transmettent en suivant cette loi. La propagation du mouvement cérébral à distance est la cause de la diffusion de tous les phénomènes, des plus simples aux plus composés de chaque sphère de l'activité nerveuse.

Ainsi qu'on peut le voir, cette théorie est la même, au fond, que celle d'Espinas, qui l'a développée plus clairement en peu de pages, que ne l'a fait Rambosson en un volume.

certains actes d'une foule, mais non pas de tous. Cela nous explique pourquoi, si l'un applaudit, tous applaudissent; si l'un fuit, tous fuient; pourquoi une émotion de colère, ressentie par un seul individu, se reflète immédiatement sur tous les visages. Mais cela ne nous explique pas pourquoi cette colère entraine à l'action mauvaise, au meurtre; cela ne suffit pas à expliquer comment une foule arrive à l'extrémité de l'assassinat et du massacre, aux atrocités sans nom, dont la révolution française nous fournit peut-être les plus terribles exemples. En de pareils cas, votre théorie — qu'une émotion se transmet par suggestion à toute une foule par la vue seule de cette émotion chez un individu, et que l'impulsion résulte de la seule représentation de l'acte imité, — est insuffisante. Vous ne pouvez pas prétendre que l'on tue uniquement parce qu'on voit quelqu'un qui tue ou qui fait mine de tuer; il faut autre chose que cela pour faire d'un homme un assassin.

Cette objection (qui, nous le prouverons, renferme un fond de vérité) s'était déjà offerte spontanément à l'esprit des auteurs qui avaient tenté d'analyser les causes des crimes commis par une foule. Ils avaient confusément senti qu'un acte de cruauté et de férocité ne peut être uniquement produit par des circonstances extérieures, mais qu'il doit avoir sa cause dans la constitution particulière de l'organisme de celui qui le commet.

« Que se passe t-il dans le cœur des hommes quand ils sont ainsi collectivement entraînés vers le meurtre, vers l'effusion du sang ? D'où naît ce pouvoir imitatif qui les subjugue et qui les porte à se détruire ainsi les uns les autres? *Le point culminant de la recherche s'arrête à une disposition homicide primordiale, à une sorte de fureur instinctive, funestes attributs de l'humanité, qui trouve un puissant auxiliaire dans le penchant imitatif.* Des circonstances extérieures de toutes sortes, agissant sur ces puissances virtuelles, les mettent en branle et les font éclater dans le monde.

« Ici, c'est la vue du sang qui fait naître l'idée d'en répandre ;
là, c'est le prosélytisme, l'esprit de corps, l'esprit de parti, qui
appellent à leur service les passions malfaisantes de tout genre,
et qui arment la main de l'homme pour répandre le sang ; ailleurs c'est une imagination continuellement agacée par les
sollicitations d'un tempérament irritable, qui se trouble au
récit de quelque événement sinistre, qui prend feu et flamme
quand la publicité s'efforce de l'assiéger, et qui transforme en
un instant l'homme le plus timide en une véritable bête féroce[1]. »

Et même avant Barbaste, Lauvergne avait eu recours à cette
disposition homicide primordiale pour expliquer les crimes de
la foule. — « L'organe de l'imitation — écrivait-il — est un de
ceux qui se présentent en première ligne avec ceux de la com-
bativité et de la cruauté. En temps d'anarchie et de révolution,
tous les crimes qui se commettent sont l'œuvre de ces trois
points du cerveau qui commandent en maître à la raison et à
l'intelligence qu'ils se sont subordonnées. Alors l'homme qui
est né cruel, retrousse ses manches et se fait pourvoyeur de la
guillotine. Il aura pour imitateurs la foule de ceux qui voulaient
un modèle, un boute-en-train de ce qu'ils se sentaient capables
d'exécuter. Les victimes seront les hommes faibles, les moutons,
ceux que les bons exemples, les exemples de sagesse et de raison,
ont rendus humains et pieux, chez lesquels les organes de la
cruauté et de l'imitation, s'ils ont existé en eux forts et pré-
pondérants, ont cédé au *labor improbus* de l'intelligence et du
sentiment[2]. »

---

(1) BARBASTE, *De l'homicide et de l'anthropophagie*. Paris, 1856, p. 97.
J. DE MAISTRE, dans un chapitre sur la destruction de l'espèce humaine,
pensait qu'on pourrait ramener à des lois fixes les recrudescences de la
fureur homicide. Si l'on avait — dit-il — des tables de massacres comme
on a des tables météorologiques, qui sait si l'on n'en découvrirait point
la loi au bout de quelques siècles d'observation.

(2) LAUVERGNE. *Les forçats, considérés sous le rapport physiologique,
moral et intellectuel*. Paris, Baillière, 1841, à p. 203. Voy. aussi ATTOMYR.
Theorie der Verbrechen auf Grundsatze der Phrenologie basirt. Leipzig, 1842.
SCHOPENHAUER dit que c'est dans les soulèvements du peuple qu'on voit

Il est certain que ce que disent Barbaste et Lauvergne est vrai, profondément vrai. Précurseurs lointains de la nouvelle science de l'anthropologie criminelle, ils rapportent à la constitution physiologique et psychologique de l'individu une partie des causes des phénomènes humains, plutôt que de les rapporter toutes, sans distinction, à la société, ainsi que le voudraient encore quelques-uns.

Mais, avant d'avoir recours au facteur anthropologique, je crois bon de tenir compte de quelques autres considérations qui expliquent, sinon à elles seules, au moins principalement, de quelle manière une foule peut être entraînée à des actes de férocité et de cruauté.

On doit remarquer avant tout que la foule est en général plus disposée au mal qu'au bien.

L'héroïsme, la vertu, la bonté peuvent être les qualités d'un seul individu ; mais elles ne sont jamais ou presque jamais les qualités d'une grande réunion d'individus. L'observation la plus vulgaire nous l'enseigne : on craint toujours d'une multitude d'individus, bien rarement on espère. Tout le monde sent et sait par expérience que l'exemple d'un homme pervers ou d'un fou peut entraîner la foule au crime ; bien peu croient, et cela arrive rarement en effet, que la voix d'un homme de bien ou d'un homme courageux puisse engager la foule au calme.

se révéler l'égoïsme et la cruauté qui sont les qualités fondamentales de l'homme. — « Quand une foule déchaînée a rompu tout lien de loi, ou d'ordre, il se manifeste en plein jour ce *bellum omnium contra omnes*, dont Hobbes a fait le tableau admirable dans le premier chapitre, *De Cive*. On voit alors chacun, non seulement ravir aux autres ce qu'il envie, mais aussi anéantir le bonheur et l'existence de ses semblables, dans le seul but de se procurer un supplément fort mesquin de bien-être. » — *Le monde comme volonté et comme représentation*. Paris, F. Alcan, liv. IV.

Lombroso et Laschi (*Le crime politique*, p. 140), écrivaient de même que Barbaste, Lauvergne et Schopenhauer : « Les levains primitifs du vol, de l'homicide, de la luxure, qui couvent à l'état d'embryon dans chaque individu tant qu'il vit seul, surtout s'ils sont modérés par l'éducation, grandissent tout d'un coup comme des géants au contact d'autrui, et deviennent virulents dans les foules excitées. »

'La psychologie collective, ainsi que nous l'avons dit dans l'introduction, est fertile en surprises mais ces surprises sont presque toujours douloureuses : cent, mille hommes réunis peuvent commettre des actions qu'aucun des cent ou des mille n'aurait commis étant seul ; d'une réunion d'hommes bons, vous n'aurez presque jamais un résultat excellent ; vous aurez souvent un résultat médiocre, quelquefois même un résultat très mauvais.

La foule est un terrain où le microbe du mal se développe très facilement, tandis que le microbe du bien meurt presque toujours, faute de trouver les conditions de vie[1].

Et pourquoi cela ?

Sans parler ici des différents éléments qui composent une foule où, près d'hommes de cœur on voit des indifférents et des cruels, et près des gens honnêtes, bien souvent des vagabonds et des criminels[2], et tout en nous bornant, pour le moment, à une observation générale, nous pourrions répondre à la demande qui nous a été faite, en disant que, dans une multitude, les bonnes qualités des particuliers, au lieu de s'unir, se détruisent.

Elles se détruisent, d'abord, par une nécessité naturelle, et je dirais arithmétique. De même que la moyenne de plusieurs nombres ne peut évidemment être égale au plus élevé de ces nombres, de même un agrégat d'hommes ne peut refléter dans ses manifestations les facultés les plus élevées, propres à quelques-uns de ceux qui le composent ; il reflétera seulement les facultés qui se retrouvent en tous ou dans le plus grand nombre des individus. Les dernières et les meilleures stratifications du caractère, dirait Sergi, celles que la civilisation et l'éducation ont réussi à former en quelques individus privilégiés, sont éclipsées par les stratifications moyennes qui sont

<hr>

(1) Voy. à ce sujet dans la deuxième partie de cet ouvrage ma lettre adressée à M. Tarde, et la polémique qui s'en suivit.

(2) Nous nous occuperons de cela au chapitre suivant.

le patrimoine de tous ; dans la somme totale, celles-ci prévalent et les autres disparaissent.

Il arrive dans la foule, au point de vue *moral*, ce que nous avons remarqué plus haut[1], qui arrive au point de vue *intellectuel* dans toutes les réunions nombreuses d'hommes : la compagnie affaiblit — par rapport au résultat total — aussi bien la force du talent que les sentiments charitables.

On ne veut pas dire par là que la foule soit incapable de toute manifestation noble et grande, soit du côté de la pensée soit du côté du sentiment. Trop d'héroïsmes collectifs sont là pour nous démentir, principalement tous ceux qui tirent leur origine de l'amour de la patrie, et qui — depuis les 300 des Thermopyles jusqu'aux derniers martyrs de l'indépendance — forment, pour ainsi dire, dans l'histoire une voie sacrée qui suffit à prouver qu'une multitude peut, aussi bien qu'un seul individu, monter aux hauteurs sublimes de l'abnégation et de la vertu.

J'ai voulu seulement constater que la foule est *prédisposée*, par une fatale loi psychologique, plus au mal qu'au bien, — de la même manière que n'importe quelle autre réunion d'hommes est *prédisposée* à donner un résultat intellectuel inférieur à celui que devrait donner la somme de ses composants. Il y a dans la foule une tendance cachée à la férocité, qui constitue, — si je puis dire ainsi — le facteur organique complexe de ses futures manifestations, et ce facteur (comme le facteur anthropologique dans l'individu) peut suivre une direction bonne ou mauvaise, selon l'occasion et selon la suggestion qui lui est imposée par les conditions extérieures.

Une assemblée, qui représente un agrégat intellectuellement médiocre, peut arriver en certains cas à comprendre une idée de génie ou un sentiment noble si quelqu'un sait l'exposer. Dans

____

(1) Dans l'*Introduction*, p. 0 et suiv.

un bel élan d'enthousiasme par exemple, pendant la nuit du
4 août, l'Assemblée nationale française déploya une générosité
collective dont presque tous les membres, sinon tous, eussent
été incapables isolément [1].

De même une foule qui représente un ensemble moralement
médiocre et même bas, peut arriver en certains cas à accomplir
des actions héroïques ou à déployer des sentiments altruistes,
s'il se trouve un capitaine qui sache l'y conduire ou un orateur
qui sache le lui suggérer. Lorsque le plus grand des orateurs
réussit à convaincre les Athéniens que l'homme qui avait attiré
sur eux d'irréparables malheurs en les engageant à s'armer
contre Philippe, méritait des couronnes et non des peines,
lorsque, attestant ceux qui étaient morts à Marathon, il se glo-
rifia d'avoir sauvé l'honneur de son pays et persuada à des bou-
tiquiers et à des artisans que leur honneur leur était plus cher
que leur vie, on assista ce jour-là au plus beau triomphe que la
parole humaine ait jamais remporté, et du même coup le
peuple athénien prouva qu'une multitude n'est pas toujours
médiocre et que les grandes inspirations savent trouver quelquefois le chemin de son âme. Tel citoyen, pris isolément,
aurait résisté peut-être à l'éloquence de Démosthène : mais il
parlait à une foule, et la foule se rendit [2].

Il n'y a donc pas de doute : la vulgarité intellectuelle et
la médiocrité morale d'une multitude peuvent se transformer
en pensées et en sentiments meilleurs ou même excellents,
par l'action d'un orateur ou d'un chef, de celui enfin qui est le
despote momentané de la foule.

---

(1) Voy. TARDE dans la *Revue philosophique* de novembre 1891, à propos
de la première édition de cet ouvrage.

(2) Voy. G. VALBERT. *La théorie d'un positiviste italien sur la foule criminelle*, dans la *Revue des Deux-Mondes*, livraison du 1er décembre 1892.
Cet article, que le regretté VICTOR CHERBULIEZ a eu l'obligeance de me con-
sacrer lorsque parut la première édition de mon ouvrage, est plein d'aperçus
nouveaux.

Dans tous les mouvements populaires, la moralité d'une nation sort des règles communes ; comme il se peut (et c'est l'hypothèse la plus probable) qu'une foule d'ouvriers paisibles se réveillent lions quand l'émeute gronde dans les rues, de même il se peut qu'un homme, entraîné par l'enthousiasme et gagné par l'excitation de la multitude, devienne un héros et un martyr, tandis qu'en temps normal, il aurait été simplement un bon citoyen ou même un mauvais sujet s'il avait vécu dans un milieu corrompu. C'est ce qui arrive au type classique du gamin de Paris qui en temps de paix devient à seize ans souteneur, voleur, assassin et, dès l'âge de dix-huit ans, entre à la Grande Roquette d'où il part pour la Nouvelle-Calédonie : vienne le temps des barricades, ce gamin meurt en héros [1]. »

Cette condition étrange et je dirais presque contradictoire de la foule — qui peut faire éclore de son sein l'égoïsme ou l'altruisme, le criminel ou le martyr — a été symbolisée par M. Pugliese dans une comparaison très belle et très juste. « Une foule est excitée, mais la force qui l'émeut comme la mer agitée n'a pas encore reçu l'impulsion du mouvement ; — une chaudière est sous pression, mais on n'a pas encore ouvert la soupape qui doit laisser passer la vapeur ; — un amas de poudre est exposé au soleil, mais personne n'a allumé le feu pour la faire sauter. Un homme surgit, on manifeste une idée, on jette un cri : — allons tuer un tel, ennemi du peuple, ou : allons délivrer tel autre, ami des pauvres, — et le mouvement est donné, la soupape est ouverte, la poudre a fait explosion. Voilà la foule [2]. »

Spencer a aussi une phrase qui exprime, si on l'applique à la foule, la même idée que la comparaison de M. Pugliese : « Les paroles, disait le philosophe anglais, ont avec l'ébranlement

(1) Moreau. *Le monde des prisons.* Paris, 1881. p. 81.
(2) Dans la *Rivista di giureprudenza*, 1891.

moral qu'elles excitent une relation qui ressemble beaucoup à
celle de la pression de la détente d'une arme à feu avec l'explosion qui la suit ; elles ne produisent pas la force, elles la
mettent en liberté [1]. »

Donc, dans la foule, comme dans l'individu, toute manifestation est due aux deux ordres de facteurs, anthropologique
et social [2] ; — la foule peut être *en puissance* tout ce qu'on veut,
mais ce sera l'*occasion* qui fera naître tel ou tel événement. Il
y a toutefois ceci de particulier : que l'*occasion*, c'est-à-dire la
parole ou le cri d'un homme, a, devant la multitude, une importance infiniment supérieure à celle qu'elle a devant un seul
homme. L'individu isolé — dans la société, à l'état normal, —
est toujours, plus ou moins une matière peu inflammable ;
approchez de lui une mèche ; elle brûlera plus ou moins lentement et peut-être même elle s'éteindra [3]. La foule au contraire
est toujours comme un amas de poudre sèche : si vous en approchez la mèche, l'explosion ne peut manquer. L'occasion a donc

(1) H. SPENCER. *Les premiers principes*, p. 194.

(2) Il est à peine nécessaire de faire remarquer qu'en parlant des deux
seuls facteurs anthropologique et social, nous n'avons pas voulu exclure
le facteur physique. Nous avons parlé des deux premiers et non du troisième, parce que ceux-là seuls intéressaient notre sujet.

MM. LOMBROSO et LASCHI (dans le *Crime politique*) s'occupent de l'influence du climat dans les révolutions et les émeutes. Faisant la statistique des rébellions par mois et par saison dans l'antiquité, le moyen âge
et le siècle écoulé, ils arrivent aux résultats suivants : que c'est en été
que le chiffre des révoltes a toujours été le plus élevé, et en hiver le plus
bas ; que ce chiffre encore est au maximum pendant le mois qui a suivi
le début des plus grandes chaleurs, *juillet ;* qu'il est au contraire au minimum pendant le mois qui suit le début des froids, *novembre.*

M. FORNASARI dans une brochure, à vrai dire très peu originale, s'occupe
aussi du facteur physique dans les crimes collectifs.

N'ayant pas eu le temps de recueillir des données nouvelles à ce propos, j'ai négligé complètement l'étude des facteurs physiques.

Dans la deuxième partie de cet ouvrage (chap. III, *l'opinion publique*)
on trouvera quelques observations sur l'influence du facteur physique
dans la formation des foules et des publics.

(3) Cela s'entend en général : mais parfois l'occasion produit sur l'individu isolé le même effet irrésistible et instantané qu'elle produit sur la
foule : par exemple, une provocation très grave faite à un criminel par
amour.

dans la foule *le terrible de l'irréparable*. Et cette vérité ne s'applique pas seulement aux crimes de la foule mais à toutes ses manifestations psychologiques.

Au théâtre, par exemple, — et chacun l'a bien des fois observé, — il suffit d'un *lapsus linguæ* d'un artiste, prononcé au milieu d'une tirade éloquente ou dans un moment tragique, pour bouleverser tout à coup la psychologie de la foule, et pour la faire éclater de rire, tandis qu'une seconde auparavant elle était sérieuse et avait même les larmes aux yeux. « La foule, disait il y a bien des siècles Tacite (*Historiæ*, I, 69), est mobile et suit les impressions du moment. »

Un phénomène semblable se vérifie dans les élections populaires. Un nom qu'on a su jeter adroitement à temps au milieu d'une foule, obtient l'adhésion instantanée de tous, involontairement et par le seul fait qu'il a été prononcé ; et la multitude oublie avec une facilité et une rapidité étonnantes les autres noms qu'auparavant on lui avait soufflés. On pourrait rapporter ici mille exemples : un seul suffira : lorsqu'Osman, empereur des Turcs, fut déposé, aucun de ceux qui commirent cet attentat ne songeait à le commettre ; ils demandaient seulement en suppliant qu'on leur fît justice sur quelque grief : une voix, qu'on n'a jamais connue, sortit de la foule par hasard : le nom de Mustapha fut prononcé et soudain Mustapha fut empereur[1].

Après toutes ces considérations, on pourrait croire entamé le principe exposé plus haut, — que la foule est un terrain dans lequel le microbe du bien meurt bien souvent, et dans lequel, au contraire, le germe du mal se développe facilement. Puisque, dira-t-on, tout dépend de l'occasion, et qu'elle peut être bonne ou mauvaise, les probabilités pour les résultats opposés sont égales.

Mais il n'en est pas ainsi. S'il est vrai que tout dépend de

____

(1) Montesquieu. *Lettres persanes*. Lettre 81. Usbeck à Rhedi.

l'occasion, il n'est pas moins vrai que l'occasion est plus souvent mauvaise que bonne.

Et cela pour cette grande raison : admettons même que dans la foule le nombre des personnes qui veulent conduire au bien soit égal à celui des personnes qui veulent entrainer au mal, ces dernières auront le dessus dans la plupart des cas. La perversité est une qualité plus *active* que la bonté, puisque la classe des méchants est composée de ceux qui veulent faire du mal aux autres, tandis que la classe des bons est composée de ceux qui *ne feraient jamais de mal à personne* (les passifs), et de ceux qui non seulement ne feraient pas de mal, mais qui veulent faire du bien et qui le font. Or, il est facile de comprendre que les bons *passifs* ne peuvent influencer une multitude et la diriger : leurs qualités négatives les rendent les instruments aveugles de ceux qui sauront prendre le dessus.

Quant aux bons *actifs* (qu'on me passe ces expressions, qui rendent exactement ma pensée) leur pouvoir rencontre bien des difficultés, parce que s'ils tentent de s'imposer et de réagir contre les conseils des méchants, s'ils cherchent à ramener le calme, ils voient bien souvent leurs paroles mal interprétées, et ils sont accusés de poltronnerie et pis encore. C'est pourquoi, s'ils tentent de réagir une première fois, ils ne s'y essayeront plus une seconde, et la suggestion de ceux qui veulent faire naitre quelque chose de sérieux, de grave, ne rencontrera plus aucun obstacle. Combien n'y en a-t-il pas qui dans un soulèvement populaire, crient *vive* ou *mort*, parce qu'ils craignent s'ils se taisent que leurs voisins ne les traitent de lâches et d'espions! Et combien, pour les mêmes raisons, passent de la parole à l'acte! Il faut une force de caractère peu commune pour réagir contre les excès que commet la foule dont on fait partie ; bien peu possèdent cette force. Pour la plupart, ils *comprennent* qu'ils agissent mal, mais ils le font parce que la foule les y pousse et les y contraint. Ils savent que s'ils ne suivent pas le courant, ils seront appelés vils et seront les victimes de la colère d'autrui. Et la peur matérielle d'être maltraités ou blessés s'ajoute à la peur morale d'être traités de lâches.

Alexandre Manzoni dans *les Fiancés* a une page magnifique qui décrit cette impuissance morale et physique à laquelle se trouvent réduits les bons dans la foule, il montre l'impossibilité de réagir contre la majorité qui court à des actes criminels :

« ..... c'était un mouvement continuel, on se poussait, on se tirait, il y avait comme un arrêt momentané, une suspension, une incertitude, une irrésolution, un bourdonnement ininterrompu de conseils contradictoires. Soudain, une voix s'éleva du milieu de la foule, une voix maudite qui criait : « Il y a près d'ici la maison du vicaire; allons faire justice et saccager. » Ce fut comme le brusque rappel d'une résolution déjà prise en commun. « Chez le vicaire, chez le vicaire ! » on n'entend pas d'autre cri. La foule se met en marche comme un seul homme, et se dirige vers la maison nommée à un si mauvais moment. « Le vicaire ! le tyran ! l'affameur ! nous le voulons mort ou vif ! » Renzo se trouvait au plus fort du tumulte. A peine entendit-il cette proposition sanguinaire qu'il fut saisi d'effroi ; quant au pillage, il n'aurait pas pu dire s'il était légitime ou non dans ce cas-là, mais la pensée du meurtre lui causa une horreur sans mélange. Gagné par cette funeste docilité des esprits passionnés devant la passion d'un grand nombre, il était lui-même persuadé que le vicaire était la cause principale de la famine, l'ennemi des pauvres ; mais, ayant entendu quelques moments auparavant certains dans la foule exprimer le désir de ne rien négliger pour le sauver, il s'était aussitôt promis de contribuer à cette œuvre... Un vieux, écarquillant des yeux creux et enflammés, agitait en l'air un marteau, une corde et quatre gros clous, avec lesquels, disait-il, il voulait pendre le vicaire à sa porte, quand on l'aurait tué. — « Honte ! » cria Renzo, rempli d'horreur en entendant ces paroles ; il voyait un certain nombre de figures qui semblaient les approuver, mais il était encouragé par la vue d'autres qui se taisaient en laissant apercevoir la même horreur que lui. « Honte! veux-tu donc que nous devenions des bourreaux? Assassiner un chrétien? Comment voulez-vous donc que Dieu nous donne du pain, si nous commettons ces atrocités? Il nous enverra ses foudres et non du pain! » — « Ah! chien! traître à la patrie! » cria en se tournant comme un possédé vers Renzo un de ceux qui avaient pu malgré le bruit entendre ces courageuses paroles. « Attends, attends! C'est un serviteur du vicaire déguisé en paysan : c'est un espion : prenez-le! » Cent voix répondent autour de lui : — « Qu'est-ce que c'est? Où est-ce? Qui est-ce? Un serviteur du vicaire. Un espion. Le vicaire déguisé en paysan, qui se sauve. Où est-il? Arrêtez-le, frappez-le, battez-le, tapez dessus! » Renzo se tait, il s'anéantit, il voudrait disparaître; quelques-uns de ceux qui l'entourent le cachent au milieu de leur groupe, et tâchent d'étouffer les voix ennemies et homicides, par d'autres cris plus forts. Mais ce qui le sauva ce fut un « place, place » que l'on cria près de là... »

Il y a une infinité de personnes qui se trouvent dans le cas de Renzo. Et, si la comparaison ne paraissait un peu hardie, je dirais que la plus grande partie des honnêtes gens qui se trouvent au milieu d'une foule furibonde, doivent presque fatalement se conduire comme ceux qui les entourent, par une loi de *mimétisme psychique*. Ils sont en proie à une espèce de *myriachit*, névrose qui oblige à imiter les mots et les gestes de ceux qu'on regarde [1].

De même qu'il est des animaux qui, pour s'effacer aux yeux de leurs ennemis et se mieux défendre d'eux, prennent la couleur du milieu dans lequel ils vivent [2], de même les hommes qui se

---

(1) Voy. MORSELLI, *Il magnetismo animale.*

(2) Sur ce phénomène, qui dérive de l'instinct de conservation, consultez WEISSMANN, *Studien zur Descendenz-Theorie.* Leipzig, 1876, p. 10 et

trouvent dans une foule, prennent la *teinte morale* de ceux qui les entourent pour éviter qu'on les insulte et qu'on les batte ; c'est-à-dire qu'ils crient tout ce que les autres veulent, et font semblant de suivre le courant.

Je me souviens, à ce propos, de ce que me disait il y a quelque temps Elie Reclus, le philosophe illustre, le causeur profond et captivant. Il me racontait qu'il se trouvait à Paris, en 1870, le jour où arriva la nouvelle de la défaite de Sedan : il se promenait sur le boulevard tout en réfléchissant aux conséquences de cet immense désastre, et il sentait qu'il n'y avait désormais qu'une seule chance de salut, un seul moyen de rendre moins terrible la débâcle : *puisque l'empire avait fait la guerre, l'empire devait faire la paix*. Il s'était bien affermi dans cette opinion, lorsqu'une foule hurlante passa près de lui et l'emporta dans ses vagues humaines. Il entendit des cris : — vive la République ! nous voulons la République ! — il écoutait les discours de ceux qui étaient près de lui, — et peu à peu son opinion première, individuelle, chancela, — il luttait en vain pour la soutenir, — et quand cette foule s'arrêta, et qu'un orateur lui expliqua la nécessité que ce fût, non l'Empereur vaincu et coupable, mais la République innocente qui fît la paix, — il se surprit à applaudir furieusement — comme les autres — cette opinion qu'un moment auparavant il avait rejetée et qui n'était pas la sienne.

S'il en est vraiment ainsi — et qui en pourrait douter — il n'est pas difficile de comprendre pourquoi l'opinion individuelle de quelques esprits indépendants se noie dans la foule, dans l'opinion de la majorité ; il n'est pas difficile de comprendre pourquoi — en d'autres cas — les passions mauvaises ont le

suiv. ; — Girard, *La nature*, 1878, p. 109 ; — Darwin, *Origine delle spécie*, trad. ital., Turin, 1875, p. 167 ; — Canestrini, *La teoria di Darwin*, Milan, Dumolard, 1887, 2ᵉ éd., p. 263, et plus récemment Soracar, *La suggestion dans l'art*, p. 212, et Thomas, *La suggestion*, Paris, F. Alcan. p. 37.

dessus dans la foule, et étouffent les bonnes intentions du plus petit nombre [1].

Mais, outre les considérations que nous avons déjà émises il y en a une qui explique mieux encore la victoire des instincts brutaux.

Nous avons démontré, je l'espère du moins, de quelle manière une émotion quelconque, ressentie et manifestée par un seul individu, se communique immédiatement à un grand nombre. Admettons que cette émotion soit de fureur ou de colère ; en un instant, le visage et le maintien de chaque individu prendront une expression de colère, et auront quelque chose de tendu et de tragique.

Il ne faut pas croire que cette expression n'est qu'apparente : l'émotion réelle suit toujours les actes qui l'expriment, même quand ces actes ne sont, au commencement, que des démonstrations fictives. Nous pouvons feindre, par notre seule volonté, une émotion que nous n'éprouvons pas ; mais nous ne pouvons pas rester indifférents devant une émotion qui est feinte extérieurement.

« Je ne puis comprendre — disait Piderit — que la simple imitation d'une expression puisse produire pour ainsi dire par action réflexe l'affection correspondante. Du moins je n'ai rien constaté de semblable lorsque, dans mes études de mi-

(1) Après toutes les observations que je viens de développer dans les pages qui précèdent, et qui existaient *entièrement* dans la deuxième édition italienne de ma *Foule criminelle* publiée en 1894, je crois être en droit de m'étonner de ce que M. G. LEBON ait pu écrire dans sa *Psychologie des foules*, parue en 1895, les phrases qui suivent : — « La foule est toujours intellectuellement inférieure à l'homme isolé, mais au point de vue des sentiments et des actes que ces sentiments provoquent, elle peut, suivant les circonstances, être meilleure ou pire. Tout dépend de la façon dont la foule est suggestionnée. *C'est là ce qu'ont parfaitement méconnu les écrivains qui n'ont étudié les foules qu'au point de vue criminel* » (p. 21). Le lecteur impartial peut être juge si ces *écrivains* (c'est-à-dire M. TARDE et moi) ont parfaitement méconnu ce que M. LEBON croit pouvoir prétendre avoir observé le premier. Nous n'aimons pas insister sur une semblable question : nous n'aimons pas, surtout, discuter avec un auteur qui n'a pas voulu reconnaître l'erreur dans laquelle il était tombé.

mique, devant une glace, je cherchais à imiter et à reproduire une expression quelconque... A mes yeux, c'est simplement l'association des idées qui doit expliquer pourquoi chacun, en s'efforçant d'imiter certains modes de l'expression, éveille en lui en même temps certaines représentations d'affections [1]. » Qu'importe — ajoute M. Souriau, et sa réponse est très juste, — cette association d'idées est si naturelle qu'on ne peut y échapper. Nos sentiments et leur mimique, et cette sourde émotion physiologique qui de proche en proche gagne tout notre organisme quand nous sommes fortement émus, forment un tout naturel, un ensemble de phénomènes solidaires les uns des autres ; si l'un d'entre eux vient à être artificiellement reproduit, tous les autres tendent à reparaître spontanément [2].

En effet, puisque tout état intellectuel est accompagné de manifestations physiques déterminées qui n'en sont pas seulement les effets et les signes, mais — comme dit Ribot [3] — les conditions nécessaires et les éléments constitutifs, il suit de là que, entre un état intellectuel et ses manifestations extérieures, il y a toujours un rapport de réciprocité, en ce sens que l'un ne peut naître sans produire immédiatement les autres, et *vice versa*.

« Quand, les yeux fermés, dit Lange, nous pensons à un crayon, nous faisons d'abord un léger mouvement des yeux qui correspond à la ligne droite, et souvent nous nous apercevons d'un léger changement dans les mouvements de la main, comme si nous touchions un crayon [4]. »

« Pour les représentations abstraites, Stricker démontra d'une manière sûre l'existence de la *parole intérieure* ; et cha-

(1) PIDERIT. *La mimique et la physionomie*. F. Alcan, 1888, p. 20.
(2) SOURIAU. *La suggestion dans l'art*. F. Alcan, 1893, p. 293.
(3) TH. RIBOT. *Psychologie de l'attention*. F. Alcan, 1889.
(4) LANGE. *Beitrage zur Theorie der sinnlichen Aufmerksamkeit und der activen Apperception*. — Philosophisce Studien, IV, 115.

cun peut apercevoir en s'examinant avec attention, qu'en pensant à quelque chose d'abstrait, il prononce silencieusement au dedans de lui-même la parole qui le représente, ou tout au moins qu'il se sent poussé à la prononcer [1]. » Bain disait, en effet, résumant en une seule phrase l'idée exposée par Lange et par Stricker, que : penser veut dire se retenir de parler et d'agir. — Et, selon Setschœnoff, la pensée est un réflexe réduit à ses deux premiers tiers.

Du reste, des milliers d'expériences prouvent que le mouvement est inhérent à l'image. « Les personnes qui se jettent dans un abîme, de peur d'y tomber ; celles qui se coupent avec leur rasoir de crainte de se couper, et la célèbre lecture de la pensée — qui n'est pas autre chose que la lecture d'états musculaires, — semblent étranges au public parce qu'il ignore ce phénomène psychologique élémentaire que chaque image renferme une tendance au mouvement [2].

Réciproquement, chaque mouvement renferme une tendance à une image quelconque. On a dit que la pensée n'est qu'une action avortée. Je crois pouvoir dire d'une manière analogue que l'acte extérieur est une pensée qui naît.

« L'action musculaire particulière — dit fort justement Maudsley — n'est pas seulement l'exposant de la passion, mais bien aussi une partie essentielle de la passion même. Exprimez par votre physionomie une émotion particulière — celle de la colère, de l'étonnement, de la malignité — et l'émotion ainsi imitée ne manquera pas de s'éveiller en vous ; et pendant que les traits du visage expriment un sentiment déterminé,

(1) A. Mosso. *La Fatigue*. Paris, F. Alcan.

(2) Ribot, œuvr. cit., p. 79. — Voy. à ce propos : Darwin, *Expression des émotions*, ch. x ; Preyer, *L'âme de l'enfant*, trad. franc., p. 250 et suiv., F. Alcan ; Féré, *Sensation et mouvement*, F. Alcan ; Mantegazza, *La Physionomie*, ch. xvi ; Riccardi, *Saggio di studi e di osservazioni intorno all'attenzione nell'uomo e negli animali*, Modena, 1877 ; et Tissié, *Les Rêves*, F. Alcan, 1890, p. 12.

il est inutile et vain de tâcher d'en éprouver un autre [1]. »

Lessing a décrit de quelle manière un acteur qui doit feindre la colère et qui est peu sensible, pourra devenir très sensible et réellement furieux par l'effet de la seule imitation des signes extérieurs de la colère. Supposons qu'il sache imiter très bien ces signes extérieurs ; par ce fait son âme éprouvera un sentiment vague de colère qui réagira sur son visage et y produira d'autres mouvements qui ne dépendent plus de sa volonté : ses yeux lanceront des éclairs, ses muscles se raidiront : en un mot, il aura l'apparence d'un homme vraiment irrité sans qu'il puisse bien comprendre pourquoi il l'est.

Espinas écrivait d'une manière analogue : « De même que l'homme qui tient un fleuret dans un assaut courtois s'anime au jeu et éprouve quelque chose des sentiments qu'il aurait dans une véritable lutte, de même que le sujet magnétisé passe par tous les états correspondants aux postures qu'on lui fait prendre, s'énorgueillissant quand on le dresse, s'humiliant quand on l'accroupit, de même les animaux éprouvent rapidement les émotions dont ils reproduisent les signes extérieurs. Le singe, le chat, le chien en viennent vite, en simulant le combat dans leurs jeux, à une véritable colère, tant il y a de connexion entre les actes et les attitudes qui expriment d'ordinaire un état de conscience et cet état de conscience lui-même, tant ces deux moitiés d'un seul et même phénomène s'engendrent facilement l'une l'autre [2]. »

---

(1) E. MAUDSLEY. *Corpo e mente*, leçons traduites par le docteur COLLINA. Orvieto, 1872. Voy. Lez, I, p. 33.

L'indissoluble union du mouvement et de l'idée est démontrée de la manière la plus ingénieuse par les expériences qu'a faites le Dr LUYS sur l'action des couronnes aimantées dans le traitement des maladies nerveuses. Voy. *La Science moderne*, nov. 1893 et F. THOMAS, *La suggestion* etc. Paris, F. Alcan, 1893.

(2) A. ESPINAS, ouvr. cit., p. 369. — A ce propos, SPENCER écrivait : « Si, en connexion avec un groupe d'impressions et de phénomènes de mouvement naissants qui en résultent, on éprouve habituellement quelque autre impression ou phénomène de mouvement, celle-ci, par le progrès

Or donc il est clair qu'une foule dans laquelle on a produit une émotion de colère ou de fureur, sera en un instant, non seulement agitée et émue *extérieurement*, mais *réellement* irritée. M. Joly, ayant eu l'intuition de ce phénomène physiologique, disait, en parlant de l'individu qui est dans une foule et qui se laisse entraîner par elle : « ce n'est plus chez lui la volonté qui amène l'acte, c'est l'acte qui met en branle la portion imaginative et peut-être plus encore la portion physique de la volonté [1]. » Et il est bien facile alors de comprendre, sans qu'il soit nécessaire d'avoir recours au facteur anthropologique, comment la foule peut arriver au crime.

Tous les individus qui font partie d'une foule, sont dans

du temps, deviendra si bien liée au groupe, qu'elle naitra aussi quand le groupe naitra, ou fera naitre le groupe quand elle-même sera produite. Si, avec l'acte de se précipiter sur une proie et de la saisir, a toujours été expérimentée une certaine odeur, la présentation de cette odeur fera naitre les phénomènes de mouvement et les impressions qui accompagnent l'acte de se précipiter et de saisir une proie. Si les phénomènes de mouvement et les impressions qui accompagnent l'acte de saisir une proie, ont été habituellement suivis par les morsures, combats et grognements qui accompagnent la destruction de la proie, alors, quand les premiers se produiront à l'état naissant, il feront naitre, à leur tour, les états psychiques qu'impliquent les morsures, les combats, les grognements. Et si ceux-ci ont été de même suivis par les états psychiques impliqués dans l'acte de manger, alors ces derniers à leur tour, se produiront à l'état naissant. Ainsi la simple sensation de l'odorat fera naitre ces états de conscience nombreux et variés qui accompagnent les actes de se précipiter, saisir, tuer et dévorer la proie. Les sensations de la vue, de l'oreille, du tact, de l'odorat, du goût, des muscles, qui accompagnent constamment les phases successives de ces actions, seront toutes partiellement excitées en même temps, constitueront par leur réunion les désirs de prendre, tuer et dévorer, et formeront l'impulsion au mouvement qui mettra les membres à la poursuite de la proie. » — Voy. *Principes de psychologie*, t. I, 4ᵉ partie, ch. VIII, § 214.

Ce passage de Spencer renferme la loi de psycho-physiologie que Canu-cot a résumée ainsi : « Chaque mouvement que nos muscles reçoivent de l'extérieur, chaque force nerveuse, qui se développe dans l'organisme par l'effet d'une excitation étrangère et non spontanément, détermine une série d'états cérébraux et de modifications mentales capables d'être traduites par le maintien et les mouvements expressifs qui l'accompagnent. » Voy. G. CAMPILI, *Il grande ipnotismo*, Frères Bocca, 1886, p. 43. — JANET fondait sur la même loi la théorie suggestive. Voy. PAUL JANET, *Revue politique et littéraire*, n. 4-7, 1884.

(1) JOLY, *La France criminelle*, Paris, L. Cerf, ch. XV.

un état psychologique analogue à celui d'un individu provoqué et offensé personnellement. C'est pourquoi le crime qu'ils commettront ne sera pas un acte sauvage incompréhensible, mais plutôt une réaction (juste ou injuste, mais en tous cas naturelle et humaine) contre la cause, ou ce qu'ils croient la cause, de cette provocation qu'ils ont ressentie par contagion.

Le facteur anthropologique aura certainement sa part dans ce crime, mais le motif principal n'en sera pas moins l'état réel de colère et d'irritation de la multitude. Cet état de colère rend les crimes de la foule semblables en tout à ceux des délinquants d'occasion, qui — comme on le sait — n'en arrivent au crime que lorsqu'ils y sont poussés par les circonstances ou les provocations extérieures.

Nous avons donc levé un premier voile du mystère des crimes imprévus de la foule : nous entrevoyons maintenant pourquoi elle les commet. Une dernière considération nous aidera à expliquer encore mieux ce phénomène.

C'est une loi psychologique d'une vérité incontestée que l'intensité d'une émotion croît en proportion directe du nombre des personnes qui la partagent dans le même lieu et le même temps. C'est là le motif du haut degré de frénésie auquel monte parfois l'enthousiasme ou la désapprobation, dans un théâtre ou dans une assemblée.

On aura un exemple et une preuve de ce que nous affirmons. si l'on veut bien examiner ce qui arrive dans une salle où parle un orateur. « Je suppose que l'émotion ressentie par cet orateur puisse être représentée par le chiffre 10, et qu'aux premières paroles, au premier éclat de son éloquence, il en communique au moins la moitié à chacun de ses auditeurs qui seront 300, si vous le voulez bien. Chacun réagira par des applaudissements ou par un redoublement d'attention; et cela pro duira ce qu'on appelle dans les comptes rendus un mouvement (*sensation*). Mais ce mouvement sera ressenti par tous à la fois, car l'auditeur n'est pas moins préoccupé de l'auditoire que de l'orateur, et son imagination est soudainement envahie par le spectacle de ces trois cents personnes frappées d'émotion : spectacle qui ne peut manquer de produire en lui, d'après la loi énoncée tout à l'heure, une émotion réelle. Admettons qu'il ne ressente que la moitié de cette émotion, et voyons le résultat. La secousse ressentie par lui sera représentée non plus par 5, mais par la moitié de 5 multipliée par 300, c'est-à-dire par 750. Que si on applique la même loi à celui qui est debout et qui parle au milieu de cette foule silencieuse, ce ne sera plus le chiffre de 750 qui exprimera son agitation intérieure, mais 300 fois $\frac{750}{2}$, puisqu'il est le foyer vers lequel tous ces individus profondément remués renvoient les impressions qu'il leur communique [1]. »

Il est certain que, dans une foule, la communication des émotions n'a pas lieu de tous à un seul ; elle ne présente donc pas ce caractère de concentration organique.

Le concours est tumultueux et une grande partie des émotions — il faut en convenir — ne pouvant pas être ressentie par tous, n'a pas d'écho. L'intensité de l'émotion n'offre plus alors un rapport égal au nombre des individus, et l'accélération des mouvements passionnés est beaucoup moins rapide. Mais la loi générale n'en est pas moins vraie. Elle se manifeste d'une manière moins déterminée, moins claire, plus incertaine ; mais cette incertitude même, et cette confusion auront leur effet. Chaque cri, chaque bruit, chaque acte, justement parce qu'il n'est ni entendu, ni interprété exactement, produira un effet

<hr>

(1) Voy. Espinas, œuvr. cit., p. 361. — Cicéron (*De oratore*, liv. II, ch. XLVI, écrivait : « La nature même des moyens employés par un orateur pour émouvoir son public, agit plus profondément sur lui que sur les autres. »

plus grave que celui qu'il n'aurait dû réellement produire. Le discours d'un orateur, par exemple, qui cherche à ramener le calme dans une foule, peut avoir bien des fois un résultat opposé à celui qu'il se proposait, parce que ceux qui sont éloignés n'entendent pas bien ses mots, ils voient seulement les gestes de l'orateur, et à ces gestes ils donnent, par un phénomène psychologique naturel, l'interprétation qu'ils préfèrent. Chaque individu, en somme, sentira son imagination s'exalter, il deviendra plus docile à toute suggestion, et il passera de l'idée à l'action avec une rapidité qui épouvante. « Plus la surface sur laquelle s'étend une influence devient hétérogène — écrit Spencer — plus le nombre et l'espèce des résultats sont multipliés par un facteur élevé [1]. »

Je me plais à reproduire ici les observations très subtiles qu'un critique m'adressait, justement à propos de ce que je viens de dire.

« M. Sighele aurait pu ajouter que la foule est l'endroit du monde où les signes sont le plus violemment expressifs et le plus propres à causer des désordres nerveux. Rien ne ressemble moins à un salon qu'une foule passionnée. La faculté de jouir intérieurement de sa pensée, dont on ne livre aux autres que la moitié, le plaisir qu'on éprouve à dire ce qu'on ne pense pas et à penser ce qu'on ne dit pas, les feintes, les dissimulations, les politesses menteuses, les petites hypocrisies sociales, les colères qui ne s'expriment que par des ironies ou de sourds grondements, les jalousies et les dépits qui savent sourire, la foule laisse ces jeux et cette science aux mondains ; qu'ils excellent, s'il leur plaît, dans l'art de se contenir ; le seul dont elle fasse cas est l'art d'exagérer. Il n'y a pour elle aucun code de convenances. Chacun dit tout ce qu'il a dans le cœur, et tout le monde parle à la fois ; pour se faire entendre, il ne suffit pas d'articuler

(1) H. SPENCER. *Premiers principes*. ch. XX. p. 88.

des mots, il faut crier; pour se faire voir, il ne suffit pas de se
montrer, il faut gesticuler; la gaité se manifeste par des éclats
de rire de cyclope : on n'exprime pas sa colère, on la hurle.
L'homme qui assisterait au spectacle que donne une multitude
irritée, sans entendre aucune des paroles qui s'y prononcent,
se croirait dans une maison de fous ; il éprouverait la même
impression qu'un sourd qui assiste à un bal sans en entendre
la musique. Pour notre honnête ouvrier, qui a des yeux et des
oreilles, au bout d'un quart d'heure ces fous lui semblent sages,
et les signes outrés lui paraissent les seuls qui puissent manifester ce qui se passe en lui. Il apprend bien vite à exagérer les
siens, et du même coup, par un effet de répercussion, à exagérer
ses sentiments. La température de son âme ayant changé, ce
qu'il trouvait chaud lui semble tiède, ce qu'il trouvait tiède lui
semble froid, et il se sent à l'aise dans la forge des violents [1]. »

Nous serons alors en présence du phénomène que Enrico Ferri
appelle *fermentation psychologique* : les levains de toutes les
passions monteront des profondeurs de l'âme ; et, comme des
réactions chimiques entre plusieurs substances on obtient des
substances nouvelles et différentes, ainsi des réactions psychologiques entre plusieurs sentiments différents, naîtront des
émotions nouvelles et terribles, inconnues jusqu'alors à l'âme
humaine [2].

En de pareils cas, comme il est impossible, non seulement

(1) Voy. CHERBULIEZ, dans l'article de la *Revue des Deux-Mondes*, cité
plus haut.

(2) SCHÜTZENBERGER écrit dans son traité sur les fermentations : « Plus un
organisme est simple, moins il renferme d'ordres spéciaux de cellules,
plus les réactions chimiques qui s'y passent sont simples aussi et faciles
à démêler, à isoler par l'expérience. Plus au contraire la constitution hys-
tologique est variée et hétérogène, plus aussi nous voyons apparaître de
composés distincts, comme produits des phénomènes chimiques multiples
qui se passent dans les divers tissus. » (*Les fermentations.*)
On peut déduire facilement de cela que — dans l'organisme humain —
qui est de tous les organismes celui qui a la constitution la plus variée
et la plus hétérogène — les réactions psychologiques atteindront le maximum de la variété et de l'hétérogénéité.

de raisonner, mais de voir et d'entendre exactement, le fait le plus minime prend des proportions énormes, et la moindre provocation conduit au crime. L'amour-propre irrité, chez le peuple, ne ressemble point à nos nuances fugitives : c'est le besoin de faire périr[1]. C'est en de pareils cas que l'innocent est mis à mort par la foule sans même être écouté, parce que — comme dit Maxime Du Camp — « le soupçon suffit, toute protestation est inutile, la conviction est profonde[2] ».

Il est donc naturel de conclure que l'irritation et la colère de la foule — que nous avons démontrées être non seulement apparentes mais *senties réellement* — deviendront en un court espace de temps, par la seule influence du nombre, une vraie fureur. On ne sera plus étonné, après cela de voir la foule commettre les crimes les plus affreux.

Cette subtile, terrible et puissante influence du nombre, qui agite les passions et force, pour ainsi dire, l'individu à imiter son voisin, est — je crois — une intuition pour tous. Tacite raconte des Sarmates que leur courage *était en dehors d'eux-mêmes (velut extra ipsos)* parce qu'ils étaient des lâches dans les combats individuels, et devenaient des héros lorsqu'ils étaient en foule (*Histoire*, I, 79)[3]. L'influence du nombre est, en outre, soutenue par les observations de tous les naturalistes. C'est une chose connue que le courage d'un animal augmente en raison directe de la quantité de compagnons qu'il sait avoir auprès de lui, et diminue en raison directe de l'isolement plus ou moins grand dans lequel il se trouve. « La même fourmi qui se laissera tuer dix fois quand elle est entourée de ses compagnes, se montrera extrêmement timide et évitera le moindre

---

(1) M. DE STAEL. *Considérations sur la révolution française.*
(2) M. DU CAMP. *Les convulsions de Paris.* Paris, Hachette, 5e édit., 1881, t. IV, p. 185.
(3) Voy. G. MARPILLERO, *La folla in alcuni antichi scrittori* dans la *Rivista Italiana di sociologia*, IV, fasc. II, avril 1900.

danger quand elle sera isolée à vingt mètres de son nid[1]. » Et il n'est pas besoin — je pense — de démontrer que ce qui arrive dans le monde animal arrive aussi dans le monde humain. La présence seule d'un de nos semblables suffit pour augmenter légèrement en nous la force des émotions ; et ce phénomène normal et universel peut s'observer — à son degré aigu et anormal — dans certains cas de folie.

Le Dr Régis, dans son ouvrage *Les neurasthéniques psychiques*, cite le fait d'un malade, frappé de la folie du doute ou de l'indécision, qui ne pouvait pas, étant seul, ouvrir une porte ou boutonner sa veste ; aussitôt que quelqu'un entrait, l'accès se terminait.

La confirmation la plus claire de la loi — que le courage des combattants est proportionné à leur nombre — a été donnée par Forel, par une expérience faite et rapportée par lui, dans son œuvre magnifique sur les fourmis. Il enleva 7 individus de deux armées de *fourmis pratensis* engagées au combat, dont 4 d'un camp et 3 de l'autre, et les mit ensuite dans un même vase. Les 7 fourmis, autrefois irritées et qui se battaient entre elles, redevinrent amies.

Quelle preuve plus frappante que c'est le nombre qui fait éclater dans la foule les instincts de cruauté et l'amour du combat ?

(1) FOREL. *Les Fourmis*, p. 249.

CHAPITRE II

LES FOULES CRIMINELLES

I

Les observations générales, que nous avons faites jusqu'ici, étaient nécessaires pour bien faire comprendre quelle étrange et terrible force intime une foule détient en elle-même.

Avant de continuer notre analyse, il nous faut examiner maintenant, d'après les faits, non seulement comment cette force intime se manifeste, mais aussi s'il entre d'autres facteurs dans la production des crimes d'une multitude, et quels ils sont. Ce n'est qu'après cette recherche qu'il sera possible de répondre à la demande que nous nous sommes faite au commencement de cet ouvrage, c'est-à-dire : quelle forme de réaction sociale convient le mieux à l'égard de ces crimes ?

Il nous faut, avant tout, abandonner pour un instant l'étude psychologique de la foule qui, assemblée et frémissante, n'attend que l'étincelle qui doit faire éclater toutes les énergies qu'elle renferme à l'état de puissances. Il nous faut remonter à des considérations de nature différente, et qui appartiennent plutôt à la sociologie qu'à la science plus restreinte de la psychologie collective. On doit examiner quelle est, de nos jours, la condition normale du peuple, quels sont ses sentiments, ses idées, ses besoins. Il est tout à fait impossible de porter un jugement sur un criminel en examinant seulement sa conduite par rapport au crime commis; il faut rechercher quelles étaient

ses dispositions d'esprit, son caractère, et ses conditions économiques ; de même on ne peut juger le crime d'une foule, si
l'on ne connait les aspirations et les tendances, en un mot,
l'état matériel et moral du peuple, dont cette foule n'est qu'une
partie.

Il est certain que cette analyse, relativement facile à faire avec
un individu, offre de grandes difficultés quand il s'agit d'une
société entière. Il y a entre les deux cas la même différence
qu'entre écrire une biographie ou une histoire. On comprend
bien qu'il ne s'agit pas de faire ici une étude minutieuse et
achevée (et je n'aurais, d'ailleurs, ni les connaissances ni le
talent nécessaire pour y réussir), mais de jeter un coup d'œil
sur les caractères principaux de l'époque, afin de se faire une
idée aussi exacte que possible de la condition psychologique
permanente de ce peuple qui demain peut-être, à la première
occasion, se réunira en foule pour commettre des crimes.

L'observateur le moins clairvoyant ne peut nier qu'il y a de
nos jours comme un frémissement de révolte dans le peuple. La
conscience contemporaine chez les ouvriers, et çà et là chez
les paysans prolétaires, *sent* qu'une nouvelle classe a surgi ;
et puisque les libertés politiques du jour ont donné le pouvoir
absolu au nombre, en substituant le droit divin de la majorité
à celui des rois [1], cette classe, se voyant la plus nombreuse,
demande, avec une logique que les autres classes lui ont ensei-
gnée, beaucoup plus de droits et de privilèges qu'elle n'en a
jusqu'à présent.

C'est dans cette demande, simple et humaine, — qui a été
dans l'histoire l'origine de tous les progrès, et qui correspond
socialement à l'instinct de conservation de tout organisme individuel, — qu'est la source première, et même unique, de toutes
ces idées politiques, plus ou moins exagérées, qui se propagent

(1) Voy. H. Spencer. *L'individu contre l'État*. Paris, Alcan. 1885, p. 116.

de plus en plus et s'insinuent dans la conscience et dans le cerveau des paysans et des ouvriers, qui ignoraient jusqu'ici leurs droits, grâce à deux despotes également terribles : la religion et le gouvernement absolu.

Un grand nombre attribuent le mécontentement et l'agitation du peuple à ces idées, — qui vont par degrés indéfinissables du radicalisme à l'anarchie, — et croient que s'il n'y avait pas des individus qui se sont faits et qui se font les apôtres et les proclamateurs de ces idées, le peuple de la campagne et les classes ouvrières des villes vivraient encore tranquilles et contentes de leur condition, sans en rêver une meilleure.

Je ne nie pas que ces idées aient fait croître leurs désirs : rien n'est plus dangereux qu'une grande pensée dans un petit cerveau, a dit Taine, et il est certain que la grandeur des aspirations socialistes peut avoir contribué à faire perdre l'équilibre intellectuel et moral à beaucoup de ceux qui, ayant très peu de connaissances ou même aucune, et beaucoup de misère, acceptent par nécessité et avec enthousiasme toute théorie qui leur promet mieux que d'autres le bien-être matériel [1]. J'admets aussi, mais très relativement, que ces idées ont procuré à quelques-uns, — comme le disait un conservateur italien, — plus de présomption que de jugement, plus de tentations que de calme, plus de convoitise que de foi [2].

Mais je crois que c'est une erreur, et des plus fatales, de croire que ces idées sont la seule cause de la fermentation qui agite les classes inférieures. Jules Vallès, dans son volume *Les réfractaires* a un chapitre intitulé *Les victimes du livre*, où il montre la grande influence que peut avoir la littérature sur le développement des sentiments et sur les actions des individus. Certainement nous ne voulons pas nier cette influence,

---

(1) E. FERRI. *Socialismo e criminalità*. Torino, Bocca, 1883, p. 10.

(2) P. TURIELLO. *Governo e governati in Italia*. Bologna, Zanichelli, 2ᵉ édit., 1889, vol. I, p. 22.

mais nous croyons qu'elle est bien plus restreinte qu'on ne le suppose. Quand un diabétique se fait une légère blessure, — écrit Paul Bourget, — il meurt. Ce n'est pas cette blessure qui le tue. Elle se greffe sur un état général qu'un autre accident aurait également rendu funeste. Les livres les plus dangereux agissent de même.

Le mécontentement du peuple dépend donc de causes bien plus éloignées et plus profondes, et malheureusement bien plus difficiles à détruire que les théories de quelque parti politique ; il dépend de la crise sociale qui nous opprime, et qui est d'autant plus douloureuse que notre sensibilité est plus grande, et que le progrès nous a donné plus de besoins.

Protester contre certaines doctrines politiques, en les accusant de susciter, dans le peuple des plaintes qu'il n'aurait pas faites, c'est la même chose que de protester contre certaines doctrines scientifiques, en les accusant de pervertir le public, ou bien encore contre l'art naturaliste, en l'accusant de rendre les mœurs plus mauvaises. Ces trois formes d'activité intellectuelle n'ont d'autre but que de représenter le vrai ; mais puisque certaines classes de la société égoïstes et hypocrites ne veulent pas reconnaître la vérité, elles accusent ceux qui la révèlent de la peindre laide, plutôt que d'admettre qu'elle est semblable dans la réalité. — « Hé, monsieur, — disait en 1850 Beyle, qui s'occupait de ce même problème au point de vue littéraire, — un livre est un miroir qui se promène sur une grand'route. Tantôt il reflète à vos yeux l'azur des cieux, tantôt la fange du bourbier de la route. Et l'homme qui porte le miroir dans sa hotte sera accusé par vous d'être immoral ? Son miroir montre la fange, et vous accusez le miroir ? Accusez bien plutôt le grand chemin où est le bourbier, et plus encore l'inspecteur des routes, qui laisse l'eau croupir et le bourbier se former [1]. »

(1) STENDHAL. *Le rouge et le noir*. ch. XLIX.

Ne répétons donc pas la sotte accusation que l'on porte contre ceux qui soulèvent le voile des nombreuses injustices sociales ; ils ne font que constater la vérité ; et si elle est douloureuse, à qui la faute ? Stendhal le dit clairement : « *accusez le grand chemin, et plus encore l'inspecteur des routes.* »

Il faut cependant convenir qu'on ne se borne pas toujours à montrer le mal qui existe et à proposer de le corriger d'une manière juste et graduelle. D'aucuns conseillent les remèdes violents et criminels, et ce sont ceux-là, dit-on, qui excitent les prolétaires contre les riches.

Evolutionniste dans l'âme, je ne puis approuver ceux qui veulent faire triompher une idée par la violence. La violence et la vérité, a dit Pascal, sont deux puissances qui n'ont aucun pouvoir l'une sur l'autre : la vérité ne peut pas diriger la violence, et celle-ci n'a jamais servi utilement à la vérité.

Mais profondément positiviste, — c'est-à-dire observateur scrupuleux et impartial de tous les phénomènes sociaux, — je dois aussi reconnaître, contre l'avis de Pascal, que la violence a bien des fois servi très utilement à la vérité. Sans les révolutions, la vérité n'aurait pas marché, surtout dans le monde ancien ; et la révolution, quoiqu'elle ne soit qu'une forme accélérée de l'évolution, en est pourtant une forme qui revêt tous les caractères extérieurs de la violence. C'est, pour ainsi dire, une crise de croissance : chaque peuple, pour s'élever d'un degré sur l'échelle du bien-être et du progrès, a eu besoin d'une révolution, comme chaque enfant, pour devenir homme, doit passer par la crise de la puberté. Ce que nous devons désirer et chercher à obtenir de toutes nos forces, c'est que les révolutions s'accomplissent avec moins de brutalité et de violence, et qu'au lieu d'être un mouvement accéléré de l'évolution, elles rentrent de plus en plus dans le rythme normal et pacifique de la vie.

Mais, pour en revenir à notre argument, je crois que l'on

exagère l'influence et le danger de certaines théories qui incitent même clairement, à la violence, — si toutefois on s'est borné à exposer ces théories au point de vue scientifique et intellectuel. « L'idée que le marchand de farine fait mourir les pauvres de faim ou que la propriété privée est un vol — écrivait Stuart Mill — ne doit pas faire peur et ne doit pas être condamnée tant qu'on la publie dans les livres ou dans les journaux ; mais elle peut être légitimement punie — et l'on en comprend aisément la raison — quand on la manifeste à haute voix au milieu d'une foule agitée devant la boutique d'un boulanger, ou quand on la propage volontairement dans les moments de trouble sous forme de placards ou de feuilles distribuées à la main [1]. »

Dans les temps normaux, on peut écrire dans tous les journaux du monde qu'il faut enlever le superflu à celui qui le possède, qu'il faut supprimer les princes et les capitalistes, — ces paroles ne pousseront à l'action que l'ouvrier qui est déjà anthropologiquement disposé au vol ou au meurtre ; elles n'auront aucune influence sur l'honnête homme, car l'*homme agit selon ce qu'il sent et non selon ce qu'il pense*. Ce ne sont pas les idées, comme le disait Bacon, mais bien les sentiments, comme le dit Spencer, qui mènent le monde. Avant le crime, pour le misérable qui est vraiment honnête, il y a la résignation, ce suicide quotidien comme l'appelait Balzac, il y a ensuite l'émigration, ce suicide territorial, il y a, enfin, le vrai suicide.

Donc, toutes les théories, même les plus féroces, comptent pour bien peu de chose dans notre dynamique morale [2] ; ce qui compte, c'est notre sentiment. Et c'est le sentiment qui dit,

____

(1) STUART MILL. *La Liberté.*

(2) Il est inutile, je pense, de s'arrêter à donner les preuves de cette affirmation qui est désormais devenue un lieu commun de la science psychologique. Voy., à ce propos, l'ouvrage déjà cité de M. FERRI.

non seulement eux prolétaires, mais à tous les autres hommes, que par la faute de l'un ou de l'autre, ou par la fatalité, nous souffrons tous des injustices morales et matérielles. Ces injustices, il est vrai, sont plus ou moins grandes selon les différentes classes d'individus ; mais si elles sont objectivement différentes, elles ne le sont pas toujours subjectivement. La délicatesse de sentiment varie selon les individus et selon les classes d'individus ; en général, les individus et les classes qui n'ont à supporter que des maux très légers, ont une sensibilité beaucoup plus grande.

Il est pourtant certain que les classes inférieures supportent une quantité et, surtout, une *qualité* de souffrances que les autres classes ne pourront jamais atteindre, puisqu'il s'agit des conditions matérielles de la vie. Lorsqu'un homme riche ou même aisé souffre — et il peut souffrir bien cruellement — sa douleur ne sera jamais comparable à celle d'un misérable qui a faim. C'est une douleur intellectuelle ou morale, de laquelle bien des fois il est lui-même la cause ; mais la douleur de celui qui ne peut manger ni donner du pain à sa famille est — avant tout — une douleur physique, une violation de la première loi de l'existence, et de cette violation, ce n'est pas la fatalité, mais la société qui est responsable.

Or, si tout cela est vrai (et je ne crois pas qu'il soit possible de le nier), si ce sont vraiment les souffrances et les injustices réelles qui mécontentent le peuple, — et non pas les théories de celui-ci ou de celui-là, qui pourront tout au plus l'aigrir — ne devrions-nous pas avoir un peu d'indulgence pour les éclats subits de sa colère ?

La *plèbe qui réclame son droit* comme l'a appelée M. Ellero en plein Sénat italien forme une grande partie de la foule criminelle ; et ses souffrances sont une cause éloignée, mais qu'on ne doit pas négliger, des excès auxquels elle s'abandonne.

Il arrive pour les soulèvements et pour les tumultes ce qui

arrive entre des amis, quand l'un, habituellement tranquille et silencieux, fait une scène pour une vétille. — Mais pourquoi se fâche-t-il ? Il n'avait vraiment aucun motif pour cela ! — s'écrient quelques-uns. — Bah ! vous ne savez pas ! Il a tant de chagrins chez lui ! — répondent les plus intimes.

Le peuple aussi a beaucoup à souffrir chez lui et quand l'occasion se présente, son mécontentement éclate.

Parmi les causes qui déterminent les crimes d'une foule, il ne faut donc pas oublier cette *prédisposition permanente* du peuple, « cet état de rage chronique » (comme le disait Auguste Comte) [1] qui excuse au moins la cause primordiale de ses sorties imprévues.

II

Après cette disgression, qui était cependant nécessaire, revenons à l'analyse psychologique de la foule.

Nous disions, à la fin du chapitre précédent, que le nombre augmente l'intensité d'une émotion, et, suivant Espinas, nous donnions la preuve mathématique de ce phénomène, qui est du reste intuitif. Le cardinal de Retz disait : « qui rassemble les hommes les agite » ; et le marquis de Mirabeau, le père de l'homme qui dominait les foules par son éloquence, écrivait : « l'entassement des hommes, comme celui des pommes, engendre la pourriture. »

Nous devons ajouter maintenant que le nombre n'a pas seulement cet effet arithmétique, mais qu'il est en outre, par lui-même, la source d'émotions nouvelles. Le nombre donne, en effet, à tous les membres d'une foule le sentiment de leur subite et extraordinaire toute-puissance. Ils savent qu'ils peuvent exercer cette toute-puissance sans contrôle, qu'on ne pourra ni la juger ni la punir ; et cette assurance les encourage

[1] Dans sa *Philosophie positive,* c'est-à-dire en 1839.

à commettre les actions qu'ils condamnent eux-mêmes, les sentant injustes.

Toute dictature doit nécessairement arriver à l'arbitraire et à l'injustice, car c'est une loi psychologique que qui peut tout, ose tout.

Jacoby a merveilleusement décrit le degré d'ivresse mentale, d'alcoolisme intellectuel, que produit la toute-puissance chez ceux qui ont obtenu le pouvoir suprême. Tacite, lorsqu'il veut expliquer les cruautés de Tibère, dit qu'il avait été entraîné et transformé par le pouvoir : *vi dominationis convulsus et mutatus*. Le grand poète tragique, Alfieri, exprima la même idée dans le vers célèbre : *Poter mal far, grande è al mal fare invito*[1].

Dans le despote, en effet, on retrouve toujours les instincts de Marat et de Néron. Et bien des fois, plus que les philosophes et les psychologues, les victimes mêmes de cette obsession s'en rendent compte et la confessent. Napoléon à son lit de mort disait : « la puissance enivre les hommes ».

Il est donc naturel que cent, mille, deux mille individus réunis par le hasard, qui connaissent leur force, et qui se voient tout d'un coup maîtres d'une situation, croient avoir le droit d'être des juges, et parfois même des bourreaux. « La toute-puissance subite et la licence de tuer — écrit Taine — sont un vin trop fort pour la nature humaine ; le vertige vient, l'homme *voit rouge*, et son délire s'achève par la férocité[2]. »

En de pareils moments, les passions les plus brutales et les plus féroces prennent un nouvel élan ; on voit paraître tout d'un coup le sauvage, sous les apparences de l'homme civilisé, et pour expliquer ce phénomène il nous faut recourir presque forcément à l'hypothèse déjà indiquée par Barbaste et

______

(1) Pouvoir faire du mal, c'est une invitation à le faire.

(2) H. TAINE. *Les origines de la France contemporaine.* Paris, Hachette, 1878, 2e éd., t. I, p. 58.

Lauvergne, d'un réveil subit de cet instinct homicide primordial qui couve comme le feu sous la cendre, et qui n'attend qu'une étincelle pour éclater.

La civilisation — je le crois avec Carlyle — n'est peut-être qu'une écorce sous laquelle la passion sauvage de l'homme peut brûler vive de son feu infernal.

Et c'est certainement à cet instinct homicide primordial — outre les causes *extérieures* déjà signalées — que nous devons attribuer les crimes d'une foule. Car si la théorie de la *stratification du caractère* de Sergi est positivement vraie et n'est pas seulement une belle image, il est aussi logique et naturel de s'upposer que les couches les plus basses du caractère se révèlent soudainement quand une tempête psychologique bouleverse tout notre organisme [1].

« Ce n'est cependant pas impunément qu'un homme, surtout un homme du peuple auquel de longs siècles de civilisation ont enseigné la compassion, devient tout d'un coup souverain et en même temps bourreau. Il a beau être poussé au crime par l'instinct sauvage qui s'est réveillé en lui ; il a beau s'exciter contre ses victimes en les accablant d'outrages et d'injures ; il sent toutefois vaguement qu'il commet une action énorme, et son âme comme celle de Macbeth « est pleine de scorpions ».

« Mais alors, par une contradiction terrible, il se raidit contre l'humanité héréditaire qui tressaille en lui ; elle résiste, il s'exaspère, et, pour l'étouffer, il n'a d'autres moyens que de se « gorger d'horreurs » en accumulant les meurtres. Car le meurtre, surtout tel qu'il le pratique, c'est-à-dire le meurtre à l'arme blanche et sur des gens désarmés, introduit dans sa machine animale et morale deux émotions extraordinaires et

______

(1) Voy. G. SERGI. *La stratificazione del carattere e la delinquenza*, dans le volume : *Antropologia e scienze antropologiche*, Messina, 1889. — Nous ne faisons ici que signaler en passant cette hypothèse de la stratification du caractère, car nous nous en occuperons au chapitre suivant.

disproportionnées qui la bouleversent ; d'une part la sensation
de la toute puissance exercée sans contrôle, obstacle ou danger sur la vie humaine et sur la chair sensible, d'autre part la
sensation de la mort sanglante et diversifiée, avec son accom-
pagnement toujours nouveau de contorsions et de cris [1]. »

C'est ainsi qu'écrit M. Taine, mais il n'est pas toujours vrai
que l'homme veuille, et surtout puisse se révolter contre la voix
intérieure qui lui conseille d'être humain et compatissant ; il
n'est pas toujours vrai que l'homme cède à l'instinct homicide.

S'il est vrai que la multitude commet quelquefois des atrocités que l'imagination la plus déréglée n'a jamais ni pensées
ni rêvées, il est vrai aussi que parfois elle ne commet pas tous
les crimes monstrueux auxquels elle pourrait se livrer.

A côté de la foule aveugle, brutale, indomptable, qui a perdu
le sentiment du juste et de l'injuste, et qui est à l'état de folie
furieuse, il y a la foule qui ne dépasse pas certaines limites,
qui se repent après avoir commis un crime, et qui suit les conseils de celui qui la ramène au calme.

L'histoire de toutes les révolutions, petites ou grandes, politiques, religieuses ou économiques, est là pour nous en donner la preuve. Et cette diversité de manifestations nous démontre tout à fait clairement que les crimes d'une foule n'ont
pas pour seules causes la suggestion, l'influence du nombre
et l'ivresse morale (si magistralement décrite par Taine),
qui provient de la victoire instantanée de l'atavisme sur
l'œuvre lente d'une éducation séculaire.

Il y a d'autres causes, et elles ont pour origine la constitution
particulière des différentes foules, le caractère différent des individus qui les composent : parfois profondément honnêtes,
ils sont parfois aussi entraînés au crime, par leur nature même.

C'est de ces causes, de leur importance et de leur action que

____

[1] H. Taine, œuvr. cit., vol. II, p. 301-302.

nous allons nous occuper, en examinant les différentes manifestations criminelles auxquelles la multitude se livre, dans les
différents cas [1].

III

Nous parlerons avant tout de la foule, qui avec une rapidité
étonnante arrive à commettre les actes de férocité et de cruauté
les plus atroces.

Certains épisodes de la Révolution française nous en offriront
les meilleurs exemples.

Le peuple était alors une bête fauve, insatiable dans sa soif
de rapine et de sang. Rien, personne ne pouvait mettre un
frein à sa fureur : après avoir soulagé son instinct sanguinaire
et féroce, il se déchainait plus terrible et plus épouvantable
qu'auparavant.

Mais, était-ce vraiment la seule influence du nombre, et le
réveil soudain de l'instinct homicide qui le poussaient aux
extrêmes, au point de lui faire commettre de pareils excès ?
Était-ce vraiment un peuple d'ouvriers et de paysans honnêtes
qui devenait tout d'un coup un monstre de perversité ? Ou plutôt ne s'y mêlait-il pas, pour le corrompre, tous les individus
qui constituent les bas-fonds sociaux — *le troisième dessous*
dirait Victor Hugo, — et qui à chaque soulèvement et à chaque
révolte, sortent des tavernes et des mauvais lieux où ils se
cachent habituellement, de même que, quand on agite l'eau
d'un étang, toute la fange qui est au fond monte à la surface ?

« Dans les temps calmes, alors que les passions politiques

(1) M. MICELI dans un article (*La Psicologia della Folla* dans la *Rivista
italiana di Sociologia*, III, p. 166) a cru pouvoir affirmer « qu'on n'a pas
encore déterminé ce que c'est qu'une foule, et que, pour cette raison, il
est impossible de parler d'une psychologie de la foule ». — Après les
études de Tarde, de Le Bon (pour ne pas citer les miennes) l'affirmation de
M. Miceli fait vraiment sourire. Mais, peut-être, il s'attendait à ce que
nous décrivions la foule comme le Baedeker décrit une rue ou une place !

apaisées ne donnent pas chaque matin assaut au pouvoir, l'administration de la police exerce sur les souteneurs, sur les vau-
riens, sur les vagabonds, sur tout ce monde ignoble un empire
moral qui les retient un peu. Ils ne vivent qu'en se cachant, et
l'approche des agents les fait fuir. Mais qu'il survienne un
réveil d'opinion, que la presse quotidienne devienne agressive
à l'égard de l'autorité, qu'elle entreprenne une campagne
contre la légalité des actes du Préfet de police, immédiatement
ces gens-là deviendront arrogants et lèveront la tête. Ils résis-
teront aux agents et lutteront contre eux ; ils prendront part à
toutes les séditions, et si une nouvelle mesure les frappe, ils se
poseront en victimes politiques. Vienne une révolution, eux
et leurs maîtresses qu'ils entraînent avec eux en deviendront
les agents les plus cruels, les plus redoutables [1]. »

« La classe des gens sans profesion — ajoute M. Gisquet —
(classe nombreuse, composée d'hommes souvent sans asile,
dont les penchants vicieux ont secoué le frein des lois et de la
morale ; en un mot, ce que M. Guizot appelle avec raison le
caput mortuum de la société), — ne présente, relativement au
nombre, qu'une fraction minime de la population ; mais en
tenant compte des prédispositions qu'engendrent la paresse et
la misère, en supputant les mauvaises passions qui y fermen-
tent, *c'est là surtout que gît la force brutale qui menace de tout
bouleverser.* Cette masse d'individus mal famés fait sans cesse
de nouveaux adeptes ; elle s'augmente, dans les temps de
troubles, des aventuriers, des hommes tarés, perdus de dettes
et de réputation dans les départements, et qui viennent chercher un refuge à Paris. On peut encore, sans injustice, joindre
quelques habitués de tabagies, de mauvais lieux, en un mot, les
mauvais sujets de toute espèce ; et lorsque la tourbe impure a
été mise en mouvement par les passions politiques, il vient s'y

(1) CARLIER. *Les deux prostitutions*, p. 229.

mêler les hommes à imagination désordonnée, éprouvant le besoin d'émotions fortes, et qui les trouvent dans les drames de la rue, dans les commotions populaires [1]. »

Chacun sait par expérience combien cela est vrai. Lorsqu'on voit quelque orage politique poindre à l'horizon, et qu'une animation extraordinaire se manifeste dans les rues par des rassemblements et des discussions, on voit aussitôt çà et là des figures sinistres que personne n'a jamais rencontrées. Tout le monde se fait la même demande : d'où sortent donc ces individus ? Et tous pensent instinctivement à ces animaux immondes, qui sortent de leur caverne quand ils flairent de loin l'odeur de charogne [2].

A Paris dans les terribles journées de 1793, tous ces individus furent l'âme des méfaits qui s'y commirent.

Un témoin oculaire raconte qu'« un grand nombre de vagabonds étrangers à la ville de Paris, et qui s'y étaient établis aussitôt après les premiers signes de la révolution, parcouraient les quartiers de la ville, et s'unissaient aux ouvriers qu'ils rencontraient à la sortie des ateliers. Ils s'étaient emparés de ci de là de toutes sortes d'armes, et jetaient des cris de révolte. Les habitants s'enfuyaient à l'approche de ces groupes, toutes les maisons étaient fermées ; là où l'on ne rencontrait pas ces hordes frénétiques, les rues paraissaient désertes et inhabitées. Quand j'arrivai chez moi, dans le quartier Saint-Denis, un des plus peuplés de Paris, beaucoup de ces brigands tiraient des coups de fusil en l'air, pour jeter l'épouvante parmi la population [3]. »

<hr>

(1) *Mémoires de M. Gisquet*, écrits par lui-même, t. I, p. 205, Bruxelles, 1841. — Voy. aussi, à ce propos, le livre de MACÉ, *Le service de la sûreté*, Paris, 1885, ch. xii, — et celui de P. CERÉ, *Les populations dangereuses et les misères sociales*, Paris, 1872, ch. ix et xviii, — et, en général tous les Mémoires des anciens préfets de police ou chefs de la sûreté, jusqu'à ceux tout à fait récents de M. LOUIS HAMON.

(2) Voir JOLY, *La France criminelle*.

(3) MATHIEU DUMAS *Souvenirs*, t. I, p. 131.

Meissner, en parlant des vagabonds de la Révolution française disait qu'ils formaient de vraies associations organisées pour commettre sans châtiment toutes sortes d'assassinats, de rapines et de brigandages.

Et ces abominables êtres ne se bornaient pas à un petit nombre, car Droz[1] en faisait monter le chiffre à 40000 individus, que Bailly[2] et beaucoup d'autres après lui crurent enrôlés, on ne sait par qui. Ils entraient dans les maisons particulières, dans les bureaux publics, et volaient tout ce qu'ils pouvaient emporter ; ils détruisaient le reste, souvent en y mettant le feu. L'autorité avait essayé de donner de l'ouvrage à vingt mille de ces individus sur les hauteurs de Montmartre ; mais un grand nombre d'entre eux s'étaient unis à des contrebandiers et parcouraient la ville.

« Ils entrent au couvent de Saint-Lazare — écrit M. Taine — et ils le pillent. Ils pénètrent dans le Garde-meuble et ils le dévastent. On en voit sortir des gens en haillons, dont les uns étaient couverts d'armures antiques, d'autres portaient des armes riches et précieuses ; l'un d'eux même avait entre les mains l'épée de Henri IV[3]. »

Maxime du Camp, à propos des atrocités commises par les communards en 1870, écrivait : « Ce n'était que des malfaiteurs, qui ont invoqué des prétextes parce qu'ils n'avaient point de bonnes raisons à donner : les assassins ont dit qu'ils frappaient les ennemis du peuple, et ils ont tué les plus honnêtes gens du pays ; les voleurs ont dit qu'ils reprenaient le bien de la nation, et ils ont pillé les caisses publiques, démeublé les hôtels particuliers, dévalisé les caisses municipales ; les incendiaires ont dit qu'ils élevaient des obstacles contre l'armée monarchique, et ils ont mis le feu partout ; — les ivrognes seuls

---

(1) Droz, *Histoire du règne de Louis XVI*, vol. II, p. 230.
(2) Bailly, *Mémoires*, t. I passim.
(3) Taine, *La Révolution*, p. 18.

ont été de bonne foi : ils ont dit qu'ils avaient soif, et ils ont défoncé les tonneaux. Les uns et les autres ont obéi aux impulsions de leur perversité : mais la question politique était le dernier de leur soucis [1]. »

On ne pourrait appliquer à la Révolution de 1793 le jugement exagéré que M. Maxime du Camp porte sur la Commune, dans sa logique trop simple et trop sévère de conservateur outré. Mais il est certain que dans tous les mouvements populaires, les criminels d'habitude sont les auteurs et les meneurs des massacres ; ce sont eux qui entraînent les autres, qui font cortège à la guillotine et qui se disputent l'honneur des fusillades [2].

Et leurs femmes ne tardent pas à s'en mêler ; car ceux qui, sous un nom ou sous un autre vivent de la prostitution, disposent toujours d'un grand nombre d'individus toujours prêts à allier à la débauche le vol et l'assassinat.

Il faut ajouter que les femmes ne se contentent pas d'accompagner les hommes, mais elles les poussent au mal et les y encouragent, et souvent elles les surpassent en hardiesse et en cruauté. Dans plus d'un cas la victime aurait pu être sauvée, si la femme n'était intervenue, n'avait dit aux hommes hésitants : *Vous êtes des lâches !* et bien souvent n'avait porté le premier coup. Maxime du Camp raconte cet épisode de la Commune : «... les sentinelles aperçurent un homme qui marchait d'un bon pas : Halte-là ! On l'interrogea, on l'examina. Il avait des moustaches : donc c'est un gendarme. La foule criait : Fusillez-le ! c'est un gendarme ! il faut en manger ! — Dans cette bande une femme se distinguait par ses vociférations ; elle avait un fusil en main et une cartouchière à sa ceinture ; elle s'appelait Marceline Epilly. Il est superflu de dire que l'homme fut

[1] M. DU CAMP. *Les convulsions de Paris*, vol. I, p. 12.
[2] Voy. H. JOLY. *La France criminelle*, Paris, 1899, p. 408.

condamné à mort à l'unanimité. Il fut conduit rue de la Vacquerie et appliqué contre un mur. Il était énergique, il se jeta sur ses meurtriers et en renversa plusieurs à coups de tête. D'un croc-en-jambe, on le jeta bas et on tira sur lui. Sanglant et ayant le bras gauche fracassé, il se releva. Marceline cria : Laissez-moi faire ! Laissez-moi faire ! Elle appliqua le fusil sur la poitrine du pauvre homme et fit feu. Il tomba, et comme il remuait encore, elle lui donna le coup de grâce [1].»

L'observation que les femmes, lorsqu'elles sont méchantes, sont bien pires que les hommes, avait été déjà faite, entre autres par Lombroso, à propos du crime individuel. C'est en effet, un caractère de la psychologie féminine d'être extrême en tout, dans le bien comme dans le mal. Les figures psychologiquement pâles et effacées, qui n'ont jamais ni le courage criminel d'un acte féroce, ni le sublime dévouement d'un sacrifice ignoré, sont bien plus communes chez les hommes que chez les femmes. La femme est presque toujours ange ou démon : elle s'élève jusqu'au martyre : elle tombe parfois dans un abîme de cruauté. Il n'y a pas d'actes de vertu, pas de dévouement, pas d'héroïsme, que la femme ne sache accomplir avec une douceur, une sérénité, une fermeté que les hommes ignorent. Dans l'amour, y a-t-il quelque chose de plus grand, de plus sublime, je dirais presque de plus divin, que l'amour maternel ? Dans l'héroïsme, est-ce que les femmes n'ont pas devancé les hommes ? Pendant la Révolution française, à cette époque terrible où on pouvait diviser le peuple en deux seules catégories — victimes et bourreaux — à côté de quelques centaines d'hommes lâches devant la mort, il n'y a eu qu'un seul exemple de lâcheté féminine : Mme Du Barry ; et pendant la Commune, écrit un historien, « aux derniers jours les femmes tinrent derrière les barricades plus longtemps que les hommes ».

(1) M. Du Camp. OEuvr. cit., p. 152, t. IV. — Voy. aussi Michelet. *Les femmes de la révolution.*

Par un phénomène qui semble contradictoire, mais qui a au fond la même origine (parce que courage et cruauté ont beaucoup de points de contact), il n'y a pas de haine, pas de vengeance que la femme ne sache accomplir avec une fureur sauvage que les hommes n'atteignent jamais. J'ai parlé tantôt de l'amour maternel : mais il y a aussi la haine maternelle, il y a les mères qui martyrisent leur enfant avec une cruauté qui fait frémir. La chronique des journaux nous rapporte tous les jours des faits horribles de cette nature : de pauvres petits êtres que leurs mères font mourir lentement, presque en savourant leur crime, dans des tortures quotidiennes morales et physiques. Et M. Taylor nous a rapporté ce fait — que je crois le *maximum* de la dégénérescence criminelle — d'une mère qui avait enfermé son enfant de deux ans, nu et vivant, dans une boite remplie de guépes. — Dans la criminalité masculine, on chercherait en vain un cas pareil.

La femme est plus féroce parce qu'elle est plus débile. C'est là la raison psychologique de sa cruauté [1]. Elle est plus féroce et plus hypocrite, car par la ruse seulement elle peut espérer avoir raison d'un ennemi qui est plus fort. Il faut être renard pour pouvoir vaincre quelquefois le lion.

Or, dans la foule, ces caractères héréditaires et ataviques de la femme montent à la surface : elle devient le démon tentateur de l'homme plutôt que sa collaboratrice, et le pousse à commettre les crimes les plus atroces.

Deux grands artistes français nous ont donné des descriptions merveilleuses de cette horrible cruauté collective féminine : Victor Hugo dans la scène du supplice de Quasimodo [2], et Émile Zola dans plusieurs pages de son *Germinal* qui est, à mon avis, un chef-d'œuvre de psychologie collective. Moi-même,

____

[1] Voy. G. FERRERO, *La crudellà e la pietà nella femmina e nella donna*, et mon livre : *La donna nova*, Rome, 1893.

[2] *Notre-Dame de Paris*, liv. II, ch. IV.

lorsqu'il y a cinq ans je me trouvais en Sicile à l'époque de la révolte causée par la faim, j'ai vu ce que c'est que la femme enragée. J'ai vu les femmes en foule se livrer à tous les excès, et non contentes d'être assassins, devenir cannibales. Après avoir tué des gendarmes, elles mangèrent en effet leur chair.

Mais il ne faut pas croire que, parmi les dégénérés, les criminels furent les seuls qui prirent part à la révolution; on y vit aussi les fous. Sortis des hôpitaux, — dont la foule révolutionnaire leur avait ouvert les portes, — ils purent s'abandonner à leur délire sur les places et dans les rues bien mieux que dans leurs cellules solitaires. Un grand nombre de ces malheureux, parcoururent Paris, portant partout le désordre et la terreur.

« Le fils d'une folle — raconte Tebaldi [1] — qui d'habitude séjournait alternativement à l'hôpital des fous et dans la prison, joua un rôle des plus infâmes dans les perquisitions, les massacres, les incendies. Et la plus célèbre entre tous fut Lambertine Théroigne, cette héroïne du sang, qui guida la foule à l'assaut des Invalides et à la prise de la Bastille, — et qui mourut à la Salpêtrière, se traînant nue sur les genoux et sur les mains, et fouillant dans les ordures [2].

Il serait bien facile d'ajouter ici d'autres exemples historiques [3], mais pour ne pas nous éloigner de notre sujet nous nous bornerons à constater que le nombre des fous est toujours très grand dans les révolutions et dans les révoltes, non seulement parce que les fous y prennent part s'ils le peuvent, mais

[1] Tebaldi. *Ragione e pazzia*, p. 87. Milan, Hœpli, 1887.

[2] Voy. Esquirol., *Des maladies mentales*, Paris, 1838. A la quatrième feuille de *l'album* se trouve le portrait de la Théroigne.

[3] Pour plus de détails sur l'influence des fous dans les révolutions et sur la part qu'ils y prennent, voyez les ouvrages de Jules Clerc, *Les hommes de la Commune*, biographie complète de tous ses membres. Paris, 1871; — de J.-V. Laborde, *Les hommes de la Commune, ou l'insurrection de Paris devant la psychologie morbide*, Paris, 1872; — et de M. Du Camp, *La Commune à l'Hôtel de Ville* (*Revue des Deux-Mondes*, 1870).

aussi parce que les grandes commotions publiques, politiques ou religieuses, font devenir fous ceux qui étaient *prédisposés* à la folie, ne fut-ce que d'une manière légère[1].

Criminels, fous, fils de fous, victimes de l'alcool : la boue sociale, privée de sens moral et rompue au crime, composait en grande partie les troupes des révoltés et des révolutionnaires.

Mêlez ces individus à la foule inconséquente et, par sa nature, docile à toute impulsion, ils lui communiqueront leur cruauté et leur folie. Comment s'étonner alors que les actes de cette foule soient cruels ?

Là où, par suite de confusion, personne ne commande et personne n'obéit, les passions sauvages sont libres, comme les passions généreuses; et malheureusement les héros — qui ne manquent pas — sont impuissants à retenir les assassins. Ceux-ci agissent; la majorité, composée d'automates qui se laissent entraîner, assiste sans savoir et sans pouvoir réagir.

Pour augmenter la cruauté des vrais criminels et l'irritation de tous, outre l'ivresse morale que donne le nombre même, ajoutez l'ivresse physique, le vin bu à profusion, l'orgie sur les cadavres, et tout d'un coup « de la créature dénaturée, on verra

(1) Cela a été prouvé statistiquement, pour la première fois, je crois, à la fin du siècle passé par PINEL, le fondateur de la Psychiatrie moderne. — Après lui, BELHOMME dans son œuvre : *Influences des commotions politiques* (Paris, 1872), fait remarquer la forte recrudescence des fous due aux révolutions de 1831, 1832 et de 1848. BERGERET signalait le même phénomène (*La politique et la folie* dans la *Gazette des hôpitaux*, avril et mars 1886) pour la même révolution de 1848. LUNIER dans le volume : *Influences des événements et des commotions politiques sur le développement de la folie* (Paris, 1879), disait que les tristes événements de 1870-1871 avaient été la cause de 1700 à 1800 cas de folie, du 1er juillet 1870 au 31 décembre 1871. RAMOS-MEYIA (*Las nevrosis de los hombres celebres en la historia Argentina*, Buenos-Ayres, 1878), émettait une opinion semblable, quant aux effets des révolutions arrivées à Buenos-Ayres, après 1816. — Voy. aussi : LEGRAND DU SAULLE, *Le délire des persécutions*, Paris, Delahaye, 1873, au dernier chapitre, N. RODRIGUEZ, *Epidémies de folie religieuse au Brésil*, *Ann. méd. psych.* 1898, — et les tout récents volumes de G.-L. DUPRAT, *Les causes sociales de la folie*, Paris, Alcan, 1900, et de BROOKS ADAMS, *La loi de la civilisation et de la décadence*, Alcan, 1899.

sortir le démon de Dante, à la fois bestial et raffiné, non seulement destructeur, mais encore bourreau inventeur et calculateur, glorieux et joyeux des douleurs qu'il fait souffrir[1] ».

« Pendant les longues heures de la fusillade — écrit Taine — l'instinct meurtrier s'est éveillé, et la volonté de tuer, changée en idée fixe, s'est répandue au loin dans la foule qui n'a pas agi. Sa seule clameur suffit à la persuader; à présent, c'est assez pour elle qu'un cri de haro : dès que l'un frappe, tous veulent frapper. Ceux qui n'avaient point d'armes — dit un officier — lançaient des pierres contre moi : les femmes grinçaient des dents et me menaçaient de leurs poings. Déjà deux de mes soldats avaient été assassinés derrière moi... J'arrivai enfin, sous un cri général d'être pendu, jusqu'à quelques centaines de pas de l'Hôtel de Ville, lorsqu'on apporta devant moi une tête perchée sur une pique; on me la présenta pour la considérer, en me disant que c'était celle de M. de Launay, le gouverneur. Celui-ci, en sortant, avait reçu un coup d'épée dans l'épaule droite; arrivé dans la rue Saint-Antoine, tout le monde lui arrachait les cheveux et lui donnait des coups. Sous l'arcade Saint-Jean il était déjà très blessé. Autour de lui les uns disaient : — il faut lui couper le cou; — les autres : — il faut le pendre; — les autres : — il faut l'attacher à la queue d'un cheval. — Alors, désespéré, et voulant abréger son supplice, il crie : — qu'on me donne la mort ! — et en se débattant, il lance un coup de pied dans le bas-ventre d'un des hommes qui le tenaient. A l'instant il est percé de baïonnettes, on le traîne dans le ruisseau, on frappe sur son cadavre en criant : — C'est un galeux et un monstre qui nous a trahis ! — La nation demande sa tête pour la montrer au public, et l'on invite l'homme qui a reçu le coup de pied à la couper lui-même. Celui-ci, cuisinier sans place, demi-badaud qui est allé à la Bastille

(1) H. TAINE. *Les origines de la France contemporaine*, vol. II, p. 302.

pour voir ce qui s'y passait, juge que, puisque tel est l'avis général, l'action est patriotique, et croit même mériter une médaille en détruisant un monstre. Avec un sabre qu'on lui prête, il frappe sur le col nu ; mais le sabre mal affilé ne coupant point, il tire de sa poche un petit couteau à manche noir, et, — comme en sa qualité de cuisinier il sait travailler les viandes — il achève heureusement l'opération. Puis, mettant la tête au bout d'une fourche à trois branches, et accompagné de plus de deux cents personnes armées, sans compter la populace, il se met en marche, et, rue Saint-Honoré, il fait attacher à la tête deux inscriptions pour bien indiquer à qui elle était. — La gaieté vient : après avoir défilé dans le Palais-Royal, le cortège arrive sur le Pont-Neuf ; devant la statue de Henri IV, on incline trois fois la tête, en lui disant : — Salue ton maître ! — C'est la plaisanterie finale ; il y en a dans tout triomphe, et, sous le boucher on voit apparaître le gamin[1]. »

Quand la foule en est arrivée à cet état où il ne lui suffit plus de tuer, mais où elle veut que la mort soit accompagnée des plus atroces supplices et des plus affreux outrages, — quand l'instinct sanguinaire en est arrivé à un tel point de frénésie, les instincts de luxure ne tardent pas à s'éveiller aussi en elle. Cruauté et luxure font la paire, et l'une augmente la vigueur de l'autre.

Lombroso a étudié[2] l'union de la luxure et de l'instinct homicide, démontrant comment le meurtre accompagne parfois le viol, parfois le remplace, excitant chez son auteur les mêmes jouissances. « Un homme, que les prostituées appelaient le bourreau, faisait précéder la satisfaction de son instinct sexuel

(1) H. TAINE. Œuvr. cit., vol. II, p. 58-60.
(2) C. LOMBROSO. *Delitti di libidine e di Amore,* dans les *Archives de psych.,*vol. IV, et aussi dans l'*Homme criminel,* vol. I. — G. SOREL.(*Une faute du crime politique* dans l'*Archivio di psichiatria,* 1893, p. 452) dit que lorsque les facultés intellectuelles sommeillent on est facilement en proie à l'obsession sexuelle.

du martyre ou de la mort de plusieurs poules, pigeons ou oies.
Un autre blessa grièvement quinze jeunes personnes en quelques
mois, les frappant à la vulve avec un couteau, parce qu'il
satisfaisait de la sorte ses appétits sexuels, ainsi qu'il le con-
fessait lui-même. » — Ce plaisir sensuel de faire couler le sang,
de blesser, de piquer avant le coït est entièrement atavique ;
c'est un résidu des temps où l'amour se gagnait par la lutte
et par le sang, mais il revient quelquefois encore, non seulement parmi les dégénérés, mais aussi comme une exception
chez l'homme civilisé et moderne. Le poète italien Parini dit
des matrones romaines, ivres de sang dans le cirque :

> Cosi, poi che dagli animi
> Ogni pudor disciolse,
> Vigor dalla libidine
> La crudeltà raccolse [1],

et il décrit avec l'imagination d'un poète cette union de la férocité et de la luxure que la science explique aujourd'hui comme
une déformation morbide du sentiment [2]. Dans le dictionnaire
de médecine de Nysten, au mot *amour* on lit : « Chez la plupart
des mammifères et même quelquefois chez l'homme, l'instinct
de destruction entre en jeu en même temps que l'amour sexuel. »
Paul Bourget dans sa *Psychologie de l'amour moderne* écrivait : « La volupté qui n'est que physique est toujours près
d'être féroce. » Et tous peut-être auront pu observer ce phénomène — au moins le commencement de ce phénomène — car
un baiser donné avec passion dans un moment d'amour ressemble beaucoup à une morsure [3].

(1) « La cruauté, après avoir enlevé toute pudeur puisait, des forces
nouvelles dans la lascivité. »

(2) Voy. KRAFFT EBING. *Les psychopathies sexuelles* ; — O. ZIMMERMANN.
*Die Wonne des Leids, Beiträge zur Erkenntniss des menschlichen Empfin-
dens in Kunst und Leben*, Leipzig. 1885 ; — LAURENT. *L'amour morbide*,
Paris, 1890.

(3) Voy. à ce propos mon livre : *Le Crime à deux*, Lyon, Storck, 1893,
troisième partie, ch. I : *Les couples dégénérés*.

Cette affreuse et hideuse alliance qui a lieu parfois dans l'âme individuelle, a lieu parfois aussi dans l'âme de la foule.

Comme l'individu dégénéré qui attriste la poésie de l'amour par les tourments et par le sang, la foule augmente la lâcheté de l'assassinat par les offenses à la pudeur, et cette folie obscène de luxure et de sang trouve parfois dans le cannibalisme le dernier degré d'abjection.

— « Tous les monstres qui rampaient enchaînés dans les bas-fonds du cœur sortent à la fois de la caverne humaine, non seulement les instincts haineux avec leurs crocs, mais aussi les instincts immondes avec leur bave, et les deux meutes réunies s'acharnent sur les femmes que leur célébrité infâme ou glorieuse a mises en évidence, sur Mme de Lamballe, amie de la reine, sur la Desrues, veuve du fameux empoisonneur, sur une bouquetière du Palais-Royal, qui, deux ans auparavant, dans un accès de jalousie a mutilé son amant un garde française. Ici à la férocité s'adjoint la lubricité pour introduire la profanation dans la torture et pour attenter à la vie par des attentats à la pudeur. Dans Mme de Lamballe, tuée trop vite, les bouchers libidineux ne peuvent outrager qu'un cadavre ; mais pour la Desrues [1], surtout pour la bouquetière, ils retrouvent, avec les imaginations de Néron, le cadre de feu des Iroquois. De l'Iroquois au cannibale la distance est courte et quelques-uns la franchissent. A l'Abbaye, un ancien soldat, nommé Damiens, enfonce son sabre dans le flanc de l'adjoint général de Laleu, plonge sa main dans l'ouverture, arrache le cœur, et le porte

(1) « Elle poussait des cris horribles pendant que les brigands s'amusaient à lui faire des indignités. Son corps n'en fut pas exempt après sa mort. » — V. RÉTIF DE LA BRETONNE, *Les nuits de Paris*, p. 388.

J'ajoute ici que, selon ce que dit GONCOURT (*Histoire de la société française*, p. 250), les femmes condamnées en 1791, se masturbaient pendant qu'elles étaient à la gogne. Le phénomène, bien qu'il ne soit pas tout à fait le même, dans les causes, que ceux cités dans le texte, est cependant analogue.

à sa bouche comme pour le dévorer. Le sang — dit un témoin oculaire — dégouttait de sa bouche et lui faisait une sorte de moustache. A la Force on dépèce Mme Lamballe; ce qu'a fait le perruquier Charlot qui portait sa tête, je ne puis l'écrire; je dirai seulement qu'un autre, rue Saint-Antoine, portait « son cœur » et le mordait[1]. »

On pourrait répéter ici ce que disait Maxime Du Camp, à propos d'un fait analogue : « que c'étaient des fous, et que leur place était marquée à Charenton, dans la section des agités[2] ».

Il ne s'agit plus ici seulement de la folie morale du criminel-né, qui n'entame pas la faculté intellective ; il s'agit d'un vrai délire, qui sépare de tous ses semblables celui qui commet ces actions infâmes. Et, que la foule soit à l'état de folie réelle, nous en avons la preuve, non seulement dans l'énormité des crimes qu'elle commet, mais aussi dans le peu de réflexion qu'elle fait avant de les exécuter. La foule préfère tuer ses amis (au moins, ceux qu'elle croit tels) avec ses ennemis, plutôt que d'attendre qu'ils se soient éloignés d'eux. « Pendant la fusillade des otages, un communard jeta son fusil à terre, saisit chacun des prêtres par le corps, et, au milieu des applaudissements de la foule, les souleva et les lança au delà du mur. Le dernier prêtre opposa quelque résistance, et tomba entraînant le fédéré avec lui. Les assassins impatients ne voulurent pas attendre : ils firent feu et... tuèrent leur compagnon aussi bien que le prêtre[3] .»

(1) H. TAINE. *Les origines de la France contemporaine*, II, p. 303-304.

(2) M. DU CAMP. *Les convulsions de Paris*, IV, p. 151.

(3) M. DU CAMP. Œuvr. cit. — M. DESJARDINS, dans son étude : *Le droit des gens et la loi de Lynch aux États-Unis*, raconte un fait analogue : « Dans le village de Salina, au Colorado, on avait arrêté un voleur, qui avait tué celui qui l'avait pris sur le fait. La foule l'arrache à sa prison, l'entraîne jusqu'au chemin de fer, et là le pend à un pieu. A ce moment-là, passait le train qui venait de Marshall; la foule irritée tira plusieurs coups de fusil qui blessèrent des voyageurs qui regardaient par la fenêtre. »

C'est absolument le crime fou, sans cause et sans but ; — c'est la frénésie, qui ne raisonne pas et qui ne comprend pas, conséquence naturelle de l'ivresse produite par le sang et par les fusillades, par les cris et par le vin ; c'est la *folie de la poudre*, diraient les Arabes, qui se dégage après le combat ; c'est la folie, disons-nous, qui ramène l'homme à ses instincts ataviques, car elle se montre la même chez les animaux les plus bas, après la lutte. « Il arrive souvent qu'à la fin du combat — raconte Forel — les fourmis amazones sont prises d'une fureur telle qu'elles mordent tout ce qui les entoure, les larves, leurs compagnes, leurs esclaves même, qui cherchent à les calmer et essayent de les tenir par les pattes tant que dure leur colère [1]. »

La foule aussi arrive à ce degré, et c'est la dernière phase de sa corruption intellectuelle et morale.

IV

En face de cette multitude qui ne connaît pas de frein et qui descend avec une rapidité vertigineuse jusqu'au dernier degré de la brutalité la plus lâche, nous voulons évoquer ici le souvenir d'autres multitudes qui résistèrent aux étranges et puissantes influences qui les poussaient au crime.

Cette comparaison ne sera pas sans utilité.

« Au mois de mai 1750, est-il dit dans l'*Histoire du dix-huitième siècle*, la police procédait, avec beaucoup de violence, à l'un de ces enlèvements périodiques de mendiants qu'elle était dans l'usage de faire. Quelques enfants, sans qu'on ait pu savoir le motif d'une telle barbarie, furent arrachés des bras de leurs mères ; celles-ci remplissaient les places publiques de cris de désespoir. On s'attroupe, on s'excite ; partout s'offrent

(1) FOREL. *Les convulsions*, déjà cité.

des mères désolées. Les unes rapportent que des agents de police demandaient de l'or pour rendre leurs enfants ; les autres s'ingéniaient en conjectures sur le sort qui leur était réservé. Une fable odieuse circulait dans le peuple : on fit de Louis XV un autre Hérode, qui allait renouveler le massacre des innocents. Des médecins, disait-on, lui avaient conseillé de prendre des bains de sang humain, pour le rétablissement de sa santé usée par la débauche. La populace se mit donc à faire la guerre aux exempts de la police. L'un d'eux fut tué ; beaucoup d'autres, maltraités. M. Berryer (préfet de police) fut cerné dans son hôtel ; il s'évada par les jardins. La fureur des assaillants était au comble ; on parlait d'escalader les murailles, lorsqu'un officier de police, plus intrépide que son chef, fit ouvrir soudainement les portes. A cette vue, le peuple s'arrêta et respecta cette maison ouverte : il recula, et avant peu, on le vit fuir dans la direction du boulevard et de la place Vendôme[1]. »

Cette conduite — ajoute Lacretelle — est fort explicable, si l'on songe que, comme les loups qu'on met en fuite en battant le briquet, les émotions qui ont pour cause et pour but quelque cruauté ou quelque folie, cèdent à la première manifestation de calme et d'énergie.

Et l'explication donnée par Lacretelle est juste, quoiqu'elle ne soit pas complète.

[1] CHARLES LACRETELLE. *Histoire du dix-huitième siècle.* — Voy. les *Mémoires tirés des Archives de la Police de Paris*, par F. PEUCHET, t. II, p. 129.

GISQUET (*Mémoires* déjà cités, vol. II, p. 129) raconte un fait semblable, arrivé à Paris en 1832, pendant que le choléra ravageait la ville : — « ... deux imprudents fuyaient, poursuivis par des milliers de forcenés, qui les accusaient d'avoir donné à des enfants une tartine empoisonnée. Les deux hommes se cachent à la hâte dans un corps de garde ; mais le poste est dans un instant cerné, menacé, et rien n'aurait pu dans ce moment empêcher le massacre de ces individus, si le commissaire de police Jacquemin et l'ancien officier de paix Henricy, qui se trouvaient sur ce point, n'avaient eu l'heureuse pensée de se partager et de manger la tartine aux yeux de la foule. Cette présence d'esprit fit aussitôt succéder l'hilarité à la fureur, tant il faut peu de chose quelquefois pour porter jusqu'au paroxysme la rage du peuple ou pour la calmer. »

Il est vrai que les foules, comme les loups, cèdent parfois à
une manifestation de calme et d'énergie : elles cèdent même à
un trait d'esprit, parce qu'elles ont, non seulement la cruauté,
mais aussi le sourire facile. Leur psychologie a un équilibre
instable, et on peut les faire pencher — tout d'un coup — ou
vers le meurtre, ou vers la générosité et la gaieté. Dans la dernière semaine de la Commune, des prisonniers avaient été conduits à Versailles où la foule les avait entourés. Parmi eux, se
trouvait — dit M. Ludovic Halévy — « une femme jeune, assez
belle, les mains liées derrière le dos, enveloppée dans un caban
d'officier doublé de drap rouge, les cheveux épars. La foule
crie : La colonnelle ! La colonnelle ! Tête haute, la femme répond
à ces clameurs par un sourire de défi. Alors, de toutes parts,
c'est un grand cri : A mort ! à mort !... Un vieux monsieur
s'écrie : Pas de cruauté, c'est une femme, après tout ! La colère
de la foule, en une seconde, se retourne contre le vieux monsieur. On l'entoure : c'est un communard ! c'est un incendiaire !
Il est très menacé, mais une voix perçante s'élève, une voix
drôlette et gaie de gamin de Paris : Faut pas lui faire du mal,
c'est sa demoiselle à ce monsieur ! Alors, brusquement, grand
éclat de rire autour du vieux monsieur. Il est sauvé... La foule
avait passé presque dans le même instant, de la plus sérieuse
colère à la plus franche gaieté [1] ».

En ce cas, c'est un trait d'esprit, une boutade, qui polarise
tout d'un coup la foule vers un point absolument opposé à celui
dans lequel elle était polarisée jusqu'alors. D'autres fois c'est
un beau geste, un acte héroïque qui fait tourner immédiatement la psychologie d'une multitude.

Lamartine, dans son *Histoire des Girondins*, nous décrit cet
épisode . « ..... Sombreuil paraît ; il est condamné ; la porte
s'ouvre ; les baïonnettes brillent ; sa fille s'élance, se suspend

(1) G. TARDE. *Essais et mélanges sociologiques.* Lyon, Storck, 1895,
p. 22 ; — et voy. d'autres exemples aux pages 27 et 29.

au cou du vieillard, le couvre de son corps, conjure les assassins d'épargner son père ou de la frapper du même coup. Son geste, son sexe, sa jeunesse, ses cheveux épars, sa beauté accrue par l'émotion de son âme, la sublimité de son dévouement, l'ardeur de ses supplications attendrissent ces sicaires. Un cri de grâce s'élève de la foule ; les piques s'abaissent ; on accorde à la fille la vie de son père, mais à un horrible prix : on veut qu'en signe d'abjuration de l'aristocratie elle trempe ses lèvres dans un verre rempli du sang des aristocrates. Mlle de Sombreuil saisit le verre d'une main intrépide, le porte à sa bouche, et boit au salut de son père. Ce geste le sauve. On s'associe à sa joie ; les larmes de ses assassins se mêlent aux siennes. Il y a des surprises de la nature, même au plus profond du crime. Il y a des abîmes dans le cœur humain. Des monstres, les bras teints de sang, emportent en triomphe Sombreuil et sa fille jusqu'à leur demeure et leur jurent de les défendre contre leurs ennemis[1] .»

Mais, tout en enregistrant ces faits qui prouvent l'instabilité de la psychologie de la foule, il faut reconnaître qu'ils sont exceptionnels. Généralement les émotions cruelles, lorsqu'elles sont répandues dans une multitude et la dominent, ne cèdent pas à une manifestation de calme et d'énergie (nous l'avons bien constaté) et si cela arrive, la cause n'en est pas à une influence extérieure qui dompte la foule soudainement, mais bien plutôt aux facultés intrinsèques de la foule même.

C'est pour cette raison que nous avons dit que l'explication donnée par Lacretelle de la conduite de la foule lors de l'émeute de 1750 était juste, mais n'était pas complète.

Dans la grande révolution de 1793 et dans la petite révolte de 1750, le motif pour lequel la multitude était agitée n'était pas le même, mais on peut le considérer comme équivalent, au point de vue psychologique.

<hr>

(1) LAMARTINE. *Histoire des Girondins*, t. III, liv. XXV, p. 254.

Je crois même que la pensée du peuple, — que ses enfants lui étaient volés et qu'ils servaient à un caprice sauvage du roi, — le poussait à la révolte plus facilement que la pensée abstraite d'une réforme politique, si désirée qu'elle fût. Le coefficient extérieur qui poussait les deux foules au crime, était donc le même dans les deux cas ; mais les événements ne furent pas les mêmes. Et pourquoi cela ? Parce que les deux foules étaient *anthropologiquement* différentes. C'est là la raison la plus vraie et la plus importante.

Les rassemblements qui obstruaient les rues de Paris en 1793, étaient, pour la majeure partie, composés de malfaiteurs, prêts à s'abandonner de toutes les manières à leurs instincts pervers ; ils étaient aussi composés de fous et de dégénérés de toute espèce, facilement excitables, et qui, en raison de leur faiblesse psychique, se laissaient facilement entraîner à tous les excès. Tandis que la multitude des révoltés en 1750 n'était composée que de gens du peuple, d'ouvriers, de pères et de mères de famille qui tremblaient pour la vie de leurs enfants...

Cette foule qu'un motif sacré avait faite rebelle, poussée à bout, aurait peut-être pu, par l'influence du nombre, en arriver au crime [1]. Elle se calma soudain, devant l'acte confiant et cou-

(1) MANZONI, dans la page suivante des *Promessi Sposi* (ch. XIII), décrit admirablement la composition d'une foule, et démontre quels sont les motifs pour lesquels la foule arrive parfois au crime, tandis que parfois elle se calme et se disperse : — « Nei tumulti popolari c'è sempre un certo numero d'uomini che, o per un riscaldamento di passione, o per una persuasione fanatica, o per un disegno scellerato, o per un maledetto gusto del soqquadro, fanno di tutto per ispingere le cose al peggio ; propongono e promuovono i più spietati consigli, soffian nel fuoco ogni volta che principia a illanguidire ; non è mai troppo per costoro ; non vorrebbero che il tumulto avesse fine, nè misura. Ma per contrappeso, c'è sempre anche un certo numero d'altri uomini che, con pari ardore e con insistenza pari, s'adoprano per produr l'effetto contrario ; taluni mossi da amicizia o da parzialità per le persone minacciate ; altri senz'altro impulso che d'un pio e spontaneo orrore del sangue e dei fatti atroci. In ciascuna di queste due parti opposte, anche quando non ci siano concerti antecedenti, l'uniformità dei voleri crea un concerto istantaneo nelle operazioni. Chi forma poi la massa, e quasi il materiale del tumulto, è un miscuglio accidentale d'uomini, che, più o meno, per gradazioni indefi-

rageux de l'officier, et eut horreur de l'acte infâme qu'elle allait commettre.

Cette conduite reflète, dans sa forme collective, ce qui arrive parfois, individuellement, à un criminel par passion. Sa colère s'évanouit et il laisse tomber son arme, si vous vous présentez devant lui sans défense, ou si vous réussissez de quelque autre manière à le calmer et à le ramener à son état normal. Et cela, parce que le crime qu'il allait commettre était la conséquence d'une folie momentanée ; celle-ci ayant cessé, il n'a plus le courage de commettre son crime ; il *ne peut plus* le commettre.

Ce renoncement volontaire, qui n'est pas possible à un délinquant-né, n'est pas possible non plus à une foule qui renferme de vrais délinquants, et qui est déjà portée à un haut degré d'excitation. Croire que l'on peut la dompter par le calme et

nite, tengono dell'uno e dell'altro estremo : un po' riscaldati, un po' furbi, un po' inclinati a una certa giustizia, come l'intendon loro, un po' vogliosi di vederne qualcheduna grossa, pronti alla ferocia e alla misericordia, a detestare e ad adorare, secondo che si presenti l'occasione di provar con sicurezza l'uno e l'altro sentimento ; avidi ogni momento di sapere, di credere qualche cosa grossa, bisognosi di gridare, d'applaudire a qualcheduno, o d'urlargli dietro. Viva e muoia, son le parole che mandan fuori più volontieri ; e chi è riuscito a persuaderli che un tale non meriti d'essere squartato, non ha bisogno di spender più parole per convincerli che sia degno di esser portato in trionfo : attori, spettatori, strumenti, ostacoli, secondo il vento ; pronti anche a stare zitti quando non sentan più grida da ripetere, a finirla quando manchino gli istigatori, a sbandarsi quando molte voci concordi e non contraddette abbiano detto : Andiamo, — e a tornarsene a casa, domandandosi l'uno con l'altro : Cos' è stato ? — Siccome pero questa massa, avendo la maggior forza, la puo dare a chi vuole, cosi ognuna delle due parti attive usa ogni arte per tirarla dalla sua : sono quasi due anime nemiche, che combattono per entrare in quel corpaccio, e farlo muovere. Fanno a chi saprà sparger le voci più atte a eccitar le passioni, a dirigere i movimenti a favore dell' uno o dell'altro intento ; a chi saprà più a proposito trovar le nuove che riaccendano gli sdegni, o gli affievoliscano, risveglino le speranze o i terrori ; a chi saprà trovare il grido, che, ripetuto dai più e più forte, esprima, attesti e crei, nello stesso tempo, il voto della pluralità per l'una o per l'altra parte. »

Voy. aussi, à ce propos, le beau travail de M. Leggiardi Laura, *Il delinquente nei Promessi Sposi*, Turin, Bocca, 1899, où à la page 55 et suiv. il analyse les intuitions de psychologie collective de Manzoni.

l'énergie, est exactement la même chose que de croire que l'on peut dompter par le calme et l'énergie l'assassin qui vous attaque de nuit en pleine route, ou le fou furieux qui vous menace. Les égorgeurs de septembre 1793 à Paris « ne pouvaient plus s'arrêter », dit un historien, et la conduite héroïquement sereine des victimes n'imposait pas silence à leur soif de sang. C'était, sans doute, l'ivresse de ces moments horribles qui les avait réduits à cet état ; mais c'était aussi leur organisation physiologique et psychologique qui les poussait à se faire bourreaux.

Je me souviens de deux procès qui peuvent nous servir comme preuve indiscutable de ce que j'ai dit jusqu'ici : deux procès semblables, quant aux causes, mais différents quant aux résultats : celui qui a eu lieu pour la grève de Décazeville en 1886, et celui des *faits du 8 février* à Rome, en 1889.

Le 26 janvier 1886, les ouvriers des minières de Décazeville se décident à abandonner le travail.

Conduits par Bedel, ancien mineur renvoyé, ils vont trouver l'ingénieur Watrin, directeur en chef des minières, le forcent à abandonner son bureau, et l'entraînent au milieu des cris à la mairie. Là, les ouvriers exposent le programme de leurs réclamations.

La première condition est la démission immédiate de Watrin. Celui-ci refuse, parce que son devoir est de rester à son poste. Quand il quitte la mairie, 1800 ouvriers en grève le reçoivent par un cri de mort. Watrin se sauve dans une maison qui est proche, et monte au premier étage. La foule furieuse jette des pierres aux carreaux ; on applique une échelle contre le mur, et plusieurs ouvriers y grimpent. Les autres après avoir jeté la porte à bas, se précipitent dans la maison, comme un torrent impétueux qui a rompu les digues. Un mineur les guide, armé d'un garrot. Watrin entend la foule qui monte, et courageusement, avec le sang-froid qui ne l'abandonna jamais en cette journée suprême, il ouvre la porte de la chambre et se présente seul devant les assaillants.

Cet acte de calme et d'énergie aurait dû vaincre la foule, selon Lacretelle ; malheureusement, dans le cas qui nous occupe, la foule n'était pas de celles qui se repentent et qui se dispersent.

Bedel frappe Watrin d'un coup de bâton et lui découvre l'os frontal ; l'ingénieur Chabaud essaye en vain de défendre Watrin ; un autre ouvrier, Bassinet, lui lance à la tête la porte de la chambre. Le maire de Décazeville supplie Watrin de céder et de donner sa démission. Celui-ci, presque sans connaissance et aveuglé par le sang, se laisse entraîner à une table, où il se prépare à écrire. Le maire court à la fenêtre, où il espère calmer la foule en lui annonçant que Watrin donne sa démission.

Un cri furieux est la réponse :

« Ce n'est pas sa démission qu'il nous faut, c'est sa peau ! »

Watrin est saisi par trois misérables qui le portent à la fenêtre et le jettent dans la rue, la tête la première. Watrin se brise le crâne sur le pavé, reste sans mouvement et râle. La foule infâme l'entoure aussitôt, le foule aux pieds, déchire ses habits, lui arrache les cheveux... enfin on parvient à ôter des mains de ces bêtes féroces le mourant que l'on transporte à l'hôpital [1].

(1) Émile Zola, dans *Germinal* fait un tableau merveilleux de cette perversion pathologique de la foule qui, non contente d'avoir tué celui qu'elle haïssait, commet les infamies les plus cruelles contre le cadavre : « .... la cervelle avait jailli. Il était mort. D'abord ce fut une stupeur. Les cris avaient cessé, un silence s'élargissait dans l'ombre croissante. Tout de suite les huées recommencèrent. C'étaient les femmes qui se précipitaient, prises de l'ivresse du sang. Elles entouraient le cadavre encore chaud, elles l'insultaient avec des rires, traitant de sale gueule sa tête fracassée, hurlant à la face de la mort la longue rancune de leur vie sans pain. — « Je te devais soixante francs : te voilà payé voleur ! dit la Maheude ; attends ! attends ! il faut que je t'engraisse encore ! » — De ses dix doigts elle grattait la terre, elle en prit deux poignées, dont elle lui emplit la bouche, violemment : — « Tiens, mange donc ! » — Les injures redoublèrent. Mais les femmes avaient à tirer de lui d'autres vengeances. Elles tournaient en le flairant, pareilles à des louves. Toutes

A minuit, il était mort.

Qui étaient les assassins? Étaient-ce d'honnêtes ouvriers, qui avaient mené jusqu'alors une vie exemplaire, et que la puissante influence inconnue de la foule avait soudainement transformés en malfaiteurs féroces?

Voici quels étaient les assassins : *Granier*, ouvrier de fort mauvaise réputation : « une tête de chouette, un mauvais gars qui rouait sa femme de coups » ; *Chapsal*, condamné déjà trois fois pour coups et blessures, et une fois comme voleur ; *Blanc,* dit *Bassinet*, condamné lui aussi pour coups et blessures ; « tête aplatie, mâchoire de bête fauve » ; et *Louis Bedel*, condamné pour vol et deux fois pour coups et blessures. Il offrait « de tuer, n'importe qui, pour 50 francs » ; il voulait former une bande « pour voler dans la campagne » ; et à peine avait-il accompli son crime qu'il alla jouer aux cartes dans un café.

cherchaient un outrage, une sauvagerie qui les soulageât. On entendit la voix aigre de la Brulé : — « Faut le couper comme un matou! » — « Oui! oui! au chat! au chat! » — Déjà la Mouquette le déculottait, tirait le pantalon, tandis que la Levaque soulevait les jambes. Et la Brulé, de ses mains sèches de vieille, écarta les cuisses nues, empoigna cette virilité morte. Elle tenait tout, arrachant, dans un effort qui tendait sa maigre échine et faisait craquer ses grands bras. Les peaux molles résistaient, elle dut s'y reprendre, elle finit par emporter le lambeau, un paquet de chair velue et sanglante, qu'elle agita avec un rire de triomphe : — « Je l'ai! je l'ai! » — Des voix aiguës saluèrent d'imprécations l'abominable trophée. Les femmes se montraient le lambeau sanglant, comme une bête mauvaise, dont chacune avait eu à souffrir, et qu'elles venaient d'écraser enfin, qu'elles voyaient là, inerte, en leur pouvoir. Elles crachaient dessus, elles avançaient leurs mâchoires, en répétant, dans un furieux éclat de mépris : — « Il ne peut plus! Ce n'est plus un homme qu'on va foutre dans la terre! » — La Brulé alors planta tout le paquet au bout de son bâton, et, le portant en l'air, le promenant ainsi qu'un drapeau, elle se lança sur la route, suivie de la débandade hurlante des femmes. Des gouttes de sang pleuvaient ; cette chair lamentable pendait comme un déchet de viande à l'étal d'un boucher... »

A propos des études de psychologie collective d'EMILE ZOLA, voyez mon travail sur cet auteur dans mon livre : *Mentre il secolo muore*, Palermo, 1899, — et l'essai de P. Rossi : *Emilio Zola e la psicologia collettiva nell'arte* dans l'*Archivio di psicologia collettiva*, fasc. II, mai 1900.

(1) Pour les détails de ce procès, consultez : A. BATAILLE, *Causes criminelles et mondaines de 1886* ; *La grève de Décazeville*, p. 136. On pourrait voir de semblables épisodes, décrits dans les procès des anarchistes à Lyon, 1883 (V. BATAILLE, *Causes crim. et mond.*, 1883. *Les procès anar-*

Tous, individus qui étaient naturellement capables de commettre ces excès ; l'excitation de la foule n'avait pas fait autre chose que d'offrir l'occasion de révéler leur nature.

La conduite des ouvriers, à Rome en 1889, fût bien différente de celle des ouvriers de Décazeville.

Ils étaient exaspérés par une crise économique, qui durait depuis longtemps et qui ne paraissait pas vouloir cesser. Exaltés et suggestionnés par les discours que leur avaient faits leurs chefs aux *Prati di Castello*, les excitant à demander par la force ce qu'ils n'avaient pu obtenir en manifestant avec douceur leurs désirs et leurs besoins, — dans l'après-midi du 8 février 1889, armés de bâtons, d'outils et de pierres, ils traversèrent Rome du pont de Ripetta à la place d'Espagne, facilement vainqueurs de la faible résistance de quelques sergents de ville, qui avaient en vain essayé de les retenir au delà du pont. Ils n'étaient pas en grand nombre, mais comme ils ne rencontraient pas d'obstacles, on les craignait sérieusement.

On fermait les portes et les fenêtres sur leur passage ; ceux qui se trouvaient dans les rues se réfugiaient dans les maisons, laissant les ouvriers libres de commettre n'importe quel excès. La peur que manifestaient les habitants augmentait naturellement la hardiesse des ouvriers, qui lançaient des pierres contre les réverbères, et brisaient les vitrines des magasins.

Ils montèrent de la place d'Espagne à la rue des Quatre-Fontaines, se dirigeant vers la place Victor-Emmanuel, avec le bruit sourd d'une foule qui n'attend que l'occasion de faire éclater tous les ressentiments qui couvaient en elle depuis

---

chistes) et dans les grèves de Montceau-les-Mines (BATAILLE, 1882). C'est dans ces derniers que Zola a pris non seulement l'idée de *Germinal*, mais aussi plusieurs scènes qu'il rapporte en certains chapitres.

Je renvoie le lecteur à la 3e partie de cet ouvrage pour d'autres exemples de procès contre une foule criminelle, et là nous analyserons aussi l'issue de ces procès. — Voy. aussi à ce sujet : WANDERWELDE, *Le socialisme en Belgique*.

longtemps. Arrivés à la galerie Reine-Marguerite, ils y entrèrent menaçants, bien décidés à pénétrer dans le café du
Grand-Orphée et de le saccager. Un officier, qui se trouvait
par hasard sur la porte, dégaina, et intima à la foule l'ordre
de se retirer. Les ouvriers étaient au nombre de mille et tenaient
des armes en main ; cependant on ne jeta pas même une pierre ;
il n'y eut aucune tentative de rébellion ; ils s'éloignèrent tous,
poursuivant leur chemin ; et, peu après, ils se dispersèrent.

Dans ce cas, comme dans celui que raconte Lacretelle, le
calme courage d'un seul suffit à faire comprendre à cette multitude le crime qu'elle allait commettre ; et, comme un homme
ivre auquel on jette de l'eau à la figure, elle revint à des sentiments normaux, je dirais presque individuels.

On intenta un procès pour dévastation à 32 de des ouvriers,
qui étaient réellement coupables de ce délit ; mais les antécédents des 32 prévenus se trouvèrent excellents. C'est là, je
crois, la raison pour laquelle ils ont pu briser quelques réverbères ou quelques devantures dans un moment de fureur ;
mais ils ne se sont pas laissé entraîner à l'assassinat, comme
les ouvriers de Décazeville.

Si l'on voulait rappeler ici toutes les grèves dans lesquelles
les ouvriers, après avoir commencé par la violence, ne commirent pas d'autres crimes contre les individus ni contre la
propriété (justement parce qu'ils étaient honnêtes, et pouvaient
bien commettre quelques fautes légères, mais non des crimes
graves), on pourrait remplir plusieurs pages. — Je citerai
ici un seul fait, raconté par Gisquet dans ses *Mémoires*. « En
novembre 1831, les ouvriers qui travaillaient à Lyon dans les
grandes fabriques de soieries, demandèrent une augmentation
de salaire, qui ne leur fut point accordée. Ils firent grève et se
soulevèrent contre la police, qui eut le tort de s'en mêler. Par
un fait étrange, ils restèrent les maîtres de la ville, et obligèrent
les troupes à se retirer sur Mâcon. Ils avaient élevé des barricades

et s'étaient battus contre les soldats ; la ville était dans la terreur. A peine furent-ils les maîtres, qu'ils se calmèrent comme par enchantement ; aucun magasin ne fut dévasté, on ne toucha à rien dans aucune maison ; et quand, quelques jours plus tard, les troupes rentrèrent en ville, avec le duc d'Orléans et le maréchal Soult à leur tête, ils trouvèrent la ville très calme ; et les ouvriers mêmes, repentants, pour ainsi dire, de ce qu'ils avaient fait, n'opposèrent aucune résistance, et laissèrent l'autorité s'établir là d'où ils l'avaient chassée [1]. »

Il semble donc évident que la composition *anthropologique* de la foule a une certaine influence sur les actions que la foule commet ; une multitude de braves gens pourra se pervertir, mais elle n'atteindra jamais le degré de perversité d'une multitude dont une partie est formée de méchants.

Et, en ce qui concerne la composition anthropologique de la foule, il faut ajouter que, non seulement la présence de vrais criminels peut être funeste, mais aussi la présence de ceux qui, bien qu'honnêtes, n'ont, de par leur constitution organique, qu'une faible répugnance au sang et ne s'impressionnent pas de le voir verser. Beaucoup d'entre eux, dans un milieu honnête et pacifique, donnent un légitime soulagement à leurs tendances en choisissant certains métiers ou certaines professions, qui sembleraient cruels à un individu très sensible et très compatissant ; par exemple : le boucher, le soldat, le chirurgien. S'ils se trouvent, par hasard, dans une foule, il est évident qu'il leur sera moins difficile qu'à d'autres de commettre quelque crime [2].

« On sait — écrit M. Proal — que, pendant les diverses révolutions qui ont ensanglanté la France, les bouchers notamment ont montré une cruauté exceptionnelle ; que sous Charles VI,

(1) GISQUET. *Mémoires*, II, p. 22.
(2) ANDRAL. *Pathologie interne*, vol. III, p. 59.

par exemple, les *Cabochiens* firent couler le sang à torrents.

Un des plus fougueux révolutionnaires de 1793 était le boucher Legendre, à qui Lanjuinais répondit : « Avant de m'assommer, fais décréter que je suis un bœuf[1]. »

Et même parmi les crimes individuels atroces, un chiffre considérable est fourni par ceux qui exercent des professions ou des métiers cruels. « Parmi les plus récents dépeceurs de femmes, écrit M. Corre, il faut citer Avinain, un boucher, Billoir, un ancien soldat, Lebiez, ex-étudiant en médecine. Guy Patin, dans une de ses lettres à Spon, raconte un vol audacieux commis chez la duchesse d'Orléans et suivi de la disparition d'un valet de chambre de la maison : on retrouva le corps du domestique coupé en quartiers : les assassins voleurs étaient deux laquais, chirurgiens de leur premier métier[2]. »

Eugène Sue a, dans le type du *Chourineur*[3], admirablement décrit cette terrible influence du métier cruel de boucher, sur les sentiments de l'homme.

M. Hamon, dans sa *Psychologie du militaire professionnel*[4], cite un grand nombre d'assassinats, de viols, d'incendies et d'autres actes de violence et de cruauté, commis par des soldats après la bataille, sans aucune provocation, alors qu'ils étaient complètement inutiles

C'est, du reste, une observation déjà faite plusieurs fois que, en général, toutes les professions qui présupposent le mépris de la vie (propre ou d'autrui, de l'homme ou des autres animaux) font naître, ou, pour mieux dire, développent les instincts sanguinaires. On en a la preuve la plus convaincante dans le

---

(1) PROAL. *Le crime et la peine*, 3e éd. Paris, Alcan, p. 225.

(2) CORRE. *Les criminelles*, p. 179. Je me souviens à ce propos d'un procès récent qui s'est déroulé devant les assises de Rome : deux frères *bouchers* avaient tué un de leurs amis avec les couteaux de leur métier.

(3) Voir *Les mystères de Paris*. Eugène Sue a, aussi dans son roman *La Salamandre*, aux chapitres XIII et XIV, des pages splendides de psychologie collective lorsqu'il décrit une orgie et une dispute de marins.

(4) Bruxelles, C. Rozez, 1894.

métier de soldat. Que de braves et de héros qui ont en eux l'étoffe de criminels ! Richard Cœur de Lion ne mangeait-il pas la chair des Sarrasins, et ne la trouvait-il pas *tendre et douce*[1] ?

Mais, même en tenant compte de la valeur de toutes ces prédispositions au crime plus ou moins fortes, il n'en est pas moins vrai que c'est l'âme même de la foule qui fait que les bons se gâtent, et que les méchants ou les cruels en puissance le deviennent par le fait. Nous n'avons donc pas encore résolu le problème juridique : qui doit porter la responsabilité des crimes commis dans la fureur d'une foule ?

C'est ce que nous allons essayer de faire au chapitre suivant.

[1] Voyez à ce propos : *Studio antropologico del militare delinquente*, par P. BRANCALEONE RIBAUDO, Palermo, 1893.

CHAPITRE III

LA RESPONSABILITÉ DE LA FOULE CRIMINELLE

I

Napoléon, dans un mot célèbre que lui ont dicté ses études sur la Convention a dit : « Les crimes collectifs n'engagent personne. »

C'était la constatation d'un fait ; ce n'était pas, et ce ne pouvait pas être une doctrine scientifique.

La science sent que l'irresponsabilité, pour les crimes commis dans une foule, ne peut être proclamée ; parce que la science sait que l'organisme social, — comme n'importe quel autre organisme — réagit toujours, en ce cas comme en tous les autres, contre celui qui attente à ses conditions de vie.

Subir cette réaction veut dire être responsable : si donc la réaction est fatale et nécessaire, la responsabilité sera aussi fatale et nécessaire.

Mais, qui sera responsable ?

Le bon sens — par un de ses jugements sommaires qui sont souvent erronés, mais qui sont aussi parfois très exacts, discernant d'avance par intuition ce que l'examen positif des faits prouvera plus tard — répond : toute la foule doit être responsable. Et la science, après avoir tâché d'éclaircir bien des causes qui déterminent les crimes commis par une multitude, et après avoir vu que ces causes sont entremêlées et confondues d'une manière telle qu'on ne peut en déterminer la valeur particulière, est obligée, pour être juste et sincère, de répondre elle aussi comme le bon sens : toute la foule doit être responsable.

C'est à ce nom collectif de foule, à cet être vague et indéterminé que s'arrête la responsabilité, car dans la foule seule on retrouve *tous* les facteurs d'ordre anthropologique et d'ordre social, qui coopèrent à la production des crimes commis par ses membres. On sent que de faire peser toute la responsabilité sur un être plus déterminé et plus précis — sur l'individu — serait une erreur ; car dans l'individu, *tous* les facteurs de ces crimes n'existent pas ; il ne serait qu'une seule des causes, et non la réunion de toutes les causes.

Mais, est-il possible que la foule soit responsable ? Cette responsabilité collective est-elle donc possible aujourd'hui ?

Autrefois, la responsabilité collective était l'unique forme de responsabilité. Même lorsqu'on savait qu'un crime avait été commis par un seul individu, il ne devait pas en répondre seul, mais avec lui, sa famille, son clan, sa tribu. Les lois anciennes étendaient à la femme, aux enfants, aux frères, parfois même à tous les parents du délinquant, le supplice ou la peine auxquels il était condamné lui-même.

Les États demi-civilisés de l'ancien Orient infligeaient tous, à la femme et aux enfants du condamné la même peine qu'à lui. En Égypte, toute la famille d'un conspirateur était condamnée à mort[1].

A ces époques primitives, chaque groupe de formation naturelle, comme la tribu et la famille, constituait un être indivisible et indissoluble. L'individu était une partie plutôt qu'un tout ; on ne le considérait pas comme un organisme, mais comme un organe. Le frapper lui seul eût été regardé comme une absurdité, de même que nous regarderions comme une absurdité de châtier un seul membre d'un homme.

(1) Voyez THONISSENE, *Droit criminel des anciens peuples de l'Orient*, t. Iᵉʳ, passim, — et LETOURNEAU, *Évolution de la morale*, Paris, 1887.

Dans la suite, avec le progrès de la civilisation, la responsabilité alla toujours en s'individualisant. Jusqu'à la fin du siècle dernier, il resta quelques traces de l'ancienne doctrine, surtout en ce qui concerne certains crimes politiques et religieux : on sait que jusqu'à l'aube de notre siècle, dans presque tous les États de l'Europe, les familles des criminels politiques étaient exilées ; mais toute trace de cette coutume a maintenant disparu. M. Tarde croit trouver un reste actuel de la responsabilité collective des anciens dans l'immunité parlementaire, en vertu de laquelle un député ou un sénateur ne peut être poursuivi ou condamné en justice, sans l'autorisation de l'assemblée dont il fait partie, comme si celle-ci se regardait comme responsable avec lui[1]. Et outre celui-là, il y a, je crois, actuellement beaucoup d'autres restes de la vieille théorie de la responsabilité collective, surtout dans les préjugés. On sait, par exemple, que dans l'ancien temps, chaque individu membre d'une tribu croyait que ses actions ou celles d'un autre, quand elles étaient de nature à porter bonne ou mauvaise chance, devaient avoir une influence favorable ou funeste, non seulement sur leur auteur, mais sur la tribu entière. Eh bien, on croit encore aujourd'hui parmi le peuple — et aussi parmi les classes cultivées — que certaines actions portent bonne ou mauvaise chance, non seulement à celui qui les fait, mais aussi à ceux qui sont présents ; par exemple : renverser du vin ou du sel à table[2].

___

(1) *La Philosophie pénale*, p. 137.

(2) « Il y a des gens, — écrit à ce propos BAGEHOT, — qui ne permettraient pas qu'on fût treize à table chez eux. Ce n'est pas qu'ils s'attendent à éprouver un dommage personnel s'ils le permettaient ou s'ils faisaient partie de cette société de treize personnes ; mais ils ne peuvent se débarrasser de cette idée qu'une ou plusieurs personnes qui composent la réunion éprouveront dans ce cas quelque malheur. C'est ce que M. Tylor appelle des restes de barbarie qui se perpétuent dans une époque cultivée. Cette faible croyance dans la responsabilité commune de ces treize personnes est un léger reste, une trace prête à s'effacer, de ce grand prin-

Mais en dehors de ces exceptions et de ces survivances, il est certain que de nos jours, les familles des condamnés ne sont plus bannies ; les enfants d'un criminel ne portent plus au front une marque d'infamie ; l'habitude fait seule que l'on conserve une prévention défavorable contre ceux qui naissent d'une famille de criminels. Est-ce peut-être une voix intérieure, une intuition de la force de la loi d'hérédité ? Nous n'en savons rien : il est certain néanmoins qu'il n'y a pas seulement un préjugé social dans cette prévention.

La loi donc, de nos jours, a individualisé la responsabilité. M. Tarde ajoute : « Elle la spécifiera toujours plus, aidée de l'anthropologie criminelle, qui permettra de démêler dans l'association que l'on appelle individu, les éléments divers sinon séparables, dont il se compose ; de les prendre à part, et de leur appliquer le traitement spécial des remèdes qui leur convient [1]. »

Certainement, je crois aussi que la science de l'avenir spécifiera mieux qu'elle ne fait de nos jours, les causes des actions humaines, mais je ne crois pas pour cela que la responsabilité pourra se transporter de l'individu à son cerveau ou à une certaine circonvolution de son cerveau. La *responsabilité pathologique*, si je puis ainsi dire, pourra se ramener à une partie de l'homme ou à une autre, mais la *responsabilité sociale* retombera toujours sur l'homme complet, car l'individu — selon la belle expression de Schäffle, — est l'*atome* de l'organisme social : et ainsi qu'en chimie il n'est pas possible de diviser l'atome, de même en sociologie, il n'est pas possible de diviser l'homme.

Au reste, tout en laissant de côté, ce problème, bornons-nous à constater ce fait indéniable ; — aujourd'hui on ne peut plus

cipe de responsabilité commune relativement à la bonne ou à la mauvaise fortune, qui a tenu dans le monde une place énorme. » — Voir ouvr. cit , p. 152.

(1) Ouvr. cit., p. 147.

dire, comme autrefois, devant un crime : c'est telle famille qui l'a commis, punissons-la ; mais il faut dire : c'est tel individu, punissons-le et lui seul.

Néanmoins si l'ancienne idée absurde de la responsabilité collective a disparu, une autre a pris sa place, analogue à la première sous un certain rapport, et certainement bien plus scientifique : je veux parler de l'idée de la responsabilité du milieu social.

Nous savons que chaque crime, comme chaque action humaine, est le résultat de ces deux forces : le caractère individuel et le milieu social.

Nous faisons toujours retomber la responsabilité d'un crime, bien qu'en proportions différentes, sur ce *caractère* et sur ce *milieu ;* c'est donc encore de nos jours une responsabilité collective. A l'origine du droit pénal, on disait : l'individu qui a commis le crime est coupable, et toute sa famille ou toute sa tribu avec lui. Aujourd'hui que le droit pénal a atteint la plus haute phase de son développement, on dit : l'individu qui a commis le crime est coupable, et tout le milieu qui lui a fourni l'occasion de le commettre est coupable avec lui.

Les termes sont changés, et cependant moins profondément qu'ils n'en ont l'air ; on a changé surtout les motifs des deux conclusions, mais elles aboutissent au même point : à une responsabilité collective.

Il y a seulement une grande différence pratique entre les conséquences de ces deux conclusions.

Dans l'ancien temps, on considérait comme responsables l'individu et sa famille, et la réaction se faisait également sur l'un et sur l'autre [1]. De nos jours, on regarde comme respon-

______

(1) « Au début, écrit M. TARDE (œuvr. cit., p. 137), la responsabilité collective a toujours été entendue en ce sens que *tous* les parents devaient être punis à la fois. Plus tard, grâce à l'adoucissement des mœurs, on l'entendit en ce sens plus humain, qu'un membre quelconque de la famille devait être châtié. »

sables l'individu et le milieu qui l'entoure ; mais la réaction, la *peine*, pour me servir de cette vieille parole, ne s'impose qu'à l'individu. Jadis, la responsabilité de l'individu et celle de sa famille étaient *solidaires* et *effectives* (en ce sens que l'individu et sa famille subissaient la même peine). De nos jours, la responsabilité du milieu dans lequel vit l'individu est *illusoire* (le milieu ne subit jamais la réaction, il n'est jamais puni), et, au lieu d'être *solidaire* de celle de l'individu, elle est précisément en rapport inverse ; car plus la responsabilité du milieu est grande, plus celle de l'individu est petite ; et réciproquement, plus le milieu est coupable d'un crime, moins forte est la réaction sociale contre l'individu[1].

Le meurtre accompli pour voler a toutes ses causes, ou presque toutes, dans l'individu qui le commet ; c'est pourquoi la réaction sociale est très forte, en ce cas, contre le délinquant. Le meurtre commis par passion, au contraire, a la plus

---

(1) Plusieurs critiques, lors de la première édition de cet ouvrage, ont contesté l'à-propos de cette comparaison entre la responsabilité ancienne de la famille ou du clan et la responsabilité moderne du milieu. — « Il nous semble impossible — disaient-ils — de comparer l'idée de la responsabilité collective des anciens avec celle, toute moderne, du milieu : nous ne comprenons même pas une responsabilité ainsi conçue. Aux premières lueurs du droit pénal, la responsabilité collective embrassait des individus ; c'était, comme le dit l'auteur lui-même, une responsabilité réelle et effective. Aujourd'hui, lorsqu'on parle de responsabilité du milieu, on ne veut pas parler de *responsabilité juridique*, ce qui serait une absurdité, mais on entend : la cause, l'origine, le rapport entre deux phénomènes. La responsabilité des anciens était donc vive et agissante tous les jours ; l'autre n'est qu'un *mot* employé par les sociologues pour mettre en évidence les facteurs du crime, qui lui sont étrangers et qui toutefois agissent sur lui. » (Voy. *Archivio giuridico*, vol. XLVII, f. 45.) La réponse à cette critique est bien facile. Moi-même j'ai reconnu que la responsabilité du milieu est *illusoire :* mais s'il est matériellement impossible de rendre le milieu responsable au point de vue juridique, il n'en reste pas moins vrai que cette responsabilité du milieu existe au point de vue intellectuel et moral. Voilà ce qui suffit pour justifier ma comparaison. Et, du reste, on pourrait même dire que la responsabilité du milieu existe aussi au point de vue juridique, puisque, lorsqu'on reconnaît que le milieu est coupable plus que l'individu, on diminue la peine de ce dernier. La responsabilité juridique du milieu existe donc en ce sens *indirect* et *négatif*, qu'elle fait diminuer la responsabilité juridique de l'individu.

grande partie de ses causes dans le milieu qui entoure, et la plus petite dans l'individu qui le commet ; c'est pourquoi, dans ce cas, la réaction sociale contre l'individu qui a commis ce crime est moins forte.

Si l'on arrivait à prouver que les causes d'un crime sont *toutes* dans le milieu qui entoure, que dans ce milieu est *toute* la responsabilité, on ne pourrait infliger aucune réaction sociale à l'individu, il serait pénalement irresponsable. C'est le cas de légitime défense.

Si un voleur de grand chemin m'attaque, et que je le tue en me défendant, je suis totalement irresponsable (c'est-à-dire que je ne dois pas subir de réaction sociale pour avoir commis ce meurtre), parce que les causes, — c'est-à-dire la responsabilité, — sont toutes dans le milieu, dans l'attaque injuste du voleur.

Partant de ces considérations générales, nous pouvons nous résumer ainsi : quand nous avons dit que *toute* la foule doit être responsable des crimes commis par ses membres, nous n'avons fait qu'appliquer à un cas spécial et plus évident que les autres, la théorie moderne de la responsabilité collective, qui voit et reconnaît non seulement dans l'individu, mais aussi dans le milieu, les causes de chaque crime. Seulement, comme le milieu ne peut, en général, subir aucune réaction, par suite de l'individualisation actuelle de la responsabilité, de même, dans ce cas particulier, la foule ne pourra pas en souffrir. L'individu sera donc le seul *effectivement* responsable ; mais puisque sa responsabilité est en rapport inverse de celle de la foule (du milieu), il faudra examiner si la responsabilité est *toute* due à la foule, — et dans ce cas, l'individu serait irresponsable —; ou *quelle part de responsabilité* a la foule, afin que la réaction sociale contre l'individu se règle selon cette part.

C'est enfin la *redoutabilité (temibilità)* du coupable que nous devons rechercher dans ce cas, comme dans tous ; *redoutabilité* qui, selon l'école positiviste[1], est plus ou moins grande, en rapport inverse du nombre et de l'intensité des circonstances extérieures, dans l'étiologie d'un crime.

[1] Il est utile de remarquer que, si l'école positiviste a introduit ouvertement comme base de la répression juridique la *redoutabilité* du coupable, cette idée de redoutabilité existait déjà, bien que voilée par des formules plus ou moins obscures, dans la doctrine des criminalistes classiques. (Voy. CARRARA, *Programma*, partie sp. § 2085, 2111, 2115 ; PESSINA, *Elementi di diritto penale*, II livre ; ROSSI, *Trattato di diritto penale*, t. II, ch. IV.) Et, si je ne me trompe, cette idée de redoutabilité est aussi cachée sous les théories des positivistes, je dirai *dissidents*, qui ont fondé la responsabilité sur des principes différents de ceux sur lesquels la base l'école positiviste italienne. Je fais allusion ici à la théorie de l'*identité*, dont parle Tarde. En effet : l'*identité personnelle* que Tarde exige pour qu'un individu soit responsable, est une condition qui ne peut être juste que quand elle signifie que si un individu est devenu complètement différent de ce qu'il était quand il a commis le crime, c'est-à-dire redevenu inoffensif, de *dangereux* qu'il était, il doit être déclaré irresponsable. — Tarde prétend, par exemple, qu'il devrait y avoir de courtes prescriptions pour les crimes commis par les impubères, et il légitime son opinion, en disant que, quand un individu est devenu adulte, il n'est plus le même que quand il était enfant. Si vous punissez, dit-il, un homme de vingt ans, pour un crime qu'il a commis quand il en avait dix, vous frappez une personne qui n'est pas l'auteur de ce crime, car, dans l'homme de vingt ans, il ne reste plus rien ou presque rien de l'enfant de dix. En ce cas, il manque l'*identité personnelle*.

Or, il me semble que cette prescription, au lieu d'être légitimée par le principe de la *non-identité personnelle*, doit être légitimée par la *non-redoutabilité* qu'offre un adulte, qui a grandi normal et honnête, et qui quand il était enfant (à cet âge nous sommes tous un peu délinquants), avait commis un crime. On peut en dire autant, par hypothèse (hypothèse qui se vérifie rarement !), d'un fou qui guérirait après avoir commis un crime pendant son délire. Une fois guéri, une fois qu'il n'est plus à craindre, la société n'a pas le droit de le punir.

Ainsi qu'on le voit, l'*identité personnelle* de M. Tarde, entendue en ce sens, n'est autre chose qu'un nom différent donné à la théorie de la *redoutabilité*. — Prise au contraire dans le sens plus étendu que lui attribue M. Tarde, c'est-à-dire en admettant que le fou doit *toujours* être irresponsable, même quand il reste fou après son crime, — et cela seulement parce que la folie crée en lui un *être anormal* différent de l'*être normal* qui existait auparavant, — la théorie de l'*identité personnelle* me semble une erreur et une absurdité dans ses conséquences. C'est une absurdité, au point de vue déterministe, car le déterminisme n'admet, pour aucune raison, qu'il y ait des individus irresponsables. C'est une erreur, au point de vue social, car la société réagit toujours contre les offenses faites à son existence, qu'elles soient l'œuvre d'un criminel ou d'un fou. — Voy. l'article que j'ai consacré à la théorie de M. TARDE dans l'*Archivio di psichiatria* de 1890, XI, p. 567, — et surtout la critique qu'en fait FERRI dans sa *Sociologia criminale*, 1900, 4e éd., p. 657 et suiv.

II

La question doit donc se poser ainsi : celui qui a commis un crime au milieu d'une foule est-il à craindre ? et s'il l'est, à quel degré l'est-il ? C'est-à-dire : cet homme, placé hors du milieu exalté et irrité dans lequel il était, délivré des mille suggestions qui le poussaient au crime, et ramené à son état normal, présentera-t-il encore quelque danger pour la société ? Est-il possible qu'un individu honnête se laisse entraîner par la foule à commettre le mal, comme dans un accès de folie momentanée, qui, une fois passé, ne laisse plus aucune trace, et par conséquent, ne peut donner aucun droit à la réaction pénale [1] ?

Afin de pouvoir répondre comme il convient, il faudrait savoir, non seulement d'une manière générale, mais pour chaque cas en particulier, quelle est la force de suggestion de la foule, quelle est sa puissance de corruption sur l'individu. Il faudrait savoir si elle possède réellement cette fascination terrible et étrange, capable de changer un homme profondément honnête en assassin.

La foule peut-elle faire ce miracle ?

Nous avons vu, dans le premier chapitre, que l'influence que la foule exerce sur les individus qui la composent est un phénomène de suggestion. Nous pouvons donc répondre à la demande que nous nous sommes faite, en examinant quel est l'effet de la suggestion sur un individu, et jusqu'où elle arrive. Malheureusement nous ne pouvons pas faire cette recherche quant à la suggestion à l'état de veille parce qu'on l'a trop peu

---

(1) Je dis *réaction pénale* seulement, parce que la *peine* n'a plus de raison d'être, quand le danger occasionné par le crime a disparu ; mais la *réparation civile* des dommages a toujours sa raison d'être, même quand l'auteur du crime n'est plus à craindre. La peine est infligée uniquement *ne peccetur*, la réparation est infligée *ne peccetur* et surtout *quia peccatum*.

étudiée jusqu'ici [1], mais nous la ferons par rapport à la suggestion hypnotique, qui nous offre un vaste champ d'expériences et d'observations.

Ceci n'altérera en rien la portée de notre examen, car, bien que la suggestion de la foule soit une suggestion que l'on supporte éveillé, tout le. monde sait qu'elle n'est que le premier degré de la suggestion hypnotique. Le raisonnement qu'on fait pour l'une vaut donc aussi pour l'autre. La seule différence est que la suggestion dans le sommeil magnétique est plus puissante que dans l'état normal.

- « La suggestion hypnotique, disait Ladame, n'agit pas autrement sur les cerveaux malades et endormis que la suggestion ordinaire, celle que tout le monde connaît et pratique en affirmant aux autres les choses dont on espère les convaincre. La suggestion hypnotique est de la même nature que la persuasion à l'état de veille. Seulement elle renforce considérablement la puissance de persuasion que nous possédons sur autrui en supprimant les résistances qui existent à l'état de veille [2]. »

Peut-on donc, dans la suggestion hypnotique, faire commettre à un homme le crime qu'on veut ? Peut-on complètement abolir en lui sa personnalité, et l'entraîner à commettre des actes qu'il n'aurait jamais commis, étant éveillé et capable de raisonner ?

Si nous en croyions l'école de Nancy, il faudrait répondre affirmativement.

Liébault écrit : « L'endormeur peut tout développer dans

(1) M. Ventra vient de publier une étude sur ce sujet très intéressant. (*La suggestione non ipnotica nelle persone sane e nella psicoterapia*, dans le *Manicomio*, 1898, n°s 1, 2, 3.)

(2) Cit. par Laurent, *Les suggestions criminelles*, dans les *Archives de l'anthropologie crim. et des sciences pén.*, 15 novembre 1890.

Nous avons déjà parlé de la suggestion au chapitre premier. Nous ne donnons ici qu'un résumé des doctrines et des théories sur un sujet qui a pris de nos jours une extension très grande. Pour l'analogie et l'identité fondamentale entre la suggestion à l'état de veille et la suggestion hypnotique, voyez : Schmidkunz, *Psychologie der suggestion*. Wundt, *Hypnotisme et suggestion* (Paris, Alcan) et Thomas, *La suggestion, son rôle dans l'éducation*, Paris, Alcan, 1899.

l'esprit des somnambules et faire tout mettre à exécution non seulement dans leur état de sommeil, mais encore après qu'ils en sont sortis [1]. » Selon lui, le somnambule obéit aveuglément à la suggestion : « Il marche au but aussi fatalement qu'une pierre qui tombe [2]. » Et plusieurs faits pourraient prouver en apparence la vérité absolue de cette thèse.

Richet [3] et Liegois [4] ont rapporté des exemples qui prouvent que, par la suggestion, on arrive à forcer les principes actifs de l'individu ; on le pousse à oublier les sentiments les plus sacrés et à abdiquer les préceptes les plus élémentaires de la morale. Une fille douce et vertueuse, hypnotisée, tire un coup de pistolet sur sa mère. Un jeune homme honnête essaye d'empoisonner une tante, qu'il aimait profondément ; une jeune fille tue un médecin parce qu'il la soigne mal ; une autre empoisonne un individu qui lui est inconnu [5].

Mais, ces résultats ont-ils été obtenus facilement, sans aucune peine, aussitôt que l'ordre en a été donné par celui qui exerce la suggestion ? Non, bien certainement. Il a fallu lutter long-temps contre la volonté de l'hypnotisé qui réagissait encore. « C'est seulement, dit Campili, par une suggestion suivie et graduelle que le sujet est poussé à ces suggestions dangereuses et risquées. Toutes les fois qu'il fait quelque objection, ou qu'il refuse d'obéir sans réserve, on rapplique la suggestion, en y ajoutant des détails qui la rendent plus précise et plus accep-table : c'est-à-dire qu'on achève le contenu de la suggestion de l'acte, par une série rationnelle de suggestions rétroactives

(1) LIÉBAULT. *Du sommeil et des états analogues*, p. 519.
(2) *Ibid.*
(3) RICHET. *L'homme et l'intelligence.* Paris, 1884.
(4) LIÉGEOIS. *De la suggestion hypnotique, dans ses rapports avec le droit civil et le droit criminel.* Paris, 1884.
(5) Ces deux derniers cas sont rapportés par GILLES DE LA TOURETTE dans son œuvre : *L'hypnotisme et les états analogues.* Paris, 1887, p. 130 et 133. MOLL, GOWERS, BJORNSTON et TUKEI croient aussi à la toute-puis-sance de la suggestion hypnotique.

positives ou négatives. Aux premières paroles, le somnambule se révolte souvent, mais, si l'on répète l'affirmation avec insistance, son esprit, aussi bien que son aspect, devient troublé, pensif, et semble évoquer un souvenir qui lui échappe ; enfin, consterné par les incessantes et accablantes suggestions, il cède automatiquement [1]. »

Il obéit automatiquement, mais non sans répugnance, et non sans tomber ensuite dans une attaque d'hystérie, qui prouve combien il lui en a coûté d'obéir à l'ordre reçu. C'est le *déni-posthume*, si je puis dire ainsi, d'un organisme qui a accompli involontairement un acte contre lequel il se révolte et qui lui fait horreur [2].

S'il est donc vrai que même quand le sujet résiste, on peut souvent faire exécuter l'ordre voulu, en insistant et en accentuant la suggestion, il est faux toutefois que « l'automatisme soit absolu, comme le dit Beaunis, que le sujet ne conserve de spontanéité et de volonté que, autant que lui en laisse celui qui l'hypnotise ; et qu'il réalise dans le sens étroit du mot, l'idéal célèbre : être comme le bâton dans les mains du voyageur [3] ».

Le somnambule *reste toujours quelqu'un* [4] puisqu'il manifeste sa volonté, par l'effort qu'il fait pour résister aux suggestions. Et si parfois il cède, cela prouve seulement sa faiblesse individuelle, et non la toute-puissance de la suggestion, car il commet les crimes imaginaires avec répugnance, et il n'y retombe jamais dans la suite [5].

---

(1) G. CAMPILI. *Il grande ipnotismo e la suggestione ipnotica nei rapporti col diritto penale e civile.* Turin, Bocca, 1886, p. 18-19.

(2) Voy. les cas d'attaque d'hystérie, qui suivent l'accomplissement d'une suggestion qui répugne, dans l'œuvre déjà citée de GILLES DE LA TOURETTE, ch. IV.

(3) BEAUNIS. *Du somnambulisme provoqué.* Études physiologiques et psychologiques, p. 181.

(4) GILLES DE LA TOURETTE. Œuvr. cit., p. 137.

(5) Voy. à ce propos : LOMBROSO, *Studi sull ipnotismo*, 3ᵉ édition, 1887, et LOMBROSO et OTTOLENGHI, *Nuovi studi sull'ipnotismo e la credulità.* Turin, 1889.

D'ailleurs, les cas où le sujet cède à une suggestion qui offense le se... moral, sont très rares, en comparaison de ceux où il a la force de résister. Ce sont ces cas-là, observés surtout par l'école de la Salpêtrière, qui démontrent fausse l'opinion de l'école de Nancy. Contre les affirmations de Liébault, de Liégeois et de Beaunis, nous voyons celles de Charcot, de Gilles de la Tourette, de Brouardel, de Féré, de Pitres, de Laurent, de Delbœuf. « Le somnambule, dit Gilles de la Tourette, n'est pas une machine que l'on puisse faire tourner à tous les vents ; il possède une personnalité, réduite, c'est vrai, dans ses termes généraux, mais qui persiste encore en certains cas entière [1]. » — « Le somnambule, dit Féré, peut résister à une suggestion déterminée, qui se trouve en opposition avec un sentiment profond [2] », et, ajoute Brouardel, « il ne réalise que les suggestions agréables ou indifférentes [3] ». Enfin, Pitres affirme que « l'irresponsabilité des sujets hypnotisés n'est jamais absolue [4] ».

Le *moi normal* survit toujours au *moi anormal* créé par l'hypnotiseur. Si vous essayez de faire commettre à ce *moi anormal* une action qui lui répugne profondément, organiquement vous n'y réussirez nullement. Une quantité d'exemples sont là pour nous en donner les preuves.

Choisissons-en quelques-uns.

« Nous avions sous notre cure, dit Pitres, une jeune femme

(1) Œuvr. cit., p. 136.

(2) Ch. Féré. *Les hypnotiques hystériques considérés comme sujets d'expérience en médecine mentale.* Note communiquée à la Société médico-psychologique, le 28 mai 1883.

(3) Brouardel. *Gazette des hôpitaux.* Numéro du 8 nov. 1887, p. 1125.

(4) Pitres. *Les suggestions hypnotiques.* Bordeaux, 1884, p. 61.
Des conclusions identiques à celles qui sont soutenues par les auteurs nommés sont aussi tirées par : Bianchi, *La responsabilità nell'isterismo Riv. sper. di fren. e di med. leg.,* vol. XVI, fasc. III ; Laurent, *Les suggestions criminelles (Arch. de l'anthrop. crim. et des sciences pén.,* 15 nov. 1890) ; Delbœuf, *L'hypnotisme et la liberté des représentations publiques ;* et Richer, *Études cliniques sur la grande hystéro-épilepsie.* Paris, 1885.

très facile à hypnotiser et sur laquelle on pouvait produire, sans aucune difficulté, les mouvements d'imitation, les illusions et les hallucinations. Mais il était impossible d'obtenir d'elle qu'elle battit quelqu'un. Si on le lui commandait énergiquement, elle levait les bras, et tombait immédiatement en léthargie [1]. »

Féré raconte un fait analogue : « Une de nos malades, dit-il, s'était prise de passion pour un jeune homme, elle en avait beaucoup souffert, mais cependant elle l'aimait toujours. Si l'on évoquait la présence de cet homme, elle se montrait très affligée ; elle aurait voulu s'enfuir. Mais il était impossible de lui faire commettre un acte quelconque qui pût être nuisible à celui dont elle avait été la victime. Au reste, elle obéissait à tous les autres ordres automatiquement [2]. »

Dans les deux cas précédents, c'est le sentiment de la pitié qui empêche de réaliser la suggestion.

Le phénomène identique se vérifie, quand l'idée suggérée se heurte à un autre sentiment quelconque, pourvu qu'il soit vif et profond dans l'individu hypnotisé.

Pitres raconte l'expérience que je vais rapporter, comme preuve de la résistance que peuvent faire les sujets aux actes suggérés : « J'endors mon sujet (une jeune fille), et, après avoir posé une pièce d'argent sur la table, je lui dis : quand vous serez réveillée, vous irez prendre sur la table cette pièce d'argent que quelqu'un y a oubliée ; personne ne vous verra ; vous mettrez la pièce dans votre poche, ce sera un petit vol qui n'aura pour vous aucune conséquence fâcheuse. »

Puis, j'éveille le sujet.

« Elle se dirige vers la table, cherche la pièce et la met dans sa poche, en hésitant. Mais, tout de suite après, elle l'en retire

---

(1) PITRES. Œuvr. cit., p. 55.

(2) FÉRÉ. *Les hypnotiques hystériques considérés comme sujets d'expérience en médecine mentale*, déjà cité.

et me la donne, en disant que cet argent ne lui appartient pas, et qu'il faut rechercher la personne qui l'a oubliée sur la table. Je ne veux pas garder cette pièce, dit-elle ; ce serait un vol, et je ne suis pas une voleuse [1]. »

Gilles de la Tourette raconte un fait en tout semblable à celui-ci.

« Un jour, écrit-il, nous suggérons à W. qu'il fait très chaud. Aussitôt, elle s'éponge le front comme si elle transpirait, et déclare que la chaleur est insupportable.

« Allons prendre un bain.

« Comment ! avec vous ?

« Pourquoi pas ? vous savez qu'à la mer les hommes et les femmes prennent leur bain en commun, sans scrupules.

« Elle ne parait pas très convaincue.

« Courage ! déshabille-toi.

« Elle hésite ; enfin elle se décoiffe et se déchausse ; puis elle s'arrête.

« Allons ! je te commande de te déshabiller entièrement.

« Elle rougit et semble réfléchir avec grand peine ; enfin, confuse, elle ôte sa robe.

« Encore ! encore !

« A cet ordre brutal, elle se trouble et semble souffrir cruellement ; elle se prépare à obéir, mais sa volonté réagit ; sa pudeur est plus forte que la suggestion ; son corps se raidit, et je n'ai que le temps d'intervenir pour empêcher un accès d'hystérie [1]. »

(1) PITRES. OEuvr. cit., p. 54.

(2) GILLES DE LA TOURETTE. OEuvr. cit., p. 110. — PITRES raconte une expérience semblable : « Un jour, écrit-il, j'ordonnai à une de nos malades hypnotisées d'embrasser après son réveil un des élèves du service. Une fois réveillée, elle s'approcha de l'élève désigné, lui prit la main, puis elle hésita, regarda autour d'elle, parut contrariée de l'attention avec laquelle on la regardait. Elle resta quelques instants dans cette position, l'air anxieux, en proie à une angoisse très vive. Pressée de questions, elle finit par avouer, en rougissant, qu'elle avait envie d'embrasser l'élève, mais qu'elle ne commettrait jamais une pareille inconvenance. »

Gilles de la Tourette ajoute : « W. *est assez pudique*. Evidemment c'est pour cette raison qu'il s'est montré une révolte presque inconsciente, aboutissant au résultat que nous connaissons ; car, dans des circonstances analogues, Sarah R. n'hésite nullement à quitter ses vêtements et à prendre un bain imaginaire. »

En ce cas, c'est donc le sentiment de la pudeur, qui est très fort en W., qui l'empêche d'accomplir la suggestion ; tandis qu'étant plus faible en Sarah R., il lui permet d'obéir à l'ordre suggéré. Nous pouvons en dire autant pour les autres cas. Ce sont les sentiments de pitié ou de probité qui, selon qu'ils sont plus ou moins forts, résistent aux suggestions, ou permettent qu'on y obéisse, après plus ou moins de tentatives. En dernière analyse, c'est une *prédisposition organique*, cachée, faible et indistincte autant qu'on veut, qui permet la réalisation de la suggestion, ou ne la permet pas. Quand un individu est absolument rebelle à une idée, il est totalement impossible que cette idée, même suggérée dans l'état hypnotique, se change en action. C'est la conclusion que tirent presque tous les auteurs qui ont étudié l'hypnotisme, et que Janet exprima dans la phrase célèbre : « Idée inconnue ne suggère rien[1]. » « Les suggestions, dit Campili, doivent être en harmonie avec le milieu intérieur du sujet ; elles ne sont pas exécutées toutes à cause de cela ; mais seulement celles que l'individu aurait pu accomplir, sous certaines conditions, à quelque moment de sa vie[2]. »

Crocq fils fit tout récemment une enquête (*L'hypnotisme scientifique*, Paris, 1896) pour savoir *s'il était possible de faire commettre un crime par suggestion*. La plupart des savants répondirent en admettant cette *possibilité* : Moreau démontra cette possibilité au Congrès de médecine légale de Bruxelles en

(1) PAUL JANET. *Revue politique et littéraire*, 4-7, 1884.
(2) CAMPILI. OEuvr. cit., p. 48.

1897 (*Annales d'hygiène publique et de médecine légale*, t. XXXVIII, p. 390, 1897) et Liégeois et Bernheim au Congrès de Moscou (*Revue de l'hypnotisme*) ; mais Brouardel, Brainwell et Morselli soutiennent qu'on n'a pas encore trouvé un cas *certain* d'un crime commis par hypnotisme.

Le docteur Ottolenghi, résumant tous les travaux parus jusqu'ici, arrive à cette conclusion : « que, bien qu'il ne soit pas impossible de vaincre la résistance du sujet à la suggestion criminelle hypnotique, cette résistance est d'autant plus faible que le sujet est moins honnête, et peut être très forte et rester victorieuse, lorsque le sujet est foncièrement honnête[1]. »

La suggestion peut donc altérer la personnalité, diminuer la volonté au point qu'on ne puisse presque pas savoir si elle existe ou non ; mais cette personnalité et cette volonté feront voir qu'elles ne sont pas mortes entièrement, en résistant avec ténacité à certaines suggestions qui leur répugnent ; ou, si elles les accomplissent, en réagissant par la suite par des phénomènes qui représentent le *repentir de l'organisme* d'avoir commis des actes contraires à sa nature normale.

S'il n'est plus vrai aujourd'hui que la contagion soit « un acte par lequel une maladie déterminée se communique d'un individu qui en est affecté à un autre *qui est sain* », on la considère plutôt comme « un acte par lequel une maladie déterminée se communique d'un individu qui en est affecté à un autre *qui y est plus ou moins prédisposé*[2] » ; de même il est faux que la suggestion puisse faire accomplir à un individu *n'importe quelle action ;* elle ne peut lui faire accomplir que les actes auxquelles il est *plus ou moins prédisposé.*

Il est certain que la prédisposition n'a pas besoin d'être, dans

(1) S. Ottolenghi. *La Suggestione.* Turin, Bocca, 1900, p. 286.

(2) Voir la vieille définition de la *contagion*, donnée par Gallard dans le *Dictionnaire de médecine et de chirurgie pratiques*, et la critique qu'en fait Aubry, dans le volume : *La contagion du meurtre*, Paris, Alcan, 2ᵉ éd., p. 9-10.

le second cas, aussi marquée que dans le premier ; il suffira qu'elle existe, bien qu'en très petite proportion, mais elle sera toujours nécessaire.

Il arrive, dans l'état d'hypnotisme, par l'empire de la volonté de l'hypnotiseur, ce qui arrive pour d'autres motifs dans le rêve, dans le somnambulisme, et dans l'ivresse ; c'est-à-dire que l'homme y commet des actions qu'il n'aurait jamais commises à l'état normal ; et toutefois son *moi*, sa personnalité, si pervertie qu'elle soit pathologiquement, survit toujours. Elle est altérée, et non supprimée[1].

Colaianni disait fort bien de l'alcool qu' « il ôte ou diminue,

(1) Cette comparaison, que je fais entre l'état hypnotique et les états de songe, de somnambulisme et d'ivresse, pourrait paraître inexacte. On pourrait observer, en effet, que dans l'état d'hypnotisme, les actions sont accomplies par l'interposition de la volonté d'une troisième personne, qui altère, sans aucun doute, par son intervention, les rapports qui font que l'action dépend des caractères moraux de l'individu (CAMPILI), tandis que, dans les états de songe, de somnambulisme et d'ivresse, il n'y a pas l'intervention d'une volonté étrangère, et l'homme physique, si altéré qu'il soit pathologiquement, est toujours en pleine et directe corrélation avec l'homme moral. Tout cela constitue, il est vrai, une différence essentielle entre les *causes* qui produisent ces états divers ; mais cela n'infirme en rien l'*analogie* qui existe entre les *conséquences* de ces états. Et l'analogie (ainsi que je l'ai dit brièvement dans le texte) consiste en ceci : que dans la suggestion, comme dans le songe, dans le somnambulisme, dans l'ivresse, les conditions anormales de l'organisme ne réussissent pas à abolir la personnalité. Elles la diminuent seulement, et cela certainement bien plus dans la suggestion que dans les autres états pathologiques. Pour ceux-ci on pourrait presque dire qu'au lieu de la diminuer, ils l'altèrent et l'*accentuent*. En effet : dans le rêve, se reflètent les caractères les plus marqués de l'individu ; et l'habitude, qui est la directrice de l'activité psychique, fait que la personnalité du rêveur se reproduit en entier comme dans un tableau, bien qu'un peu cachée et confuse au milieu des changements de scènes les plus compliqués. — C'est pourquoi BOURLIEU (dans la *Revue philosophique*, 1883, n° 2) admettait une forme de responsabilité particulière pour les crimes commis dans le rêve. — On peut dire la même chose pour le somnambulisme et pour l'ivresse. Personne n'ignore le vieux et vrai proverbe *in vino veritas*, et toute l'école positiviste (V. FERRI, *Sociologia criminale*, 4ª éd., ch. III : LOMBROSO, *Uomo delinquente*, 2 vol., 1889 ; GAROFALO, *La Criminologie*, 2ª éd. ; MARRO, *I caratteri dei delinquenti* et *Rivista delle discipl. carcer.*, 1885, n°ˢ 10-11 ; ALBANO, *Ubbriachezza e responsabilità nel progetto di Codice penale Zanardelli*, Torino 1888 ; ZERBOGLIO, *L'alcoolismo*, Turin 1894) est d'accord avec COLAJANNI, et retient que « les boissons alcooliques rendent les sentiments de l'homme plus énergiques et plus vifs, et diminuent seulement la

selon l'intensité et la durée de son action, *la force morale
d'inhibition*, qui nous est transmise en héritage, ou qui se
développe en nous par l'éducation, et qui nous empêche de
seconder toutes celles de nos tendances qui pourraient aboutir
à des actes criminels ou simplement inconvenants [1]. »

On peut parler d'une manière analogue de la suggestion,
en y ajoutant ce que disait Ribot « que, dans l'état hypnotique, le passage de l'idée à l'action est d'autant plus prompt,
qu'il ne rencontre pas d'obstacles ; rien n'a le pouvoir de
l'arrêter, car l'idée suggérée règne seule dans la conscience
endormie [2] ».

Il est donc plus facile dans la suggestion, que dans tout
autre état pathologique, de faire commettre à l'individu des
actions qui lui répugnent. Toutefois, cet individu, de même
que dans le rêve, le somnambulisme et l'ivresse, révélera toujours, — bien que plus faiblement, — sa personnalité.

Si l'on ne peut pas dire de la suggestion ce que l'on dit du
somnambulisme spontané, du rêve et de l'ivresse — que l'homme
y réflète comme dans un miroir l'image de son individualité
— on pourra dire, du moins, que l'homme indique à quelles
actions il répugne naturellement et organiquement.

III

Avant de tirer une conclusion de ce que nous venons de
dire, il nous faut — pour répondre à certaines critiques —
poser une demande que je juge parfaitement oiseuse et que
le lecteur je l'espère, jugera de la même façon : *Existe-il des*

reflexion calculatrice. qui fait ordinairement que nous nous abstenons de
commettre une action pour différents motifs ». — *L'alcoolismo*, Catane,
Tropea, 1887, p. 125.

(1) OEuvr. cit., p. 127.

(2) Ribot. *Les maladies de la volonté*. Paris, Alcan, 15ᵉ éd., p. 137.

foules criminelles ? Demande oiseuse — je le répète, — mais que je dois au moins traiter parce qu'un écrivain français, et un écrivain italien qui le soutient, prétendent qu'il n'y a pas de foules criminelles. M. Le Bon avance cet étrange argument : « Les foules tombant après une certaine période d'excitation à l'état de simples automates inconcients menés par la suggestion, il semble difficile de les qualifier dans aucun cas de criminelles. Je ne conserve ce qualificatif erroné que parce qu'il a été consacré par des recherches psychologiques récentes. Certains actes des foules sont assurément criminels si on ne les considère qu'en eux-mêmes, mais alors au même titre que l'acte d'un tigre dévorant un Hindou, après l'avoir d'abord laissé un peu déchiqueter par ses petits pour les distraire [1]. » Et M. Piazzi, faisant écho à M. Le Bon ajoute : « Les foules ne peuvent être ni criminelles, ni vertueuses, parce qu'elles ne sont pas libres de leurs actes : elles ne font qu'obéir à une impulsion et il leur manque tout pouvoir d'inhibition [2] ».

Selon moi, M. Le Bon et M. Piazzi ont tort, parce que si on devait réserver l'épithète de *criminels* seulement aux individus qui commettent un crime avec toute la liberté de leur conscience et de leur intelligence, on serait forcé de reconnaître que les criminels sont très peu nombreux.

Ce n'est pas ici le cas de développer la théorie positiviste de la responsabilité criminelle et la définition et la notion que notre école a donnée de l'homme criminel [3] ; il me suffit à pré-

____

(1) G. Lebon. *Psychologie des foules.* Paris, Alcan, 1898, Liv. III, ch. ii, p. 147.

(2) G. Piazzi. *L'arte nella folla.* Palermo, Sandron, 1900, p. 283. — Je dois ajouter que M. Pasquale Rossi, tout en étudiant dans ses travaux le côté *non criminel* de la foule, n'a pas méconnu l'existence des foules criminelles que, le premier, j'avais analysées, et il a même reconnu la grande importance de cette analyse. Voyez ses ouvrages : *L'animo della folla,* 1898, et *Psicologia collettiva,* Milan, 1900.

(3) Voy. l'*Homme criminel* de Lombroso, et la *Sociologie criminelle* de Enrico Ferri, Rousseau, Paris, 1894, 2e partie.

sent de rappeler que selon notre école — et désormais aussi
selon la grande majorité des savants qui ont au moins accepté
les données fondamentales de notre théorie, — tous ceux qui
volent, qui violent ou qui tuent, sont par plusieurs côtés des
automates, en ce sens que ou la folie, ou l'absence native de
sens moral, ou la passion, ou une suggestion quelconque les
domine toujours. Et pourtant on n'oserait leur refuser le nom
de criminels. Par la même raison nous ne refuserons pas aux
foules qui sont en proie à l'instinct de la destruction et de la
cruauté le nom de criminelles. Admettons que la comparaison
de M. Le Bon — qui assimile les foules au tigre dévorant un
Hindou — soit juste : mais puisque, selon nous, l'idée de criminalité et surtout de responsabilité n'est pas une idée abstraite et purement *morale*, mais une idée pratique, relative et
sociale, — nous affirmons que la collectivité et l'individu qui
violent les conditions fondamentales d'existence de la société,
sont *criminels*, quels que soient les mobiles qui les ont poussés au crime, — et que cette violation les rend socialement
responsables [1].

D'ailleurs, ce serait vouloir perdre son temps que de s'appesantir sur ces questions. Il y a indiscutablement des crimes des
foules : il y a donc des foules criminelles. Quelle est leur responsabilité au point de vue de la défense sociale ? Voilà la question que nous devons étudier, sans nous soucier de certaines
critiques par trop formelles.

Reprenons donc le sujet que nous avons interrompu.

Il me semble que la conclusion de ce que nous avons dit à
propos de la suggestion hypnotique dans les pages précé-

---

(1) Pour le développement de la théorie de la *responsabilité sociale* au
lieu de la théorie de la *responsabilité morale*, voy. FERRI, *Soc. crim.*, 4ᵉ éd.,
1900, ch. IV. — Il y a plus de vingt ans, M. GUYAU (*La morale anglaise
contemporaine*, Paris, Alcan, 1879, p. 316) résumant les idées des plus
illustres psychologues anglais, observait très justement « qu'une fois nié
le libre arbitre, il ne reste qu'une *responsabilité sociale* ».

dentes, se présente d'elle-même évidente et spontanée. Si, dans la suggestion hypnotique, qui est la plus forte et la plus puissante de toutes les suggestions, on ne peut arriver à détruire complètement la personnalité humaine, mais seulement à la diminuer, — à plus forte raison cette personnalité survivra-t-elle dans la suggestion à l'état de veille, même quand cette suggestion atteint son plus haut degré, comme dans la foule.

Le crime commis par un individu dans la fureur de la foule, aura donc toujours une partie (si petite qu'elle soit) de ses causes, dans la constitution physiologique et psychologique de son auteur. Celui-ci en sera par conséquent, toujours légitimement responsable.

Celui qui est vraiment honnête, de même qu'il ne cède pas à l'ordre de l'hypnotiseur, ne pliera pas non plus devant ce tourbillon d'émotions où l'entraîne la multitude. « Quand la nature a bien fortement bâti cet organisme de l'esprit, dit Tommasi, nous sommes secoués par les événements, mais nous restons debout [1]. »

Et M. Garofalo, qui rapporte ces paroles, ajoute pour généraliser et appuyer la conclusion qui en découle : « Le crime n'est donc jamais l'effet *direct* et *immédiat* des circonstances extérieures : il *appartient toujours à l'individu*, il est toujours la manifestation d'une nature dégénérée, quelles que soient les causes anciennes ou récentes de cette dégénération. En ce sens donc, le *criminel fortuit* n'existe pas [2]. »

Devrons-nous, pour cela, en conclure que ceux qui commettent quelque crime dans la fureur d'une foule sont indistinctement tous de vrais criminels ?

Ce serait une grande erreur. Il y a souvent dans les foules des criminels-nés, mais nous ne pouvons pas dire que tous ceux qui

---

(1) Cité par Virgilio, *Sulla natura morbosa del delitto*, p. 9. — Novalis disait : un caractère est une volonté complètement formée.

(2) R. Garofalo. *La Criminologie*. Paris, Alcan.

commettent un crime dans la foule soient tels[1]. Nous dirons seulement qu'ils sont des faibles.

Chacun reçoit de la nature un caractère déterminé, qui donne un cachet, une physionomie à la conduite, et qui est l'impulsion intime — si je puis dire ainsi — selon laquelle l'homme agit dans la vie. Plus cette impulsion intime est forte, plus le caractère est solide et entier, et plus l'individu agira selon elle sans subir d'influences extérieures ; de même qu'un projectile est d'autant moins facilement tourné par les obstacles qu'il rencontre sur son chemin, que la vélocité initiale avec laquelle il a été lancé était plus grande. Et cela est vrai, non seulement pour l'homme honnête au sens le plus absolu du mot, mais aussi pour le criminel à tendances innées. Sous ce rapport, on peut même établir une identité entre le vrai honnête homme et le criminel-né, parce qu'ils se trouvent tous les deux égaux devant les influences modificatrices du milieu social, car il n'y a je crois, que de bien rares circonstances, pour ne pas dire aucune, qui puissent contraindre l'un ou l'autre à dévier de son chemin, le criminel à devenir honnête et l'honnête homme à se rendre criminel.

Heureusement d'une part, et malheureusement de l'autre, ces natures robustes qui résistent victorieusement à toutes les tentations et qui évitent tous les déraillements sont une exception dans la vie. S'il existe, comme disait Balzac, des *hommes-*

___

(1) M. BENEDIKT, au premier congrès d'anthropologie criminelle (V. *Actes du congrès*, p. 140, 141), soutint que tous les criminels sont des *criminels-nés*, et il avait raison en ce sens : qu'il entre toujours, dans chaque crime, le facteur anthropologique (comme nous le soutenons nous-même). Mais on a maintenant l'habitude d'appeler *criminels-nés* ceux seulement, dans le crime desquels le facteur anthropologique représente *la plus grande partie et la plus importante* des causes. Les autres coupables sont dits : d'habitude, d'occasion, par passion ; et on ne veut pas par là exclure le facteur anthropologique, individuel ; mais on veut indiquer seulement qu'il est secondaire dans l'étiologie du crime. Tel est le sens que donna Enrico Ferri à sa classification des criminels ; et, qu'on me permette de le dire, tous ceux qui l'ont critiquée — en premier lieu M. Benedikt, — ont prouvé qu'ils n'en comprenaient ni la signification, ni le but.

chênes et des *hommes-arbustes*, les seconds forment certainement la majorité. Pour la plupart, la vie n'est qu 'un tissu de
transactions; car, n'ayant pas le pouvoir de contraindre le milieu
à s'adapter à eux, ils sont obligés de s'adapter eux-mêmes au
milieu.

Dans cette classe de personnes faibles, composée de ceux que
Benedikt appelait *neurasthéniques*, qui n'opposent pas de résistance aux impulsions extérieures, à ceux que Sergi marquait
du nom de *serviles*, qui se soumettent à la volonté des autres
par bassesse, et se tournent, par intérêt, du côté où le vent est
favorable[1] ; — des êtres bons, mais timides et crédules, qui
acceptent toute idée qu'on leur impose, jusqu'aux individus qui
changent par suite de l'inconstance et de l'irritabilité de leur
tempérament, — les gradations sont infinies.

La volonté — écrit M. Ribot, — a, comme l'intelligence, ses
idiots et ses génies, avec toutes les nuances possibles d'un
extrême à l'autre[2].

Mais, qu'elle soit plus ou moins méprisable, plus ou moins
profonde, la faiblesse de caractère a ce résultat infaillible en
tous : de rendre l'individu docile ou très docile, selon les cas
et les degrés, aux suggestions du milieu.

Ainsi que le disait M. Ribot[3], à propos des affaiblissements de
volonté, dans chaque acte accompli par qui porte en soi un
principe d'*aboulie*, la partie du caractère individuel est un *minimum*, tandis que la partie des circonstances extérieures est
un *maximum;* de même nous pouvons affirmer par analogie
que, dans les actions commises par tous ces individus faibles,
auxquels il manque une tendance connaturelle et marquée pour
un genre de vie déterminé, la partie du caractère individuel est

(1) G. Sergi. *Le degenerazioni umane.* Milan, Dumolard.
(2) Ribot. *Les maladies de la volonté.* Paris, Alcan, 15ᵉ éd., p. 86.
(3) OEuvr. cit., p. 36.

un *minimum*, et celle qui est laissée aux circonstances et aux suggestions extérieures, est un *maximum*.

Si vous mettez ces individus dans un milieu favorable, sous l'influence de bonnes suggestions, ils resteront honnêtes, au moins devant le code. « Ainsi qu'il y a le criminel d'occasion — disait Lombroso — de même il y a le type inverse : celui qui, étant un criminel *en puissance*, ne se montre pas tel parce qu'il lui en manque l'occasion, ou parce que la richesse lui donne le moyen de satisfaire ses instincts sans blesser le code. J'en ai connu trois, que leur position sociale a sauvés de la prison : l'un d'eux avouait : si je n'étais pas riche, je volerais[1]. »

Mettez, au contraire, ces débiles dans un milieu défavorable, parmi des suggestions malsaines, et ils deviendront criminels par occasion ou par passion. La faiblesse de leur caractère leur fait facilement absorber tout ce qui les entoure, le mal comme le bien ; les circonstances extérieures leur font adopter un genre de vie plutôt qu'un autre[2].

[1] Lombroso. *L'homme criminel*. Paris, Alcan, 2 vol., p. 432.

[2] Cette facilité de s'adapter au milieu, quel qu'il soit, bon ou mauvais, se manifeste à un degré vraiment exceptionnel chez les hystériques. Cette page de Laurent vaut la peine d'être rapportée : « Mettez une hystérique dans un couvent, cette hystérique, fût-elle une débauchée, une fille de joie même : à peine aura-t-elle respiré l'odeur de l'encens, que le changement sera complet ; en quelques jours, elle aura quitté avec une facilité surprenante les anciennes habitudes, elle aura pris les habitudes et les goûts de la maison ; elle aimera la prière comme elle aimait la débauche ; en un mot, selon la parole d'un docteur de l'Église, elle aura dépouillé la vieille femme. Et ce ne sera pas une dévote ordinaire ; elle ne sera pas pieuse sans ostentation ; elle priera avec éclat comme elle a péché avec scandale ; sa religion sera un mysticisme plein d'exaltation. Telles furent Marie-Magdeleine, Marie l'Égyptienne, et tant d'autres dont la légende n'est pas parvenue jusqu'à nous. Prenez la même femme et placez-la dans un lupanar au milieu de drôlesses et de prostituées. Nouvelle métamorphose. En moins d'une semaine, elle aura mis un nouveau masque sur son visage. On dirait que les murs du lupanar ont déteint sur elle, tant la transformation a été subite et complète. En quelques jours elle aura pris le langage, les goûts, les habitudes de la maison. J'ai connu à Troyes, il y a quelques années, une espèce d'hystérique qui faisait l'édification de toute une communauté religieuse. Un beau jour,

Or, si cela arrive dans la vie calme, régulière, normale, qu'arrivera-t-il dans une foule, là où en un moment se concentre une force de suggestion telle qu'il n'y en a jamais de pareille en aucun autre cas ? N'est-il pas évident que tous ces individus céderont : ceux-là mêmes commettront le crime qui sont honnêtes mais faibles; ils se laisseront aussi bien entraîner demain par un courant d'altruisme, qu'ils ont cédé aujourd'hui à un mouvement de haine [1].

« Je me souviens d'avoir vu en 1870 — raconte M. Joly — une foule poursuivre la voiture d'un général auquel on voulait arracher à tout prix un cri politique. Il y avait dans la cohue un jeune homme que je connaissais bien, garçon enthousiaste, mais doux et rangé, laborieux et bon, parfaitement honnête. Tout à coup il se mit à réclamer un revolver pour tirer sur le général récalcitrant. S'il avait eu l'arme entre les mains, je ne sais trop ce qui serait arrivé [2]. »

Combien y en a-t-il qui se trouvent dans les mêmes conditions que ce jeune homme ? Et combien, hélas ! ayant l'arme entre les mains, s'en servent ! Est-ce là leur véritable état d'esprit ?

Non — répétons-nous ; — ce sont simplement des caractères faibles. Il y a en eux des sentiments de pitié et de probité, mais ils sont superficiels.

Les couches plus récentes du caractère, qui constituent la base physique de ces sentiments, n'ont pas pu s'organiser et couvrir entièrement les anciennes couches, celles qui représentent le reliquat des générations les plus éloignées. Un accident quelconque, une occasion qui trouble profondément ces individus, suffit alors pour désorganiser leur caractère. Les couches

---

entraînée par sa sœur, elle émigra du couvent au lupanar de la ville. Comme elle avait été au couvent un modèle de piété et de vertu, elle fut une perle au lupanar, la plus débauchée, et par conséquent, la plus recherchée et la plus choyée. » — Voy. *Les suggestions criminelles.*

(1) Voy. le chapitre i de cet ouvrage.

(2) H. JOLY. *La France criminelle.* Paris, L. Cerf, p. 406, note 1.

se mélangent sans aucun ordre, et les plus basses, montant tout d'un coup à la surface, permettent des manifestations sauvages et cruelles [1].

Et les couches nouvelles du caractère seront facilement étouffées par les anciennes, parce que tout ce qui est de récente formation dans l'organisme disparaît et se dissout avant ce qui est de formation plus ancienne. Les fonctions nées les dernières, dit Ribot [2], sont les premières à dégénérer.

Il arrive dans la foule *par révolution* ce qui arrive dans la vie ordinaire *par évolution*. La désorganisation du caractère qui commence d'abord lentement sous l'influence des mauvais exemples, ou par les sollicitations d'un compagnon déjà perverti, et qui, après avoir fait tomber une fois dans le vice et avoir ouvert un chemin dans lequel on ne peut plus s'arrêter, s'étend de plus en plus jusqu'à changer totalement un individu, jusqu'à détruire son caractère, — tout cela se produit dans la foule en très peu d'instants.

Plutôt que la dissolution graduelle et lente, qui fait de l'homme encore honnête un criminel d'occasion, et plus tard un criminel d'habitude, il y a, dans la foule, la dissolution instantanée qui rend l'homme encore honnête, criminel par passion.

C'est ainsi, selon moi, qu'une grande partie des individus, qui se trouvent dans la foule, en arrivent au crime.

Et s'il en est ainsi, quelle sera la réaction sociale qui leur conviendra ?

IV

Avant de pouvoir répondre à cette demande, il nous faut nous occuper de trois problèmes qui ont une influence très grande

(1) Voy. à ce propos : G. SERGI, *La stratificazione del carattere e la delinquenza.*

(2) OEuvr. cit., p. 161.

sur la responsabilité des foules criminelles : 1° la distinction entre *meneurs* et *menés*; 2° le *motif* pour lequel un crime collectif a été commis ; 3° la difficulté de recueillir des preuves sur ce crime, et le peu de foi que méritent en ce cas les témoins.

Analysons, avant tout, le premier de ces problèmes.

Il me semble que les observations que je viens de faire dans les pages qui précèdent et celles que j'ai faites au chapitre deuxième à propos des criminels, des fous, des dégénérés de toute sorte qui prennent part aux crimes collectifs [1], auraient dû suffire à distinguer très nettement les deux catégories psychologiques d'individus qui se trouvent dans chaque foule, c'est-à-dire les *actifs* et les *passifs*. Cette distinction contenait en principe la classification entre *meneurs* et *menés*, que M. Tarde a développée ensuite avec une indéniable ampleur d'analyse [2], mais peut-être en oubliant que, bien loin de la méconnaitre, je l'avais indiquée le premier, non seulement dans la première édition de cet ouvrage, mais aussi et bien plus clairement dans mon volume *Le crime à deux*. Et je veux rappeler, non par un sentiment égoïste d'inutile vanité, mais pour donner à l'école italienne ce qui lui est dû, que M. Tarde lui-même constatait ailleurs très loyalement que « M. Sighele avait consacré un volume [3] à démontrer que dans toute association se retrouve plus ou moins apparente ou effacée la distinction du *suggestionneur* et du *suggestionné*, c'est-à-dire un associé qui frappe l'autre à son empreinte [4] ». Ensuite M. Le Bon dans

----

(1) Il est nécessaire de noter que ces observations étaient identiques, dans le fond, sinon dans la forme, dans la première édition de cet ouvrage.

(2) Voy. l'article de critique de M. TARDE lorsque parût la première édition italienne de ma *Foule criminelle*, dans la *Revue philosophique*, nov. 1891 son rapport au troisième congrès d'anthropologie de Bruxelles (*Les crimes des foules*, Lyon, Storck, 1892) et son Essai, *Foules et sectes au point de vue criminel* dans la *Revue des Deux-Mondes*, 15 nov. 1893.

(3) *La Coppia criminale*, Turin, Bocca, publié en 1892.

(4) G. TARDE. *Essais et mélanges sociologiques*, p. 46.

sa *Psychologie des foules* (1895) et moi-même dans ma *Psychologie des sectes* (1897) nous nous sommes occupés de la psychologie du *meneur* : raison pour laquelle je juge tout à fait inutile de la traiter de nouveau longuement ici.

C'est une loi naturelle que, quand un groupe d'hommes se trouve réuni, ces hommes se mettent par instinct sous l'autorité de l'un d'entre eux. Cette autorité peut naître par la volonté consciente de la majorité (dans les groupes *stables* et *légitimes*) ou par un phénomène inconscient (dans les groupes *illégitimes* ou *éphémères*) : dans le premier cas, on a un *chef* élu, dans le second un *meneur*[1].

On a pourtant contesté — et c'est sur cette objection qu'il faut un moment s'arrêter — que, dans les foules, le meneur eût toujours l'importance qu'il a dans les autres associations. Un écrivain italien, M. Bianchi[2], qui a étudié les émeutes du haut Milanais en 1889, nous opposait qu'il y a des foules sans conducteur apparent. MM. Detkerew et Zakrewski, au troisième Congrès d'anthropologie criminelle, contestaient la possibilité pratique de distinguer les *meneurs* et les *menés*, en invoquant les révoltes agraires de la Russie[3].

Et il y a bien des cas indéniables, dans lesquels on ne voit pas le *meneur*, l'étincelle qui a été la cause de l'incendie. Par exemple, dans les crimes collectifs dus à la superstition. Lorsqu'une maladie contagieuse ou épidémique éclate dans un pays, le peuple veut trouver l'auteur ou les auteurs responsables de ce malheur, et il fait des victimes sans que personne les lui ait désignées : l'unanimité spontanée, inconsciente, tient lieu de suggestion individuelle. Thucydide, dans son histoire de

---

(1) Voy. ma *Psychologie des sectes*, p. 71 et suiv.

(2) A.-G. Bianchi, *Il contagio nelle sommosse popolari*, Lettera a Scipio Sighele, dans l'*Archivio di psichiatria*, vol. XIV. Voy. aussi : Vasto, *Il contagio delittuoso nelle masse* (*Riv. di discipl. carcer.*, X, 1898.)

(3) *Actes du troisième congrès international d'anthropologie criminelle*, Bruxelles, F. Hayez, 1893, p. 371-384.

la peste d'Athènes, nous dit que le peuple, en proie à une peur folle, tuait dans son ignorance beaucoup d'individus innocents sans savoir pourquoi il les tuait et sans qu'on lui eût dit de les tuer. De même à Milan au xiv° siècle [1].

De même en 1834 à Camoins près de Marseille, lors de l'épidémie de choléra [2].

Je crois qu'en ces cas, il n'y a vraiment pas de *meneurs*, au point de vue de la responsabilité pénale : c'est-à-dire, je crois qu'il est impossible de les trouver, de les *identifier* : ils sont si lointains, si obscurs qu'on peut vraiment les confondre avec les *menés*. Mais je crois aussi, avec M. Tarde, que le mouvement collectif — quoique spontané en apparence — a eu une petite cause individuelle, un *nucleum* qui a formé la nébuleuse ; et si ce *nucleum* ne peut plus être vu, ni surtout être atteint, c'est parce que la multitude qui s'est mise en marche ne révèle pas toujours ceux qui l'ont fait marcher, comme la pâte qui s'est levée dissimule tout le levain.

Dans la grande majorité des cas, néanmoins, non seulement les *meneurs* existent, mais il est facile de les voir et de les atteindre.

Parfois même, on les punit trop sévèrement, et on croit pouvoir attribuer à eux seuls la cause des crimes de la foule. « Un grand nombre de mouvements populaires qui semblent spontanés, ne sont en réalité que des coups montés, préparés ou au moins utilisés par les partis politiques. Les émeutes sont rarement des explosions subites de la colère populaire : ce sont souvent des menées de chefs ambitieux. Le 20 juin fut préparé par les Girondins qui voulaient s'imposer au roi comme

---

(1) Le grand écrivain, ALEXANDRE MANZONI, a décrit admirablement la conduite de la foule pendant la peste, et montré comment le crime sortait de cette foule. — Voyez : LEGGIARDI LAURA, *Il delinquente nei Promessi Sposi*, Torino, Bocca, 1899, p. 67 et suiv.

(2) *Chronique des Tribunaux*, vol. I, p. 350.

ministres. Le 31 mai et le 2 juin furent conçus par Robespierre et par Danton [1]. »

Et comme dans les grandes foules historiques, on peut trouver, en la recherchant dans les petites foules qui se forment tous les jours, l'action parfois évidente, parfois occulte, des meneurs.

S'il faut en croire les révélations parues il y a quelques mois dans une revue parisienne sur la psychologie des manifestations publiques, on devrait se persuader, non seulement qu'il n'y a presque jamais de mouvements populaires spontanés, mais aussi que le *levain* de ces mouvements n'est pas un *meneur* dans le sens intellectuel du mot, mais uniquement et simplement l'*argent* qu'on distribue à des camelots qui ont les épaules puissantes et la voix très forte, et qui — mêlés à la foule — lui suggèrent par leurs cris l'idée qu'ils veulent. Dans la *Revue des Revues* [2] on pouvait lire l'histoire et même le tarif de cette savante organisation de tout genre de démonstration. Il y a un monsieur à Paris qui se charge de faire applaudir ou siffler n'importe qui, d'organiser l'enthousiasme ou l'improbation dans une salle de spectacle ou de conférences, sous les fenêtres de la rédaction de tel ou tel journal. Et par ce métier, qui n'est certainement pas le triomphe de la sincérité, il s'est fait une fortune. En général, le prix de ce genre de manifestation est de deux francs par camelot : ce qui revient à dire qu'avec un millier de francs chacun peut avoir à Paris son quart d'heure de célébrité, ou se donner la satisfaction de faire huer par la populace un adversaire. Il s'est produit même, lors de la revision du procès Dreyfus, un épisode comique : l'individu dont je viens de parler, reçut par téléphone et presque en même temps deux commandes contradictoires : c'était, d'une part, le journal

---

[1] L. PROAL. *La criminalité politique.* Paris, Alcan, 1895, p. 101.

[2] *La psychologie des manifestations parisiennes,* par PAUL POTTIER dans la *Revue des Revues,* 15 juin 1899.

l'Aurore qui lui demandait cent camelots pour crier : Vive la
Revision ! A bas Drumont ! — c'était d'autre part le journal de
M. Drumont, *la Libre Parole*, qui lui demandait cent camelots
pour crier : Vive Drumont ! A bas les juifs ! — Notre homme
n'avait pas à sa disposition deux cents camelots : il n'en avait
que la moitié. Pour ne pas perdre l'une des deux commandes,
savez-vous ce qu'il fit ? Il dit à ses cent camelots : vous crierez
pendant dix minutes : *Vive Drumont!* et puis après : *A bas
Drumont!* et vous ferez toujours alterner ces deux cris. — En
effet, les bons camelots firent ainsi ; et le fourbe empocha de la
sorte l'argent de l'*Aurore* et celui de Drumont.

Mais, sans nous appesantir sur ces détails [1], il faut reconnaître
que — soit à cause d'une influence purement intellectuelle et
spontanée, soit à cause d'une influence purement matérielle et
achetée — dans toute agglomération d'individus, il y a toujours
un petit noyau qui dirige les autres. La responsabilité des
meneurs sera donc toujours différente de celle des *menés*. A
quel degré ? Voilà une question à laquelle on ne peut donner
de réponse qu'en examinant chaque cas particulier. On sait
combien de degrés de chaleur sont nécessaires pour que le ver à
soie commence à filer son cocon : on ne connait pas le nombre
de camelots qui sont nécessaires pour enivrer une foule d'honnêtes bourgeois, ni la quantité et la qualité de mots qui sont
nécessaires à un *meneur-orateur* pour enflammer son public,
pour faire naître du citoyen paisible le criminel...

Arrivés à ce point, il nous convient d'examiner le deuxième
problème que nous nous sommes posé, c'est-à-dire, le *motif*
pour lequel un crime collectif a été commis : problème qui se
rattache par bien des côtés à celui du *meneur*, et qui est,
comme celui-ci, très important au point de vue psychologique.

(1) Je renvoie le lecteur à l'article cité de la *Revue des Revues*, qui contient des révélations très intéressantes sur le *boulangisme*.

Au commencement du second chapitre, nous avons déjà parlé brièvement de l'état d'esprit permanent de la multitude, en faisant observer que les injustices et les douleurs dont elle souffre constituent une prédisposition lointaine et indéterminée qu'on ne doit pas négliger, aux crimes que la foule peut commettre. Nous étudierons ici de plus près les raisons qui déterminent les crimes collectifs.

Une foule ne se forme pas sans raison. Les individus ne se réunissent pas sans but. Ce but cependant, s'il existe toujours est toujours connu de peu d'individus ; le plus grand nombre s'arrête autour du premier groupe par la simple force de suggestion.

N'avez-vous jamais essayé de vous arrêter en pleine rue, fixant une fenêtre, un point quelconque, ou de vous appuyer au parapet d'un pont pour regarder l'eau qui coule? En peu d'instants, un petit rassemblement se forme autour de vous, et vous entendez les nouveaux venus dire entre eux : — Le voilà!... où ?... là, au fond... il disparait...

La suggestion est si forte que parfois l'on croit voir un objet, qui n'existe pas [1].

Or, quand le but d'un rassemblement est important et sérieux, le même phénomène se produit.

Une démonstration est toujours organisée par un nombre d'individus bien moindre que celui qui y prendra part effectivement. Dans ce cas, la suggestion imitative exerce son pouvoir, non seulement *directement*, — en ce sens qu'au premier groupe de démonstrateurs viendront s'unir par curiosité les fainéants des rues ; mais aussi *médiatement*, — en ce sens que, ayant su par les journaux ou par d'autres moyens qu'une démonstration doit avoir lieu tel jour et à telle heure, un grand nombre de gens diront : — Je veux y aller voir ! — et ils y vont en effet.

(1) Voir AUBRY, *La contagion du meurtre*, p. 12. Paris, Alcan.

Dans toutes les foules, il y a donc bien peu d'individus qui connaissent vraiment le but; ils y vont pour la plupart, comme ils disent eux-mêmes, *pour voir*.

C'est là la condition psychologique des premiers instants, quand la foule se forme ; mais il ne faut pas croire que cela dure ainsi. Peu à peu, à mesure que la démonstration grossit et que l'on élève quelque cri ; ou, lorsqu'il s'agit d'un meeting, à mesure que les discours des orateurs réchauffent l'auditoire, un phénomène étrange se manifeste dans cet agrégat hétérogène qu'est la foule : l'hétérogénéité est remplacée par une homogénéité presque absolue. Les plus timides, voyant que la chose devient grave, s'en vont s'ils le peuvent. Ceux qui restent s'élèvent tous, bon gré, mal gré, au même degré d'émotion : le motif, qui a réuni les quelques premiers individus, est connu de tous, il pénètre dans l'esprit de chacun, et la foule n'est vraiment alors plus qu'une seule âme.

Or, quels que soient les actes que commettront dans la suite les membres de cette foule désormais si compacte qu'on pourrait la dire cimentée par une idée unique, — on comprendra facilement que, pour pouvoir mesurer la réaction sociale qu'il faille leur infliger, on devra avant tout tenir compte du motif pour lequel ils ont agi. Si le peuple rassemblé à Paris, en 1750, devant le palais de police, pour protester contre la monstrueuse cruauté qu'on attribuait à Louis XV, avait tué quelque agent du gouvernement, n'aurait-il pas commis un meurtre bien plus excusable que tous ceux qu'une incompréhensible soif de sang a fait commettre pendant la Révolution française ? Agir contre une injustice ou une infamie, et en arriver même au crime, est chose bien autre que de voler ou de tuer pour un motif léger ou dans un but immoral.

Donc : pour le crime collectif, comme pour le crime individuel, le motif qui fait commettre le crime est un des points les plus importants à connaître pour mesurer la responsabilité [1]. Et cela d'autant plus, que le motif, existant déjà chez quelques-uns avant l'excitation de la foule, et se propageant peu à peu à tous, avant même que la suggestion ait atteint son plus haut degré, est le sentiment que l'on peut imputer avec le plus de justice à l'individu, sentiment duquel il doit répondre presque entièrement.

Ce que nous disons ici pour les crimes fortuits de la foule doit s'appliquer à plus forte raison, aux crimes de la multitude que l'on pourrait appeler prémédités.

Le peuple ne se rassemble pas toujours pour demander quelque chose ou pour protester contre quelqu'un; le crime n'est pas toujours déterminé instantanément par une provocation, ou par l'effet de la fermentation psychologique dont nous avons parlé plus haut. Il arrive parfois que quelques individus se réunissent dans l'idée bien arrêtée de faire naître un tumulte dans la foule et de commettre des crimes.

Le Comice des ouvriers sans travail à Rome le 1er mai 1891 nous a fourni un exemple de ce genre. Il n'y a pas de doute que quelques anarchistes se rendirent armés sur la place de Sainte-Croix de Jérusalem, et dans l'intention de se servir de leurs armes. Un sergent de ville fut tué d'un coup de poignard dans les reins; et plusieurs personnes furent blessées. Il faut admettre certainement que l'influence du nombre, les discours très violents qui furent prononcés, et toutes les autres circonstances qui augmentent l'intensité des émotions dans une foule, ont pu entraîner les coupables au delà de leur intention, et les pousser à des excès qu'ils n'auraient pas voulu eux-mêmes; mais il est clair qu'en de pareils cas, la réaction sociale devra

---

(1) J'ai eu le plaisir de voir cette observation accueillie (sans faire mention de mon nom) au troisième congrès d'anthropologie criminelle par M. GARNIER et M. BENEDIKT. Ces deux savants ont, en effet, soutenu qu'il faut distinguer la foule vraiment criminelle de la foule qui se soulève et commet des crimes dans un but légitime de défense et de revendication.

être beaucoup plus sévère que dans les autres, car il ne s'agit pas ici de crimes imprévus ; la foule n'a pas *produit* le crime, elle a seulement offert l'occasion de le commettre [1].

Le même raisonnement pourrait se faire pour une forme de crime collectif inconnue heureusement en Europe, mais qui est très fréquente dans plusieurs parties de l'Amérique : je veux parler de la loi de Lynch.

Voilà une statistique des lynchages exécutés dans les quinze dernières années aux États-Unis : on y verra que tandis que les lynchages ont augmenté de 1885 à 1892, depuis 1892 (sauf une hausse en 1897) ils ont constamment diminué.

ANNÉES	LYNCHAGES	ANNÉES	LYNCHAGES
1885	181	1893	200
1886	138	1894	190
1887	122	1895	171
1888	142	1896	131
1889	176	1897	166
1890	127	1898	127
1891	192	1899	107 [2]
1892	235		

Je ne sais pas si cette diminution progressive peut légitimer

(1) Il est entendu que ces conséquences juridiques ne seront appliquées qu'à ceux qui ont eu l'idée du crime avant le tumulte ; quant aux autres, qui n'avaient pas de dessein arrêté, les considérations déjà faites au sujet du crime collectif *non prémédité* s'appliquent également à eux.

M. Aubry dans la 3ᵉ partie de son livre *La contagion du meurtre*, où il parle des crimes des foules, rapporte beaucoup de faits, même italiens. Je dois pourtant remarquer que les exemples choisis par M. Aubry ne sont, en ce qui concerne l'Italie, ni toujours très exacts au point de vue historique, ni très justes au point de vue psychologique. Par exemple, il réunit les *Fasci* siciliens, qui sont une association purement politique, avec la *Mala vita* de Bari, qui est une vraie association criminelle. En outre la *Mala vita* n'est certainement pas un exemple de foule criminelle : c'est une société expressément fondée pour le crime, et composée uniquement de malfaiteurs.

(2) M. Desjardins, dans son étude : *Le droit des gens et la loi de Lynch aux États-Unis* (dans la *Revue des Deux-Mondes*, 15 mai 1891) rapporte pour les années 1885-1889 — les seules qu'il avait pu consulter — des chiffres quelque peu différents. Nous avons puisé les nôtres dans la *Rivista di disciplina carceraria*, 1ᵉʳ mars 1900, et les avons contrôlés dans la *Tribune* de Chicago et *The Albany Law Journal*.

l'optimisme des journaux américains qui croient voir disparaître, sous peu, ces actes sauvages de justice populaire[1]; je sais que les chiffres des lynchages compartivement aux chiffres des exécutions régulières sont encore tels qu'on est en droit de s'arrêter pour les analyser[2].

Les lyncheurs savent, avant de commettre le crime, qu'ils vont le commettre; ils s'unissent même exprès pour cela. Il importe peu de savoir si,dans la suite, par le phénomène de psychologie collective que nous avons si souvent fait remarquer, ils outrepassent leur intention : ils ont/voulu et voulu avec calme la substance du crime qu'ils ont commis, sinon les détails. Il ne pourra donc y avoir qu'une très faible excuse en leur faveur.

Cependant je le répète, même dans les cas où le crime est prémédité, il ne faut pas oublier le motif. La loi de Lynch qui ne m'inspire pas toute l'horreur que beaucoup affectent de ressentir, bien que je sois le premier à reconnaître que c'est une forme barbare de justice sommaire sans aucune garantie[3], le lynch, disais-je, peut être occasionné par une explosion d'indignation pour un crime atroce[4]; en ce cas, bien que condamnable, il est plus excusable. Il est justement défendu par les

----

(1) Voy. *The Albany Law Journal* déjà cité. Les lynchages se constatent généralement dans les États du Sud. En 1899, quatre seulement ont eu lieu dans les États du Nord. Et les victimes ne sont pas seulement des nègres, mais aussi des blancs. En 1899, on a lynché 84 nègres et 23 blancs.

(2) De 1884 à 1889, il y a eu pour 558 exécutions légales, 975 lynchages, soit une proportion de 57 p. 100. Ensuite, comme nous l'avons prouvé, les lynchages ont diminué.

(3) Quelques écrivains, comme HEPWORT DIXON (*Nouvelle Amérique*) et JAMES BRYCE (*The American Commonwell*) ont expliqué et excusé la loi de Lynch, par les difficultés qu'il y a de constituer des juridictions régulières, par le soupçon légitime de la vénalité des juges, etc. — Voy. à ce propos,outre DESJARDINS déjà cité, PIERANTONI, *I fatti di Nuova Orleans e il diritto internazionale*, Rome, 1891; — NOCITO, *La legge di Lynch e il conflitto italo-americano* (dans la *Nuova Antologia*, 15 mai et 1er juin 1891); — GONZALEZ Y LANUZA, *La Ley de Lynch en los Estados Unidos*, Habana, 1892, — et les articles publiés par M. GAROFALO et M. P. DONADO dans la *Scuola Positiva* (15 août, 15 et 30 septembre 1893).

(4) M. DESJARDINS (étude déjà citée) en rapporte un grand nombre d'exemples.

lois, de nos jours, de se rendre justice soi-même ; mais, en certains cas, la loi condamne et la conscience absout. Un fils, qui tue celui qui a outragé sa mère, est un homme que la loi peut punir, mais auquel tout le monde serre la main. Il est vrai qu'il n'y a pas d'excuse aussi forte, ni de provocation aussi directe pour la loi de lynch ; mais, on ne peut nier que souvent le sentiment qui pousse les *lyncheurs* est hautement moral ; il n'y a de barbare que la forme. Inversement, il y a des lynchages aussi barbares dans le sentiment que dans la forme[1] ; et la loi doit les punir sévèrement.

Mais, laissons de côté ces formes de crimes collectifs prémédités (qui mériteraient une longue étude, mais qui n'entrent pas dans notre thème), et abordons le troisième problème que nous nous sommes posé, c'est-à-dire la difficulté de recueillir des preuves sur un crime de la foule, et le peu de confiance que méritent en ce cas les témoins.

Une observation — qu'on pourrait déclarer banale, tant elle semble facile et spontanée, — est que lorsqu'un fait a été commis en public, c'est-à-dire qu'il a eu de nombreux témoins, il est plus discuté et plus discutable que lorsqu'il a eu un nombre très restreint de témoins. C'est l'expérience quotidienne qui nous l'apprend. Approchez-vous d'un rassemblement quelconque qui s'est formé sur une place ou dans une rue : demandez ce qui est arrivé, et vous pourrez être sûrs que vous recevrez autant de réponses différentes que vous interrogerez de personnes. Il est probable que personne ne voudra mentir

<hr>

(1) Voir DÉJARDINS, œuvr. cit. — « Une veuve qui possédait trente-cinq ou quarante mille têtes de bétail, et qu'on appelait pour ce motif la reine des bœufs, prétendait avoir été violée par un cow-boy du voisinage et l'avait fait arrêter par le shérif. L'éleveur auquel appartenait l'inculpé réunit vingt de ses hommes, les arma, leur fit boire du whisky, marcha sur la prison et fit délivrer le prisonnier. Non content de ce premier exploit, il obtint du juge, en lui mettant le revolver sous la gorge, une ordonnance de non-lieu et regagna son rancho en prévenant les habitants de la ville que, à la première incartade de leurs magistrats, il agirait avec une tout autre vigueur. »

sciemment, mais il est très certain que tous — inconsciemment — oublieront ou exagéreront ce qu'ils ont vu, ou ce qu'ils croient avoir vu. Et la conséquence sera qu'on ne pourra pas savoir la vérité, et que l'opinion publique sera formée par les *on dit,* ou par un mot, un cri, un fait plus frappant que les autres, qui aura suggestionné la foule.

Quelle confiance faut-il accorder à des témoignages de ce genre?

Les frères Goncourt racontent dans leur *Journal* que pendant la guerre de 1870 à Paris, quelques centaines de personnes qui stationnaient devant le portail de la Bourse, étaient persuadées d'avoir lu, — de leurs propres yeux lu — une dépêche qui parlait des victoires françaises, tandis que la dépêche, malheureusement..... n'existait pas [1].

Dans d'autres faits historiques, on retrouve bien des fois les mêmes erreurs ou la même incertitude. Quelques milliers de personnes ont assisté à la célèbre charge de cavalerie de la

(1) L'exemple le plus extraordinaire de la puissance de la suggestion dans une foule, nous est donné par le fait suivant que je trouve dans la livraison du 28 octobre 1899 de la *Revue scientifique* : — « M. Slosson rend compte dans *Psychological Review* (juillet 1899), de l'expérience suivante faite à l'Université de Wyoming. J'avais préparé une bouteille remplie d'eau distillée, soigneusement enveloppée de coton et enfermée dans une boîte. Après quelques autres expériences au cours d'une conférence populaire, je déclarai que je désirais me rendre compte avec quelle rapidité une odeur se diffuserait dans l'air, et je demandai aux assistants de lever la main aussitôt qu'ils sentiraient l'odeur. Je déballai la bouteille et je versai l'eau sur le coton en éloignant la tête durant l'opération, puis je pris une montre à secondes et attendis le résultat. J'expliquai que j'étais absolument sûr que personne dans l'auditoire n'avait jamais senti l'odeur du composé chimique que je venais de verser, et j'exprimai l'espoir que, si l'odeur devait sembler forte et spéciale, elle ne serait toutefois désagréable à personne. Au bout de quinze secondes, la plupart de ceux qui étaient en avant avaient levé la main, et en quarante secondes « l'odeur » se répandit jusqu'au fond de la salle par ondes parallèles assez régulières. Les trois quarts environ de l'assistance déclarèrent percevoir l'odeur. Un plus grand nombre d'auditeurs auraient sans doute succombé à la suggestion, si, au bout d'une minute, je n'avais été obligé d'arrêter l'expérience, quelques-uns des assistants des premiers rangs se trouvant désagréablement affectés et voulant quitter la salle. »

bataille de Sedan : et pourtant même aujourd'hui, à trente ans de distance, il est impossible de savoir avec certitude — en présence des différents témoignages — par qui a été commandée cette charge glorieuse [1]. Nous autres Italiens nous ne savons pas encore la vérité sur la bataille d'Adua ; et récemment il y a eu une polémique pour savoir si Crispi avait pris part avec Garibaldi à la bataille de Calatafimi. Certainement on peut faire observer que — dans ces cas où la passion politique dénature les faits, — il est difficile ou impossible de démêler la vérité parmi les versions contradictoires. Mais l'influence qu'a la passion politique dans l'histoire, la haine de classe, les préjugés et mille autres sentiments mesquins et individuels peuvent l'avoir dans les faits de la chronique quotidienne.

Comment juger, alors, et condamner des individus sur les témoignages recueillis de telle sorte ? — « On saisit un homme ; on l'accuse, on le juge, on l'emprisonne, on le condamne, sans même penser à lui demander son nom ! Si cet homme est un paysan inoffensif, tant pis pour lui, il n'avait qu'à ne point passer par là [2]. » — Ajoutez que les agents de la police et les sergents de la paix ne sont pas généralement des..... psychologues et moins encore des personnes promptes à reconnaître leurs torts, si par hasard ils ont arrêté quelqu'un sans raison [3] ; et on admettra que, même au moment de recueillir les preuves, les crimes des foules sont les plus difficiles à juger [4].

Après toutes ces observations, il est clair que, lorsqu'on demande : quelle est la forme de réaction sociale que vous

(1) Voy. G. Lebon, œuvr. cit.

(2) Maxime Du Camp. Œuvr. cit., t. IV, p. 151.

(3) Voy. à ce propos l'exemple personnel très caractéristique que M. Avebury raconte à la page 230 de son volume.

(4) Sur la difficulté de la preuve dans les crimes collectifs, voy. les plaidoiries de E. Ferri dans son volume : *Difese penali e studi di giurisprudenza*, Torino, F. Bocca, 1899.

proposez pour les crimes collectifs ? — notre école ne peut pas donner une réponse décisive : encore moins donner une formule qui vaille pour tous les cas.

Il peut y avoir dans la foule, ainsi que nous l'avons déjà vu, des criminels-nés et des criminels par occasion; peu importe qu'ils aient commis les mêmes crimes. La peine devra être donnée, selon nous, en la mesurant non pas seulement selon la gravité objective du crime commis et selon le motif qui a poussé au crime, mais aussi selon la *redoutabilité* de l'auteur ; et l'on ne pourra mesurer cette *redoutabilité* que cas par cas.

Il faut ajouter que, pour le crime collectif, il n'est pas toujours possible de prendre pour guide les quelques règles générales que l'on peut fixer pour le crime individuel, suivant la manière dont le crime a été exécuté.

Le criminel isolé, par exemple, qui tue plusieurs personnes sans motif apparent — *par méchanceté brutale,* selon la phrase classique — devrait *toujours* être puni du *maximum* de la peine, parce qu'on peut affirmer *a priori* qu'il s'est manifesté, par son crime, criminel-né ou fou.

Si l'on voulait établir le même principe pour le crime collectif, il serait parfois inexact.

Un homme peut commettre bien des meurtres dans une foule, sans être pour cela un criminel-né. L'ivresse morale dont il est victime peut l'entraîner à de tels excès ; et ce n'est qu'après les avoir commis qu'il comprend — comme en sortant d'un rêve — à quelles énormités il s'est laissé aller. Il a le repentir sincère et le remords, inconnus au délinquant par tendance connaturelle.

M. Taine raconte que pendant la révolution de 1793 un tel, très honnête homme, tua cinq prêtres en une seule journée ; et puis mourut lui-même de remords et de honte[1].

(1) « — ... tel, commissionnaire du coin, très honnête homme, mais entraîné, puis soûlé, puis affolé, tue cinq prêtres pour sa part, et en

De même que la crise nerveuse, dans laquelle tombe le suggestionné après avoir commis un crime imaginaire dans l'état hypnotique, est une preuve de sa répulsion organique à l'égard de l'action commise ; de même ce remords et ce repentir après un crime réel prouvent que l'homme n'était pas entièrement méchant. La peine de mort serait une peine injuste pour lui. Quand il s'agit des crimes d'une foule, il faut avoir toujours présentes à l'esprit les paroles de Holtzendorff : « Nous ne pouvons jamais dire, au point de vue moral, que dans telle circonstance un crime est plus grave qu'un autre [1]. »

On ne peut donc édicter théoriquement aucune règle absolue.

L'école positiviste voit, reconnait, examine patiemment les causes infinies des crimes d'une foule ; — tout cela lui permet de juger avec une plus grande compétence, — mais elle n'a pas la prétention de vouloir tirer de l'étude de ces causes une conclusion si exacte, qu'elle puisse valoir pour tous les cas [2].

Jusqu'à présent, lorsqu'on voyait paraître devant la justice quelques individus qu'on avait pu arrêter au milieu d'un tumulte, les juges croyaient avoir devant eux des hommes qui, d'eux-mêmes, étaient venus volontairement, s'asseoir sur le banc d'infamie. Nos études — je l'espère — auront prouvé que ces individus n'étaient que les quelques naufragés jetés là par

meurt au bout d'un mois, ne dormant plus, l'écume aux lèvres, et tremblant de tous ses membres. » — Œuvr. cit., vol. II, p. 295.

(1) Holtzendorff, *L'assassinio e la pena di morte*. Naples, 1887, p. 173.

(2) Il faut aussi, dans les crimes d'une foule, tenir compte du sexe et de l'âge, car on sait que les femmes, les enfants, et même les jeunes gens sont plus dociles à suggestionner que les adultes. « L'enfance, écrit Ramosson (œuvr. cit., p. 247), c'est le métal en fusion qu'on verse dans le moule et qui prend toutes les formes... Tous les tempéraments qui se rapprochent de celui de l'enfant, tel que celui de la femme et du jeune homme, sont les plus propres à recevoir les impressions du dehors et à participer à toutes les contagions. » — Lauvergne (*Les fo als*, etc., p. 216) avait défini les enfants : *éponges éducables*, phrase très exacte qu'on pourrait appliquer aussi en partie aux femmes.

MM. Binet et Henri dans la *Revue philosophique* (octobre 1894) se sont efforcés, par une série d'expériences, de déterminer l'influence de l'âge sur le degré de suggestibilité chez les enfants.

la tempête psychologique qui les avait entraînés à leur insu, et nous serions heureux que le bon sens des juges voulût bien appliquer à ces crimes nos modestes observations. Un peu plus de psychologie et un peu plus d'humanité — voilà ce que nous demandons.

Mais nous reconnaissons d'autre part que dans la pratique de la justice pénale, il est nécessaire de donner une règle générale, surtout parce que dans le problème de la responsabilité l'école spiritualiste domine encore.

« Cette règle, disais-je dans ma première édition, ne peut être que celle que M. Pugliese a proposée : établir que les crimes commis dans une foule doivent être toujours considérés comme accomplis par des individus demi-responsables. » — Je reconnaissais moi-même l'absurdité de cette excuse de la folie partielle, parce que la psychiatrie moderne a démontré fausse l'opinion de l'ancienne psychiatrie qui croyait qu'un homme pouvait être à moitié sain d'esprit et à moitié fou : fou en ce qui concerne certains sentiments ou certaines idées ; sain, en ce qui concerne d'autres sentiments et d'autres idées : aujourd'hui tous sont d'accord avec Maudsley pour reconnaître que « quand un individu est fou, il l'est jusqu'au bout des doigts ». Je reconnaissais aussi que la formule de la demi-responsabilité aurait profité non seulement au délinquant par occasion (pour lequel elle eût été juste dans ses effets) mais aussi au délinquant-né, pour qui elle eût été une injustice et une des nombreuses bonnes chances qui lui sont conférées de par la loi. Toutefois, je ne pouvais trouver une meilleure formule.

M. Garofalo, en s'occupant, de mon ouvrage[1] a trouvé un moyen très habile d'accorder les idées de l'école positiviste avec les dispositions des Codes.

____

(1) Dans *La Tribuna giudiziaria* du 12 août 1891. — Voyez aussi, à ce propos, les observations très profondes de M. Fioretti dans la *Scuola positiva*, 1891, n° 4, p. 177.

« Je crois, écrivait-il, que précisément dans la matière dont il s'agit, notre législation se prête d'une certaine manière *pratiquement*, à la distinction que M. Sighele voudrait faire (et que je n'admettrais qu'en certains cas) entre le criminel-né et le criminel par occasion, auteurs d'un crime identique commis dans une foule. En effet, si cette distinction est possible, pourquoi ne pas infliger la peine dans toute sa rigueur au criminel-né, tandis qu'on l'infligerait atténuée pour vice partiel d'esprit, ou pour d'autres excuses, au coupable par passion? Pourquoi M. Sighele aurait-il voulu faire déclarer demi-responsables ceux qui précipitèrent Watrin par la fenêtre, tandis qu'on a la preuve qu'ils étaient des criminels-nés? Il est certain que la législation actuelle ne connait pas les catégories de criminels suggérées par notre école. Mais en oppliquant certaines *atténuantes*, peu scientifiques en vérité, on arrive pratiquement (et les juges, magistrats ou jurés, le font chaque jour), à traiter différemment les auteurs d'un même crime, selon le caractère particulier de chacun d'eux . »

Je ne puis — en thèse générale — qu'approuver ces paroles : mais je crains que la proposition de M. Garofalo ne rencontre dans la pratique quelque difficulté. L'atténuante qui dérive du fait d'avoir commis le crime dans la fureur de la foule étant *générale*, le juge ne comprendra peut-être pas toujours la raison qui fait qu'il doit l'appliquer à l'un (criminel d'occasion) et non à l'autre (criminel-né). — Si un coquin et un honnête homme sont également provoqués, et répondent à la provocation par un même crime, — nous autres positivistes nous pourrons bien faire une différence dans la peine (car nous considérons le criminel et non le crime), mais certains juges qui n'envisagent que le crime, croiront, pour rendre hommage à la logique, devoir appliquer une peine identique.

Quoi qu'il en soit, contentons-nous pour le moment d'espérer qu'on jugera les crimes de la foule en tenant compte des idées que nous avons développées. Ces idées pénétreront plus tard dans les Codes. En attendant, avoir étudié le phénomène du crime collectif veut dire avoir préparé le terrain pour les réformes législatives. Et le but et le devoir de l'écrivain, a dit Filangieri, est précisément de fournir les matériaux utiles à ceux qui gouvernent. Ces matériaux, nous croyons les avoir fournis dans les limites de notre intelligence ; et nous croyons aussi n'avoir pas fait seulement de la science théorique, mais avoir apporté notre modeste contribution à la réalisation de la justice sociale.

Les hommes politiques, les sociologues, les philosophes demandent plus de pain, plus de travail, plus de bonheur pour les foules honnêtes des ouvriers, jusqu'ici considérés comme les parias, les ilotes, presque les esclaves de la société capitaliste et industrielle : c'est pour eux une tâche généreuse dans le présent : ce sera leur honneur et leur gloire dans l'avenir.

Nous, sociologues criminalistes, nous avons une tâche bien moins haute mais pourtant nécessaire : nous demandons plus de justice pour les foules criminelles, jusqu'ici jugées en bloc avec les théories cruelles et stupides de Simon de Montfort, qui, dans la guerre religieuse contre les Albigeois, ordonnait de les tuer tous, « parce que Dieu reconnaîtra bien les siens ».

Notre tâche n'aura pas de gloire, mais le sentiment qui nous anime est également juste et généreux : et j'espère qu'il ne restera pas sans écho.

———————

DEUXIÈME PARTIE

LA FOULE AU POINT DE VUE SOCIOLOGIQUE

CHAPITRE PREMIER

NTELLIGENCE ET MORALITÉ DE LA FOULE

I

LETTRE A M. GABRIEL TARDE

Illustre Monsieur et ami,

C'est un bonheur et un honneur pour moi que de vous voir
vous occuper depuis quelque temps de la criminalité collective,
— sujet auquel je consacre mes études les plus assidues et mon
faible talent. C'est un bonheur, car dans ce travail difficile,
vous êtes souvent pour moi un guide génial, toujours un critique subtil et profond ; — c'est un honneur, car l'intérêt que
vous témoignez à ce sujet, prouve très clairement qu'en y
attirant le premier l'attention des savants et du public, je n'ai
pas fait une œuvre inutile.

Dans l'un de vos derniers articles [1] qui sont par la délicatesse
de leurs nuances de délicieuses broderies psychologiques, vous
vous occupez de la foule, non seulement au point de vue moral,
mais aussi au point de vue intellectuel, et comme il me semble
avoir quelque chose à dire à ce sujet, je me permets de vous
adresser cette lettre, que vous lirez, je l'espère, avec cette

---

(1) *Foules et sectes au point de vue criminel. — Revue des Deux-Mondes,*
15 novembre 1893.

indulgence qui est une prérogative naturelle des individualités supérieures.

.·.

Je ne sais si la théorie un peu paradoxale soutenue par quelques-uns, que le progrès consiste dans le retour à l'ancien, est une théorie vraie ; il me semble pourtant que Gœthe fait une comparaison mathématiquement parfaite, lorsqu'il dit que le progrès n'est qu'une spirale : il revient toujours sur lui-même, mais toujours en s'élevant.

Si vous appliquez cette définition au droit pénal, et plus spécialement à la question dont je veux m'occuper, vous verrez combien elle est juste. Dans les temps anciens on avait entrevu l'existence d'une criminalité collective, mais d'une façon confuse, trompeuse et même barbare ; ensuite, cette première lueur dont on pouvait déduire des applications utiles et humaines avait été obscurcie par cette grande crise d'*individualisme* qui, comme vous le dites fort bien, a éclaté partout, s'imposant en politique, en économie, en morale, en droit ; et ce n'est qu'aujourd'hui, après plusieurs siècles, que nous considérons de nouveau les crimes comme des actions de la *collectivité*, plutôt que de la *personne*, en suivant nous aussi, dans le champ restreint du droit pénal, ce courant de réaction sociologique et socialiste qui va se briser avec une violence toujours croissante, contre l'illusion *égocentrique*, qui peut-être a trop longtemps duré.

Je disais que nous en revenons à l'idée de la criminalité collective ; mais, comme la spirale, nous y revenons en nous élevant.

Autrefois, la peine d'un crime dont une seule personne s'était rendue coupable s'étendait à la famille, à tout le *clan*. Et cela venait de ce qu'à ces époques primitives, chaque groupe de formation naturelle — comme précisément la tribu ou la famille —

constituait un être indissoluble et indivisible. L'individu était une *partie* et non un *tout*, un *organe* et non un *organisme;* ne frapper que lui seul aurait paru alors une absurdité, comme à présent il paraîtrait absurde de ne punir qu'un seul membre de l'homme.

Cette conception embryonnaire du crime collectif se basait sur un rapport familial ou de caste, et elle était injuste dans ses conséquences, car on se méprenait sur les causes; elle dépendait d'une conception politique, non pas d'une observation objective.

Aujourd'hui l'erreur a été corrigée, nous nous sommes aperçus qu'il existe des crimes collectifs; pourtant ils ne nous apparaissent pas tels que les voyait la loi myope, peureuse et tyrannique des temps anciens; mais bien plutôt tels que nous les révèle la moderne science positiviste du droit pénal, qui s'efforce de distinguer la partie qui dans chaque action humaine, et par conséquent aussi dans le crime, est due au milieu, de celle qui est due à la constitution anthropologique de l'individu.

Cette distinction assez facile à faire dans le crime individuel, devient difficile dans le crime de secte, et presque impossible dans le crime de la foule; c'est que dans ce dernier les causes déterminantes sont si nombreuses et si entremêlées, qu'il est impossible de les additionner; on ne peut qu'essayer d'en trouver la résultante, une sorte de diagonale de ce mystérieux parallélogramme des forces psychiques, dans lequel n'entrent pas seulement les énergies évidentes et qui nous sont connues, mais où s'agite aussi la vie ignorée de l'inconscient.

J'ai pourtant essayé d'étudier ce parallélogramme, d'en déterminer, s'il est possible, les dimensions. Et grâce à votre aide, cela a été pour moi moins difficile et plus amusant.

Mais il y a un point que j'avais touché seulement en passant, tandis qu'il mériterait d'être développé avec une certaine ampleur. Absorbé par l'étude de la *moralité* de la foule, j'avais négligé d'en analyser l'*intelligence*[1]. J'avais dit que la foule — comme la femme[2] — a une psychologie *extrême*, capable de tous les excès, peut-être même capable seulement d'excès, admirable parfois d'abnégation, souvent épouvantable par sa férocité, jamais ou presque jamais médiocre dans ses sentiments. J'avais oublié d'ajouter que si les collectivités, dans l'ordre moral, sont susceptibles des deux extrêmes opposés, de la criminalité la plus sauvage et de l'héroïsme le plus sublime, — dans l'ordre intellectuel, au contraire, elles ne connaissent qu'un extrême, le dernier et le plus bas; car si elles peuvent descendre à un degré de folie ou d'imbécillité inconnu de l'individu isolé, elles ne savent pas s'élever aux suprêmes manifestations de l'intelligence et de l'imagination créatrice. Il y a en effet des héroïsmes collectifs; il n'y a pas, ni dans l'art, ni dans la science, des chefs-d'œuvre collectifs[3].

Eh bien, par quel motif, vous demandez-vous, en vous arrêtant sur ce fait qui renferme au premier abord une anomalie, par quel motif les très hautes manifestations de l'intelligence sont-elles refusées aux groupes sociaux, tandis que le grand et puissant déploiement de la volonté, de la vertu même, leur est accessible?

(1) J'avais analysé l'intelligence d'autres collectivités sociales : les jurys, les commissions, etc. Voyez l'*Introduction*.

(2) « La foule, cet être moitié fauve, moitié femme, » — disait Manzoni. Sur la psychologie féminine, voyez le dernier chapitre de mon volume *Le crime à deux*, Lyon, Storck, 1893, et mon livre *La donna nova*, Rome, 1898.

(3) Voyez, à propos de la *collaboration intellectuelle* (qui ne dépasse pas ordinairement le nombre de *deux* personnes) le premier chapitre de mon livre, déjà cité, *Le crime à deux*, et à propos de chefs-d'œuvre collectifs voyez le chapitre iv de cette deuxième partie. — J. Novicow dans son beau volume *Conscience et volonté sociale* (Giard et Brière, Paris) écrivait : « — Les deux grands moteurs des transformations sociales sont les idées et l'outillage. Or, qu'on nous montre une foule réunie ayant trouvé une idée ou un instrument nouveau. D'ailleurs, même lorsque la foule agit, elle suit, en réalité, l'impulsion de quelques meneurs. La foule a donné parfois le coup de grâce, mais il a fallu auparavant un long effort mental pour miner les statues qu'elle semblait renverser. »

Vous répondez : « C'est que l'acte de vertu le plus héroïque est quelque chose de très simple en soi, et ne diffère de l'acte de moralité ordinaire que par le degré ; or, précisément, la puissance d'émission qui est dans les rassemblements humains, où les émotions et les opinions se renforcent rapidement par leur contact multipliant, est outrancière par excellence. Mais l'œuvre de génie ou de talent est toujours compliquée, et diffère non seulement en degré, mais en nature, d'un acte d'intelligence vulgaire. »

Si vous voulez bien me le permettre, au lieu de votre phrase qui est juste, mais un peu difficile et obscure, j'aurais dit tout simplement ceci : l'homme, au point de vue moral, est une quantité additionnable ; au point de vue intellectuel, il ne l'est pas. En d'autres termes : on peut faire l'addition des sentiments ; l'on ne peut faire que la moyenne des idées.

Voilà pourquoi cent hommes de courage donnent une collectivité très courageuse, tandis que cent hommes de talent donnent une collectivité intellectuellement médiocre.

Malgré cela, nous n'avons pas encore expliqué grand'chose, et la question revient avec la même insistance : pourquoi les facultés morales ont-elles des caractères si différents de ceux des facultés intellectuelles ?

Parce que, pour moi, le talent et le génie n'ont pas cette puissance de suggestion que les impressions, les sensations, les affections possèdent à un très haut degré. Il y a une phrase, dans l'usage commun, qui explique très bien cette différence. L'on dit que *le courage se communique*, et cela est vrai : il en est de même de plusieurs autres qualités et défauts moraux : l'on transmet la peur, la haine, la foi, la sympathie ; mais le talent, et moins encore le génie, ne peuvent se transmettre. Ce sont des facultés incommunicables, justement parce qu'elles sont le fruit de l'hérédité plutôt que du milieu dans lequel l'on vit. L'on naît avec ou sans elles, il est impossible de les acquérir.

Vous allez me dire que même les facultés morales se transmettent et ne s'acquièrent pas, que l'on naît très bon ou très méchant, comme l'on naît intelligent ou idiot : cela est vrai, en grande partie, et ce fut même l'école positiviste qui affirma catégoriquement cette vérité. Mais il est pourtant certain que, sauf, bien entendu, les exceptions, il est plus facile de faire d'un enfant un homme bon, que d'en faire un homme intelligent.

Du reste, mon observation ne doit pas être appliquée aux personnes qui vivent dans l'état normal de la société, c'est-à-dire dans l'état *diffus*, mais seulement aux personnes qui vivent dans l'état exceptionnel, c'est-à-dire dans l'état d'*agglomération statique*. J'entends en un mot parler des états *aigus*, je dirais presque *morbides*, de l'association humaine, tels qu'en offre une *foule* et, à un moindre degré, une *secte* : je n'entends pas parler de l'état normal de l'association humaine, tel qu'il est représenté par les rapports quotidiens de la vie sociale.

Et, appliqué à ces états *aigus*, je crois vraiment que le principe que j'expose ne saurait être combattu.

Toute démonstration serait inutile ; c'est l'évidence qui parle. Prenez une réunion quelconque de personnes : le cri, le geste, la parole d'un seul, pourra entraîner cette foule au délire de l'enthousiasme ou de la fureur, pourra la rendre lâche ou héroïque ; mais aucun cri, aucun geste, aucune parole ne pourra élever son niveau intellectuel, ni donner à ces milliers de cerveaux l'étincelle du génie.

Donc, les facultés intellectuelles ne peuvent pas s'additionner, comme les facultés morales, parce que, contrairement à celles-ci, elles ne peuvent pas se communiquer par suggestion.

Mais pourquoi ne peuvent-elles pas se communiquer par suggestion ?

Vous le voyez. Les questions se succèdent, et elles nous rapprochent de l'explication. Réussirons-nous à la trouver ? Je l'espère.

Le motif pour lequel les facultés intellectuelles ne peuvent pas se communiquer par le moyen de la suggestion, consiste, selon moi, dans le fait qu'elles n'ont pas — à l'inverse des sentiments — des moyens extérieurs de manifestation.

L'on dit, avec raison, que la physionomie révèle la personne de talent ; mais à coup sûr elle ne révèle pas la forme et la qualité du talent, elle ne révèle pas quelle est l'idée qui passe à tel ou tel moment, dans le cerveau d'un homme.

La physionomie exprime au contraire très bien les émotions de l'âme, et elle peut les exprimer non pas d'une manière vague et indéfinie, mais bien définie et précise : on peut lire sur le visage d'une personne la joie, la peur, la haine, presque toutes les affections du cœur.

Or vous m'apprenez — et j'ai moi-même employé quelques pages à le démontrer, — que c'est une loi universelle dans tout le domaine de la vie intelligente, que la représentation d'un état émotionnel provoque la naissance de ce même état en celui qui en est témoin.

En admettant que cette émotion soit, par exemple, de fureur ou de colère, en un instant le visage de ceux qui la voient prendra une expression de haine, dans laquelle il y aura un je ne sais quoi de tendu et de tragique. Et non seulement cette émotion sera *extérieurement* manifestée, mais elle sera même *intimement* ressentie. « L'action musculaire spéciale — écrit Maudsley — n'est pas seulement l'exposant de la passion, mais elle en est aussi une partie essentielle. Donnez à votre physionomie l'expression d'une émotion particulière, et cette émotion que vous avez imitée ne manquera pas de s'éveiller en vous. »

Voilà donc pourquoi les sentiments se propagent, et ils se propagent avec une vitesse épouvantable ; voilà pourquoi il suffit d'un homme irrité, pour rendre irrités tous ceux qui l'entourent ; voilà pourquoi la collectivité qu'ils composent peut être l'addition des différents états d'âme de chacun, et avoir cette puissance terrible, aux effets irréparables, que donne l'union, l'unisson psychologique.

Le talent et le génie, au contraire, n'ont pas, je le répète, des moyens extérieurs de communication ; ils ne peuvent par conséquent s'étendre au même degré, et, pour ainsi dire, atteindre le même niveau parmi des centaines et des milliers d'individus réunis, et faire que la manifestation intellectuelle de la collectivité soit la somme des différentes facultés intellectuelles.

Je vous entends d'ici m'interrompre. Pourtant le talent a, lui aussi, un moyen de suggestion immédiate, la parole, et un moyen de suggestion médiate, le journal et le livre. Et pour nous borner au prem de ces moyens de suggestion, celui qui nous touche de plus p.   je vais moi-même vous demander : qui n'a pas assisté à une e ces explosions d'applaudissements qui couvrent la fin d'un discours éloquent [1] ?

Mais pourra-t-on affirmer, dans ce cas, que cette suggestion intellectuelle soit tout à fait identique à la suggestion des émotions et des sentiments ? Pourra-t-on dire que les auditeurs se sont élevés à la hauteur intellectuelle de l'orateur, comme, dans les autres cas, les spectateurs s'élèvent au degré de haine, de peur, d'enthousiasme, d'héroïsme, manifesté par celui qui les a suggestionnés ?

Évidemment non, car une distinction qu'il faut faire et qui me semble d'une grande importance, c'est que tandis que la suggestion des sentiments fait des *égaux*, la suggestion des idées ne fait que des disciples, des adeptes, c'est-à-dire des *inférieurs*.

Qu'une émotion se propage dans une foule : dans un espace de temps très court, tous la ressentiront au *même* degré que celui qui, le premier, l'a manifestée ; il aura donc créé *moralement* autour de lui un peuple d'*égaux*.

1. Voy. à ce sujet le chapitre II. qui va suivre : *La physiologie du succès.*

Qu'une idée se propage dans une foule : admettons que tous l'acceptent et l'applaudissent; mais celui qui a parlé aura créé *intellectuellement* autour de lui un peuple de disciples, d'admirateurs, non pas un peuple d'*égaux*.

Dans le premier cas, le *moi moral* d'un individu se trouvera reproduit grâce au phénomène de la suggestion, chez tous les individus qui l'entendaient ou le voyaient : il avait du courage, et il a créé cent personnes courageuses ; il avait peur, et il a créé cent lâches.

Dans le second cas, le *moi intellectuel* d'un individu n'a pu se reproduire chez aucun autre : il était un génie, mais il n'a créé aucun génie; il a seulement forcé cent individus médiocres à le suivre et à l'applaudir.

Et voilà pourquoi, dans l'ordre moral, la collectivité atteint des hauteurs qui sont inaccessibles à l'individu isolé, et a une puissance que celui-ci ne connaît jamais ; car elle doit être comparée à un amas de poudre dont l'explosion est d'autant plus bruyante que les grains de poudre qui le composent sont plus nombreux ; dans l'ordre intellectuel, au contraire, elle ne peut atteindre la hauteur du génie individuel, parce que, bien que la mèche soit posée, le feu sacré de la pensée ne peut se propager et éclater dans la multitude.

Si, après cela, nous voulions rechercher encore la raison intime de ce fait indéniable, en tâchant de découvrir avec une curiosité toute métaphysique pourquoi la nature a mis cette différence entre les facultés du cerveau et celles du cœur, nous pourrions dire que la collectivité ne sait pas s'élever à la hauteur intellectuelle de l'individu isolé, parce que si elle en était capable, elle ferait œuvre inutile ou nuisible ; et elle sait au contraire surpasser l'individu dans les plus hautes manifestations morales, parce que, dans ce cas, son œuvre est non seulement utile, mais bien nécessaire.

A un moment historique donné, et dans une branche quelconque de l'activité humaine, il suffit, en effet, de la présence *d'un seul* homme de génie, mais il ne suffit pas de la présence *d'un seul* héros. Il suffit d'un Garibaldi et de mille braves pour gagner une bataille. Mille Garibaldi seraient inutiles. En d'autres termes, le nombre est *statiquement* inutile au génie, mais il est très utile à l'héroïsme, ainsi qu'à la manifestation de tous les sentiments de l'homme.

.·.

Malgré mon effort pour expliquer clairement ces idées, il faut convenir que la conclusion qu'on peut déduire de vos observations et des miennes est décourageante.

La collectivité, qu'on l'appelle jury ou commission, assemblée ou foule, donne un produit moral et intellectuel pire que celui que donnerait chacun des hommes qui la composent.

Se rassembler, dans le monde humain, veut donc dire se rendre pire. Voilà le principe auquel nous aboutissons, et voilà la dernière formule du pessimisme le plus aigu.

Est-ce une illusion ou un paradoxe ?

Ce n'est pas ainsi que vous l'avez jugée, car lorsque je l'énonçai pour la première fois, vous l'avez acceptée, en lui trouvant beaucoup de valeur. Vous écriviez : « Je signale, sans insister, la portée inattendue dont cette loi est susceptible si on l'étend au delà de l'humanité. On sait que les organismes ont été considérés avec raison comme des sociétés de cellules, et l'on a pu voir dans les cellules elles-mêmes des sociétés de molécules, etc... Or, supposons que notre principe s'applique à ces sociétés biologiques ou chimiques ; que, là aussi, le composé ne soit pas supérieur à ses éléments, qu'il leur soit inférieur, ou tout au plus les égale : nous voyons l'Univers tout entier nous apparaître sous un nouvel aspect, et c'est aux perfectionnements du microscope et non du télescope, que nous aurons à demander la révélation des plus admirables merveilles du monde. Peut-être, en effet, est-ce en vertu d'un pur préjugé, injustifiable, que le *moi de l'atome* a toujours été réputé plus simple, plus pauvre, plus bas que le moi animal ou humain. Peut-être se dépense-t-il invisiblement au fond caché des êtres vivants, dans leurs intimités élémentaires, beaucoup plus d'intelligence et d'art qu'il ne s'en exprime à leur surface [1]... »

Je vous quitte, sans même essayer de résoudre cet obscur problème métaphysique. La solution nous sera donnée — si jamais elle l'est — par *la psychologie de l'atome*, que vous vous invoquez, et qui n'est autre chose, au fond, que la psychologie de l'inconscient, encore si inconnue et si mystérieuse.

Croyez-moi avec admiration

Votre dévoué,

SCIPIO SIGHELE.

II

La lettre précédente fut publiée dans le numéro du 1er novembre 1894 de la *Critica Sociale*. M. Enrico Ferri combattit dans un article les observations psychologiques qu'elle contenait, avant que la réponse de M. Tarde me fût parvenue. Je lui répondis par une autre lettre.

Je crois utile de reproduire ici, entièrement, cette polémique.

NOTE DE M. ENRICO FERRI

La *psychologie collective* — comme je la baptisai dès la 2e édition des *Nuovi orizzonti* — a reçu une organisation très vigoureuse, par les études géniales, et justement louées de mon très cher ami Sighele ; et elle répond trop bien à la cou-

---

(1) G. TARDE. *Les crimes des foules.* Lyon, Storck, 1892.

leur du temps, qui met en évidence, de manière toujours croissante, les douleurs comme les forces bienfaisantes et malfaisantes de la collectivité humaine, pour ne pas se prêter dans la variété infinie de ses éléments et de ses manifestations, à une grande diversité d'observations et d'inductions, même pour ceux qui sont en complet accord sur les théories fondamentales.

Tel est le cas de cette *note* à la lettre pénétrante et profonde de M. Scipio Sighele à M. Gabriel Tarde.

L'impression que j'ai éprouvée en lisant cette lettre, qui sera publiée dans la 2ᵉ édition italienne de l'essai justement loué sur la *foule criminelle*, est une impression de choc mental.

On lit : le cerveau commence le travail d'idéation qui augmente avec une intensité progressive, par les observations bien graduées de l'écrivain ; mais à la fin, lorsque le travail intellectuel devrait se ralentir et se fixer dans la conclusion finale, logiquement déduite des prémisses, l'on trouve, au contraire, une affirmation brusque, obtuse, qui vous rappelle le choc d'un train à grande vitesse contre la barre immobile d'un butoir.

Et c'est vraiment un butoir que celui contre lequel mon ami Sighele est allé donner ; je le crois en grande partie entraîné, et je dirais presque déraillé, grâce au vagabondage métaphysique de la sociologie de M. Tarde. Voilà un homme qui, tout en restant séduisant, comme savent l'être les Français, me semble précisément un brodeur et un critique.

Je ne veux pas dire par là, que même les talents critiques, malgré leur nature parasitaire n'aient pas une fonction utile dans la science et dans la vie. Je dis qu'il faut se garder, en allant deçà delà, du danger de rencontrer quelque butoir..... comme il me semble qu'il est arrivé cette fois à M. Sighele.

Sighele fait cette limpide observation : les facultés sentimentales peuvent se communiquer de l'individu à la foule et s'additionner, tandis que les facultés intuitives ne le peuvent pas.

L'observation me parait fondamentalement exacte ; mais

pourvu qu'on la prenne dans un sens relatif et non pas absolu.

Je dirais que les sentiments se communiquent et s'additionnent dans la collectivité *plus* que les idées. De sorte que je ne crois pas exacte l'affirmation qu'en déduit M. Sighele, que celui qui communique un sentiment à une collectivité fait des *égaux* tandis que celui qui communique une idée fait des *adeptes*.

Je reconnais que le courage, comme la haine ou la vengeance, peuvent « être infusés » par un individu à une foule ; mais les suggestionnés seront toujours *différents* du suggestionneur. Et différents en ce sens, qu'ils peuvent être meilleurs ou pires.

Garibaldi fut appelé avec raison « héros créateur de héros » ; mais les garibaldiens qui le suivaient et le *surpassaient* parfois dans une bataille, entraînés par sa personne, n'étaient pas des héros pareils à lui, qui devait toujours conserver un certain sang-froid, pour être, comme il le fut, un capitaine et un stratégiste génial.

L'artiste et l'orateur communiquent aussi leur passion aux auditeurs ; mais dans l'amour comme dans la haine, dans la pitié, ou dans l'hilarité, les auditeurs sont bien différents de l'acteur ou de l'orateur. Celui-ci doit conserver son sang-froid, tandis que les auditeurs oublient tout et arrivent au monoidéisme, pendant tout le temps que dure la suggestion sentimentale.

Et de même que parmi les garibaldiens il peut y en avoir eu un qui fût plus courageux que Garibaldi, ou qui le fût pour d'autres raisons et d'une manière différente, de même parmi les auditeurs il peut y en avoir un qui soit un plus grand artiste ou un artiste d'une intelligence différente de celle de l'acteur ou de l'orateur.

Il en est de même pour l'intelligence de la foule.

Sighele dit que lorsque l'orateur jette une idée dans la foule des auditeurs, ceux-ci, s'ils en restent suggestionnés et s'ils applaudissent, deviennent des adeptes, c'est-à-dire des inférieurs, et non pas des égaux.

Cela n'est pas exact. Dans une école, dans des comices, au tribunal, dans une assemblée, l'orateur qui dit vraiment des *choses*, et non des « mots », élève le niveau intellectuel de ses auditeurs, non seulement parce qu'il accroît leur patrimoine actuel de connaissances, mais surtout parce qu'il leur donne pour l'avenir une méthode, une boussole, une loupe pour observer le monde.

Parmi les auditeurs il peut y avoir quelqu'un qui reste au-dessous de lui, — et cela se comprend — mais il peut y avoir aussi quelqu'un qui le surpasse. Quelquefois le disciple surpassera le maître, moins souvent dans l'art, il est vrai, que dans le travail méthodique de la science.

Cela n'empêche pas, je le répète, que réellement les sentiments (c'est-à-dire la moralité) soient *plus* communicables que les idées (c'est-à-dire l'intelligence) ; et une des raisons en peut bien être celle qu'indique Sighele : des signes d'expression, plus précis, plus complets et par là même plus suggestifs pour les émotions que pour les idées. Une autre raison, et celle-ci plus fondamentale, peut bien être que les sentiments touchent de plus près que les idées à la base même de la vie animale, commune à tous les vivants : un individu d'entendement faible peut se procurer de quoi vivre, même à l'état sauvage ; mais un homme qui ne ressent pas la douleur (cette sentinelle de la vie) ou l'instinct de la faim, de la soif, etc., cet homme meurt inévitablement et il meurt vite.

Il est donc toujours question de degré dans la communicabilité et dans l'additionnabilité des sentiments comme des idées.

Mais Sighele et Tarde négligent ici complètement l'autre face du phénomène, l'influence de la foule sur l'individu, non seulement pour les sentiments (ce qui a été fait précisément par la théorie du crime collectif) mais aussi pour les idées.

Le proverbe dit en effet que « quatre yeux voient mieux que deux ». Et si l'œuvre du génie (peut-être aussi pour le grand rôle que jouent en elle le sentiment et l'imagination, selon les observations de Huxley) est l'œuvre la plus individuelle de toutes, l'on ne doit pourtant pas en exclure l'action de l'intelligence collective ; et celle-ci ne peut être méconnue dans ce phénomène, bien plus continu et plus fréquent de l'évolution humaine qui est l'œuvre du talent[1].

Qui nous dira d'où le poète a tiré telle image qu'il immortalise par ses vers ? Peut-être la tient-il d'une intelligence médiocre, dans une conversation accidentelle ou banale.

J'ai senti moi-même, dans mes leçons à l'Université, tout l'avantage que j'ai pu tirer des conversations et des observations qui me sont faites par l'un ou par l'autre de mes auditeurs, observations que je n'avais pas faites de moi-même mais qui peuvent ensuite me servir d'étincelle pour éclairer tout un champ bien vaste d'observations ultérieures.

« Il y a quelqu'un qui a plus d'esprit que M. de Voltaire ; c'est monsieur tout le monde. » Voilà mon affirmation confirmée par un proverbe. Le cerveau d'un génie, artiste ou savant, peut résumer, coordonner et féconder en lui-même bien des faces du polyèdre infini de la vie ; mais des milliers de cerveaux, même médiocres, mais riches d'expériences et d'observations infiniment différentes et variées, quoique embryonnaires et fragmentaires, et qui embrassent un plus grand nombre de faces de ce polyèdre infini, mettent en lumière des choses et des idées que le cerveau d'un génie ne saurait voir par lui-même.

Le cordonnier vit le défaut dans le brodequin sculpté par l'artiste grec ; ainsi l'on raconte qu'un paysan toscan découvrit que dans un cheval modelé par un sculpteur de génie manquaient ces deux enflures sans poil qui se trouvent dans tous les genoux des chevaux.

(1) On trouvera une réponse à ces observations de FERRI dans le chapitre IV de cette partie : *Le problème moral de la psychologie collective.*

Il faut en faire l'épreuve, par exemple, dans une réunion d'étudiants, d'ouvriers ou de paysans ; jetez là une idée, qui aille au cœur des choses ; et vous sentirez peu de temps après, qu'elle rebondit des esprits de l'un ou l'autre des auditeurs, renforcée, corrigée, amplifiée par cent autres observations et reliefs partiels, qui, en restant isolés et fragmentaires dans le cerveau maladroit ou inculte de celui qui les fait, restent dans le vide, comme une semence qui ne peut jeter ses racines dans la terre qui la contient.

Mais, d'un côté, cette idée générale développée par l'orateur, surtout si elle est directrice et méthodique, coordonne et renforce les idées fragmentaires et faibles des auditeurs et elle élève par conséquent leur diapason intellectuel ; et d'un autre côté, les observations faites par la collectivité fécondent et renforcent le mécanisme de l'intelligence individuelle.

C'est-à-dire, mon cher Sighele, qu'il est inutile de courir après des bulles de savon comme le *moi de l'atome* qui est une contradiction de termes, car l'*atome* est le seul vrai individu, c'est-à-dire l'indivisible et le simple, et le *moi*, au contraire, signifie une résultante complexe (consciente ou inconsciente) de plusieurs éléments psychiques primordiaux.

Où il n'y a pas de collectivité, il ne peut y avoir de *moi ;* et la psychologie des microorganismes faite par Binet est possible seulement parce qu'une collectivité fédérée de diverses cellules vivantes est toujours plus simple que les microorganismes.

C'est-à-dire enfin, que la conclusion finale est indiscutablement celle-ci : il n'est pas vrai que s'unir, dans le monde, veut dire se rendre pire ou s'affaiblir.

La réalité est qu'on ne vit pas sans union ; parce que, comme je l'ai déjà dit ailleurs, Robinson Crusoé, qui serait l'idéal humain, ainsi que la conclusion logique de l'individualisme, ne peut être qu'une légende ou un cas pathologique.

Mais d'ailleurs, comment aurait été possible l'évolution du

microbe à l'homme, et de l'homme sauvage à l'homme civilisé, si union, c'est-à-dire association, voulait dire affaiblissement ou péjoration ?... L'évolution n'est-elle donc pas au fond un processus de croissante association et de réunion ?

Il est vrai, pourtant, que Sighele borne son observation aux formes restreintes et plus ou moins transitoires de l'association humaine, et ne l'applique pas au fait universel de la société humaine. Et cette limitation rend sa conclusion en partie acceptable, c'est-à-dire répondant à la réalité des choses [1].

Mais, malgré la distinction nécessaire, que j'ai déjà faite dès le commencement, entre psychologie *individuelle*, psychologie *collective* et psychologie *sociale*, — je crois après tout que dans chaque manifestation de la matière inorganique et organique, quelle qu'elle soit, depuis l'agrégation et la combinaison des atomes dans l'ordre sidéral ou chimique jusqu'à l'agrégation et la combinaison des sensations et des idées élémentaires dans l'ordre psychologique individuel et des sentiments et des idées individuelles dans l'ordre de la psychologie collective et sociale — il faut toujours dire que « l'union fait la force ».

Et je ferais injure au talent de Sighele, si je croyais nécessaire de lui en donner ici les preuves, après l'avoir tiré de l'impasse où il s'était engagé avec le vieux *moi de l'atome*.

La collectivité rend plus intense toute manifestation psychique [2].

Voilà la conclusion positive : plus intense n'est pas synonyme de meilleure. Mais, si à un moment donné dans une certaine collectivité prévaut un mauvais élément (antisocial ou

<hr>

(1) M. FERRI, par cette confession détruit lui-même presque entièrement les critiques qu'il m'a faites jusqu'ici. Voir ma réponse qui va suivre.

(2) Voy. à ce sujet : HARMON, *L'esaltazione* (*Riforma sociale*, marzo 1895) ; GONNI, *Sulla folla delinquente* (*Monitore dei Tribunali*, août 1895) et G. SOREL, *Une faute du crime politique* (*Archivio di psichiatria*, 1893).

immoral), celui-ci se fortifiera, comme au contraire se fortifiera un bon élément (social ou moral) s'il arrive le premier.

Enfin, je crois toujours exacte ma première observation fondamentale, que dans la psychologie collective se produit non seulement le simple *mélange* des éléments individuels, mais leur *combinaison chimique*. De sorte que la résultante psychique collective n'est pas égale — aussi bien pour les sentiments que pour les idées — à l'addition des éléments psychiques individuels : elle est au contraire toujours différente, en mieux ou en pire, de même que la combinaison chimique de deux ou plusieurs substances détermine dans la masse finale une température plus haute ou plus basse que celle des corps qui la composent [1].

Certes il arrive le plus souvent que dans la collectivité prévaut le moins bon et le moins intelligent ; mais par quelle raison profonde ?

Ici, mon cher Sighele, tu dois jeter un regard au fond des choses et ce fond n'est autre que la lutte antagoniste et anar-

---

(1) Du reste, il n'est pas même toujours exact que la somme collective des idées soit pire que les idées individuelles. Dans le génie et même dans le talent puissant, il y a toujours quelque exagération, quelque déséquilibre, aussi bien dans les prémisses les plus vues et rapprochées avec génie, que dans les inductions tirées trop vite et de trop loin. Dans la collectivité, au contraire, il est vrai que la *moyenne* a le dessus, mais justement à cause de cela, elle représente non seulement une élévation équilibrée et définitive de l'intelligence commune par rapport à la condition précédente, mais aussi une atténuation des audaces plus ou moins déséquilibrées du génie individuel, mais toujours prématurées et qui par là même ne sont pas toujours viables. Dans la science l'école des disciples vaut toujours mieux que le maître, et l'une et l'autre ont des fonctions différentes mais également utiles. Sans l'individu génial et créateur l'école ne se formerait pas, et la moyenne intellectuelle ne pourrait pas s'élever d'un degré sur l'échelle du progrès ; mais sans une collectivité solidaire, l'intuition du génie tomberait dans l'oubli ou dans un sommeil parfois séculaire, jusqu'au moment où des conditions plus favorables de la collectivité lui permettraient de se fixer définitivement.

Voy. l'application et le développement que j'ai donnés à ces idées de mon maître dans le chapitre IV (*L'art et la Foule*) de cette deuxième partie.

chiste des intérêts égoïstes dans le monde présent, sans la base et la discipline de la vive et vraie solidarité.

Dans une académie aussi bien que dans des comices et dans un parlement, chacun cherchera toujours son avantage particulier; mais dans le monde individualiste, très souvent l'avantage personnel n'est pas conciliable avec l'avantage d'autrui.

Voilà pourquoi inconsciemment *rebus sic stantibus* dans la collectivité, on a la masse des égoïsmes anti-sociaux plus souvent que la réunion des égoïsmes sociaux.

Certains cas exceptionnels nous en fournissent la preuve. Lorsque dans une bataille ou dans une œuvre de sauvetage (incendies, inondations, épidémies, etc.), l'enthousiasme est arrivé au dernier degré, la solidarité sociale prévaut sur l'isolement anti-social ; on voit que la réunion décuple la force du sacrifice, de l'héroïsme et de la vertu, comme, en d'autres conditions de temps et de lieux, elle décuple la force du crime.

Le secret donc consiste à donner à la collectivité humaine une orientation en vertu de laquelle l'égoïsme de l'individu qui est inséparable de la vie (*primum vivere deinde philosophari*), ne soit pas contraint d'être anti-social pour s'affirmer, mais puisse trouver dans la vie collective les conditions d'une vie individuelle meilleure (même pour soi).

Le *comment* de cette orientation sociale dépasse les limites de cette lettre, et il est, du reste, indiqué par le socialisme scientifique.

Aujourd'hui, je veux me borner à ces considérations de psychologie collective qui intéressent la jurisprudence pénale comme la sociologie criminelle. Et je serai heureux si mon ami Sighele ou d'autres veulent continuer cette polémique courtoise qui profitera à notre science positiviste, car même dans le champ de l'intelligence, s'unir veut dire accroître sa force.

ENRICO FERRI.

III

ENCORE DE L'INTELLIGENCE ET DE LA MORALITÉ DE LA FOULE

LETTRE A ENRICO FERRI[1]

Rome, 2 novembre 1894.

Mon cher Enrico,

Merci pour tes courtoises paroles, que je dois à l'indulgence du maitre et à l'affection de l'ami ; merci surtout pour la critique franche et sincère que je recherche et désire, car elle est le résultat le plus utile et la satisfaction la plus grande pour ceux qui écrivent.

Tu dis que j'ai donné contre un butoir. C'est donc un désastre... intellectuel qui m'est arrivé ? Peut-être. Mais la faute est-elle vraiment et seulement à moi ? Ou n'arrive-t-il pas souvent à la science de rencontrer de ces butoirs qui empêchent sa course à grande vitesse, qui arrêtent la machine, quoiqu'elle soit encore avide de marche ? Suis-je donc responsable si la pensée a ses colonnes d'Hercule, si l'inconscient et l'inconnaissable existent, et si je me déclare vaincu dans la lutte contre un problème que personne n'a su résoudre ? Et est-ce que je mérite d'être appelé métaphysicien parce que j'invoque la *psychologie de l'atome ?* Il y a quelques centaines d'années (ou même quelques dizaines) le bon public aurait souri si on lui eût dit que la psychologie des microorganismes existait : Binet l'a pourtant étudiée !

Je pense que, si le vrai tempérament positiviste doit croire seulement ce qu'il voit ou ce dont il a les preuves, il ne doit

(1) Cette lettre a été publiée dans le numéro du 15 novembre 1894 de la *Critica sociale.*

pourtant pas exclure *a priori* toute hypothèse. Tout est possible dans le monde, et l'affirmation catégorique : la science ne dépassera pas cette limite — est une sorte d'hypothèque sur l'avenir que les merveilleuses surprises du présent et du passé devraient nous conseiller d'éviter.

Du reste qu'importe de croire ou de ne pas croire possible cette *psychologie de l'atome* ? Pour moi, ce n'était qu'un désir, un espoir, un souhait, que je plaçais à la fin de ma lettre, pour atténuer le découragement de celui qui, après avoir beaucoup cherché s'aperçoit qu'il n'a rien ou presque rien trouvé. L'explication dernière se dérobait à ma vue ; je la savais intangible. Mais je voulais du moins indiquer où, selon moi, elle était renfermée. Ne pouvant pas voir le trésor, je me plaisais à supposer où il était caché, laissant à d'autres, plus heureux que moi, le plaisir de la découverte.

Me suis-je trompé ? Peut-être, je le répète. Mais à mon hypothèse tu n'as substitué aucun axiome, à mon doute aucune certitude. Le mystère reste, et nous nous trouvons du moins d'accord en ceci que nous devons confesser notre ignorance.

Ce n'est pourtant pas sur ce problème incertain et obscur qu'il est nécessaire de s'arrêter pour la discussion. Nous pouvons continuer plus utilement notre polémique autour de celles de mes observations de psychologie collective que tu n'accuses pas d'être métaphysiques, et que, si je ne me trompe, tu acceptes au fond entièrement, tout en les critiquant.

J'avais dit que les forces sentimentales s'additionnent dans une foule, que les forces intellectives ne s'additionnent pas, et que la suggestion des sentiments fait des *égaux*, tandis que la suggestion des idées fait des *inférieurs*.

Tu trouves ces affirmations trop absolues, parce que la différence, selon toi, est de degré et non pas de substance.

Selon la logique, tu as raison. Il n'existe dans la nature rien de *substantiellement* différent et distinct ; tout se rattache et se tient par des nuances infinies : c'est la loi de l'évolution qui nous l'apprend. Il y a des zones *neutres* qui nous défendent même de juger si un organisme appartient au règne végétal ou au règne animal. Pourquoi donc devrait-il exister des barrières divisionnelles en psychologie?

Mais la logique trop sévère fait commettre des erreurs, comme la corde trop tirée se casse.

Toi-même tu m'as appris que pour la commodité des études et pour plus de clarté, c'est l'usage dans la science et dans la vie, d'appeler par des noms différents les choses qui en dernière analyse ne sont qu'un développement ultérieur l'une de l'autre, — et de même je crois que l'on peut maintenir distincts en psychologie des phénomènes qui, — quoique ne différant pas entre eux substantiellement, — diffèrent pourtant de *beaucoup de degrés* jusqu'à faire presque oublier leur origine commune.

Eh bien, la suggestion des sentiments diffère *tellement* de la suggestion des idées, que j'ai cru pouvoir établir entre l'une et l'autre ce caractère distinctif : l'une fait des *égaux*, l'autre fait des *disciples*, des *inférieurs*.

Je sais bien — et tu pouvais aussi le comprendre — que cet adjectif *égaux* n'a pas la signification qu'on devrait lui attribuer dans une démonstration mathématique : en psychologie surtout (et même en nature) il n'y a rien d'*identique*, et lorsque l'on emploie certaines paroles, on laisse au lecteur le soin de les interpréter non pas à la lettre, mais dans le sens qu'on leur a donné en les écrivant.

Je sais bien que les héros créés par Garibaldi n'étaient et ne pouvaient pas être ses *égaux*, et que le degré de passion auquel le public s'élève n'est pas tout à fait *pareil* à celui de l'orateur qui l'a suggestionné (l'âme humaine n'est pas un chiffre, et la psychologie n'est pas l'arithmétique), — mais il est certain que ces héros et ce public se *modelaient* eux-mêmes inconsciemment sur la figure morale de leur suggestionneur, et qu'ils constituaient tous ensemble un ensemble psychologique qui autorisait mon affirmation.

L'expression d'un sentiment fait sur les assistants le même effet que la vibration d'une note sur les cordes musicales qui se trouvent sous l'influence de cette vibration. La personne répond par le même sentiment, comme la corde répond par la même note.

Au contraire, il n'en est pas de même des idées. Garibaldi peut, par la seule vertu de l'exemple, créer un héros. Spencer ne peut pas, par une de ses phrases, ou par la lecture d'un de ses chapitres, créer un génie ni non plus un talent. — Je n'insiste pas sur cette démonstration, car l'évidence me semble indiscutable.

Tu dis néanmoins — pour combattre ma thèse — que l'orateur qui dit vraiment des *choses* et non pas seulement des mots, élève le niveau intellectuel de ses auditeurs, — et jusque-là nous sommes d'accord, et je l'ai admis moi-même, en écrivant que l'orateur, dans ce cas, fait des *disciples*, c'est-à-dire qu'il suggestionne et approche intellectuellement de lui son public. Tu soutiens aussi que parmi les auditeurs il peut y avoir quelqu'un qui surpasse l'orateur, parce que souvent le disciple est supérieur au maître, — et ici, même en étant d'accord avec toi dans l'observation (trop simple, du reste, pour pouvoir être combattue), je me permets de te dire qu'elle ne modifie en rien ma thèse.

Verdi a eu un maitre de musique, Dante aura eu un maitre de littérature, Raphaël un maitre de dessin. Mais quel rapport cela a-t-il avec la psychologie collective ? Est-ce que cela signifie peut-être — comme tu tends à le prouver — que les facultés intellectuelles font non seulement des *égaux*, comme les facultés sentimentales, mais qu'elles font aussi des *supérieurs?*

Ici, tu as oublié, me semble-t-il, ton heureuse distinction

entre *psychologie collective* et *psychologie sociale* qui a été le point de départ de mon livre sur la foule criminelle.

La psychologie collective, telle que tu la définis toi-même et telle que je l'ai étudiée, est la *psychologie des collectivités réunies statiquement*. Ainsi, lorsque je dis que la suggestion des idées, au contraire de la suggestion des sentiments, fait non pas des égaux mais des inférieurs, j'entends parler à un point de vue statique. Me répondre que dans une salle d'Université où parle un professeur, ou dans une assemblée où parle un Démosthène, il peut y avoir — caché et inconnu parmi le public — un savant ou un artiste qui surpasse ce professeur, ou un orateur qui surpasse ce Démosthène, — c'est éluder la question, et non la résoudre, c'est sortir du champ de la psychologie collective pour entrer dans celui de la psychologie sociale.

Ma thèse — exposée d'une manière exagérée et brutale — est celle-ci : statiquement, c'est-à-dire dans un très court espace de temps, par la seule vertu de la contagion, l'on peut faire d'un homme un héros ou un assassin, l'on ne peut pas faire un génie de la pensée.

Et je défie quiconque de me prouver le contraire. — Ensuite, lorsque pour montrer la force de suggestion des idées, tu me cites les disciples qui surpassent les maîtres, quand, pour prouver que non seulement l'individu a de l'influence sur le public, mais aussi et même davantage, le public sur l'individu, tu m'avertis qu'un poète peut être inspiré par une intelligence médiocre et que d'une conversation passagère ou insipide un savant peut tirer une idée géniale, je te réponds que tu as raison, mais que ceci est de la *psychologie sociale* et non pas de la *psychologie collective*. Et j'ai trop longuement parlé ailleurs des effets et de l'importance de la suggestion (des sentiments aussi bien que des idées) au point de vue *dynamique* et non pas *statique*, pour devoir me répéter ici.

Tu écris ces périodes limpides et qu'on ne peut réfuter : « Il
« n'est pas toujours exact que la somme collective des idées
« soit *pire* que les idées génialement individuelles. Dans le
« génie, et même dans le talent puissant, il y a toujours
« quelque exagération, manque d'équilibre dans les prémisses
« les plus généralement vues et rapprochées, comme dans les
« inductions tirées trop vite et de trop loin. Dans la collectivité
« au contraire, il est vrai que la *moyenne* a le dessus, mais
« justement pour cela, elle représente non seulement une élé-
« vation équilibrée et définitive de l'intelligence commune par
« rapport à la condition précédente, mais aussi une atténuation
« intégratrice des audaces plus ou moins déséquilibrées, mais
« toujours prématurées et par cela même pas toujours viables,
« du génie individuel. Dans la science, l'école des disciples
« vaut toujours plus et mieux que le maître, et l'une et l'autre
« ont deux fonctions différentes mais également utiles. Sans
« l'individu génial et créateur l'école ne se formerait pas,
« et la moyenne intellectuelle ne pourrait pas s'élever d'un
« degré sur l'échelle du progrès ; mais sans une collectivité
« solidaire, l'intuition du génie tomberait dans un oubli et
« dans un sommeil parfois séculaire, jusqu'au moment où les
« conditions plus favorables de la collectivité lui permet-
« traient de se fixer définitivement. »

Paroles d'or — mais qui n'ôtent pas une virgule à ce que j'ai
affirmé, car ce sont des paroles et des pensées applicables en
sociologie et non pas en *psychologie collective*.

J'ai admis aussi, et j'ai même écrit[1] tout cela : j'ai admis
aussi, — et je l'ai écrit — que le génie n'est qu'un symbole
qui représente les aspirations et les tendances d'une classe
donnée et d'une période donnée, qu'il n'est qu'*un raccourci*

____

(1) Voy. l'*Introduction* de ce volume, mon livre *Le crime à deux*, et
mon essai *La suggestion dans l'art*, dans mon volume : *Mentre il secolo
muore*, 1899.

inconscient d'un moment historique, presque une figure dans laquelle se résument et se fixent toutes les suggestions infinies et diverses qui ont agi sur lui ; mais tout en reconnaissant que le génie est un fruit merveilleux de la collectivité, j'ai entendu et j'entends reconnaître seulement *dynamiquement* le pouvoir de la collectivité sur l'individu.

Ce pouvoir existe aussi *statiquement,* mais il produit le mal, au lieu du bien ; il abaisse l'intelligence, il ne l'élève pas.

Et c'est dans ce sens, c'est-à-dire à un point de vue *statique,* que j'ai osé émettre l'idée pessimiste que « *s'unir, dans le monde humain, veut dire se rendre pire* ». A un point de vue *dynamique,* c'est-à-dire au point de vue de la psychologie sociale, il faudrait être fou pour affirmer une chose pareille, et tu as raison de dire que, alors, il faudrait aussi renier la théorie de l'évolution et reconnaître que le sauvage vaut plus que l'homme civilisé, et le singe anthropomorphe plus que le sauvage.

Pour être plus exact, j'aurais dû écrire que : « s'unir dans le monde humain, veut dire se rendre pire seulement *au point de vue statique.* » Mais le sens et le ton de mon article pouvaient remédier à l'exactitude du langage, que j'ai négligée. Je parlais de la *foule,* non pas de la *société.* Je parlais de suggestion *immédiate* et *inconsciente,* non pas de suggestion *lente* et *consciente ;* je parlais enfin de révolutions psychologiques soudaines, non pas d'évolutions graduelles ; je n'appliquais donc pas ma conclusion à tout le vaste champ de la sociologie, mais seulement au champ restreint de la psychologie collective.

Tu as voulu me faire dire plus que je n'avais l'intention de dire, et pour combattre une thèse que je n'ai pas soutenue, tu as exagéré. Tu as écrit que le principe : *l'union fait la force,* est toujours vrai, en psychologie sociale et en psychologie collective. Non : en psychologie collective l'union fait souvent, intellectuellement, non pas la force, mais la faiblesse ; les jurys, les commissions, les assemblées peuvent nous renseigner, et les *Nuovi orizzonti* où cette vérité a été génialement énoncée, nous renseignent surtout [1].

Et je n'aurais plus rien à ajouter, si je ne m'attendais de ta part à une question, et même à plusieurs questions : « Quelles sont les limites, quelles sont les frontières, entre la psychologie collective et la psychologie sociale? où finit l'une et où commence l'autre ? Ne se vérifiera-t-elle pas ici aussi, la loi de l'évolution, et ne passera-t-on pas de l'une à l'autre par phases et par gradations insensibles? ne sera-t-il pas alors impossible ou presque d'appliquer à ces différentes phases les lois que tu crois vraies pour l'une et qui seraient par conséquent fausses pour l'autre ? »

Les problèmes renfermés dans ces questions sont graves et importants. J'essayerai de les résoudre dans mon prochain volume *La delinquenza settaria* [2].

La *secte* est en effet une collectivité qui pourrait se définir le *trait d'union* entre la foule et la société, une *zone neutre*, pour me servir d'une heureuse expression, entre la *psychologie collective* et la *psychologie sociale*.

Le sujet m'emporterait trop loin et je ne puis abuser de la courtoisie de la *Critica sociale*.

Ailleurs, je pourrai mieux développer ma pensée.

En attendant, crois-moi avec l'affection et l'admiration que tu connais, ton

SCIPIO SIGHELE.

---

(1) et, j'ajoute (avril 1900), maintenue dans la 4ᵉ éd. des *Nuovi Orizzonti* qui vient de paraître.

(2) Le volume a paru en 1898, et a été traduit en français par M. Brandin en 1899 (*Psychologie des sectes*, Paris, Giard et Brière).

IV

LETTRE DE GABRIEL TARDE A SCIPIO SIGHELE [1]

Je suis toujours heureux, et vous le savez, cher monsieur Sighele, de rendre à vos beaux et profonds ouvrages la justice qui leur est due ; et ce n'est pas seulement la vigueur et la profondeur d'un esprit vraiment personnel, que j'admire en vous, mais bien encore cette noblesse naturelle de caractère qui vous place au-dessus des petites questions d'amour-propre.

. . . .

J'ai distingué dans l'esprit des foules le côté intellectuel et le côté moral ; et j'ai fait remarquer que, moralement, elles vont aussi loin, plus loin même que l'individu en bien ou en mal, en fait d'héroïsme ou en fait de crime, tandis que, intellectuellement, elles descendent aussi bas ou plus bas que lui dans la sottise et la folie sans jamais s'élever aussi haut dans la génialité. Or, vous tenez cette remarque pour vraie, mais l'explication que j'en donne ne vous satisfait pas, et vous en essayez une autre. Peut-être, cependant, les deux se complètent-elles plutôt qu'elles ne se contredisent, et je crois que vous apercevrez cela après que j'aurai moi-même un peu rectifié ma pensée. Il y a à distinguer ici, ce me semble, outre la distinction déjà faite, le côté quantitatif et le côté qualificatif des phénomènes psychiques, qu'ils soient intellectuels ou moraux. La croyance affirmative ou négative, qui passe par tant de degrés sans changer de nature, est une quantité mentale. Le désir aussi, positif ou négatif, pour la même raison, parce qu'il suit une échelle continue depuis la plus légère tendance jusqu'à la passion la plus effrénée dans une même

____

(1) Cette lettre a paru dans la *Critica sociale* du 1er décembre 1894.

direction donnée. L'intensité des sensations, jusqu'à un certain point, quantité encore. Mais une idée en tant que combinaison particulière de perceptions ou d'images et indépendamment de l'adhésion plus ou moins forte de l'esprit, est quelque chose de qualitatif, qui diffère en nature, et non pas seulement en degré, d'une autre idée. J'en dirai autant d'un *sentiment*, considéré non pas au point de vue de son énergie, mais bien de sa composition et de sa nuance distincte où se fondent mille impressions, mille peines ou plaisirs élémentaires.

Eh bien, il est remarquable que, autant le côté quantitatif de la psychologie individuelle, ainsi défini, se reproduit amplifié et exagéré en psychologie collective, surtout dans celle des foules, autant le côté qualitatif s'y reflète amoindri et appauvri. Les foules, à coup sûr, devant un spectacle émouvant, tel qu'une course de taureaux ou une charge de cavalerie dans une émeute, ont de plus fortes sensations, des joies ou des douleurs plus vives que n'en ressentirait chacun des individus qui les composent. Elles ont une capacité de jouir ou de pâtir, et aussi bien d'affirmer ou de nier, de désirer ou de repousser, supérieure à la capacité analogue de l'individu. Mais, en même temps, ce rassemblement, ce coudoiement effervescent des individus, si propre à fortifier en chacun d'eux leurs sensations exprimées, leurs désirs et leurs convictions mutuellement corroborées par le seul fait de leur échange, est absolument impropre à susciter, à accélérer dans l'esprit et le cœur de ces individus, chez ceux-là même qui ont le plus de génie et d'âme, l'éclosion d'une idée vraiment nouvelle et féconde, *ou même* d'un sentiment vraiment nouveau et fécond aussi, d'une espèce inédite d'enthousiasme ou d'amour. S'il y a des idées géniales, il y a aussi des *sentiments géniaux*. Loin de hâter ou de faciliter leur apparition, l'action de la foule l'entrave ou l'empêche. En d'autres termes, les foules exaltent l'*imitativité* de l'individu mais dépriment son *inventivité*. Lamartine, dans deux vers bien frappés, a dit quelque chose d'analogue :

Il faut se séparer, pour penser, de la foule,
Et s'y confondre pour agir.

Le penseur s'isole, en effet, et de même le poète ou l'artiste. L'un, pour élaborer des conceptions neuves et fortes, l'autre pour extraire de son cœur un arome tant soit peu supérieur en raffinement et en complexité aux sentiments ordinaires, ont besoin de recueillement et de silence. La germination de leur cerveau est à ce prix. Il y a des exceptions sans doute, mais elles sont apparentes et confirment la règle. Par exemple le *Nouma Roumestan* de Daudet, à qui les idées ne venaient qu'en parlant, au milieu d'un vaste auditoire. Malheureusement, les idées qui viennent de la sorte, dans le tapage et la cohue, ont pour caractère distinctif d'être de simples lieux-communs ou tout au plus de ces paradoxes qui sont tout bonnement des lieux-communs renversés.

Quant aux véritables « horizons nouveaux » de l'esprit, ouverts par un Newton ou un Descartes ; quant aux nouvelles tonalités du cœur apportées au monde par tous les grands vision naires mystiques ou patriotes du passé, prophètes hébreux, aèdes grecs, bardes celtiques, par un Orphée ou un Boudha, par un Virgile ou un saint Paul, ou un saint François d'Assise, ou un Dante, ou un Rousseau, ou un Chateaubriand, c'est toujours au désert, loin des multitudes, que ces germes destinés à une si lointaine dissémination sont enfantés pour la première fois. Puis viennent les grands tribuns, les grands publicistes, les missionnaires qui se livrent à l'apostolat de ces innovations, les sèment partout et les font tomber dans le domaine public. C'est ainsi que tous les sentiments majeurs qui ont mû les peuples, l'honneur de la famille, l'honneur de la cité, la religion de la patrie, la piété, la fidélité féodale, se sont formés ; c'est ainsi que, plus manifestement encore, le goût de la tragédie classique, au xviie siècle, la passion de l'architecture gothique au moyen âge et le dégoût de cette architecture au xviiie siècle, ou, de notre temps, le culte enthousiaste de la liberté ou de l'égalité, sont devenus successivement des sources d'émotions nationales parmi les Français des diverses époques ; de telle sorte que, réunies au théâtre, à l'église, au musée, sur la place publique, les foules françaises ont été souvent électrisées par des chefs-d'œuvre qu'elles auraient sifflés à d'autres époques, et ont eu les plus beaux élans d'héroïsme civique ou militaire pour des causes qui, un siècle plus tôt, les auraient laissées indifférentes ou leur auraient fait horreur.

Vous le voyez, le contraste que je vous propose aujourd'hui n'est pas tout à fait celui d'où je suis parti dans l'article cité par vous. A la distinction de l'intellectuel et du moral je superpose plutôt que je ne substitue celle de la quantité et de la qualité, de l'imitatif et de l'inventif, distinction qui est non pas contraire mais *perpendiculaire* pour ainsi dire à la précédente. Or, ne trouvez-vous pas que, présentée sous ce nouveau jour, ma pensée doit paraître plus vraie et en même temps beaucoup moins « décourageante » ? Maintenant, demandons-nous pourquoi les foules, qui dépassent si fort l'individu par l'énergie de leurs convictions vraies ou fausses, comme par l'intensité de leurs passions bonnes ou mauvaises, et, en conséquence, par l'éclat de leurs *actions* héroïques ou criminelles, sont impuissantes à faire surgir de leur propre sein ces vérités ou ces erreurs, ces formes du bien ou du mal, dont l'initiative appartient toujours à l'individu? C'est que l'individu est une *association harmonique,* et non pas seulement un rassemblement incohérent, de cellules cérébrales, et que le travail coordonné, logique et téléologique de celles-ci qui exige une paix profonde, est naturellement susceptible de produire des fruits de tout autre qualité que les produits d'une fermentation tumultueuse. Le jour où l'on aura trouvé une association d'hommes qui fonctionnera aussi harmonieusement que la société cellulaire de notre cerveau, ce jour-là la génialité deviendra l'apanage des corps constitués au lieu d'être le privilège de l'homme solitaire, et l'on verra les éclairs de génie jaillir des délibérations d'une assemblée et non d'une méditation muette.

Jusque-là on verra l'inverse. On a beau dire que quatre yeux voient mieux que deux, il n'en est pas moins vrai que, dans un parlement, fût-il composé de cinq cents hommes de talent, mille yeux braqués sur une question militaire ou diplomatique à résoudre n'aboutissent jamais à percevoir, sans les lunettes d'un ministre flanqué d'hommes compétents, une idée législative qui se tienne debout. De même, quoique mille cœurs battent plus fort qu'un seul, il n'en est pas moins vrai que pendant les moments critiques où le besoin d'une certaine réforme des cœurs se fait sentir, quand il s'agit de susciter un sentiment sauveur, une émotion spéciale et régénératrice, c'est dans un cœur solitaire que ce battement caractéristique et salutaire se produit pour la première fois, répercuté ensuite par tous les autres. Dirai-je avec vous qu'il y a ici une différence essentielle, qu'en effet « tandis que la suggestion des sentiments fait des *égaux*, la suggestion des idées fait des *inférieurs* » c'est-à-dire des disciples ? Il y a pourtant imitation aussi bien dans le premier cas que dans le second. Malgré tout, la distinction établie par vous à sa vérité, et, du même coup, justifie celle que j'avais établie entre l'*intellectuel* et le *moral* des foules. Car, en fait de sentiments, le difficile et l'important, ce n'est pas habituellement de les découvrir, chose assez facile en somme, mais bien de les porter au degré d'énergie voulue pour les rendre efficaces, féconds en action, tandis qu'en fait d'idées, la difficulté est de les trouver, non de les affirmer avec une grande force ; et les idées les plus crues, les plus dogmatisées par le fanatisme des masses, sont loin d'être les plus fécondes. Qu'un sentiment soit nouveau, en général peu importe ; l'essentiel et le rare, c'est qu'il soit très fort; mais il ne suffit pas qu'une idée soit très vraie, il faut qu'elle soit neuve, et le plus souvent même sa nouveauté fait partie intégrante de sa vérité, presque toujours relative...

J'aurais bien d'autres choses à dire là-dessus, mais j'ai déjà à m'excuser d'avoir été si long. Le plaisir de causer avec vous m'a entraîné... Un mot encore, si vous le permettez. Je n'ai donné qu'à titre d'hypothèse, et j'ai rejeté comme telle au bas d'une page, en note, le passage sur le *moi de l'atome*, que vous avez bien voulu citer. Quoi qu'on puisse penser à cet égard, cela ne touche en rien au corps de mes idées positives. Celles-ci doivent être distinguées avec grand soin des conjonctures que j'y ai mêlées souvent, non sans avertir charitablement le lecteur que, dans ce cas, *hypotheses fingo*.

G. TARDE.

V

L'OPINION D'UN MÉDECIN ALIÉNISTE [1]

NOTE DE M. SILVIO VENTURI

A propos de la discussion entre Sighele et Ferri au sujet de l'intelligence de la foule, je tiens à dire que, dans un certain sens, je suis d'accord avec l'un et avec l'autre (plus avec Sighele qu'avec Ferri), mais je veux dire aussi que j'envisage la chose à un point de vue différent.

Je vais m'expliquer.

(1) M. Silvio Venturi, le distingué médecin aliéniste italien, a cru, lors de ma polémique avec Tarde et Ferri, devoir intervenir dans le débat par un article publié dans la *Critica Sociale*, le 1er décembre 1891. Je résume ici cet article qui contient des aperçus nouveaux.

L'orateur qui parle à une foule trouve dans cette foule l'écho exact de ses propres paroles, lorsqu'il ne fait qu'exprimer — et je pourrais dire, résumer et évoquer — des idées et des sentiments que la foule possédait déjà plus ou moins confus ou inconscients. Dans ce cas, la collectivité trouve dans l'orateur, comme dans le foyer d'un miroir, le point où son opinion se reflète et d'où elle se propage avec une intensité multipliée.

Si, au contraire, l'orateur manifeste des idées ou des sentiments qui vont à l'encontre de l'opinion publique, il n'est ni applaudi, ni même compris.

Je veux rappeler à ce propos la distinction que Mausdley a faite entre les hommes de génie : il y a d'un côté, ceux qui flairent et expriment les tendances intellectuelles et morales du moment historique dans lequel ils vivent ; il y a, de l'autre côté, les précurseurs, ceux qui pensent avec une nouveauté et une hardiesse qui choquent les habitudes communes. Les premiers peuvent obtenir la gloire pendant leur vie : mais cette gloire n'ira pas plus loin que leur mort, parce qu'ils sont les hommes de leur temps et ils passent avec lui. Les seconds auront une gloire d'outre-tombe, une gloire posthume et lointaine, que le public leur décernera, lorsqu'il sera arrivé à comprendre l'homme qui avait prévu l'avenir.

Entre ces deux catégories d'hommes de génie, il y a celle des utopistes, c'est-à-dire des hommes qui, tout en ayant du talent, ont eu le malheur d'exposer des idées auxquelles le progrès humain n'acquièce, et qui, en conséquence, sont restés en dehors de la célébrité.

Tous les jours nous assistons à la démonstration pratique de ce que je viens de dire. Dans les assemblées (surtout dans les assemblées politiques) les orateurs les plus choyés, et qui dominent en despotes leur public, sont ceux qui, au fond, ne disent rien de nouveau, mais qui savent profiter des passions et manier les idées fondamentales et communes [1]. Au contraire, les vrais novateurs, les penseurs profonds et originaux, rencontrent nécessairement l'hostilité et l'ironie.

Voilà donc, selon moi, l'erreur de la polémique entre Ferri et Sighele. Celui-ci, en reconnaissant que les *sentiments* peuvent se propager et s'additionner dans une foule, semble ne pas s'apercevoir que cela est dû au fait que les sentiments sont un patrimoine commun, et que l'orateur ne les crée pas, mais tout simplement les évoque. En d'autres mots, M. Sighele semble oublier que si l'orateur traîne derrière lui son public, c'est parce qu'il dit... ce que le public pensait déjà.

Ferri, de son côté, en reconnaissant que non seulement les sentiments mais aussi les idées s'additionnent et se renforcent dans une foule, est, à mon avis, dans le vrai, s'il se borne à constater que les idées des individus qui forment le public s'élargissent par la suggestion d'un orateur de talent, qu'ils envisagent un problème quelconque d'une façon moins unilatérale et avec beaucoup plus d'ampleur et d'objectivité.

Après chaque discussion publique on peut constater ces deux faits indéniables : avant tout, que l'idée exposée par l'orateur sera modifiée, et, en deuxième lieu, qu'elle sera modifiée dans l'opinion de chacun en ce sens, qu'elle ne sera plus une idée extrême et hasardée, mais bien une manière plus exacte et plus positive, quoique moins générale, de voir les choses. Elle aura gagné en largeur, c'est-à-dire en diffusion, ce qu'elle aura perdu en hauteur, c'est-à-dire en génialité.

C'est pourquoi — je le répète — Sighele a raison lorsqu'il dit que par rapport aux produits intellectuels, l'échange des idées diminue l'intensité de l'idée initiale ; et, d'autre part, Ferri a aussi raison parce que la discussion, en éliminant le

---

(1) Voy. à ce propos S. SIGHELE, *Psychologie des sectes*, Giard et Brière, Paris, 1898, p. 195 et suiv.

danger des utopies, élève et corrige cette même idée initiale [1].

Après cela, je pense que toute distinction entre sentiments et idées — distinction faite par Sighele et acceptée en partie par Ferri — est inutile. Tout dépend du degré de culture et de moralité du public ou de la foule, à laquelle l'orateur s'adresse. Suivant ce degré, un sentiment ou une idée peuvent être compris ou ne pas l'être, produire l'enthousiasme ou laisser les auditeurs indifférents. Pour me borner à l'exemple rapporté par Sighele et Ferri, il est évident que Garibaldi a pu entraîner derrière lui ses compatriotes avec le mot magique de l' « unité de l'Italie », parce que en 1859 cette idée de l'unité de notre pays était devenue un sentiment commun. Quelques siècles auparavant, par exemple à l'époque de Dante, et même quelques dizaines d'années plus tôt, par exemple à l'époque napoléonienne, cette idée n'était que le rêve de quelques individualités géniales, et n'aurait pas pu enflammer le public.

A ce propos, et pour mieux éclaircir ma pensée, je veux rappeler ici la théorie du génie que j'ai formulée ailleurs. Le génie, selon moi, est une nouvelle branche qui, de temps en temps, se dégage de l'arbre colossal de l'activité humaine. De même chaque *variété* biologique provient d'une *espèce* préexistante, et peut être considérée comme le point de départ d'une autre espèce qui ira se développant et qui s'affirmera dans l'avenir. C'est pour cela que les idées du génie ne peuvent pas avoir un succès immédiat, de même que la *variété* qui s'annonce dans l'ordre zoologique ou végétal ne peut pas avoir tout de suite l'honneur d'être classifiée comme une *espèce* [2].

Aujourd'hui personne ne saurait enthousiasmer une tribu d'Indous avec le mot *égalité*. Ce même mot a rencontré bien des obstacles lorsqu'il était prononcé par les premiers chré-

<hr>

(1) Voy. plus loin le chapitre : *L'art et la foule.*

(2) M. Venturi a ensuite développé cette idée dans son volume : *Le Mostruosità dello spirito.* Milan. 1899.

tiens, et, au contraire, il a soulevé le monde lorsqu'il a été proclamé par la Révolution française; pourtant il était le symbole d'une même idée, alors comme aujourd'hui. Mais, auparavant, c'était l'idée de quelques précurseurs, idée étrangère et même inconnue au public; — ensuite cette idée est devenue commune et, de plus, d'idée elle s'est transformée en sentiment.

SILVIO VENTURI

CHAPITRE II

PHYSIOLOGIE DU SUCCÈS [1]

On raconte qu'un grand avocat, se voyant un jour applaudi
par la foule, s'interrompit pour s'écrier : Ils m'applaudissent.
J'ai donc dit une bêtise ?

Ils sont assez nombreux les esprits qui, comme cet orgueilleux et spirituel orateur, dédaignent le jugement du public et
s'approprient les vers aristocratiques du poète :

> Rien ne me plaît, hors ce qui peut déplaire
> Au jugement du rude populaire.

Mais ce dédain est-il vraiment sincère ?

Sauf quelques rares cas pathologiques de misanthropie, je
ne le crois pas. C'est par pose ou par *snobisme* que quelque
intelligence supérieure humiliera du nom de philistins (on
disait autrefois en France : épiciers) toutes les individualités
humaines inconnues qui constituent l'être collectif qu'on
appelle la majorité ; mais au fond le philistin ou l'épicier est
respecté et adulé, parce que lui seul donne la palme du
triomphe et consacre la gloire. Aujourd'hui, ce que l'on cherche
et veut à tout prix, c'est le *succès*, et il n'y a que la masse qui
puisse l'accorder. Faire en sorte que le monde parle de vous,
discute vos idées, n'est pas seulement le petit idéal vulgaire
des médiocrités vaniteuses, c'est aussi la grande et légitime

(1) Ce chapitre a paru dans la *Revue des Revues*, vol. XI, 19, 1er octobre
1891.

ambition des plus modestes et des plus forts parmi les penseurs. La différence consiste seulement dans les moyens qu'on
emploie pour y parvenir.

André Sperelli, le héros de l'*Enfant de volupté*, de Gabriele
d'Annunzio, qui rêve de faire imprimer un livre à un *exemplaire unique* pour le dédier à la *femme unique*, afin que le reste
du monde ignore qu'il l'a écrit, est un type peut-être vrai, mais
certainement invraisemblable. Concentrer en une seule personne toute son activité, morale et intellectuelle, est une chose
qui se fait quelquefois lorsqu'on est entraîné par la passion ;
mais comme la passion elle-même, c'est une chose éphémère et
morbide. Le temps et les médecins se chargent de guérir ces
exceptions.

Celui qui n'est pas fou, ou tout au moins passablement
étrange, veut que son livre se lise, que sa pièce soit applaudie,
que sa statue ou son tableau soient admirés ou se vendent. Et
c'est dans l'espoir d'obtenir ce verdict favorable du *philistin*,
qu'il travaille, pense et lutte.

Le public, au reste, qu'on le veuille ou non, est le Minos de
notre enfer terrestre : c'est lui qui juge en première et dernière
instance, mais sa manière de juger est diverse, et son jugement, partant, plus ou moins sûr, selon que la sentence se rend
collectivement et simultanément ou isolément et en un espace
de temps plus ou moins long. C'est-à-dire que le public appelé
à se prononcer sur une œuvre quelconque de génie, peut être
séparé ou *réuni*, peut constituer cet organisme *diffus* qui s'appelle l'*opinion publique* ou cet organisme compact qui s'appelle la *foule*.

On ne juge jamais d'un livre comme d'un orateur : le livre est
lu par des lecteurs isolés qui, dans la solitude tranquille de
leur chambre, peuvent spontanément se faire une opinion sincère ; la pièce est écoutée par des spectateurs réunis, qui se
consultent et se conseillent réciproquement d'une manière

inconsciente et forment ensemble un monstre à mille têtes qui semble vouloir poser au pauvre auteur ce dilemme terrible : amuse-moi ou je te dévore !

Les conditions du jugement sont évidemment différentes. Quelle est la meilleure ?

Avant de répondre, faisons une autre question.

Avez-vous jamais soumis à l'analyse de la chimie psychologique, ces explosions irrépressibles d'enthousiasme qui, dans un théâtre ou dans une salle couvrent parfois d'un tonnerre d'applaudissements la fin d'une scène dramatique ou les dernières paroles d'un discours éloquent ? A ce moment, le public croit être juste et sincère parce qu'il éprouve vraiment l'émotion qu'il manifeste ; mais est-ce bien le mérite seul du drame ou de l'orateur qui fait que les spectateurs en sont arrivés à ce point d'approbation frénétique, ou n'est-ce pas, au contraire quelque autre ingrédient qui a contribué à faire mousser ce vin capiteux de l'enthousiasme ?

Personne n'ignore la loi psychologique d'indiscutable vérité qui établit que l'intensité d'une émotion croit en proportion directe du nombre des personnes qui ressentent cette émotion dans le même lieu et dans le même temps. Alfred Espinas dans son beau volume *Des sociétés animales*, a donné la preuve mathématique de ce phénomène.

« Je suppose que l'émotion ressentie par cet orateur puisse être représentée par le chiffre 10, et qu'aux premières paroles, au premier éclat de son éloquence, il en communique au moins la moitié à chacun de ses auditeurs, qui seront 300, si vous le voulez bien. Chacun réagira par des applaudissements ou par un redoublement d'attention ; et cela produira ce qu'on appelle dans les comptes rendus un mouvement (*sensation*). Mais ce mouvement sera ressenti par tous à la fois, car l'auditeur n'est pas moins préoccupé de l'auditoire que de l'orateur ; et son imagination est soudainement envahie par le spectacle de ces

300 personnes frappées d'émotion : spectacle qui ne peut manquer de produire en lui, d'après la loi énoncée tout à l'heure, une émotion réelle. Admettons qu'il ne ressente que la moitié de cette émotion, et voyons le résultat. La secousse ressentie par lui sera représentée, non plus par 5, mais par la moitié de 5, multipliée par 300, c'est-à-dire par 750. »

Donc, si je ne me trompe, ces paroles suffisent à démontrer que tous les jugements rendus par la foule sont fatalement exagérés, parce que l'opinion individuelle des auditeurs s'élève à la même puissance *par le seul fait* de la présence d'autres personnes.

Le nombre, dans ce cas, est le premier et le plus important coefficient du *succès*, qui n'est certainement pas créé par lui, mais est cependant développé par lui dans des proportions telles qu'elles touchent quelquefois à l'invraisemblance.

Vous connaissez la lettre que l'Esther de Balzac, cette enfant insensible et dépravée que l'amour purifie et élève, écrit à son amant avant de mourir. Elle se tue parce qu'elle s'est vendue à Nucingen pour Rubempré. Elle laisse à son poète sept cent cinquante mille francs, prix de ce marché, et plaisantant au bord de la tombe, afin qu'il soit moins triste, elle dit :

— Qui est-ce qui te fera comme moi ta raie dans les cheveux ?

On dit que Balzac, en lisant cette lettre à haute voix, s'interrompit pour s'écrier, les larmes aux yeux : — Comme c'est beau !

Que de fois n'est-il pas arrivé à chacun de nous de s'émouvoir — et cependant sans être auteur — à la lecture de telle page sublime ?

Mais ce flux d'admiration qui montait du cœur, et qui, si nous avions été dans un théâtre ou dans une salle où il y avait foule, nous eût conduit instantanément, par la seule vertu de la contagion, au délire de l'applaudissement, s'éteignait tout seul dans notre âme et entre les murs de notre chambre.

L'auteur d'un livre ne voit pas et ne connaît pas ces manifestations isolées d'enthousiasme ; il ne connaît pas ce public épars qui l'admire, et s'il n'entend pas les voix isolées, il n'entend pas non plus la grandiose voix collective. Il ne peut jamais être, comme un orateur ou comme l'auteur d'un drame ou d'une comédie, le foyer où convergent en un instant toutes les impressions ressenties par des centaines d'auditeurs, centuplées chacune par le seul fait de la présence d'autres auditeurs ; et c'est pour cela que Balzac, qui est cependant une des plus grandes figures de notre siècle, n'a jamais goûté la volupté aiguë de voir tout un public ému et délirant, comme le vit, par exemple Edmond Rostand et comme l'ont vu, de même que lui, beaucoup d'autres qui ne le valaient pas.

.

Autre chose est donc d'agir sur un public *réuni* ou d'agir sur un public *dispersé*. Quelle est, je le répète, la condition la meilleure ?

Subjectivement, je ne saurais le dire. La réponse dépend du tempérament individuel. Il y en a qui aiment à être bouleversés par les acclamations d'une foule, il y en a qui se contentent de savoir d'une manière indirecte l'admiration que le public a pour eux. Mascagni et Zola ont pu être également satisfaits dans leur vanité ou dans leur légitime orgueil ; l'un en assistant à cet immense accès d'enthousiasme qui saisit les Viennois à la représentation de *Cavalleria Rusticana* ou de l'*Ami Fritz* ; l'autre en apprenant de son éditeur qu'un de ses romans avait atteint en quelques mois son 150e mille de vente. Ce sont deux plébiscites, différents comme manifestation, semblables comme signification.

Objectivement, il n'y a pas de doute que le jugement du public épars ne soit le plus sûr et le plus vrai. J'ai déjà démontré que le jugement d'une foule est toujours exagéré par la seule influence du nombre, qui élève nécessairement le diapason des opinions individuelles prises séparément. Je crois pouvoir ajouter que ce jugement est aussi assez souvent erroné. La psychologie collective est rarement guidée par la logique et le bon sens. L'occasion, le hasard, l'inconscience, déterminent, dans le plus grand nombre des cas, ses manifestations. Un cri, un geste d'un seul contraignent tous les autres à répéter ce même cri et ce même geste. La contagion de l'applaudissement ou de la désapprobation est foudroyante, de même que, dans un vol d'oiseaux, le moindre battement d'ailes produit chez tous une panique irrésistible.

Et alors le jugement qui en résulte, et que nous croyons être la somme des jugements de tous, n'est que l'avis d'un seul, qui, par le phénomène ignoré de la suggestion, est de venu d'un seul coup le despote accidentel et instantané de toute la foule.

« J'ai l'horreur des foules, écrivait le pauvre Guy de Maupassant, je ne puis entrer dans un théâtre, ni assister à une fête publique. J'y éprouve aussitôt un malaise bizarre, insoutenable, un énervement affreux, comme si je luttais de toute ma force contre une influence irrésistible et mystérieuse. Et je lutte en effet contre l'âme de la foule, qui essaie de pénétrer en moi. »

Le phénomène le plus merveilleux qui se produise dans les foules est précisément cet anéantissement des personnalités distinctes en une personnalité unique, immense, différente de chacune de celles qui la composent. On dirait que chaque individu perd la faculté de sentir et de penser qu'il devient l'instrument aveugle d'une âme, d'un cerveau inconnus. Dans la foule, un homme applaudit, siffle, crie vivat ou à mort, pour ainsi dire sans le savoir. Enlevez cet homme à la foule, tirez-le de ce faisceau et il sera le premier à s'étonner de ce qu'il a fait.

Ajoutez que devant une foule, toute manifestation du génie court de très grands risques. La psychologie collective, en cela semblable à la psychologie féminine, est pleine de cruauté et de contradictions : elle passe ou plutôt elle saute rapidement d'un sentiment donné au sentiment opposé.

Un acteur ou un orateur, qui prononcent mal une parole, peuvent, en provoquant au moment le plus sérieux un cruel éclat de rire, compromettre l'issue d'une comédie ou d'un discours ; un drame qui commence par une phrase étrange ou qui se prête à un jeu de mots, peut être sûr de ne pas aller plus loin. On en a la preuve dans le fameux *O Salamini* de la tragédie d'Alfieri.

Le ridicule en ce cas tue tout, même la gloire, quoi qu'en dise Mme de Staël.

Quelle confiance peut-on donc avoir dans les verdicts d'une foule ?

*
* *

Un critique sagace et subtil pourra m'objecter que cette distinction entre le jugement d'un public réuni et celui d'un public épars est plus illusoire que réelle, et que la différence est plutôt de degrés que de substance. Au fond, le livre comme le drame est jugé collectivement et par suggestion. Ce n'est pas l'applaudissement ou le sifflet parti du paradis qui déterminera la chute ou le succès, mais ce sera l'article de tel ou tel journaliste qui influence dans l'un ou l'autre sens des centaines ou des milliers de lecteurs. La société où nous vivons est elle aussi, comme la foule, un organisme impulsif prompt à suivre celui qui donne le signal du mouvement et prête à se laisser hypnotiser par celui qui crie le plus fort ou par celui qui est le plus haut placé.

Croire que, dans l'opinion publique, nous ayons la résultante des avis de tous, plutôt que l'avis d'un seul ou de quelques-uns qui ont forcé les autres à les suivre, c'est un rêve, et la prétendue liberté spontanée des jugements du public épars n'est de notre part qu'une orgueilleuse illusion.

Cétte objection est juste, mais ne modifie qu'en partie mes conclusions.

Il est certain que, pour le livre, le verdict collectif se forme peu à peu, en ce sens que tous les lecteurs épars se communiquent leurs impressions et que les opinions personnelles se fondent ensemble, comme des notes distinctes s'unissent en un même accord; mais c'est là une unisson qui se produit graduellement en réunissant des opinions plus pondérées et par suite moins faciles à modifier; elle n'est pas due à une explosion inconsciente de la psychologie collective.

Si la comparaison n'était triviale, je dirais que dans ce cas, l'opinion personnelle de chacun doit nécessairement se modifier un peu au contact avec celles des autres, comme les mouvements d'un individu doivent, dans une salle ou dans une rue où il y a beaucoup de monde, subir certaines limitations par suite de la présence d'autres personnes; tandis qu'au contraire, dans le jugement rendu instantanément et simultanément par une assemblée, un public de théâtre ou toute autre réunion d'hommes, il y a une véritable constriction intellectuelle et psychologique qui empêche toute spontanéité de pensée et de sentiment, comme dans une foule il y a le contact immédiat des corps qui, non seulement limite, mais empêche absolument le libre mouvement des muscles.

Et c'est pour cela que, de même que l'on aime à *se trouver avec les gens,* mais non dans une foule, de même on doit aimer à être jugé *par les gens* et non *par la foule.*

CHAPITRE III

L'OPINION PUBLIQUE

Qu'est-ce que l'opinion publique? Tous, en la nommant, ont l'illusion de savoir ce qu'elle est : en réalité, personne ne pourrait la définir exactement.

C'est, selon Voltaire, un bruit qui est l'écho de mille autres bruits : c'est, selon Servan, le cri d'un fou sorti d'une caverne; c'est, selon Jérémie Bentham, une parole suspecte.

Selon nous, l'opinion publique est presque toujours dans notre monde ce qu'est Dieu dans le ciel : un juge invisible, impersonnel, et qu'on craint : elle est, comme la religion, une puissance occulte au nom de laquelle on a accompli les héroïsmes les plus sublimes et les plus lâches iniquités; elle est, comme la loi, invoquée ou interprétée à tort ou à raison, dans chaque moment de la vie; elle est, comme la force, le soutien de la vérité et plus souvent, de l'erreur; elle est, enfin, comme un drapeau qui se déploie du côté où souffle le vent. Et si l'on osait en donner une définition, on ne pourrait lui appliquer que la phrase ironique qu'une dame de qualité appliquait à la femme : « On peut dire sur son compte tout ce qu'on voudra; on trouvera toujours une raison. »

C'est peut-être à cause de son caractère rebelle à toute définition que l'opinion publique a été jusqu'à présent si peu étudiée. Elle est, socialement, un phénomène indéfinissable, elle est psychologiquement — permettez-moi la comparaison·

comme une anguille, parce que lors même que vous croyez la tenir, elle vous glisse entre les doigts.

Quelles sont les causes qui la produisent? quelles sont les lois qui la gouvernent? et, avant tout, de combien d'individus et de quels individus est-elle composée?

Nous tâcherons de répondre à ces questions.

I

Le député italien Ruggero Bonghi, dans un discours mémorable tenu à la chambre des députés en 1873, chercha à mettre dans cette étude un principe d'ordre, en écrivant : « Il ne faut pas croire ou faire semblant de croire que chaque manifestation d'âme exprime réellement une opinion publique. L'opinion publique, pour avoir de l'autorité, doit être vraie, certaine, et être fondée *sur le consentement le plus général des intelligences les plus élevées d'un pays.* »

Voilà des paroles d'or, mais qui sont aussi des paroles vaines.

Est-il toujours possible, en pratique, de distinguer la vraie opinion publique définie par Bonghi, de celle qui manque des caractères qu'il estime nécessaires pour la former? Où trouver celui qui pourra être le juge infaillible de ce problème difficile? Qui aura le droit d'établir tour à tour qu'un courant donné de l'âme collective mérite ou ne mérite pas le nom d'opinion publique? Par quels moyens de statistique pourra-t-on affirmer d'une manière absolue que la majorité pense d'une façon plutôt que d'une autre? Par quel criterium sociologique pourra-t-on distinguer exactement les intelligences supérieures d'un pays des intelligences médiocres ou inférieures? Et tout en admettant (par une hypothèse invraisemblable) que cette opération de mathématique psychologique fût possible, — quel en serait le fruit en pratique?

Il y a bien des cas où l'on reconnait notoirement que l'opinion publique qui prévaut n'est pas fondée *sur le consentement le plus général des intelligences les plus élevées d'un pays;* et peut-on pour cela, ne pas se soucier de cette opinion ?

Individus ou collectivités, sujets ou gouvernants, — nous sommes tous bien souvent à la merci de la soi-disant opinion publique quelle qu'elle soit, et de quelle manière qu'elle se soit formée. Vouloir que l'on cherche si elle représente vraiment la majorité des personnes cultivées, c'est une ingénuité : on la craint et on la suit, tout en ayant l'assurance qu'elle n'offre pas les garanties dont Ruggero Bonghi voulait la fournir; et les gouvernements doivent s'en préoccuper, qu'elle provienne de l'ignorance de milliers de paysans, ou de l'intelligence de quelques personnalités supérieures.

Prenons deux exemples récents, pour mieux expliquer notre pensée.

Après le désastre de Adua l'on vit se manifester en Italie une opinion publique sur la nouvelle direction que l'on devait donner à notre politique en Afrique; et c'est cette même opinion publique qui porta au Ministère, avec l'appui des radicaux et des socialistes le marquis de Rudini. Était-ce l'opinion vraie et durable du public ? Nous n'oserions le dire : mais nous constatons le fait qu'après deux années, elle était complètement changée, puisque le Ministère Rudini dut donner sa démission.

Eh bien : que l'opinion publique de 1896 ou celle de 1898 ait été fausse — et l'une des deux doit l'avoir été certainement — une chose est hors de doute : que dans les deux cas l'on a cédé à l'opinion publique, sans trop se soucier de voir si elle était ou si elle n'était pas formée par la majorité des personnes instruites du pays. C'était l'opinion publique; et cela suffisait, pour que l'on y obéit comme à un despote.

Le deuxième exemple que je veux donner est encore plus

frappant. Il s'agit — les lecteurs, peut-être, l'ont deviné — de
l'affaire Dreyfus. Quel est le rôle joué, dans cette fameuse
affaire, par l'opinion publique? Unanime, d'abord, pour reje-
ter la revision du procès, presque unanime, après, pour la
demander à hauts cris. L'opinion publique française de 1898
avait tort; elle n'était ni vraie, ni sûre, comme Bonghi veut
qu'elle soit; elle était le résultat pathologique d'une suggestion
imposée par la perfidie de quelques-uns et subie par l'ingénuité
patriotique de presque tous : — et pourtant, aurait-il été possible de ne pas se soucier de cette opinion? Vous l'avez vu :
dans la mémorable séance du 7 juillet 1898 toute la Chambre
française céda, comme un troupeau de moutons, devant cette
opinion publique, et décréta l'affichage du discours de Cavai-
gnac dans toutes les communes de la République. Ruggero
Bonghi aurait dû admettre que la Chambre des députés représente les intelligences supérieures d'un pays, et que par cela
même son plébiscite est un plébiscite consciencieux et sensé.
Modestement, je juge d'une manière différente les Parlements;
mais ce n'est pas ici que j'en dirai la raison; et du reste, elle
n'importe pas à ma thèse actuelle.

La conclusion à laquelle je voulais aboutir et qu'il me semble
avoir atteinte est celle-ci :

1° L'opinion publique s'impose, même lorsqu'elle n'est pas
formée du consentement le plus général des intelligences supérieures d'un pays.

2° Il peut arriver que même la pensée des hommes supérieurs
naisse d'une impression subite, erronée ou rectifiable (comme
dans le cas de la Chambre des députés française); de sorte qu'il
ne suffit pas — pour reconnaître une certaine autorité à l'opinion publique — de démontrer qu'elle est fondée sur la majorité
des personnes instruites et supérieures. Celles-ci, comme les
ignorants, peuvent se tromper.

L'avocat G.-A. Pugliese — dans un court, mais intéressant

article[1] — s'aperçut que la définition de l'opinion publique tentée par Bonghi n'était pas complète, et il proposa d'ajouter aux caractères que Bonghi lui attribuait un autre caractère : *qu'elle repose sur un état d'âme constant*. Ainsi, — pensait-il — l'on ne pourra pas donner le nom de vraie opinion publique, à celle qui en France refusait, il y a deux ans, la revision du procès Dreyfus, parce qu'elle ne fut pas constante.

Je suis tenté de répéter à ce propos : paroles d'or, mais paroles vaines.

Avant tout, on pourrait demander à M. Pugliese : quand pourra-t-on dire qu'une opinion publique donnée est vraie et certaine ? Après dix, après vingt, après trente ans ?

En second lieu — tout en admettant que l'on puisse trouver cette limite de temps — ce qui ne me semble pas possible — ne serait-ce pas une satisfaction purement platonique ? Par exemple : s'il se manifestait aujourd'hui un courant de l'opinion publique, devrions-nous et pourrions-nous n'en pas tenir compte et attendre pour le définir que dix ou vingt ans soient passés ?

En troisième lieu n'est-il pas évident qu'une telle opinion publique ne serait plus une opinion publique mais quelque chose qui ressemblerait beaucoup à la tradition ? En effet qu'est-ce que la tradition, sinon une opinion publique qui s'est fixée et cristallisée dans le peuple ?

Donc, si je ne me trompe, les définitions tentées par M. Bonghi et M. Pugliese ne sont pas complètes, et, même en l'étant, elles ne pourraient être pratiques.

Pour conclure : les deux auteurs cités se bornent à affirmer que la vraie opinion publique est celle qui a été consacrée par les personnes de jugement, par le temps et par les événements. Voilà une définition qui n'est qu'un truisme et qui, tout en étant

____

(1) G.-A. Pugliese. *La pubblica opinione* dans la *Rivista di giurisprudenza* de Trani, 1898.

évidente, ne donne lieu à aucune déduction, à aucune conséquence.

Je crois que dans le problème qui nous occupe, comme du reste en tout problème, l'on ne doit pas chercher *a priori* les définitions qui, comme le disait justement M. Lombroso, sauf les définitions géométriques, sont toutes inexactes; mais l'on doit plutôt essayer d'étudier de quelle manière l'opinion publique se forme, et par quelles étranges et obscures lois psychologiques elle est gouvernée.

La définition n'est que la synthèse, l'abrégé, si je puis dire ainsi, de la description d'un phénomène; etc'est manifestement une erreur que de vouloir donner la synthèse, avant d'avoir fait l'analyse.

Distinguer l'opinion publique vraie et sûre de celle qui est fausse et incertaine, me paraît bien difficile, avant d'avoir bien établi ce que c'est que l'opinion publique. Et pour savoir ce que c'est que l'opinion publique, il faut avant tout établir clairement ce que c'est que le public. Fidèles à ces idées, qui sont celles de la méthode positiviste, nous analyserons donc en premier lieu cet être collectif qui s'appelle *public* et nous tâcherons de l'isoler des autres collectivités avec lesquelles généralement et facilement il est confondu; en second lieu nous étudierons de quelle manière se forment dans le public, petit à petit ou tout d'un coup, physiologiquement ou pathologiquement, les différentes opinions; nous chercherons enfin à déterminer quels sont les caractères par lesquels on peut reconnaître si telle opinion du public est plus ou moins digne d'être acceptée et suivie.

Voilà, à notre humble avis, l'unique moyen qui nous permettra, non pas d'éclaircir entièrement (ce qui serait une affirmation orgueilleuse) mais du moins de rendre moins nébuleux ce mystère de psychologie collective qui s'appelle l'*opinion publique* et qui a dans le monde moderne une si grande et si dangereuse influence.

II

Le *public* est un mot qui — comme tous les mots qui ne servent pas à indiquer un objet matériel — a une signification bien vague et bien élastique. Nous savons à peu près ce que ce mot veut dire, mais nous serions bien embarrassés de le définir avec précision.

On dit : le *public* d'un théâtre, d'une assemblée et dans ce cas le mot *public* désigne seulement les personnes qui étaient au théâtre ou dans l'assemblée et est synonyme de foule.

On dit : tel roman, tel livre a eu un grand succès auprès du *public*, et dans ce cas le mot *public* a une signification moins spécifique : il ne se rapporte plus à un nombre donné de personnes réunies; il n'est donc plus synonyme de *foule*, mais il comprend une partie de la population non pas assemblée, mais diffuse, et qui s'occupe de littérature, d'art ou de science.

On dit encore : sur une question donnée, une question politique par exemple, le public a telle opinion; et dans ce cas le mot *public* a une signification encore plus générale : il ne se rapporte pas seulement à une partie de la population, à l'une ou à l'autre classe, ou caste, ou école, ou parti ; mais il peut comprendre tout un peuple, parfois même plusieurs peuples, tout le monde civilisé.

Eh bien, dans laquelle de ces différentes acceptions doit-on prendre le mot : *public ?*

Pour répondre à cette demande, il faut examiner l'évolution accomplie dans le temps par cet organisme complexe et indéterminé qu'on appelle le *public.*

Si nous jetons un regard sur les échelons les plus bas de l'animalité, nous constatons que le caractère dominant en est l'individualité absolue.

« Des êtres d'espèces multiples — écrit Espinas — et dont le nombre est prodigieux, vivent dans les eaux, sur la terre et sur les autres animaux à l'état d'isolement complet. Un grand nombre de foraminifères, dont les carapaces ont formé des continents, sont isolés physiologiquement : de tels êtres sont faibles, non seulement parce qu'ils sont petits, mais encore parce qu'ils sont seuls [1]. »

Dans ces stades infimes de l'animalité, il n'y a pas d'association, et il ne peut donc pas y exister même l'embryon du public.

Néanmoins, lorsqu'on s'élève sur l'arbre de la vie, l'association apparaît. C'est, sous sa première forme d'abord, un agrégat matériel, purement physique. L'association consiste en une *action de présence* ; si les individus s'éloignent, jusqu'à ne plus être à même d'être vus, ou s'ils restent éloignés entre eux pendant un certain temps ils cessent par ce seul fait d'être associés. En un mot : l'association est, dans ces cas, synonyme de *contact physique* [2].

Mais petit à petit, lorsqu'on s'élève aux formes supérieures de l'association entre les animaux, on trouve que le *contact physique* n'est plus nécessaire pour constituer la société : même si les organismes individuels sont à quelque distance les uns des autres, l'association subsiste ; le lien qui les rattache n'est plus seulement matériel, mais il se spiritualise et devient moral et intellectuel. Les animaux plus élevés forment de vraies familles, des agrégats qu'on pourrait appeler tribus ou peuples (par exemple les guêpes avec leur reine) et connaissent la division du travail, les signaux à distance, et la voix qui, sans être un instrument parfait comme la parole humaine, est néanmoins un moyen très puissant de communication.

---

(1) A. Espinas. *Des sociétés animales.* Paris, F. Alcan, 2ᵉ éd., 1898, p. 227.

(2) Voy. à ce propos, et pour les pages qui suivent, l'étude très intéressante de Tarde, *Le public et la foule.*

Dans ces sociétés animales nous retrouvons non seulement l'embryon de la *foule*, c'est-à-dire d'individus physiquement réunis, mais aussi l'embryon du *public*, c'est-à-dire d'individus physiquement séparés, mais réunis — selon l'heureuse expression de M. Tarde — par une *cohésion mentale*.

Le phénomène physio-psychologique de la *foule* peut être observé dans une volée d'oiseaux, parmi lesquels le battement d'ailes d'un seul produit en tous une panique irrésistible, de même qu'un cri d'alarme jeté par un homme produit la peur et la fuite chez tous ceux qui l'entendent.

Le phénomène de psychologie collective qu'on nomme le *public* peut être observé — mais ici l'analogie est plus lointaine et moins claire — dans la conduite que certains animaux tiennent envers l'un d'eux. L'animal, comme l'homme, peut être aimé ou haï, suivi ou évité, peut, en un mot, éprouver le reflet social — si je puis m'exprimer ainsi — de ses qualités ou de ses défauts innés et ce reflet social n'est que l'embryon du public. On raconte que l'éléphant qui a de mauvais instincts, vit toujours isolé, jamais dans la compagnie des autres ; cela vient en partie de son désir spontané, en partie de ce que les autres ne veulent pas de lui. Si je ne me trompe, il y a dans cet exemple un jugement du public.

Lorsqu'on monte des associations animales aux associations humaines, l'évolution du phénomène qui nous occupe nous apparaît identique, quoique agrandie et compliquée.

De même que dans les infimes sociétés animales l'on trouve le lien social constitué par un simple contact physique, de même dans les premiers stades des sociétés humaines on trouve que le soi-disant *public* se réduit à la *foule*, car il est constitué seulement par des individus physiquement en contact. Et de même que dans les sociétés animales plus perfectionnées on trouve que le lien social n'est pas seulement matériel, mais aussi moral et intellectuel, de même dans les plus modernes sociétés humaines l'on trouve que le public est *un vrai public* et non simplement une foule ; car il est formé non d'individus physiquement réunis, mais d'individus éloignés entre eux dans l'espace et néanmoins réunis par une idée, par un sentiment commun, par une invisible cohésion mentale.

Les exemples éclairciront ma pensée.

A l'époque gréco-romaine (pour ne pas remonter à des temps plus lointains ou aux peuples barbares) pouvons-nous dire qu'il existât *un public ?*

A cette époque il y avait des *foules*, mais il n'y avait pas de *publics*. Tout ce qui se rattachait à la politique était discuté dans le *forum*, dans les *comices*, c'est-à-dire par la *foule :* les chefs de l'État, les tribuns, les novateurs, n'avaient aucun moyen de vulgariser leur pensée et de la communiquer aux individus épars et isolés : ils étaient contraints d'agir sur le public réuni et présent, c'est-à-dire sur la *foule*. Jésus-Christ n'avait que la parole pour répandre sa doctrine : du premier noyau de personnes auxquelles il avait parlé, surgissaient les disciples qui parlaient à leur tour à d'autres noyaux de personnes. Le verbe nouveau s'étendait ainsi, de foule en foule, élargissant toujours davantage le cercle de ceux qui étaient instinctivement appelés à l'entendre, — de même qu'une pierre lancée dans l'eau étend l'effet de sa chute, par les ondes qui vont s'élargissant.

Pour ce qui avait rapport à l'art ou à la science, les savants et les artistes n'avaient pas un *public*, dans le sens où nous l'entendons aujourd'hui ; ils n'avaient qu'un *auditoire*, c'est-à-dire une foule. Les poètes en effet, qu'étaient-ils, sinon des orateurs... en vers ? Leurs poèmes n'étaient-ils pas *dits* devant une multitude plus ou moins nombreuse, qui ne pouvait les connaître qu'en allant les entendre en masse ? Comment les savants eux-mêmes répandaient-ils leur science, si ce n'est en la révélant de vive voix à quelques disciples réunis ?

Il est vrai que cette règle ne manquait pas d'exceptions ; il
est vrai qu'il y avait les rares lecteurs des manuscrits copiés
à quelques dizaines d'exemplaires et qui contenaient les
poèmes de Virgile ou d'Homère, les Histoires de Tacite ou les
Commentaires de César ; mais nous ne pouvons certes pas affirmer (et l'observation est de M. Tarde)[1] que ces lecteurs eussent
alors la conscience de former un agrégat social, comme de nos
jours les lecteurs d'un même journal ou d'un roman à la
mode. Ils étaient les lointaines avant-gardes du *public ;* mais
ils n'avaient pas la conscience de l'être, et ils étaient trop peu
nombreux. Par leur petit nombre et par leur inconscience, ils
représentaient donc une quantité négligeable[2].

Dans le moyen âge existait-il un *public ?* M. Tarde le nie,
soutenant qu'il n'y avait que des foires, des pelerinages, des
multitudes tumultueuses, que troublaient tour à tour des fré-
nésies religieuses ou guerrières, des colères épouvantables
et imprévues, des peurs ou des lâchetés insondables. Il suffit
de penser aux croisades et aux terreurs qui précédèrent
l'an 1000, pour se convaincre qu'alors toute manifestation du
mouvement social était déterminé par la foule et par son
étrange psychologie.

Mais s'il est certain qu'à cette époque, l'influence de l'individu sur la foule s'exerçait presque uniquement par la *parole
parlée,* s'il est certain, en d'autres termes, que les grands *me-*

<hr>

(1) G. TARDE. *Le public et la foule* dans la *Revue de Paris* des 15 juillet
et 1er août 1898.

(2) Il faut noter pour l'exactitude historique, qu'à l'époque romaine
existaient non seulement les exemplaires manuscrits des œuvres des
poètes et des savants, mais aussi les journaux. Le journalisme naît avec
les *Acta diurna* qui avaient un nombre suffisant de lecteurs, et par conséquent un public. Cicéron parle d'un journaliste, *Crestus,* qui jouissait
d'une grande réputation. Selon Tacite, les journaux étaient lus avidement
par les militaires. Suétone ne dédaigna pas de recueillir des nouvelles,
pour son histoire, dans les analyses de la presse romaine. Voy. à ce propos les articles publiés dans la *Revue des Revues,* 2e semestre 1897. Tout
cela, naturellement, n'infirme pas notre raisonnement.

neurs agissaient surtout sur les personnes présentes, et que, d'autre part, les hommes manifestaient leurs haines et leurs amours collectifs toujours sous la forme compacte et brutale de la foule, — il est aussi hors de doute que cette avant-garde lointaine du public que nous avons rencontrée aux temps de la Grèce et de Rome, devenait peu à peu plus consciente et plus nombreuse. Peu à peu le nombre des lecteurs isolés de manuscrits augmentait, et sous la pensée intermittente et irré-fléchie de la foule se développait la pensée constante et pai-sible du public ; — pensée moins visible et qui paraissait de peu d'importance, mais qui n'était pas négligeable, et qui attendait en effet une découverte désormais proche, pour devenir visible et très importante.

Cette découverte fut l'invention de l'imprimerie.

La découverte de l'imprimerie a été pour la naissance du public ce qu'est une révolution politique pour la naissance d'un nouvel ordre social : c'est-à-dire le moment historique où un organe entre en activité et change son existence, jusqu'alors potentielle, en existence effective.

Cet organe nouveau était la conscience collective qui jusqu'alors avait été contrainte à l'ignorance ou au silence, et qui n'avait eu qu'un seul moyen de se manifester — soit pour apprendre la pensée de celui qui la dirigeait, soit pour approu-ver ou pour combattre cette pensée — et ce moyen c'étaient les réunions, c'est-à-dire les parlements, les assemblées, les foires ou les foules.

La presse apportait à tous les hommes civilisés la voix des *meneurs*, même lointains, et elle offrait par contre le moyen de faire entendre à ces *meneurs* la volonté ou les désirs du peuple, sans avoir besoin que celui-ci fût réuni et présent, et qu'il criât ses menaces sous les fenêtres d'un palais ou qu'il commît des excès dans les rues et sur la place publique.

Nous autres, nés lorsque la presse était déjà une habitude

de quelques siècles, nous ne pouvons, sans faire un effort de volonté, nous représenter le contre-coup que cette découverte eut dans le monde.

Les livres publiés et répandus, pour la première fois, à des milliers d'exemplaires, donnaient à ceux qui les lisaient la sensation de former une nouvelle classe de personnes ; de personnes qui, tout en ne se connaissant pas entre elles, et tout en étant loin les unes des autres, se sentaient néanmoins liées par l'invisible fil intellectuel de la lecture d'un même volume et par les réflexions que cette lecture faisait naître en chacune d'elles.

Jusqu'à ce moment les hommes, pour sentir leur solidarité et pour la manifester, n'avaient qu'un seul moyen : *se réunir en foule*. La presse leur faisait sentir cette solidarité et en rendait possibles les manifestations, sans qu'ils eussent besoin de se réunir matériellement : au *contact physique* elle avait substitué le *contact moral :* à la *foule*, en un mot, elle avait substitué le *public*.

Sans doute, le public, lors de sa naissance n'était pas un organisme aussi compliqué et aussi puissant qu'il l'est devenu aujourd'hui. Comme toute chose vivante, il traversa plusieurs phases, avant d'arriver à la phase actuelle.

Si l'on peut dire qu'il date du xvie siècle, après le grand développement de la presse, il faut aussi reconnaître qu'il avait alors une étendue et une importance infiniment moindres que celles qu'il prit ensuite. C'était au commencement un public presque exclusivement littéraire scientifique ou religieux, et, au fond, toujours formé par une minorité de personnes instruites et d'intelligence supérieure. — Dans la seconde moitié du xviiie siècle surgit le vrai public politique formé, non d'une minorité d'hommes supérieurs, mais de la grande majorité du peuple, et il absorbe petit à petit tous les autres publics plus ou moins spéciaux et restreints. La Révo-

lution française donne à ce public une nouvelle étendue, car
c'est justement à cette époque que le journalisme prend élan
que, l'on peut appeler très grand[1], étant donnée l'époque.

Néanmoins la presse, — tout en ayant créé le public et en
l'ayant substitué à la foule, — n'avait pas su lui offrir l'avantage psychologique que la foule possédait : je veux dire *l'actualité*. Je m'explique : ceux qui lisaient les journaux apprenaient
tous les événements, mais ils les apprenaient nécessairement
en retard. Parmi les nombreuses différences qui existent entre
la foule et le public, la plus grave était alors celle-ci : les
membres d'une foule étaient tous frappés simultanément par
une nouvelle, et se sentaient par là même liés entre eux — non
seulement par la présence physique — mais par la pensée que
chacun d'eux éprouvait dans un même instant les mêmes émotions ; tandis que les individus épars qui faisaient partie du
public étaient non seulement éloignés dans l'espace, mais aussi
dans le temps, car ils apprenaient les nouvelles, non pas tous
dans un même instant, mais les uns plusieurs heures, d'autres
quelques jours, et d'autres enfin une ou même plusieurs se-
maines plus tard. Les communications n'étaient ni fréquentes,
ni rapides, et les provinces lointaines devaient se contenter
d'apprendre avec un grand retard ce qui était arrivé dans la
capitale.

Ce manque de simultanéité rendait moins forte et moins
active l'influence du public, et ôtait à celui-ci le grand avantage, je dirais même le secret de la puissance redoutable de la
foule : *l'unisson*.

Mais ce qui n'avait pu être donné par la presse seule, a été
donné au public par deux autres découvertes : le chemin de fer
et le télégraphe. Le premier a diminué les distances, puisque
les journaux peuvent parvenir en un court espace de temps dans

(1) Voir à ce propos TARDE article cité.

les lieux les plus éloignés : le second a presque aboli les distances, car une nouvelle quelconque peut parcourir en peu de minutes des milliers de kilomètres.

Le chemin de fer et le télégraphe donnèrent les ailes à la presse, et le public eut par eux ce sentiment de l'actualité que jusqu'alors il ne possédait pas.

M. Tarde a dit, avec beaucoup de justesse, que le transport de la force à distance n'est rien, en comparaison de ce transport de la pensée à distance. Certes, le télégraphe a rendu le public des lecteurs, presque égal à une foule d'auditeurs ; car le temps qu'emploient la parole d'un homme ou la nouvelle d'un fait pour arriver sous les yeux de celui qui lit un journal n'est — au point de vue social — pas beaucoup plus long que celui qu'emploie la voix d'un orateur pour arriver aux oreilles de ses auditeurs. Aujourd'hui, dans tout le monde civilisé on peut savoir, à quelques heures seulement de distance, ce qu'ont dit le Czar ou Mac Kinley, ce qui est arrivé à Paris ou à Buenos-Ayres. Par ces deux découvertes, le public a conquis cette *unité* de temps qui lui manquait et qui le rendait, dans un certain sens, inférieur à la foule.

Ajoutez enfin que la foule était un agrégat qui avait nécessairement ses limites : elle ne pouvait être composée que d'un nombre relativement restreint de personnes. En prenant comme exemple le Colysée — le plus vaste amphithéâtre de l'antiquité — qui contenait, dit-on, 100.000 personnes, ou même les innombrables individus qui formaient, en plein air, l'auditoire d'un Pierre l'Ermite, ou peut tout au plus aller par l'imagination jusqu'au chiffre de deux ou trois cent mille personnes [1].

Le public — au contraire — et j'entends le public moderne — n'a pas de limites : un souverain ou un génie, grâce à trois

[1] G. Tarde. Ouvr. cit.

grandes découvertes : la presse, le chemin de fer, le télégraphe peut parler aujourd'hui simultanément à des millions d'individus, à tous ceux qui savent lire.

III

J'espère que les quelques observations que j'ai développées jusqu'ici, auront suffi pour faire connaître dans ses grandes lignes, l'évolution du public, et pour établir ses différences d'avec la foule.

Le public n'est qu'une transformation de la foule, accomplie lentement par la civilisation, qui peu à peu a découvert des moyens meilleurs pour rapprocher par la pensée les hommes, sans avoir besoin qu'ils soient physiquement réunis.

La foule est un organisme spontané, simple dans sa formation ; et par là, dans un certain sens animal : le public est un agrégat plus complexe, plus lent à se former, et par là plus humain.

La foule n'est que l'*ensemble des contacts psychiques* essentiellement produits par des contacts physiques : — le public n'a aucun besoin du contact physique pour former un tissu enchevêtré de communications d'âme à âme.

En un mot, la foule est une collectivité *barbare* et *atavique* : — le public est une collectivité *évolutive* et *moderne*.

Si la comparaison ne me paraissait un peu hasardée, je dirais volontiers qu'entre la foule et le public il y a la même différence qu'entre la horde sauvage et la société actuelle. Le progrès qui a fait peu à peu de la horde sauvage la société moderne, a su aussi transformer petit à petit la foule en public. Il a, dans les deux cas, substitué à un agrégat humain qui sentait, pensait et opérait impulsivement et tumultueusement un autre agrégat humain qui sent, pense et agit avec plus de réflexion, et sous l'empire de certaines lois.

Les preuves de cette différence entre la foule et le public abondent.

C'est un axiome que plus un organisme est simple, plus il est soumis aux forces de la nature. L'homme civilisé se défend mieux que l'homme barbare contre les intempéries — et le changement périodique des saisons a sur sa vie sociale une influence moins grande que sur l'homme barbare. Par la même raison, l'homme barbare sait et peut opposer au milieu physique une résistance bien plus forte que ne pourrait le faire l'animal supérieur, et celui-ci, à son tour, peut opposer une meilleure défense que l'animal inférieur.

Or les foules sont des organismes simples et primitifs, parce que leur formation et partant leur action, dépend beaucoup de l'état de l'atmosphère et des saisons. Une journée de pluie suffit pour éloigner le danger d'un rassemblement ; et ce n'est pas en vain que tous les préfets de police — à l'exemple de M. Bailly — bénissent le mauvais temps, qui vide les rues et les places, et rend très difficile, sinon impossible, la formation d'une foule — et par conséquent les démonstrations et les émeutes.

Le public au contraire — organisme plus complexe — ne dépend en rien des conditions de l'atmosphère : qu'il pleuve ou qu'il fasse beau, le public reste identique dans sa composition et dans son action.

De même, la chaleur ou le froid, l'été ou l'hiver qui ont tant d'influence sur les foules, n'en ont aucune sur le public. L'on peut voir à ce propos les observations de M. Fournial[1] et surtout celles de M. Lombroso[2] : elles nous apprennent par le langage précis et irréfutable des chiffres comme quoi les foules sont plus ou moins fréquentes et nombreuses, selon les saisons

---

(1) Fournial. *Les crimes des foules.*
(2) Lombroso et Laschi. *Le crime politique.* F. Alcan, 1890.

et le degré de chaleur. Pour les publics, au contraire, tout cela est indifférent ; et la preuve en est — comme M. Tarde l'a observé — que la crise la plus aiguë d'une surexcitation du public — celle de l'affaire Dreyfus — a éclaté et s'est étendue en hiver.

Un autre axiome sociologique, c'est que la marque de la race devient de plus en plus faible et indiscernable, à mesure que les organismes s'élèvent sur l'échelle sociale. Et cet axiome est si évident, qu'il n'a presque pas besoin d'explication. Plus les influences sociales se multiplient et s'entrelacent, plus il est difficile d'apercevoir l'empreinte héréditaire de la race, cachée, atténuée ou transformée par des causes ultérieures. Dans le règne végétal et dans le règne animal (à l'exception de l'homme), nous pouvons agir avec une assurance relative, en nous fiant à la constante efficacité de la race et de l'hérédité. Les horticulteurs et les éleveurs le savent bien : par leurs *greffes* et leurs croisements, ils obtiennent — avec une précision presque mathématique — ce qu'ils veulent : les qualités de l'étamine et du pistil, du père et de la mère, se combinent et se reproduisent dans les enfants, avec une exactitude merveilleuse. Pourrions-nous agir de manière semblable sur les hommes ? Non certes. Pour ces derniers, si la race et l'hérédité agissent beaucoup, le milieu dans lequel ils naissent et vivent, c'est-à-dire le milieu social, a aussi sur eux une grande influence. Si par une hypothèse invraisemblable il nous était donné de connaître parfaitement au moral et au physique les parents et les aïeuls, nous ne pourrions pas cependant, grâce à ces données, définir *a priori* l'aspect physique du fils, encore moins décrire sa physionomie morale et intellectuelle.

En transportant cette observation de l'organisme individuel aux organismes collectifs, on peut se persuader que la race a bien plus d'influence sur les foules que sur les publics. — Qui ne distinguerait facilement une foule italienne d'une foule allemande? Qui pourrait confondre un *meeting* anglais avec un *meeting* napolitain? Chacun sait qu'une foule vénitienne ne se portera jamais aux excès de cruauté auxquels peuvent se livrer les foules calabraises ou siciliennes. Il suffit d'avoir assisté une fois à une représentation dans un théâtre allemand et d'avoir confronté le maintien des spectateurs avec celui des spectateurs italiens, pour comprendre que les foules sont toujours sous l'empire de leur race : calmes ou enthousiastes, froides ou bouillantes, selon qu'elles sont allemandes ou latines.

Les publics des diverses nationalités n'offrent certes pas des différences si frappantes. Car, tandis que dans les foules, les individus écornent un peu les angles de leur personnalité pour ne laisser voir que le contour de leur type national, — dans les publics, au contraire, il n'y a pas cette neutralisation de l'individu, toute au profit du caractère de la race; et cela parce que dans les publics — agrégats plus civilisés et modernes — est le facteur social qui prédomine et non pas le facteur atavique.

Un troisième axiome sociologique — qui est aussi bien évident — c'est que la supériorité d'un organisme — qu'il soit individuel ou collectif — se mesure au degré de réflexion selon lequel il agit. Les hommes et les peuples sont plus ou moins civilisés, selon qu'ils savent plus ou moins vaincre, par le pouvoir d'inhibition que l'éducation et la civilisation ont développé en eux, les instincts ataviques et sauvages qui les entraîneraient à agir impulsivement. Pour prendre un exemple chez nous, nous disons avec raison l'Italie septentrionale plus civilisée que l'Italie méridionale, parce que (sans compter des raisons dont il ne s'agit pas ici) les méridionaux versent le sang plus vite que les septentrionaux pour une provocation quelconque, montrant par là qu'ils ne savent pas réprimer l'instinct de férocité qui dort — mais qui ne meurt jamais — dans l'homme.

Eh bien, qui pourra nier que les *foules* ne soient beaucoup plus impulsives et par cela même plus violentes que les *publics?* Comparons, par exemple, les foules féminines avec les publics féminins. Il y a — psychologiquement — un abîme entre les unes et les autres. Les foules féminines sont la quintessence de la cruauté sauvage : dans leurs excès elles surpassent de beaucoup les foules masculines. Ouvrez un livre d'histoire quelconque d'une époque quelconque, vous y lirez des épisodes effrayants, sur le degré invraisemblable d'animalité auquel les femmes peuvent descendre lorsqu'elles s'assemblent dans les rues. La Révolution française nous offre un grand nombre de faits qui font horreur; et d'ailleurs, sans nous reporter à des époques aussi lointaines, ceux qui ont assisté aux émeutes de la Sicile, dans l'hiver 1893-94, et aux tristes journées de Milan, en mai 1898, n'ont pas besoin d'apprendre par d'autres faits, que les femmes, en foule, sont pires que des sauvages, et elles deviennent même des cannibales [1].

Qu'y a-t-il, au contraire, de plus civilisé, — même au sens ironique du mot, — que les publics féminins? Les lectrices des journaux et des revues féminines, sont, il est vrai, passionnées et parfois même un peu exaltées; mais leur passion est toujours savamment tenue en bride par une bonne dose de ruse, et leur façon d'agir ressemble à celle du renard plus qu'à celle du tigre. Voilà pourquoi j'ai dit que les publics féminins sont civilisés même au sens ironique du mot : c'est-à-dire qu'ils ont non seulement l'affabilité et la douceur, mais aussi — que les femmes me pardonnent — la duplicité de la civilisation.

Et à présent que nous avons — du moins que nous croyons avoir — démontré l'infériorité de la *foule* par rapport au

____

(1) Voy. dans la première partie de cet ouvrage, ch. II, les exploits des foules féminines.

publie, car l'une représente un agrégat barbare et atavique, l'autre un agrégat moderne et civilisé, — il est nécessaire de nous demander quelle part ont respectivement, dans le mouvement social de nos jours, ces deux organismes différents et indéfinissables qui résument toute la mystérieuse et puissante psychologie collective.

M. Le Bon [1], et moi avec lui [2], nous avions proclamé, il y a quelque temps, que notre époque était *l'ère des foules*; M. Tarde, au contraire, soutient que notre époque est *l'ère des publics*.

Nous nous sommes trompés tous, en partie. Notre époque est à la fois l'ère des publics et l'ère des foules.

Sans nul doute, la naissance et le développement du public a diminué la fréquence des foules, mais il ne les a pas supprimées. Un nouveau débouché a été ouvert au besoin de manifester les sentiments collectifs; mais l'ancien n'a pas été fermé. Il y a aujourd'hui, *outre* les foules, les publics; mais il n'y a pas *seulement* les publics.

Le progrès modifie, et en modifiant améliore; mais il n'efface pas totalement les habitudes ataviques.

Carlyle a dit que la civilisation n'est qu'une écorce, au-dessous de laquelle peut brûler de son feu infernal la passion sauvage de l'homme. Et la vérité de cette affirmation est confirmée chaque jour par les faits : nous voyons des personnes, qui se comportent dans la vie normale avec toutes les formes enseignées par la civilisation, et qui commettent tout à coup une action révélant en elles la bête humaine. C'est le crime passionnel. L'écorce de la civilisation — dans ce cas — s'est rompue et a laissé déborder la barbarie.

Ce qui advient pour l'individu, advient aussi pour la collectivité.

(1) G. Le Bon. *Psychologie des foules*, 5e éd. Paris, F. Alcan, 1900.
(2) S. Sighele. *Psychologie des sectes*. Paris, Giard et Brière, 1897.

La civilisation a transformé la foule en public, mais le public à son tour peut redevenir foule, lorsque le sentiment qui le domine est tellement fort qu'il a besoin, pour se manifester, de la forme atavique sous laquelle il s'exprimait autrefois.

On peut dire que, — tous les jours — nous assistons à ce phénomène d'un public qui produit une foule.

Lorsque, par exemple, l'idée qui émeut un parti, c'est-à-dire un public politique, a atteint son paroxysme, on voit sortir de ce public, comme par génération spontanée, une foule qui fait des émeutes ou des révolutions.

Lorsque le sentiment religieux diffus dans le public se transforme en superstition — on voit sortir du public des fidèles les foules religieuses qui vont en pèlerinage à un sanctuaire, ou qui délirent aux pieds de quelque Madone ou de quelque saint plus ou moins miraculeux.

Lorsque l'amour et l'estime, ou la haine et le mépris pour une personne dépassent dans le public certaines limites, — on voit sortir de ce public les foules qui hurlent d'enthousiasme et d'admiration ou de haine et de férocité, et qui élèvent jusqu'au ciel ou tentent de massacrer un général, un souverain, un artiste ou un homme politique.

En somme, le public redevient en certains cas une foule, — de même que l'individu civilisé, redevient barbare, en certains cas. Et en ce sens on peut dire que la foule n'est aujourd'hui qu'une forme aiguë et pathologique du public.

IV

Maintenant, après avoir cherché à expliquer ce que c'est que le public en tâchant de l'isoler des autres organismes collectifs avec lesquels il pourrait se confondre, il est nécessaire — et peut-être aussi moins difficile, d'en revenir au sujet de notre étude, et de nous demander de quelle manière se forme l'opinion publique.

De ce que j'ai exposé jusqu'ici, il résulte clairement que l'opinion publique est quelquefois non pas l'opinion du public proprement dit, mais l'opinion de la foule.

Nous avons vu que la pensée et le sentiment de la collectivité s'expriment aujourd'hui non seulement par la voix normale des journaux qui les répandent parmi les individus épars et lointains — mais aussi par la voix anormale des multitudes qui savent dire et imposer d'une manière statiquement violente ce que les publics pensent d'une manière dynamiquement pacifique. Les discours, les meetings, les réunions électorales, les démonstrations sur la place publique, sont autant de formes par lesquelles les *foules* peuvent encore influer — et beaucoup même — sur la formation de l'opinion publique[1]. Derrière ces foules il y a toujours un parti, c'est-à-dire un public, qui en est la cause, et pour ainsi dire le noyau dont elles sortent ; mais cela n'empêche pas que ce sont justement ces foules-là qui gagnent d'emblée — par la suggestion très forte et immédiate qui vient d'elles — le cœur et le cerveau des individus qui, sans elles, auraient employé plus de temps à se convertir.

Pour répondre donc à la question : de quelle manière se détermine une opinion publique? — il faudrait faire non seulement la psychophysiologie du public, mais aussi celle de la foule.

Mais nous avons étudié ailleurs la psychophysiologie de la foule[2] ; il nous reste donc à étudier celle du public, c'est-à-dire

---

[1] Il est presque inutile d'observer qu'en plusieurs cas l'avis de la collectivité doit *forcément* s'exprimer par l'intermédiaire de la foule et non par celui du public : par exemple lorsqu'il s'agit de drames et de mélodrames qui doivent être jugés au théâtre, c'est-à-dire par la foule, — avant la lecture et plus que par elle, c'est-à-dire par le public. — Voy. à ce propos le chapitre précédent : *Physiologie du succès.*

[2] Voy. toute la première partie de cet ouvrage.

le peuple épars qui lit les journaux, les revues et les livres, et qui, d'après ces lectures, forme son opinion. C'est ce que nous allons essayer de faire.

Une première classification des publics se présente spontanément lorsque l'on considère d'une part les divers degrés d'instruction, et de l'autre les différents intérêts des hommes. Qui se ressemble s'assemble, dit un proverbe; et cela est vrai, non seulement pour les foules, mais aussi pour les publics. Une même éducation, un même but, réunissent les individus dans un groupe intellectuel, de même qu'un même sentiment les pousse à s'assembler dans la rue ou sur la place publique.

Nous avons donc les publics *judiciaires, industriels, agricoles, littéraires, scientifiques, religieux, politiques,* etc... selon que les individus appartiennent à la magistrature, à l'industrie, à l'agriculture, à la littérature, à la science, à la religion, à la politique. Ces publics ne diffèrent pas seulement entre eux par le but qu'ils poursuivent, mais aussi par l'extension qu'ils prennent et par la ténacité qu'ils possèdent.

Le public est d'autant plus spécial, qu'ils est plus restreint ; et il est d'autant plus puissant et par suite plus redoutable, que l'intérêt qu'il défend est plus général.

Autrefois, la diversité d'instruction et d'intérêts donnait lieu dans la société à des divisions d'un genre différent, qu'on appelait corporations, métiers, classes, ou castes. C'étaient des divisions mieux définies et plus fermes, avant tout parce qu'elles étaient dues quelquefois à l'hérédité ; en second lieu parce qu'une fois qu'on y était entré on ne pouvait presque plus en sortir, et que ceux qui n'en faisaient pas partie ne pouvaient pas y entrer facilement. Elles étaient, dans un certain sens, des champs clos, dans lesquels on pouvait compter le nombre des soldats, et où l'émigration et l'immigration semblaient impossibles.

Les publics modernes — qui se sont substitués à ces divi-

sions — sont beaucoup moins stables et beaucoup moins définis : ils sont, si je puis m'exprimer ainsi, des organismes
mobiles et fluctuants, car on ne peut jamais préciser la
qualité des individus qui les composent, et encore moins leur
nombre. Un public est aujourd'hui une espèce de nébuleuse ;
s'il est facile de distinguer le point central, il est difficile de
déterminer les limites. On y entre et on en sort à son gré ; et
les raisons héréditaires ou traditionnelles n'ont guère de force
pour contraindre quelque personne à faire partie de l'un ou
de l'autre de ces publics. Nous pouvons dire que le public est
— pour la vie sociale — ce qu'est pour la vue une chute d'eau,
qui nous produit toujours la même impression, quoique les
gouttes d'eau qui la composent changent continuellement. Les
gouttes du public sont les individus.

Et non seulement il y a une variation continuelle dans les
gouttes qui forment la cataracte, ou — pour abandonner la
métaphore — dans les cellules qui forment cet organisme
collectif qui est le public, mais encore ce même organisme
perd de plus en plus les caractères de stabilité et d'intangibilité
qu'il avait autrefois.

Comparez — et non seulement en Italie — les partis politiques d'il y a un demi-siècle avec ceux d'aujourd'hui. *Droite* et
gauche étaient alors deux noms qui, à la Chambre et dans le
pays, répondaient à deux courants d'idées suivant chacune son
cours indépendant. Toute confusion entre ces deux partis et
entre les hommes qui les représentaient aurait paru impossible, ou — si elle fût advenue — aurait été jugée comme une
lâcheté ou une trahison. La division était nette, carrée, infran-
chissable. Les gouttes, c'est-à-dire les hommes, changeaient
nécessairement ; mais la cataracte, c'est-à-dire l'idée, restait
immobile et intacte. Pouvons-nous en dire autant des partis
actuels ? Il vaut mieux ne pas répondre à cette question : car
tout le monde voit et sait, malheureusement, combien peu de

force de cohésion et combien peu d'imperméabilité (qu'on me pardonne le mot) ont les partis politiques actuels. Ils ne sont qu'une étiquette que l'homme s'applique autant qu'il lui convient et qu'il jette loin de lui, lorsqu'il lui plaît de la faire oublier. Entre les différents partis, il y a aujourd'hui en permanence un phénomène d'osmose et d'endosmose : les idées de l'un pénètrent dans celles de l'autre et vice versa ; et les hommes qui soutenaient des idées opposées ne trouvent pas étrange de s'allier après qu'ils se sont combattus ; ils trouvent au contraire le fait très logique.

Cette mobilité continue des partis ou des publics actuels — qui est très justement selon M. Tarde une de leurs principales caractéristiques — ne mérite d'ailleurs pas un jugement trop sévère, car les causes dont elle dépend, si elles ne la justifient pas, l'excusent pourtant beaucoup.

En premier lieu, il est évident que les hommes ne peuvent pas être aujourd'hui extrêmement fidèles à une idée, comme ils pouvaient l'être dans les temps passés. Autrefois tout homme, en naissant, avait non seulement sa carrière déjà désignée et par conséquent sa place dans le monde, mais il trouvait aussi déjà prêtes les théories auxquelles il devait rester rigidement attaché. Il fallait alors des causes très graves (et c'était toujours un phénomène bien étrange) pour qu'un aristocrate, par exemple, nourrît des sentiments différents de ceux de sa caste. Aujourd'hui tout homme qui naît est en grande partie un X, car on ne peut prévoir ni la carrière qu'il choisira, ni les idées auxquelles il se vouera. Et de plus, tandis que généralement autrefois on vieillissait et on mourait avec des idées à peu près conformes à celles de la jeunesse, aujourd'hui il est plus que probable que les idées d'un homme changeront ou du moins se modifieront avec les lustres, sinon avec les années. Le progrès, qui se déroule avec une rapidité toujours croissante, fait presque un devoir et une nécessité du changement d'opinion, et ce n'est pas sans raison qu'un philosophe disait que celui qui ne change jamais d'opinion, est un individu qui ne veut ou ne sait rien apprendre.

Une autre cause de la mobilité des publics — qui se rattache à la première dont elle n'est qu'un nouvel aspect — consiste dans le fait qu'aujourd'hui l'opinion de chacun est mise à une dure épreuve car on lui tend chaque jour des pièges par la diffusion d'opinions diverses ou même tout à fait contraires. Un homme peut se conserver plus facilement honnête, si les occasions qui le tentent sont moindres et moins fréquentes; et il peut maintenir plus facilement son opinion, s'il entend moins souvent développer autour de lui des opinions opposées. Il ne fallait pas une fermeté héroïque pour rester fidèle, dans le passé, au patrimoine d'idées dans lesquelles on était né et on avait grandi ; car il n'arrivait pas souvent que de nouveaux courants d'idées vinssent à heurter et à troubler les courants traditionnels et héréditaires. Et — inversement — ce n'est pas toujours un symptôme de peu de fermeté de caractère, que de changer aujourd'hui d'opinion, parce que de nos jours, les formes de suggestion que notre vie sociale offre à chacun sont si nombreuses, qu'il est presque impossible qu'un individu ne se laisse entrainer par l'une ou par l'autre à penser et à sentir d'une façon plutôt que de l'autre.

Parmi ces formes de suggestion, la plus importante, celle qui résume et concentre toutes les autres, est, sans contredit, la presse.

Il n'y a ni profession, ni parti, ni école religieuse, scientifique, artitisque, qui ne veuille avoir son journal ou sa revue, comme tout régiment a son drapeau. S'affirmer par un journal, c'est, dans le monde moderne, le premier besoin de chaque idée qui nait et de chaque intérêt qui ne veut pas être étouffé par des intérêts rivaux.

C'est pour cela qu'on pourrait faire une statistique et une

psychologie de notre vie sociale, rien qu'en comptant et en examinant les journaux qui se publient.

Sentir la nécessité impérieuse de posséder un journal à soi, prouve implicitement que chaque parti sait et croit que c'est là le meilleur moyen pour se former une suite de fidèles. C'est-à-dire qu'il sait et croit que les hommes ne suivent pas comme autre fois un courant d'idées pour des raisons héréditaires et traditionnelles, mais uniquement pour des raisons personnelles de persuasion et de suggestion immédiate et quotidienne.

Mais ici se dresse impérieux le problème : est-ce le journal, c'est-à-dire le journaliste, qui forme le public, ou bien le public qui forme le journal ?

Je dis ce problème « impérieux » non qu'il le soit réellemen à mon avis, mais parce qu'il est considéré comme tel par les écrivains.

Nous avons en sociologie plusieurs de ces problèmes que l'on pourrait réduire tous à une question unique : est-ce le milieu qui a une plus grande influence sur l'individu, ou bien celui-ci sur le milieu. Voilà, au fond, des problèmes qui servent seulement à manifester la pénétration psychologique des adversaires, lesquels, pour soutenir leur thèse déploient des comparaisons et des arguments magnifiques, mais exagérés et paradoxaux. Prenons pour exemple, la *théorie du grand homme*, ridiculisée par Spencer. Selon ce philosophe, c'est une erreur que d'attribuer socialement une grande influence à l'homme de génie ; il n'est que le produit nécessaire du milieu dans lequel il naît, et pour ainsi dire le fils de son temps ; un homme non pas actif, mais *représentatif*, comme l'appelait Emerson ; un acteur, non pas un auteur du drame historique. Selon d'autres au contraire — Carlyle le premier — tout ce que nous voyons de bon et de beau dans le monde est dû aux héros, c'est-à-dire aux *grands*

hommes[1]; l'âme de toute l'histoire ce n'est que leur histoire; ils sont, pour répéter l'expression de Stuart Mill, le sel
de la terre, et sans eux la vie humaine deviendrait un marais
stagnant.

Qui a tort et qui a raison ?

Qu'on me permette, avant de répondre, d'avoir recours à une
comparaison, certes banale, mais qui a tout au moins le mérite
d'être claire.

Chaque homme est le produit de son père et de sa mère ; il
n'existerait pas sans eux et, né de parents différents, il serait
autre qu'il n'est. Nous sommes sans doute tous d'accord sur ce
point. De même, nous sommes tous d'accord en croyant que
chaque génie est le produit de son époque et que différentes
époques produisent des génies différents.

Eh bien, tout en admettant ces prémisses, qui me paraissent
des axiomes, pourrions-nous nier que chaque fils — dès qu'il
a grandi — peut exercer sur ses parents une grande influence ? Ou bien, par cela seulement qu'il est le produit physiologique et psychologique de son père et de sa mère, devrions-nous nier la possibilité de cette influence ? Je ne le crois
pas.

Si je ne me trompe, on doit en dire autant du génie. Napoléon et Garibaldi, Dante ou Shakespeare naquirent quand ils
virent le jour, parce qu'ils devaient fatalement naître — et dans
ce sens, l'on peut dire d'eux qu'ils sont les fils de leur temps,
un abrégé inconscient dans lequel l'on voit, pour ainsi dire,
symbolisée l'humanité d'une époque ; mais l'on ne peut con-
tester que tout en étant des produits nécessaires de l'histoire,
donnèrent eux-mêmes dans la suite une nouvelle orientation à

(1) Voy. l'essai de De Roberty : *L'élite et la foule* (*Humanité Nouvelle*,
1898) où la théorie de Spencer est critiquée. — Selon M. Sorel les peuples
ne suivent pas les hommes supérieurs mais les médiocres (*Une faute du
crime politique*, *Arch. di psich.*, 1893) : ce qui est vrai parfois en politique.

l'histoire, en exerçant dans le monde un grand empire matériel moral.

Descendons maintenant de ces hauteurs où l'on parle de génies et d'époques historiques, et, revenant à notre sujet, parlons de journalistes et de publics.

Les noms seront différents, mais le raisonnement ne changera pas.

Sans doute chaque public produit les journalistes qui ont ses instincts, ses tendances, ses qualités et ses défauts, qui sont, en un mot, ses créatures ; mais une fois que le public a, pour ainsi dire, accouché de son journal, c'est celui-ci qui, comme un fils envers ses parents, peut commencer à avoir de l'influence sur le public, dont il dirige et modifie les opinions.

Dans ce cas, l'on peut dire que la psychologie du public ressemble à celle de la foule. Les *meneurs* des foules ne sont-ils pas, en effet, des produits inconscients et instantanés de ces mêmes foules ? Dans une multitude rassemblée et frémissante, vous entendez tout à coup une voix ou un cri qui sont aussitôt suivis par toute la tourbe qui, avec une crédulité aveugle et uniforme, donne satisfaction à ses sentiments de haine ou d'amour. L'homme qui a jeté ce cri n'est pas le vrai responsable : c'est l'âme mystérieuse de la foule qui l'a contraint à pousser ce cri. Le *meneur* est donc créé par la collectivité. Mais, dès qu'il est créé, il acquiert un tel pouvoir despotique sur ceux qui l'entourent, qu'il peut les conduire où il veut, même à des crimes et à des excès que la foule non seulement n'aurait pas voulu commettre, mais auxquels elle n'aurait pas osé penser.

Eh bien : le journaliste n'est qu'un *meneur* de son public : créé par celui-ci, il peut l'entraîner bien au delà du point où lui même voulait aller.

V

Si la logique sert à quelque chose, je crois donc qu'elle nous donne le droit d'affirmer que l'opinion publique est sinon tout à fait créée, du moins à coup sûr formée, modifiée et dirigée par les journalistes.

En quelle mesure ?

Voilà le problème. Problème très difficile à résoudre, car, quoique les phénomènes de psychologie collective ressemblent beaucoup, par leurs changements imprévus, aux phénomènes chimiques, ce qui est possible en chimie est pourtant impossible en psychologie collective : c'est-à-dire savoir quelle dose des différentes substances est nécessaire pour obtenir la substance nouvelle.

Laissons de côté la métaphore : comment peut-on déterminer quelle part a eue dans la création d'une opinion publique l'œuvre personnelle de tel ou tel journaliste, et quelle part a eue l'œuvre anonyme, collective et instinctive du peuple ?

On dit — par exemple [1] — qu'il y a des journaux qui consultent la statistique des abonnements, comme un excellent baromètre pour savoir la ligne de conduite à suivre. Dans ce cas, c'est le public qui impose — par la sanction économique — son opinion aux journalistes, et non pas ceux-ci qui l'imposent au public. L'on a eu à Paris l'exemple récent et fameux du *Figaro* qui, après avoir publié les premiers articles d'Émile Zola en faveur de Dreyfus et de ceux qui le défendaient, changea de drapeau, en confessant franchement que son conseil d'administration ne lui avait pas permis de défendre un homme que tout le monde, alors, croyait ou voulait coupable.

Du reste, sans recourir à un fait aussi notoire et il faut le

(1) TARDE. Art. cité.

reconnaître, accompli avec une franchise qui pourrait être une excuse, chacun de nous, pour peu qu'il connaisse le monde des journalistes, peut citer des faits analogues : c'est-à-dire qu'il peut citer des journaux et — ce qui est pire — des journalistes qui ont changé ou modifié leurs opinions, parce que les penchants du public — et par conséquent le chiffre des recettes — leur conseillaient utilement de les modifier.

Malgré ces faits, je crois pourtant que l'influence du journaliste sur le public est plus fréquente et plus intense, que celle du public sur le journaliste. Et cette influence est non seulement, selon moi, plus intense et plus fréquente, mais elle peut être aussi moralement plus dangereuse. Et voici pourquoi.

Le public peut faire changer de programme à un journal ; nous avouons que c'est une chose bien triste pour le caractère et l'indépendance du journal, car, au fond, c'est une forme de la corruption. Mais c'est une corruption qui ne fait qu'une seule espèce de victimes : les consciences faciles des convertis. Il s'agit donc simplement d'une question de morale individuelle. Si, pour nous en tenir à l'exemple cité, les lecteurs du *Figaro* voulaient que leur journal défendît l'état-major français et rivât les chaînes du détenu de l'île du Diable, et si le Conseil d'Administration du grand journal parisien a cru de son intérêt de les contenter, tant pis pour ces lecteurs et tant pis, je le répète, pour les consciences des journalistes et pour l'indépendance du journal, qui se sont adaptés à ce changement. Il n'y a rien d'autre à déplorer[1].

Au contraire, l'influence du journaliste sur le public peut être moralement et matériellement beaucoup plus dangereuse, car le journaliste peut mentir, peut faire croire à son public des choses mensongères, et par là lui fausser le jugement, il

____

(1) Il faut ajouter, pour l'honneur du *Figaro*, que ce journal est devenu dans la suite, lors de la revision du procès Dreyfus, le plus vaillant défenseur de la justice et de la vérité.

peut enfin commettre envers lui plusieurs crimes, profitant de
sa crédulité et de sa bonne foi. Est-il besoin d'exemples pour
prouver combien d'entreprises louches — financières et politiques — furent présentées au public comme de bonnes et honnêtes entreprises, par la ruse savante des journalistes ? Les
Panamas français et italien en sont la preuve. De l'argent,
beaucoup d'argent, toujours de l'argent : et l'on crée l'opinion
publique que l'on veut.

Dans les périodes électorales on lutte non seulement au
moyen de l'argent, mais en excitant mille passions, qui ne sont
certes ni nobles, ni pures. De même que les candidats ou leurs
grands électeurs mentent à la foule qui écoute leurs discours,
et promettent des choses qu'ils savent ne pas pouvoir tenir, et
diffament leurs adversaires, — de même les journalistes de l'un
et de l'autre parti cachent la vérité à leur *public* pour l'entraîner à donner son vote à celui-ci plutôt qu'à celui-là.

Tout en reconnaissant ces faits regrettables, nous constatons
que les journaux ainsi que les orateurs, se servent l'un l'autre
d'antidote et se neutralisent. Mais il n'en est pas moins vrai
que le *public* est, en beaucoup de cas, comme le plâtre mouillé
sur lequel la main du journaliste met son empreinte.

Gabriel Tarde — avec sa finesse d'analyse accoutumée —
observait que comme une sorte de *pendant* à ces crimes qu'on
commet *envers* le public, il y a aussi les crimes commis *par* le
public.

Et c'est une remarque très juste. Ce phénomène de péjoration
morale collective que j'ai rencontré dans la foule, se produit
fatalement même dans le public qui n'est qu'une foule éparse.

Les individus qui composent une foule ou un public — pris
séparément — sont presque toujours de personnes bonnes et
honnêtes : réunies, l'on dirait qu'elles cachent leurs meilleures
qualités, pour ne montrer que les pires défauts.

C'est-à-dire que dans les collectivités — qu'elles soient staliques comme une foule, ou dynamiques comme un public, — les instincts les plus bas se réveillent, et parmi les stratifications du caractère, ce sont les premières, les plus sauvages et les plus animales qui apparaissent à la surface. Les foules sont plus féroces et brutales dans la manifestation de ces instincts, par ce fait même qu'elles sont des organismes ataviques ; les publics sont moins brutaux et moins féroces, parce qu'ils sont des organismes modernes et civilisés. Les unes, dans leurs paroxysmes de haine courent à l'assassinat ; les autres se bornent à l'injure et à la diffamation ; les unes tuent matériellement, les autres se bornent à tuer moralement.

Devons-nous dire pour cela que les foules, ainsi que les publics, sont incapables d'élans nobles, généreux et héroïques ? non certes. Mais ces élans sont rares, et la règle c'est que, dans les collectivités, les bons instincts sommeillent.

Prenez, comme exemple, les formes plus restreintes et plus simples du public, les salons, les clubs, etc. : si dans une conversation vous faites l'éloge d'une personne, quelqu'un peut-être s'unira à vous, mais les autres, s'ils ne contredisent pas, se tairont, et la conversation mourra bientôt : si au contraire, vous médisez de quelqu'un, tous auront quelque chose à ajouter à votre médisance, et la conversation, soyez-en sûrs, ne tombera pas de longtemps.

Passons des publics restreints aux publics vastes : des salons au journalisme.

Dans la presse — si l'on veut vraiment éveiller l'intérêt du public, il faut lui créer non pas un objet d'amour, mais un objet de haine. Il est vrai que les idoles plaisent aussi, et l'on y brûle l'encens avec prodigalité ; mais elles finissent par fatiguer, et d'ailleurs, ce n'est pas la malignité pure que de supposer que le public crée des idoles pour se donner ensuite l'amusement de les abattre.

Une observation que je n'ai entendu faire par personne et

qui me paraît pourtant bien simple, c'est que l'affaire Dreyfus prit un nouvel élan et passionna davantage le public des deux mondes, lorsque le frère du capitaine accusa Esterhazy d'être l'auteur du *bordereau*. Il avait trouvé l'*objet de haine*, à offrir au public. Jusqu'alors on combattait pour l'innocence d'un homme, mais l'on ne connaissait pas le nom du vrai coupable ; c'était une campagne *négative* dont la noblesse ne pouvait être ressentie par tous, mais seulement par ceux qui se passionnent idéalement pour la vérité et pour la justice. Le gros du public, ainsi que les foules de théâtre, veut que les drames finissent non seulement par le triomphe de l'innocent, mais aussi par le châtiment du coupable. Et la sympathie pour Dreyfus avait besoin — pour croître — de se réchauffer au feu de la haine suscitée contre Esterhazy.

M. Tarde l'a dit très bien : « Découvrir ou inventer un nouvel et grand objet de haine à l'usage du public, est encore un des moyens les plus sûrs pour passer roi dans la monarchie des journalistes. Dans aucun pays, à aucune époque, l'apologétique n'a eu autant de succès que la diffamation. »

Et c'est dans cette profonde vérité psychologique que réside la raison du succès de la presse diffamatoire, de tous les tigres littéraires de la France comme des autres pays.

Le public le plus doux est par lui-même un peu criminel, car il a indéniablement des passions et des instincts bas, méchants et impurs.

Dans les périodes historiques où le progrès accélère sa marche et se manifeste en formes révolutionnaires, le public peut devenir vraiment criminel. Il arrive alors que de la médisance et de la cruauté verbale il passe à la cruauté matérielle, et qu'il ne frappe pas seulement avec des mots les *objets de sa haine*. Il arrive qu'il applaudit à ceux qui proposent — et il les pousse même à proposer — les lois de proscription, les condamnations, les massacres, les persécutions de tout genre.

Sans les provocations d'un certain public, les horreurs de la Révolution française — comme du reste celles de toute révolution — n'auraient pas été possibles.

Dans les périodes historiques normales, le caractère criminel de certains publics est différent, on le voit moins, mais il n'en est pas pour cela moins effectif. Le public est alors — plus que l'auteur — le complice des crimes : il ne les commet pas, mais il supporte que ses chefs les commettent, et il cherche à les cacher ou à les atténuer, avec une moralité à lui, qui n'est autre qu'un intérêt de parti.

De là les conspirations du silence au sujet des actions mauvaises, accomplies par des personnalités politiques très en vue, de là les tentatives de sauvetages, lorsque l'heure redoutable des *enquêtes* va sonner. Mais nous sommes entrés dans un sujet scabreux, et il n'est pas facile, [ni même intéressant d'insister.

Outre les publics criminels, il y a aussi les publics fous, ou du moins inconscients : les publics qui sont quelquefois ravagés par un vent de folie, comme un champ de blé est ravagé par une tempête. Le public grec qui, il y a quatre ans a imposé à son gouvernement la guerre avec la Turquie, était dans un de ces accès ; et peut-être le peuple italien traversa-t-il lui aussi une phase d'inconscience, après le désastre d'Adua, en jugeant les responsabilités de la guerre, et en décidant de la conduite que ses ministres devaient tenir. C'était une folie collective qui planait sur le peuple.

Ces engoûments sont aussi la caractéristique des publics, non seulement politiques, mais artistiques et littéraires, quoique au point de vue social ils soient beaucoup moins importants. Il arrive parfois qu'un homme de lettres devient tout à coup *à la mode*, et pendant quelque temps on ne parle que de lui, on n'écrit que sur lui : il est le roi du jour. Peut-être n'a-t-il produit rien de nouveau, peut-être son dernier livre est-il inférieur aux précédents : néanmoins, il semble que le public ne s'aperçoive qu'alors de son mérite.

Dans tous ces cas, la psychologie des *publics* ressemble encore et toujours à la psychologie des *foules,* où l'on ne sait pas comment naissent certaines impulsions comment éclatent certains actes violents, criminels ou insensés, que nulle force humaine ne peut modérer.

Et c'est précisément dans ces cas que devient plus impérieux le problème : n'y a-t-il pas toujours derrière chaque public des journalistes qui le suggestionnent et le provoquent, de même que sous chaque foule il y existe toujours une secte qui en est presque le levain ?

Quelle que soit la réponse qu'on veuille donner à cette demande, — et une réponse tranchée, catégorique, serait impossible à mon avis — elle serait d'une importance relative pour le but de notre étude.

Il nous suffit d'avoir constaté que certaines fois — je dirais même souvent — c'est le journal qui forme l'opinion publique. Seulement dans ces cas, l'on peut essayer de suggérer quelques conseils qui serviraient à rendre plus honnête et plus utile l'influence du journal, et par là plus consciente et plus vraie l'opinion publique.

Pour les cas dans lesquels ce n'est pas le journal qui exerce son pouvoir sur le public, mais celui-ci sur le journal, je ne vois aucune possibilité de remèdes ou de conseils, si ce n'est peut-être un vaste et long travail d'éducation et d'instruction populaire qui dépasserait les limites de cet essai.

En effet, si vous croyez qu'une opinion quelconque se manifeste dans le public sans que la voix d'aucun journaliste ait eu sur elle son influence, seulement par un phénomène incompréhensible de génération spontanée, vous pourrez tout au plus étudier la manière et les formes par lesquelles cette opinion s'est manifestée, mais vous ne pourrez conseiller aucun moyen pour tâcher de modifier cette opinion. Ce serait une fatalité contre laquelle on lutterait en vain.

Mais, je le répète, si l'on peut discuter sur le degré plus ou moins grand d'influence de la presse, l'on ne peut certes pas nier la réalité effective de cette influence; nous allons essayer de découvrir s'il y a un moyen de la discipliner afin qu'elle puisse accomplir avec plus de moralité et plus de conscience sa tâche difficile; créer l'opinion publique.

VI

C'est un phénomène apparemment quelque peu étrange que tandis que tous les gouvernements exigent des garanties intellectuelles et morales pour permettre de s'adonner aux professions de médecin, d'avocat, d'ingénieur, d'employé, ils n'en demandent aucune pour exercer celle de journaliste.

L'on dirait — et je tiens à m'excuser du paradoxe — que l'État laisse à la merci des incompétents les fonctions les plus hautes et les plus difficiles : il laisse en effet les jurés (qui ne sont pas obligés d'être des juristes ou des psychologues) juger de la vie et de l'honneur des citoyens; il permet que les députés (qui ne sont pas contraints d'avoir fait des études de sociologie) jugent des intérêts collectifs de la nation; il laisse enfin aux journalistes (qui ne doivent subir aucun examen, ni établir qu'ils n'ont jamais subi de condamnation) le terrible pouvoir de former l'opinion publique.

Je ne veux pas dire par là — et j'ai hâte de le déclarer — que je voudrais des lois pour restreindre le droit de devenir juré, député ou journaliste. Je ne crois pas, ou du moins je crois très peu, à l'évaluation officielle des aptitudes et des talents individuels : je crois au contraire que surtout dans le champ intellectuel règne la loi de sélection et de survivance des plus aptes. L'État peut distribuer diplômes et doctorats : celui, tout en les ayant obtenus, n'en est pas digne, meurt également de faim, ou traîne une existence obscure et dure. Tout ce qui a le cachet officiel du gouvernement — doctorat, examen, concours — n'est au fond qu'un moyen employé pour la diffusion de cette crise de médiocrité qui va de nos jours en augmentant parmi les notables de la bourgeoisie.

Il me semble pourtant que s'il est tout à fait utile — et ce serait en outre ridicule — d'exiger un diplôme pour le journaliste, il ne serait pas du tout inutile d'exiger de ce même journaliste une garantie de sa moralité et de son intelligence. Le diplôme est une responsabilité indirecte que l'État prend sur lui, et qui, en pratique, n'existe pas : l'obligation de signer les articles, serait — si je ne me fais illusion — une responsabilité personnelle et directe qui aurait dans la pratique une grande et bienfaisante efficacité.

Nous savons tous le fétichisme que le peuple a pour ce qui est imprimé ; la plupart de ceux qui lisent un journal croient à ce qu'ils lisent, et s'ils n'y croient pas avec une foi aveugle ils l'estiment possible et probable, ils le répètent, l'amplifient, le transforment. De chaque nouvelle imprimée l'on peut dire ce que l'on dit de la calomnie : même s'il n'y a rien de vrai, il en reste toujours quelque chose.

Eh bien, il me semble qu'il ne faudrait pas trop profiter de cette crédulité inconsciente du public ; et que le sentiment de loyauté le plus élémentaire devrait conseiller de mettre un nom — c'est-à-dire une personne qui en réponde — à la fin de chaque article. De telle sorte, le lecteur aurait avec ce nom une garantie ou tout au moins un indice pour croire plus ou moins à ce qu'il lit.

Lorsque je vois dans les journaux certaines attaques violentes contre quelque personne, contre une société, contre une institution, et que je ne trouve pas de signature à la fin

de l'article, il m'arrive de penser — par association d'idées —
à une lettre anonyme.

On peut objecter, je le sais bien, qu'il y a le *gérant du journal*, qui répond de ce qui est imprimé dans ses colonnes. Mais
à quoi se réduit cette responsabilité ?

Dans le plus grand nombre des cas l'on ne veut ou l'on ne
peut pas faire de procès, parce que le délit n'est pas assez
caractérisé dans l'article ; mais est-il juste, alors, que l'on jette
la diffamation ou la louange, sans que l'on sache quel est celui
qui loue ou qui diffame ?

Dans les cas où le procès se fait, il y a la consolation mes-
quine et la sanction inutile de voir condamné le gérant qui
n'est jamais coupable, ou le directeur qui peut ne pas l'être —
et il est bien rare de voir condamné l'auteur de l'article anonyme, si, par hypothèse, il a senti la nécessité de se révéler à
la dernière heure, tandis qu'il aurait dû, par loyauté, se montrer plus tôt.

Mais, dit-on, il resterait tout de même la responsabilité financière de l'administration du journal. Sans discuter jusqu'à quel
point cette responsabilité est effective, je pose une question :
est-il juste et raisonnable de réduire à une responsabilité collective, anonyme et seulement financière les crimes qui peuvent
se commettre par le moyen de la presse ? Ne serait-ce pas res-
susciter l'époque du moyen âge, dans laquelle les meurtres
mêmes étaient punis par la seule amende, ou pis encore, l'époque barbare, à laquelle ce n'était pas seulement celui qui avait
commis un crime qui en répondait, mais toute sa famille, tout
son *clan ?*

Entendons-nous bien : je crois juste que l'administration de
chaque journal réponde devant la loi civile de tout ce qui est
publié dans le journal : mais je ne crois pas que cette responsabilité soit suffisante, et je ne trouve pas juste que le voile
d'une collectivité anonyme couvre la triste figure de l'homme

qui a écrit des choses dignes d'être condamnées ou seulement blâmées.

Entre les peines anciennes, le pilori est, celle qui, transformée humainement, me paraît encore la plus juste. Que l'on sache publiquement le nom de celui qui par vengeance, par envie, ou pour des motifs encore plus bas, a décrié une personne, ou a trompé et dérouté ses lecteurs.

Voilà, selon ma conscience, dans quel sens on doit entendre la responsabilité.

Mais les partisans de l'article anonyme ont d'autres arguments en faveur de leur thèse. L'article anonyme, disent-ils, a plus d'action sur le public, car il reflète non pas l'opinion individuelle d'un écrivain, mais celle d'un parti, et il permet au journal de maintenir l'unité de son programme.

A-t-il une plus grande action sur le public? Peut-être, mais quel genre d'efficacité?

Je pense que l'article signé peut être comparé à la voix d'un orateur, et l'article anonyme à un de ces cris ignorés qui sortent souvent de la foule. Je reconnais que ce cri peut suggestionner la multitude, plus que la parole d'un orateur ne peut persuader son auditoire; mais laquelle de ces deux suggestions est la plus consciente et la plus honnête?

L'on peut affirmer, mais ce n'est qu'une phrase, que l'article anonyme reflète non pas l'opinion d'une personne, mais celle d'un parti : en réalité, l'article est toujours écrit par une seule personne, ou du moins sur le canevas des idées suggérées par une seule personne; et par conséquent vouloir donner à croire que c'est une œuvre collective... semblable aux poèmes d'Homère, c'est un artifice. Personne ne reconnaît mieux que moi, et je l'ai déjà dit ailleurs, que le vrai journaliste est, comme dans un autre genre le véritable artiste, un homme qui entend, résume en soi et exprime les besoins, les pensées et les désirs qui sommeillent confondus et répandus dans l'âme collective ; mais s'il a ce don heureux de se rendre l'interprète des sentiments de plusieurs, pourquoi cache-t-il son nom ? Avant tout, il pourrait se tromper — et dans ce cas il est juste de savoir que l'opinion ou le jugement exprimés sont l'opinion ou le jugement d'un seul et non pas de plusieurs ; en deuxième lieu, s'il dit vraiment ce que plusieurs pensent, en quoi sa signature pourrait-elle nuire ? Les journaux peuvent beaucoup, mais les livres peuvent aussi beaucoup dans la formation et dans la transformation des idées et des sentiments. Et les livres, surtout les livres qui ont beaucoup d'influence sur la vie sociale, ne sont pas anonymes.

Pour ce qui regarde l'unité de programme qu'il permet au journal de maintenir, je reconnais que le système d'écrire sans signature est seul le système idéal.

Puisque personne ne sait quel est l'auteur de l'article, personne ne peut reprocher à l'un ou à l'autre d'écrire aujourd'hui dans un journal le contraire de ce qu'il écrivait hier dans un autre. Je désire que les articles soient signés, précisément pour éviter que l'anonymat protège les acrobates et les équilibristes de la presse. D'autre part, tout en reconnaissant que l'on peut honnêtement changer d'opinion, je voudrais que ces modifications naturelles de la pensée politique des journalistes fussent accomplies ouvertement, au grand jour, et avec la franchise loyale de celui qui n'a pas honte d'avoir changé d'avis. Signer toujours ses articles voudrait donc dire en être socialement responsable, et donner au public une garantie, un moyen pour juger de notre intelligence, de notre moralité et de notre caractère.

L'article anonyme est une spécialité du journal politique quotidien : les revues scientifiques ou littéraires, sauf des cas bien rares, n'ont que des articles signés.

De là vient que l'opinion publique formée par les revues — sur une question technique, scientifique ou littéraire quelconque — est beaucoup plus équitable, plus mesurée, plus consciente que l'opinion publique politique formée par les journaux quotidiens.

Pourquoi cela?

Les raisons en sont évidentes. Avant tout, parce que les écrivains des revues sont considérés comme plus honnêtes que les écrivains anonymes des journaux; l'on sait qu'ils soutiennent toujours leur opinion sincère, non pas celle qui pourrait plaire au public dans un moment donné, et bien moins encore celle qui pourrait leur être imposée — et même payée — par quelqu'un qui aurait intérêt à voir triompher cette opinion. En second lieu parce que les écrivains des revues sont intellectuellement meilleurs, c'est-à-dire plus compétents en la matière qu'ils traitent, et ils ne *font pas d'article* (comme les journalistes) sur un sujet quelconque, qu'ils ignoraient souvent une heure auparavant.

Eh bien : cette supériorité morale et intellectuelle que les revues ont incontestablement sur les journaux quotidiens, est due, nous devons le reconnaître, au fait que dans les revues les articles sont signés.

Exigez de même la signature dans les articles des journaux quotidiens, et ces articles seront moralement et intellectuellement meilleurs.

Un seul exemple — entre mille qu'on pourrait citer — suffira, je l'espère, à faire comprendre la vérité de ma proposition.

Avez-vous jamais suivi dans un journal quelconque la chronique judiciaire? Elle est généralement anonyme, et bien souvent tel procès est présenté aux lecteurs d'une manière sympathique ou antipathique, mettant en lumière tout ce qui peut servir à la défense ou tout ce qui peut servir à l'accusation. La chronique — faite de la sorte — a naturellement son influence sur l'opinion publique. Eh bien, par qui cette chronique est-

elle faite ? Presque toujours par un avocat qui exerce — et qui
a naturellement tout intérêt à soutenir ou à attaquer tel ou tel
— et qui parfois est même une des parties en cause dans le
procès dont il fait le compte rendu aux lecteurs. Tout cela est-
il logique et honnête ? Je ne le crois pas ; et je suis convaincu
que si ce chroniqueur devait signer ses chroniques, il n'aurait
pas le courage de les faire aussi partiales qu'il les fait. L'article
anonyme est au contraire le moyen — d'autant plus aisé qu'il
est moins moral — qui lui permet de satisfaire ses petites envies
et ses grandes vanités [1].

Par cet exemple — qui n'a qu'une importance relative —
nous pouvons, sans faire grand effort d'imagination, nous
donner une idée de tous les autres cas, plus graves, dans lesquels
la suggestion d'un article anonyme sur le public est malhonnête
et funeste. C'est-à-dire que nous pouvons entrevoir tous les
moyens par lesquels l'égoïsme et la lâcheté humaine trompent
le peuple ingénu à l'aide de la presse et sous la sauvegarde
d'un écrit anonyme, qui a le pouvoir immérité de
former l'opinion publique.

VII

Ici l'on pourrait m'objecter que si la presse a une grande
importance dans la formation de l'opinion publique, elle n'en
est pourtant pas la cause unique ; et que se borner à exiger la
signature des articles est un remède bien mesquin, si même
c'en est un, pour tenir tête au mal que le journalisme peut faire.

J'accepte, en partie, cette première objection, tout en y
répondant par les paroles suivantes de Max Nordau : « L'homme
d'État qui — il y a soixante ans — disait que « la presse est le

(1) L'exemple que j'ai donné est surtout applicable aux journaux italiens.
— En France, on signe généralement les articles beaucoup plus qu'en
Italie et en Angleterre.

« quatrième pouvoir » croyait énoncer un paradox⟨ Inconsciemment il émettait une prophétie. La presse, sans le vouloir, presque sans le savoir, entre en concurrence vitale avec les pouvoirs
constitués. Elle tend à se rendre maîtresse des droits du Gouvernement, du Parlement et des Académies. Naturellement ces
organismes tâchent de se défendre. Ils haïssent la presse, parce
qu'ils sentent en elle leur héritière un peu impatiente. Mais leur
haine sera impuissante. La presse sera la plus forte, car elle
est fille des conditions nouvelles de la vie civile, tandis que les
autres pouvoirs ont été créés par une civilisation qui ne connaissait encore ni les chemins de fer, ni le télégraphe, ni le
téléphone, ni l'instruction obligatoire et universelle. L'opinion
publique est la base sociologique de toutes les institutions
d'une démocratie, c'est-à-dire qu'elle est le sentiment et la
volonté de la majorité du peuple. Tout le mécanisme du parlementarisme : agitation électorale, élections, Chambres, règle-
ment des séances, discussions, votes, tout cela n'est que la mise
en scène de l'opinion publique. Mais comme cette machine
est lourde et démodée! Au contraire, comme celle de la presse
est élégante, mobile, efficace! En tant qu'incarnation du suffrage universel, elle est infiniment mieux adaptée pour les
découvertes modernes que le parlementarisme! »

Nous sommes donc excusables si, en voulant parler de l'opinion publique, nous nous sommes arrêtés à considérer l'influence de la presse qui est en même temps la cause de l'opinion
publique et son expression la plus profonde et la plus vraie.

A la deuxième objection je réponds que s'il faut sans doute
plusieurs réformes radicales pour corriger les défauts, et par là
même l'influence pernicieuse de la presse périodique, ces réformes porteront sur les lois qui gouvernent la presse, et non
sur les hommes qui la représentent ; et je pense qu'il est plus
utile aujourd'hui de changer plutôt les hommes que de changer les lois.

Les lois — fussent-elles bonnes — sont inutiles, sinon dangereuses, lorsque les hommes qui les appliquent sont médiocres ou méchants. Et même si l'on pouvait — sans toucher aux principes de liberté — imaginer une excellente loi sur la presse, elle resterait en inefficace, aussi longtemps que les publicistes n'auraient pas une conscience plus forte et ne sentiraient pas plus vivement les grandes responsabilités de leur mission.

Pour développer cette conscience et pour faire sentir cette responsabilité, je ne connais pas d'impulsion plus forte que celle qui viendrait au publiciste de l'obligation de signer toujours ses articles.

Peu à peu — par l'élimination des indignes et des médiocres — le niveau moral et intellectuel de la presse périodique s'éléverait ; et l'on donnerait l'influence qu'elle mérite sur le public à cette élite de l'intelligence qui est encore la seule forme d'aristocratie qui puisse avoir des droits sur le peuple. Car, s'il est vrai que pour juger de la bonté d'une idée, il suffit de *compter* les suffrages de la postérité, il est vrai aussi qu'il faut *peser* ceux des contemporains.

Et tout en voulant abaisser et diminuer l'influence des individus sur le milieu qui les entoure, et attribuer tout l'honneur du progrès humain à la collectivité, il faut reconnaître que l'homme possède encore une forte suggestion personnelle, et qu'il serait très dangereux de vouloir la lui ôter, en exigeant qu'il se cache sous l'anonyme.

Pour comprendre ce que peut, plus que l'idée, le nom de celui qui la soutient, il suffit de penser à la lettre *J'accuse* d'Émile Zola. La force extraordinaire de suggestion de cet acte superbe, n'était pas dans la pensée, mais bien plutôt dans l'individu qui la manifestait ; et l'avantage que cette lettre a donné à la cause de la justice et de l'humanité, en renversant une opinion publique injuste, ne dépendait pas de ce que contenait la lettre mais de sa signature.

CHAPITRE IV

LE PROBLÈME MORAL DE LA PSYCHOLOGIE COLLECTIVE [1]

I

C'est peut-être la caractéristique du fait d'aimer quelqu'un ou quelque chose, que d'en révéler avant tout les défauts plutôt que les vertus, les faiblesses plutôt que les qualités ; et je me trouve précisément dans cette condition : j'aime tant, au point de vue intellectuel, l'étude de la psychologie collective, que je me suis plu à l'analyser avant tout, dans ses formes et dans ses manifestations les moins hautes et les moins nobles.

Aujourd'hui je vais corriger mon erreur et compléter mon étude partielle ; aujourd'hui je veux chercher à résumer ma pensée qui — obligée qu'elle fut de se subdiviser dans bien des sujets divers et variés — a pu être mal interprétée parce qu'elle a dû se manifester incomplète.

Jusqu'ici j'ai regardé la foule en me bornant aux constatations du sociologue criminaliste.

A présent je regarderai la foule avec l'œil impartial du sociologue ; et ce seront ses louanges et ses gloires — non pas ses défauts, ses erreurs et ses horreurs — que je developperai devant vous.

Louanges et gloire pour les œuvres collectives que la foule a créées et auxquelles on chercherait en vain à donner le cachet d'un génie unique. Les tableaux, les statues, les poèmes, certaines découvertes scientifiques peuvent et doivent s'individualiser en un nom : Raphaël ou Van Dyck — Dante ou Shakespeare — Phidias ou Michel-Ange — Kepler ou Newton; mais certaines créations complexes et néanmoins merveilleuses — comme par exemple la langue et l'écriture — ne peuvent avoir eu un auteur unique. Elles sont une œuvre collective : œuvre collective toujours fluctuante comme l'eau d'un fleuve, mais comme celle-ci, éternelle et formée par des milliers de ruisseaux inconnus qui néanmoins produisent tous ensemble un effet colossal.

La langue — cette rivière idéale qui fertilise le champ aride de la société — est une formation de la collectivité ; elle est née comme une forme mimique, s'est développée comme une forme imitative et est devenue toujours plus complexe. Le développement de la pensée, c'est-à-dire de la civilisation et du progrès, est strictement lié au développement de la langue. Un peuple qui a une langue très riche, très souple, très variée, marche toujours à la tête de la civilisation. La langue perse n'avait que 379 radicaux, la langue égyptienne en avait 658 ; dans la Bible, on peut compter 5.642 mots ; Shakespeare en a employé 15.000, et dans le dictionnaire tout récent de Fluegel on en trouve 94.000 [1].

Cette merveilleuse augmentation des moyens d'expression et de communication est parallèle à l'évolution progressive de l'humanité ; elle en est même la cause, dans un certain sens, et c'est la foule qui l'a créée par un travail obscur, collectif et

____

(1) Voy. à ce sujet : P. Rossi, *L'animo della folla*, Cosenza, 1898.

anonyme, qui n'a pas la gloire qui est due au génie individuel, mais qui n'est pas moins digne de reconnaissance.

Ce que je viens de dire pour la langue, on peut le répéter pour l'écriture. La langue, c'est le lien entre les hommes dans le présent; l'écriture c'est le lien dans l'avenir. C'est le moyen sûr, infaillible, de transmettre aux générations futures — sans peur d'exagération ou de diminution — la pensée des contemporains.

Et le passage graduel de l'idéographie à l'écriture phonétique et alphabétique, qui nous a permis, si je puis ainsi dire de sculpter et de peindre, avec les nuances les plus subtiles, nos pensées et nos sentiments et de les transmettre à la postérité avec une exactitude photographique, est le résultat d'un travail collectif que personne n'aurait pu accomplir à lui seul, parce qu'il surpassait le génie et la vie d'un seul homme.

Et que dirons-nous, Mesdames et Messieurs, des légendes artistiques, de ces cycles héroïques que tous les peuples possèdent lorsqu'ils font leur première apparition sur la scène de l'histoire? Les poèmes homériques de la Grèce, les légendes ou les rapsodies de tous les pays, ne sont que des formations intellectuelles créées, transmises et maintenues par la foule. La critique littéraire a désormais exclu d'une manière presque absolue l'hypothèse qui ferait que ces formations artistiques ne sont pas des œuvres collectives.

Il y a plus. Non seulement la langue, l'écriture, les légendes ou les poèmes qui naissent inconsciemment dans l'âme enfantine du peuple comme les sonnets et les madrigaux ingénus naissent dans l'âme du jeune homme, sont un produit de la collectivité; mais l'intelligence de la foule — dispersée en des millions d'individus — a d'autres manifestations et d'autres ressources.

La collectivité pressent souvent — on pourrait même dire qu'elle annonce — la découverte de l'individu. Que sont les proverbes, sinon l'expérience savamment accumulée par la foule, par *Monsieur Tout le Monde*, inconsciemment et synthétiquement exprimée? Que sont les prévisions géniales si communes — quoique si peu considérées — dans la foule?

Lorsqu'un génie découvre une nouvelle théorie scientifique, on peut dire qu'elle avait déjà été entrevue et *préannoncée* par la foule. Le vieux dicton latin : *Nil sub sole novi* (il n'y a rien de nouveau sous le soleil) est très vrai, si on l'applique à la génialité individuelle par rapport à la génialité collective.

Avant Darwin, le peuple de l'Italie méridionale exprimait dans une phrase pornographique la lutte pour l'existence et pour la femme ; avant les graphologues et la graphologie, on nommait l'écriture le *caractère*, en reconnaissant, de la sorte, ses liens avec les facultés morales de l'individu ; avant Lister, on guérissait dans les montagnes de la Calabre les blessures avec la térébenthine qui jaillit de l'écorce des pins ; avant que les physiologues eussent étudié l'effet criminogène du vin et de l'alcool, un *fabliau* le révélait vulgairement au peuple ; avant que M. Lombroso eût énoncé sa théorie de la symbiose du crime, un autre *fabliau* en avait eu l'intuition, en racontant l'histoire d'un astrologue qui, ayant lu dans les astres qu'un enfant deviendrait assassin, avait conseillé au père de faire de cet enfant un chirurgien pour apaiser d'une manière utile à lui et aux autres son instinct de cruauté [1].

En un mot, et pour nous résumer, le génie est le révélateur des vérités qui sommeillent dans la pensée inconsciente de tous : l'homme de génie est celui qui trouve la formule et qui donne la démonstration de ce que l'âme collective a seulement ébauché ou entrevu dans son travail obscur et anonyme ; le génie est le grand miroir où convergent des milliers et des millions de

(1) Voy. la note ci-dessus.

rayons, et d'où la lumière se répand avec une intensité merveilleuse.

« Les grands hommes — écrivait Louis Bourdeau — ne font
qu'accomplir une fonction sociale. Ils s'agitent, mais c'est la
foule qui les conduit. Dans le destin mystérieux qui les élève à
la gloire ou qui les fait retomber dans le néant, on ne doit voir
que l'ensemble des volontés et des aspirations populaires. Ils
croient diriger un peuple : en effet, ils ne font que suivre l'impulsion que le peuple leur donne. La mission des plus célèbres
hommes politiques est, au fond, de réaliser les désirs de tous
avec le concours de tous. Ce ne fut pas Pierre le Grand qui cons-
titua la Russie : ce fut la Russie en voie de formation qui créa
Pierre le Grand. »

Et non seulement on doit reconnaître que la collectivité crée
son génie — comme tout sentiment crée son expression, comme
toute idée confuse et diffuse se résume dans un symbole ; —
mais il faut aussi reconnaître que la collectivité corrige, développe et élève les conquêtes intellectuelles ou sentimentales
d'un génie individuel.

J'ai employé une leçon entière, Mesdames et Messieurs, à
tâcher de vous démontrer que la somme des idées d'une foule
est — dans un moment donné — toujours inférieure aux idées
génialement individuelles ; j'ai employé une autre leçon à vous
persuader que l'intelligence ne peut se propager dans la foule,
comme le sentiment, et par conséquence, ne peut s'augmenter
ni s'améliorer par le contact immédiat et actuel d'autres intelligences.

Vous permettrez, je l'espère, que j'emploie aujourd'hui quelques moments pour vous révéler les bienfaits de la collectivité,
après vous avoir dévoilé son infériorité mentale à côté de l'individu.

Et vous ne me reprocherez pas une contradiction qui est seulement apparente, parce que, — comme j'ai déjà eu plusieurs

fois l'honneur de vous le dire — autre chose est de considérer la vie sociale au point de vue statique — c'est-à-dire faire de la psychologie collective — et autre chose est de considérer la vie sociale au point de vue dynamique — c'est-à-dire faire de la sociologie.

Dans un moment donné, l'intelligence d'un individu est toujours supérieure à celle de la foule — mais dans le temps, c'est-à-dire dans l'histoire, l'intelligence individuelle est toujours inférieure à l'intelligence collective, dans ce sens que c'est la collectivité qui a produit le cerveau individuel, — talent ou génie, — et que ce sont les milliers de cerveaux de la foule qui corrigeront et rendront plus sûres, plus équilibrées et définitives, les idées toujours exagérées et déséquilibrées du génie individuel.

Le génie est le présent — c'est-à-dire le fils du passé, du travail obscur et collectif de toute l'humanité ; — le génie est individuel, c'est-à-dire, comme l'individu, le produit inconscient et symbolique de la foule, du milieu qui l'entoure : le génie est le présent, c'est-à-dire non seulement le fils du passé, mais aussi le père de l'avenir ; mais, comme tous les pères, il doit se soumettre à la fatalité évolutionniste qui fera transformer et modifier ses idées et ses conquêtes par la foule de ses descendants.

Dans le génie, en effet, il y a toujours un peu d'exagération, un côté paradoxal, aussi bien dans les idées trop catégoriquement affirmées que dans les conclusions trop rapidement et illogiquement tirées. La collectivité se charge d'atténuer ces exagérations et de réduire ces paradoxes à la vérité et à la réalité. Dans la science, l'école des disciples, comme le disait M. Enrico Ferri, vaut toujours plus que celle du maître initiateur, et l'une et l'autre ont deux fonctions diverses mais également utiles. Sans l'individu génial et créateur, l'école ne pourrait pas naître, et la moyenne intellectuelle ne pourrait pas gravir un degré de l'échelle du progrès ; sans une collectivité solidaire, l'intuition du génie tomberait dans l'oubli, tuée par les mêmes exagérations et par les mêmes paradoxes — non corrigés — de l'individu.

Et voilà que de ces simples observations, il me semble voir découler clairement la conclusion finale, je dirais presque l'enseignement moral de mon cours : — la collectivité, qui est inférieure à l'individu dans le moment statique où celui-ci développe ses idées ou ses énergies volitives — est au contraire, nécessaire et utile au même individu, non seulement dans le passé pour le former, mais aussi dans l'avenir pour corriger et améliorer ses pensées et ses actions.

Je dirais volontiers, et vous me permettrez cette comparaison que la collectivité a dans l'histoire la fonction de la semence dans la vie végétative ; elle produit des fruits merveilleux : les génies. Lorsque ces fruits embaument l'air, vous devez reconnaître que rien ne les égale, ni en saveur, ni en odeur, ni en beauté : la semence est, dans ce moment, indéniablement inférieure à ses produits ; mais dans le cycle de la vie, vous devez reconnaître que ces fruits sont bien inférieurs à la semence, parce qu'ils ne seraient pas sans celle-ci, et parce que si la terre ne fécondait pas les germes qu'ils portent en eux-mêmes, leur magnificence serait inutile, comme serait inutile l'œuvre du génie, si la foule n'en fécondait pas les idées.

En ce sens donc, Mesdames et Messieurs, on peut vraiment réhabiliter la foule vis-à-vis de l'individu : en ce sens, on peut dire que, même dans le monde intellectuel, l'union fait la force, et que la collectivité rend plus intense et par cela meilleure, au point de vue historique, chaque manifestation psychique [1].

(1) Sur les rapports entre le génie et la collectivité Pio Viazzi a écrit un article très intéressant dans l'*Idea liberale*, 1895.

II

Cette influence bienfaisante de la foule dans le monde a été jusqu'ici très peu appréciée, parce que, la psychologie et la philosophie ont toujours été très simplistes, et ont généralement aimé à expliquer l'évolution sociale à l'aide de l'apparition de quelques grands hommes, ce qui était très facile, plutôt que d'en rechercher les causes dans le développement de l'âme collective, ce qui était non seulement plus difficile, mais aussi politiquement plus dangereux.

Aujourd'hui la science et la politique ont brisé les barrières qui faisaient d'elles les esclaves intellectuelles ou morales de l'individu, et des ennemies plus ou moins déclarées de la foule.

Aujourd'hui, les institutions démocratiques d'une part, et l'étude de la psychologie collective de l'autre, ont rehaussé l'importance sociale et scientifique de la foule et ont contraint tous ceux qui pensent et qui sentent, tous les hommes de cœur et de tête à s'en préoccuper.

On parle des problèmes graves et encore inexpliqués que cette tragique fin de siècle va laisser au siècle à venir. Si je ne me trompe, le legs le plus dangereux de cette hérédité est précisément celui qui se résume dans le rôle que jouera la foule dans l'avenir.

Est-elle vraiment digne, la foule, de ce sceptre qu'on va lui donner ? Ce nouveau Briarée mérite-t-il de recevoir dans ses mille bras le bâton du commandement qui va tomber des mains des despotes ? Est-il juste que, comme autrefois on était souverain par la naissance, on le soit aujourd'hui par le nombre, et que l'arithmétique détrône l'hérédité ?

Certainement la foule, c'est-à-dire le peuple, mérite d'être le maître, par un droit humain bien plus fort, plus juste et plus sacré que le droit divin selon lequel on croyait légitimer le pouvoir des rois, des papes et des empereurs. Et il est tout à fait inutile d'en développer ici les raisons, non seulement parce que vous en êtes convaincus d'avance, tant cette opinion a l'évidence d'un axiome, mais aussi parce que ma tâche n'est pas de faire du droit constitutionnel ou de la sociologie à l'usage de la politique.

Mais il faut reconnaître, et c'est ici le point grave du problème, que tout despote individuel ou collectif, a en soi-même un grand danger : le danger de n'être pas toujours à la hauteur de ses droits et de ses fonctions, parce que la toute-puissance est un vin chaleureux, un alcool moral qui peut enivrer et conduire à la dégénérescence. Nous avons vu, Mesdames et Messieurs, combien souvent ce danger s'est réalisé et a donné lieu à des catastrophes. Nous devons nous demander, à présent, par quels moyens on pourrait chercher à éviter à la collectivité omnipotente, l'ivresse, la folie et les crimes qui ont été jusqu'ici dans l'histoire les fatals points d'arrivée du despotisme de l'individu et de la foule.

Ce moyen est l'éducation du peuple : moyen facile à suggérer, mais bien difficile à mettre en pratique : moyen qui semble d'une simplicité idéale parce qu'on peut le résumer dans un seul mot, mais qui est au contraire la synthèse de toute politique et de toute philosophie.

Victor Hugo disait : « Le peuple est dans la société ce qu'est l'enfant dans la famille ; tant qu'il reste dans cet état d'ignorance première, de minorité morale et intellectuelle, on peut dire de lui comme de l'enfant : *cet âge est sans pitié.* » Et j'ajouterais volontiers : cet âge est aussi quelquefois sans cerveau. Mais non pas parce qu'il en manque effectivement ; mais seulement parce qu'on ne le lui développe pas.

Le peuple est comme toutes les grandes forces de la nature : un danger perpétuel, si on l'abandonne à lui-même — une immense utilité, un trésor matériel et moral, si on sait le diriger. Il est comme ces fleuves qui descendent des glaciers éternels, et qui portent la désolation dans les campagnes et dans les villes, lorsqu'on laisse libre la marche de leur cours et qu'on ne s'occupe pas de les canaliser ; au contraire ils peuvent fertiliser toute une contrée, donner naissance aux industries les plus fécondes, faire la richesse d'un pays, si on sait et si on veut les utiliser.

Jusqu'à présent on n'avait pas su utiliser la force bienfaisante de la foule ; c'est-à-dire que cette force avait agi obscurément, anonymement dans le temps — précisément comme les fleuves, ces inconscients courriers de toute civilisation. Il appartient à notre siècle ou, pour être plus exact, à la fin du siècle dernier, d'avoir reconnu les droits et les énergies latentes de la foule, comme il appartient à ces dernières années d'avoir reconnu la force des chutes d'eau, et de l'avoir transformée par exemple en cette merveille qu'est la lumière électrique.

Reconnaître une force, pourtant, ne veut pas dire savoir l'utiliser. Donner des droits à un individu ou à une collectivité, ne veut pas toujours dire que cet individu ou cette collectivité en sont dignes.

Malheureusement, dans quelques pays, dans les pays latins surtout, les ennemis de la foule, les amis de toute aristocratie et de tout despotisme, semblent avoir beau jeu, en nous faisant voir que le peuple n'est pas encore à la hauteur de ses droits et qu'il est incapable d'en profiter.

Nous reconnaissons volontiers qu'il y a une grande différence entre l'âme des peuples du Sud et celle des peuples du Nord ; nous reconnaissons volontiers — quoique avec un douloureux sentiment patriotique — cette supériorité des foules septentrionales sur les foules latines, supériorité qui dans les dernières années a donné lieu à tant de travaux intéressants.

Il y a là — sans nul doute — une cause économique, que, si j'en avais le temps, si je ne craignais de faire de la politique, j'aimerais à vous développer : mais il y a là aussi une cause héréditaire de race, et c'est sur celle-ci que je veux m'arrêter.

La race possède encore sa suprême influence dans la vie des sociétés ; et la race latine, avec son impétuosité, son manque de réflexion, son amour pour tout ce qui est apparence et parade, n'est certainement pas la plus apte à nous offrir des foules qui, à l'élan magnifique de l'enthousiasme, sachent opposer le travail plus obscur, mais plus utile, du cerveau.

Néanmoins, je crois qu'on pourrait par l'instruction et l'éducation combattre ou modifier cette influence de la race. Je crois que, si on savait diriger et développer l'âme latine, on en pourrait cueillir des fruits presque égaux, sinon supérieurs, à ceux que produit l'âme anglo-saxonne.

L'éducation, dans les pays latins, et je parle surtout de mon pays, l'Italie, est encore victime de la tradition : elle se base sur un prétendu axiome qui n'est rien autre qu'un préjugé, et elle croit que ce qui a été pratiqué une fois doit l'être toujours.

Le jeune homme d'aujourd'hui doit apprendre à peu près ce qu'il apprenait il y a cent ans : et, ce qui est bien pis, son éducation doit être à peu près égale à celle d'il y a un siècle, — comme si le monde, pendant ce temps, n'avait pas marché. En un mot, on maintient les nouvelles générations dans l'état de la Chine, ce peuple incapable de perfectionnement.

Par ce préjugé, l'éducation se résume dans l'instruction, et dans une instruction formelle basée sur les livres. On crée une jeunesse qui ne fait qu'apprendre par cœur des ouvrages, sans que son jugement et son initiative soient jamais exercés.

« Apprendre des leçons, savoir par cœur une grammaire ou un abrégé, bien imiter, voilà — écrivait Jules Simon — une plaisante éducation où tout effort est un acte de foi devant l'infaillibilité du maître, et n'aboutit qu'à nous diminuer et à nous rendre impuissants. »

Au lieu des choses nécessaires à la vie, on enseigne l'histoire ancienne; au lieu de former des hommes, on forme des érudits : au lieu de préparer l'enfant à la lutte pour l'existence, l'école ne se charge que de le préparer à des fonctions publiques : au lieu de développer l'initiative individuelle, on cherche à éteindre sous un niveau médiocre toute lueur d'originalité. Ce n'est pas l'épanouissement des plus hautes facultés humaines, c'est le diplôme qu'on vise.

Et l'État, qui fabrique à coups de manuels tous ces diplômés — comme le disait très bien M. Le Bon [1] — ne peut en utiliser qu'un petit nombre et laisse forcément les autres sans emploi. Il lui faut donc se résigner à nourrir les premiers et à avoir pour ennemis les seconds. Il lui faut se résigner — ce qui est bien plus grave et plus douloureux — à créer deux catégories d'individus : ceux qui, après avoir assiégé les carrières, les ont obtenues ; ceux qui, sont restés au dehors de la forteresse bureaucratique tout en en ayant entamé le siège. Les premiers constituent une foule esclave du gouvernement, toujours prête à le soutenir, parce qu'ils craignent de perdre leur emploi — les seconds constituent une foule rebelle au gouvernement, toujours prête à le combattre et à en entraver les initiatives ; et la soi-disant opinion publique n'est que la résultante pathologique de deux courants peu naturels et immoraux, qui portent dans leur jugement — non pas les idées et les sentiments du vrai peuple — mais bien les égoïsmes d'une foule qui a trop mangé, ou les représailles d'une foule qui a trop faim.

Voilà, malheureusement, la condition des foules latines : voilà aussi la raison de leur infériorité qui autorise les sceptiques et les aristocrates à porter un jugement très sévère sur

_____

(1) *Psychologie des foules.*

la psychologie et sur l'intelligence de la collectivité. Nous ne pouvons admettre — disent-ils — d'être guidés ni par une foule de brebis qui trouve toujours bonne la voie par laquelle le pasteur, c'est-à-dire le gouvernement, veut les faire marcher, ni par une foule de fauves rebelles qui mettent leur unique orgueil et leur seule volonté à contrarier ce que l'autorité leur commande. Le servilisme d'une part et la rébellion de l'autre, ne donnent pas, ne peuvent pas donner pour résultante une opinion publique digne des pays civilisés.

Et les sceptiques n'ont pas tort. — Seulement ils ont tort de croire qu'il soit trop tard pour remonter un tel courant.

Si nous avons le courage de changer notre système d'éducation, si nous remplaçons nos odieux manuels par une instruction *professionnelle* capable de ramener la jeunesse vers les champs, vers les ateliers, au lieu de la faire croupir dans les bureaux, nous formerons un peuple et une âme collective qui sera digne de la puissance que l'évolution lui a désormais reconnue.

Le mouvement de révolte contre l'éducation latine va s'élargissant tous les jours. Des pages magnifiques d'Hippolyte Taine jusqu'aux livres mathématiquement persuasifs de M. Demolins — c'est un hymne qui s'élève à la gloire de l'éducation anglo-saxonne : et nous espérons que cet hymne sera entendu par les gouvernements et les parlements.

Et puisque c'est indéniablement au moyen de l'éducation et de l'instruction que s'améliore ou s'altère l'âme des foules, nous sommes bien sûrs que si les pays latins veulent modifier leur éducation, l'âme des foules latines s'améliorera.

Est-il nécessaire d'apporter des preuves ou des arguments pour démontrer la vérité de ce que nous venons de dire? L'histoire tout à fait récente de la Grèce, de l'Italie, de l'Espagne, de la France, est un livre ouvert et d'interprétation bien facile. Ces quatre nations, — la Grèce dans sa pitoyable guerre contre les Turcs, l'Italie dans sa malheureuse campagne d'Afrique et dans les émeutes de 1898, l'Espagne dans son désastre militaire et moral au temps de la guerre contre les États-Unis, la France dans la débâcle honteuse de l'affaire Dreyfus, — ont clairement prouvé qu'elles avaient une âme collective corrompue, vieillie, incapable de se diriger. Dans ces quatre pays, la majorité de l'opinion publique, c'est-à-dire la foule, est allée droit à sa perte, comme une folle ou comme une criminelle, et c'est encore une merveille, un miracle, si elle n'est pas tombée dans le gouffre.

Quelles en sont les raisons ? Si je ne me trompe, la cause de tout cela est que les foules latines sont aujourd'hui des foules vieilles, réduites à un état de débilité et de sénilité par une éducation fausse et une instruction mauvaise. Et comme tous les vieillards et les débiles, elles ont ou une aveugle servilité ou des crises de fureur.

Confrontez ces foules vieilles avec les foules jeunes des peuples anglo-saxons ! Confrontez la multitude enivrée de Barcelone ou de Madrid qui en 1898 hurlait de subjuguer les Américains — comme les Français de 1870, qui hurlaient : A Berlin ! A Berlin ! — avec le calme sûr et majestueux des citoyens de New-York qui attendaient les dépêches de la guerre avec l'assurance de celui qui connaît sa force et qui n'en doute pas !

Moltke disait que les victoires des Allemands sur les Français en 1870 étaient dues, au travail obscur du maître d'école, plus qu'au génie des généraux.

Je crois que cette phrase contient une grande vérité, et une vérité qu'on peut appliquer dans un champ bien plus vaste que ne l'est un champ de bataille.

Je crois que pour toutes les victoires, non seulement celles des armes, mais aussi celles de l'intelligence et de la moralité, pour les progrès de tout genre enfin, c'est l'éducation et l'instruction qui peuvent fournir les moyens les plus sûrs.

Rendre le peuple conscient, le faire sortir de son infériorité mentale et de son inconscience morale, donner à chaque indi·vidu le moyen de se faire une place dans la vie et de pouvoir la retrouver lorsqu'il l'a perdue, ne pas laisser croire que le seul idéal doit être un fauteuil bureaucratique, mais développer chaque initiative individuelle, voilà la vraie et seule manière de former une âme collective qui soit à la hauteur de ses droits, et qui, ne s'enorgueillissant pas trop de sa puissance, soit capable d'éviter ce grand écueil qui est l'ivresse de la toute-puissance et qui conduit à la folie ou au crime.

Et ce sera une âme collective qui saura éviter cet écueil d'autant plus que le courant socialiste actuel a donné aux individus la certitude qu'ils sont peu de choses par eux-mêmes et qu'ils ne valent que lorsqu'ils sont réunis aux autres.

Les foules des peuples du Nord ont prouvé qu'elles ont une âme collective qui relativement a évolué et est consciente.

Et s'il y a — à présent [1] — une exception frappante pour l'Angleterre qui s'est emballée dans la guerre du Transvaal comme un loup qui se jette sur une brebis, ou comme un assassin qui vous prend à la gorge, c'est que la foule anglaise est elle-même la victime de certains loups et de certains assassins qui, pour amasser de l'or la trompent et l'enivrent avec des moyens jésui-tiques et frauduleux ; qui l'enivrent en surexcitant son orgueil national, qui la trompent en achetant les journaux et en formant de la sorte cette opinion publique que nous avons étudiée dans une autre leçon et que seuls les naïfs peuvent croire sin-cère.

Mais est-il hasardeux de penser que, comme la foule anglaise — passé cet horrible moment de crise qui va lui coûter bien cher — de même les foules latines, pourront retrouver — ou se former — une âme collective vraiment consciente et moderne ?

____

(1) Je rappelle que cette leçon a eu lieu au mois de novembre 1899.

Je crois que non, si l'expérience a servi à quelque chose, et si la marche fatale des idées de progrès qui sont à l'horizon dans la politique, dans l'instruction, dans la science n'est pas arrêtée.

Du reste, puisque le règne de la foule va toujours grandissant, il est bien simple de penser que tous nos efforts doivent tendre à rendre la foule digne de ses immenses droits puisque là seulement est notre salut.

Y parviendrons-nous?

Le destin de l'humanité ressemble à une longue et dangereuse ascension vers un faîte très haut et très lointain, voilé par les nuages. Ce faîte est l'élévation morale et intellectuelle et le bien-être de tous. En général on ne croit pas pouvoir y toucher : quelques-uns seulement ont la foi.

Qui a tort et qui a raison?

Je ne le sais pas. Mais je sais que, si le faîte n'a pas encore été atteint, si même on ne peut jamais l'atteindre, tous pourtant, en cherchant à y toucher, sont devenus meilleurs.

Voilà, Mesdames et Messieurs, ma conclusion : conclusion optimiste et morale, parce qu'on doit toujours espérer, et parce que surtout on doit toujours travailler à la réalisation du progrès humain, sans trop se soucier de savoir si on atteindra un jour à l'idéal et au rêve qui est dans notre cœur et dans notre intelligence. *Fais ce que dois, advienne que pourra !* Voilà l'évangile suprême et absolu auquel nous devons conformer notre conduite. Pascal disait que le but de l'homme n'est pas de vaincre, mais de combattre. Je le crois avec lui, parce que, chaque fois que nous avons obtenu une victoire, nous reprenons les armes, toujours sous le prétexte de vaincre, en réalité pour le seul besoin de combattre.

Et puisque je suis un humble soldat mais un soldat enthousiaste de la science, puisque aujourd'hui je vous ai parlé de la lutte à soutenir pour améliorer l'âme des foules par l'instruction et l'éducation, — permettez-moi d'envoyer mon salut à cette Université nouvelle, à cet Institut des Hautes Études, qui ont cherché à réaliser un désir qui flottait dans la conscience de l'élite humaine, et qui ont accompli plus qu'une œuvre d'instruction, une œuvre d'*élévation humaine* — comme a dit mon maître, M. Ferri, dont il m'est cher et doux de vous rappeler le nom en ce dernier moment.

L'heure est triste et difficile — Mesdames et Messieurs — pour cette Université, que j'ai désormais l'orgueil d'appeler *notre* Université, — mais quel que soit son avenir — et je souhaite de tout mon cœur qu'il soit florissant et glorieux — il restera à ses fondateurs et à ses organisateurs, l'honneur d'avoir vaillamment livré une bataille pour la liberté de la pensée et pour l'élévation humaine — il restera à ceux qui, comme moi, y ont porté leur concours, la satisfaction immense d'avoir été les amis de la première heure de ces hommes courageux, et de leur avoir prouvé que, s'ils sont combattus dans leur pays, la sympathie des étrangers les entoure, et plus que la sympathie, l'admiration due aux pionniers de la civilisation.

CHAPITRE V

L'ART ET LA FOULE

L'art et la foule sont deux mots qui — de prime abord — doivent sembler contradictoires et impossibles à associer : tandis que le premier représente l'aristocratie de la pensée, le second ne représente que la vulgarité du nombre.

Est-ce que la foule peut comprendre l'art et le juger? Son jugement est-il un de ces arrêts sans appel et qui *pro veritate habentur?* ou — au contraire — l'art qui plait au public n'est-il pas de l'art, ou, du moins, n'est-il qu'une forme inférieure de l'art ?

Voilà le problème — pas tout à fait nouveau — mais que certaines études récentes ont remis à la mode : problème intéressant et important, non seulement pour les solutions qu'il peut avoir, mais aussi et surtout pour les analyses psychologiques qu'il rend nécessaires pour ceux qui voudraient le résoudre. C'est, en effet, la psychologie collective — cette mer immense, profonde et mystérieuse — qu'il faut sonder, pour découvrir, non pas la cause dernière qui est inconnaissable, mais au moins quelques-unes des causes plus proches de ses fluctuations, de ses accalmies et de ses tempêtes imprévues.

Il y a des écrivains qui parlent avec un sourire ironique ou compatissant de la mission moralisatrice que Guyau et Tolstoï ont attribuée à l'art. Ils ne croient pas que l'art puisse et doive contribuer au progrès moral de l'humanité et suivre toutes les réformes qui s'annoncent tour à tour dans le milieu social. Ils nient qu'il y ait un art conservateur et un art révolutionnaire, un art royaliste et un art républicain, un art militariste et un art antimilitariste, parce que — disent-ils — tous ces petits phénomènes de l'âme contemporaine sont regardés avec mépris par le vrai art, qui plane dans une atmosphère bien plus haute. Ils ont raison peut-être. Quant à moi, je ne me reconnais pas le droit de définir ce que c'est que le *vrai* art, et je confesse, très humblement, ignorer à qui a été donné le monopole de cette définition. Je sais seulement que l'art reflète — comme un miroir — les courants religieux, politiques et scientifiques qui traversent l'âme humaine; et j'affirme que l'art doit suivre toutes les idées et tous les sentiments qui sont répandus dans le public, qu'il doit presque se nourrir de ces idées et de ces sentiments. L'art joue selon moi, dans l'échelle des phénomènes humains le rôle de la sensitive dans l'échelle des organismes végétaux. Il perçoit — avec une délicatesse que personne ne possède — tout ce qui se passe autour de lui, et il sait ou réagir contre les phénomènes du monde extérieur ou les absorber, mais il les résume toujours et les symbolise d'une manière synthétique très claire.

Nous en avons une preuve dans le problème qui revient aujourd'hui occuper la pensée des psychologues, et qui forme le sujet de ces quelques pages.

Cette recherche des rapports entre l'art et la foule, cette discussion qui consiste à savoir si l'un peut être jugé par l'autre, qu'est-ce au fond, sinon la manifestation dans le domaine artistique du désaccord qui règne entre l'individualisme et le socialisme contemporain? Dans le dédaigneux orgueil de l'artiste qui ne veut pas reconnaître à la foule le droit de le vouer à la renommée ou à l'oubli, nous voyons renaître le duel éternel entre l'individu et la société, nous sentons, pour ainsi dire, s'agiter le grand doute dans le brouillard duquel le siècle va mourir: le progrès est-il propriété exclusive des génies qui entraînèrent derrière eux les foules comme les pasteurs les brebis, ou bien plutôt l'œuvre merveilleuse et inconsciente de tous, une espèce de pyramide immense à laquelle chaque homme aurait apporté sa pierre.

Nous sommes donc en présence — dans l'art comme dans la politique — de deux partis opposés : l'un aime la foule, l'autre la méprise; l'un la croit digne de juger toute œuvre intellectuelle et par là aussi de gouverner, l'autre ne lui reconnaît aucune capacité intellectuelle et pour ce fait il la voudrait non pas juge et despote, mais esclave au service d'un seul ou de quelques-uns.

En politique, le parti qui méprise la foule est désormais restreint à un nombre très limité : la thèse orgueilleuse et égoïste est difficile à soutenir dans sa logique absolue parce qu'elle va se heurter contre une condition qu'elle ne peut plus changer : *le suffrage universel*, et contre les besoins économiques qui deviennent toujours plus conscients et par cela même plus menaçants dans le peuple. Il faut ajouter que la politique — étant le phénomène social dans lequel la sincérité et la franchise sont les plus rares — ne permet pas cette division nette et loyale des partis qui existe ailleurs, et se manifeste plutôt avec des nuances indécises qu'avec des couleurs bien distinctes. En effet, il est rare de trouver dans la politique un individualiste outrancier, c'est-à-dire un individu qui aime le despotisme, comme il est rare de trouver un socialiste outrancier, c'est-à-dire un homme qui veuille nier toute influence ou tout droit à l'individu isolé : tous les deux sont intimement rongés par une contradiction facile à dévoiler quoiqu'on la confesse peu : l'individualiste cherche dans le public le succès qu'il méprise dans ses paroles, et en le socialiste lutte avec le désir égoïste de parvenir pour soi-même et de l'emporter sur les autres, sentiment qu'il condamne en théorie.

Dans l'art, le parti qui méprise la foule est plus nombreux.

Sans nous arrêter au groupe extrême qui a pour drapeau la théorie du *superhomme*, — on ne peut nier que beaucoup refusent à la foule le droit de juger une manifestation artistique quelconque, et ne l'accordent qu'à un petit cénacle de compétents qu'on appelle les critiques.

Ici même se reproduit le phénomène contradictoire par lequel les aristocrates de la pensée sont, au fond, très contents d'être applaudis par la foule; mais — tout en savourant les délices de la popularité — ils ne cessent de la mépriser, et lorsqu'ils ne l'obtiennent pas, ils s'en moquent. Sans nous arrêter à donner des exemples, il est évident que ce suprême mépris de l'artiste envers la foule est un phénomène des plus communs.

Mais est-ce aussi un phénomène juste et logique? je ne veux pas envisager ce problème au point de vue artistique : peut-être le chapitre qui précède a-t-il donné à ce sujet quelques aperçus généraux que le lecteur n'aura pas oubliés : je veux seulement le traiter au point de vue de la psychologie.

Au fond, ce désaccord entre l'artiste et la foule, ce duel entre l'*individu* et la *collectivité* n'est qu'une question de temps. En effet l'artiste peut méconnaître et récuser le jugement de la foule de ses contemporains; mais il ne peut pas refuser le jugement de la postérité : il peut mépriser la foule parmi laquelle il vit : il ne peut mépriser la foule qui viendra après lui. Dans le monde il n'y a et ne peut y avoir d'autre moyen pour juger une manifestation intellectuelle quelconque que l'adhésion de la majorité : adhésion qui — sans aucun doute — doit se former non pas immédiatement, mais lentement dans le temps, elle reflète néanmoins un jugement collectif, c'est-à-dire un jugement de la foule. Et personne ne pourrait prétendre être un génie si ses successeurs ne lui décernaient cet honneur : son orgueil serait vain et ridicule si la postérité couvrait son nom de silence et d'oubli.

Dans le champ de la science et de l'art, le système qui autrefois régnait dans le monde politique n'est pas en vigueur : c'est-à-dire qu'on ne peut pas se créer souverain contre la volonté de la majorité. Dans le champ de la science et de l'art le système des plébiscites est en vigueur : plébiscites d'autant plus sincères et conscients qu'étant promulgués par la postérité, ils excluent tout soupçon de suggestion et de corruption.

Et si — comme je le crois fermement — telle est la vérité, je déclare qu'il m'a semblé toujours non seulement injuste mais aussi étrange que l'artiste méprise la foule par le seul fait que la foule ne peut le comprendre tout de suite et l'interpréter comme il mérite. Je le reconnais bien volontiers tout le premier : la foule bien souvent ne comprend pas le chef-d'œuvre qu'elle est appelée à juger : elle a sifflé Wagner quand les superbes manifestations de ce génie musical firent leur première apparition sur la scène : elle a laissé passer avec un silence dédaigneux ou elle a fièrement combattu beaucoup d'œuvres de peinture, de sculpture et de littérature qui ont été reconnues ensuite des chefs-d'œuvre artistiques.

Malgré cela (et tout en faisant observer que bien souvent à côté des jugements absurdes de la foule il y a des verdicts justes et logiques), je voudrais demander aux artistes trop fiers : — pourquoi vous seuls vous révoltez-vous contre la lenteur que la foule met à vous comprendre, tandis que cette lenteur de l'âme collective vers les intuitions du génie individuel est une fatalité bienfaisante, non seulement pour ce qui se rapporte à l'art mais aussi pour toutes les manifestations intellectuelles ? Dans la science, dans la politique, dans chaque branche de l'activité humaine, on n'a jamais vu (ou on a vu très rarement par une de ces exceptions qui confirment la règle) que le public accepte d'emblée l'idée nouvelle que quelque philosophe a lancée ou la nouvelle découverte qui a été faite par un homme de science. Napoléon n'a pas cru à celui qui lui décrivait le modèle d'une machine à vapeur. Thiers a affirmé en plein

Parlement que les chemins de fer étaient une utopie, et que le monde n'aurait jamais d'autre moyen de locomotion que la diligence à chevaux ; Aristote niait que les hommes naquissent égaux et il croyait que la division entre hommes libres et hommes esclaves serait éternelle. Et pourtant, on ne niera pas le génie de Napoléon, de Thiers et d'Aristote. Pourquoi donc les artistes, peintres, sculpteurs, ou musiciens, se croient-ils en droit d'insulter ceux qui ne comprennent pas tout de suite leurs œuvres ? Pourquoi la foule, sous peine d'être jugée ignorante, doit-elle avoir, par exemple, devant une œuvre de Wagner, cette rapidité d'intuition que Napoléon et Thiers n'ont pas eue devant la découverte de Watt ?

La vérité est que toute idée, avant d'obtenir la victoire, doit traverser une période de lutte. Ils le savent très bien, tous ceux qui ont lutté en politique pour la réalisation d'un idéal, tous ceux qui ont lutté dans la science pour la conquête d'une partie de cet inconnu qui est encore infini. Et néanmoins, dans la période de lutte, ni les apôtres, ni les martyrs, ni les hommes de science, n'osèrent insulter la foule parce que celle-ci ne les comprenait pas et même les combattait. Plus modestes que certains artistes modernes, ils savaient que dans la foule l'effet d'une idée ou d'une image ne peut pas toujours s'obtenir immédiatement, comme une étincelle mais doit se propager peu à peu comme lorsqu'on jette une pierre dans un lac et que les ondes s'étendent en s'élargissant jusqu'à la rive. Et ils attendaient avec patience que le temps leur donnât cette adhésion que les contemporains leur avaient refusée, sans pour cela stigmatiser comme des médiocres ou des stupides ceux qui ne les avaient pas compris.

Il faut donc le dire encore une fois : on ne peut exiger de la foule une grande célérité d'intuition devant une œuvre d'art, et on ne peut pas l'insulter pour ce manque de célérité. L'individu isolé ne possède pas toujours lui-même cette célérité d'intuition devant les œuvres d'art ou, en général, devant toutes les manifestations intellectuelles. Il y a des poètes qui ne savent pas improviser leurs vers : il y a des hommes de talent qui ne sont pas orateurs : mais on ne peut pas les mépriser parce qu'ils manquent de ces qualités d'improvisation. Au contraire, le vrai poète, comme le véritable homme de science, ceux qui légueront leur nom à des œuvres éternelles, sont parfois précisément ceux qui manquent de ces qualités extérieures très suggestives. La foule, dans sa grande âme collective, est comme un de ces individus qui ne savent pas manifester instantanément leur talent, mais qui savent créer le chef-d'œuvre si on leur laisse le temps et la réflexion.

C'est pour cela qu'au lieu de la distance que la plupart des hommes supérieurs trouvent entre eux-mêmes et la foule, je voudrais voir se développer entre les artistes et la foule un sentiment de solidarité.

Ce sentiment de solidarité donnerait lieu, avant tout, à une modestie grande et féconde, parce qu'il démontrerait ceci : de même que la pensée n'est que le résultat mystérieux du travail de milliers de cellules cérébrales, de même l'artiste et son œuvre ne sont que le résultat symbolique du travail collectif de millions d'individus, dont chacun isolé ne pourrait ni sentir, ni agir, ni vivre. Il chasserait, en second lieu, le pessimisme contemporain suivant lequel certains aristocrates méprisent la foule comme une horde de brutes indignes de recevoir le don d'une œuvre d'art, et développerait au contraire la vive lumière d'un optimisme sain, au nom duquel on sentirait le devoir fraternel de travailler à l'élévation intellectuelle et à la rédemption morale de la foule. Les artistes ne doivent pas donner plus longtemps des exemples d'orgueil et d'égoïsme. Ils ne doivent pas imiter, eux qui sont les millionnaires du talent, certains millionnaires de l'argent qui gardent toutes leurs richesses pour eux-mêmes et méprisent ceux qui n'en ont pas d'équivalentes. Ils doivent reconnaître que leur richesse, le génie, est, comme l'or des riches, le fruit du travail de millions d'individus; ce n'est pas un mérite absolument personnel; ils doivent, ensuite, sentir que leur devoir est de jeter cette richesse dans la fournaise de l'âme collective pour la féconder, comme le devoir du millionnaire est de remettre son or en circulation, pour augmenter la richesse du pays. Et s'ils ne sont pas compris au premier abord, comme le bienfaiteur qui recueille parfois l'ingratitude au lieu de la reconnaissance, que leur importe?

La reconnaissance qui est rare dans l'individu est sûre, mais elle est dans la foule, lente : et elle a un nom devant lequel doivent s'incliner le plus rigide des aristocrates, le plus logique des individualistes et le plus orgueilleux des artistes : elle s'appelle *la gloire*.

TROISIÈME PARTIE

LA THÉORIE DE LA FOULE CRIMINELLE DEVANT LES TRIBUNAUX

J'aurais voulu présenter aux lecteurs un recueil d'arrêts de Cours d'appel et de tribunaux français qui ont accepté, renié, mais en tout cas discuté ma théorie sur la foule criminelle.

Malheureusement je n'ai pas eu le temps de consulter les ouvrages qui m'auraient offert des documents et on m'a même dissuadé de le faire, en me disant que je n'aurais probablement pas trouvé ce que j'allais y chercher.

Je dois donc me borner à résumer ici les quelques arrêts de Cours d'appel et de Tribunaux italiens qui acceptent ma théorie, tout en souhaitant que les avocats français puissent provoquer des sentences analogues dans les procès où l'accusé est la foule [1].

---

(1) Les arrêts qui sont résumés ici, se trouvent *in extenso* dans l'édition italienne de cet ouvrage.

I

ARRÊT DU TRIBUNAL DE BARI

(17 février 1887.)

Dans la ville de Gravina, on célèbre le 8 mai, la fête de Saint-Michel dans un sanctuaire privé qu'on appelle *la Grotte*. Après la messe et les cérémonies religieuses le peuple s'abandonne, dans les cabarets et sur la place à tous les excès de boisson, de danse, de musique, coutumiers chez les populations méridionales.

En 1886, le maire de Gravina crut de son devoir de permettre la cérémonie religieuse, mais de prohiber toute autre continuation de la fête : et cela parce que le choléra faisait des ravages dans la province. La foule — irritée de cette défense qui la privait d'un amusement traditionnel auquel elle tenait beaucoup — commença à crier, à frapper contre les portes du sanctuaire jusqu'à les briser ; elle s'empara d'un drapeau et traversa toute la ville aux cris de : *A bas le maire ! Nous voulons la fête !*

Les sergents de ville et les gendarmes ne pouvaient presque rien contre cette multitude enivrée. Le maire s'était refugié au cercle de l'Union ; mais la foule le vit et commença à lancer des pierres contre la maison qui l'abritait. Les vitres furent cassées, deux gendarmes blessés. Dans ce même temps quelques individus, se détachant de la foule, étaient allés dans les jardins publics, où ils arrachèrent des arbres pour en faire des instruments de leur vengeance. Armés de la sorte, ils forcèrent la porte du cercle industriel où ils commirent d'innombrables

actes de vandalisme ; ils allèrent ensuite à la gendarmerie ou
le brigadier — voyant ses hommes blessés et se sentant incapable de résister plus longtemps — commanda le feu. Un individu tomba mort, plusieurs furent blessés : à cette vue la foule
eut peur et se dispersa peu à peu.

On fit un procès contre 28 accusés qui avaient été arrêtés
pendant le tumulte et qui furent reconnus coupables des
délits de rebellion, outrages, coups et blessures. Mais, sur une
plaidoirie très émouvante de M. G. A. Pugliese, le tribunal
leur accorda le bénéfice de l'article 95 du Code pénal, c'est-à-
dire de la *demi-responsabilité*. Voici les conclusions de l'arrêt
du tribunal :

« Attendu, que ce ne fut pas l'individu mais l'être collectif,
la foule qui se révolta ;

« Or, si la violence n'était pas préméditée, si cette multitude,
en proie à la passion, manifestait un phénomène de suggestibilité que l'homme a en commun avec tous les animaux, et
si cette multitude arriva, par une progression de haine et de
folie, à commettre les faits qu'on déplore, — comment pour-
rait-on croire à la pleine et absolue responsabilité du crime
commis, tandis que l'intelligence était voilée et la conscience
obscurcie à cause des mille passions et suggestions qui s'agi-
taient dans la foule ?

« On est donc contraint d'affirmer que l'homme ne pouvait
plus agir selon son libre arbitre ; — qu'on ne doit parler que
d'un crime collectif ; — qu'il faut punir ce crime collectif pour
satisfaire le droit, mais que le sentiment de justice le plus élémentaire conseille de diminuer la responsabilité de ce crime ; —
qu'enfin cette foule a droit au bénéfice que le législateur accorde
en vertu de l'article 95 du Code pénal (la force demi-irrésis-
tible). »

II

ARRÊT DU TRIBUNAL DE BOLOGNE
(4 avril 1891.)

Les étudiants de l'Université de Bologne, constituant le Cercle Monarchique Universitaire, voulaient inaugurer leur drapeau; et l'illustre poète Giosué Carducci, sénateur et professeur de lettres à cette même Université, accepta d'être le parrain du drapeau.

Une partie des étudiants d'idées contraires, voulut faire une démonstration hostile au professeur : le 11 mars 1891, lorsque Carducci entra dans la salle où il donnait ordinairement ses leçons, un groupe d'étudiants l'acclama et un autre groupe le siffla en le comblant d'injures. Carducci résista d'abord, mais malgré l'intervention d'autres professeurs, il ne put dominer le tumulte et il fut contraint de sortir de la salle et de quitter l'Université en voiture. Les deux étudiants qui avaient été les plus agressifs à l'égard de Carducci furent arrêtés sous l'inculpation d'outrage ; mais l'un des deux fut acquitté et l'autre condamné seulement à 200 francs d'amende avec circonstances atténuantes, pour les motifs que nous allons reproduire d'après la sentence même :

« Attendu que : tout en admettant la violation du droit, la honte de l'action et la responsabilité respective sont atténuées par l'effervescence de la jeunesse enthousiaste, et *par les suggestions qui se développent spontanément dans la collectivité.*

« Attendu que la confusion, le désordre, les cris qui se répandirent dans cette foule de jeunes gens *ne permettent pas à la justice de tenir pour sûres et indiscutables les dépositions des témoins...* »

Comme l'on a pu voir, l'arrêt du tribunal de Bologne tient compte non seulement de la diminution de responsabilité pour les crimes commis dans une foule, mais aussi de la difficulté de la preuve, à cause du peu de confiance accordée des témoins, qui, même inconsciemment, ne peuvent pas dire la vérité. (Voir le chapitre III de notre 1re partie).

L'avocat des deux étudiants était Enrico Ferri.

III

ARRÊT DU TRIBUNAL DE PALLANZA

(janvier 1893.)

Le tribunal de Pallanza eut à juger 24 individus détenus sous l'inculpation d'outrages, rebellion, dégradation d'édifices publics et privés, avec l'accusation spéciale d'avoir constitué dans ce but une association de malfaiteurs.

Il s'agissait des faits survenus au mois de septembre 1892, à la suite de la grève des chapeliers de la fabrique Petroli, grève qui avait pour cause la dureté de cet industriel qui s'était refusé à augmenter le salaire.

On avait demandé la condamnation des accusés à quatre ans et huit mois de réclusion.

Mais le tribunal, au milieu des applaudissements du public, accueillit la thèse de la défense excluant l'association de malfaiteurs; il admit seulement la dégradation des édifices privés, de sorte que des 24 inculpés, 19 furent acquittés le soir même de l'arrêt, et cinq furent condamnés à quelques mois de réclusion, avec la circonstance atténuante de l'*excitation de la foule*.

IV

ARRÊT DU TRIBUNAL DE VOLTERRA

(3 novembre 1893.)

Au mois d'août 1893, les ouvriers en albâtre, réduits à la
faim par les spéculations des commerçants, se réunirent au
nombre de 300 pour se mettre en grève; et trois jours de suite
ils parcoururent toutes les rues de Volterra, semblables à des
vagues menaçantes, demandant aux autorités politiques et com-
munales leur concours pour améliorer leur misérable condition
et réclamant des commerçants une plus juste rétribution de
leurs fatigues.

Ces ouvriers frappèrent aux portes de tous les commerçants,
les priant d'abord, les obligeant ensuite (quoique sans violences personnelles) à acheter leurs objets à des prix plus
humains.

La police intenta un procès; elle citait 17 ouvriers devant le
tribunal pour répondre de l'inculpation de *violence privée*; et
le 31 octobre cette cause fut débattue au tribunal de Volterra.

Le Procureur du roi soutint l'accusation avec beaucoup de
chaleur, demandant de fortes condamnations.

Le groupe de la défense était représenté par les députés
Ruggieri et Ferri et par l'avocat Bianchi, qui développa les
théories de la *Foule criminelle*.

Le tribunal, par l'arrêt du 3 novembre 1893, acceptait en
partie les conclusions de la défense, acquittant plusieurs des
inculpés pour manque de preuves il condamnait les autres,
mais l'article 47 du Code pénal, c'est-à-dire de la demi-responsabilité.

Voici une partie de l'arrêt :

« Le tribunal admet qu'effectivement, dans l'affaire en question, *les théories sur la foule criminelle peuvent trouver une application,* et que l'on *peut accorder à tous les accusés l'atté-nuation de la demi-responsabilité,* selon l'article 47.

« Les faits déplorés furent tous commis par la foule excitée, soit à cause de la condition misérable, malheureusement trop vraie, des ouvriers en albâtre, soit à cause de l'abus que les spéculateurs avides en faisaient, etc. »

V

ARRÊT DU TRIBUNAL DE SASSARI
(10 juillet 1895.)

Dans une rue de Sassari des gardiens de la paix étaient en train d'arrêter un criminel évadé qu'ils avaient reconnu : celui-ci opposait résistance : alors les gardiens le soulevèrent entre leurs bras et le portèrent à la police, ligotté comme un fardeau.

Quelques passants (qui ne savaient pas que l'individu main-tenu était un criminel) protestèrent contre les procédés des gardiens de la paix : une foule se forma aussitôt et un étudiant qui avait crié aux agents : *vous êtes des lâches,* fut arrêté sous l'inculpation d'outrages.

Le tribunal de Sassari, dans l'arrêt qui condamna cet étudiant à une amende, reconnut que « l'accusé avait été victime de la contagion de la foule qui s'était réunie dans un simple but de curiosité, et que, par suite, *la responsabilité de l'étudiant était de beaucoup diminuée* ».

VI

ARRÊT DU TRIBUNAL DE BARI
(14 juillet 1897.)

Le tribunal de Bari fut le premier à reconnaître la théorie de la *Foule criminelle* (voy. plus haut l'*Arrêt* du 17 février 1887) ;

et il a été le premier à affirmer la théorie de la *secte criminelle* par l'arrêt du 14 juillet 1897 que je vais résumer.

Dans la ville de Gravina, les socialistes avaient fondé un cercle, et le 19 mars 1897 un de leurs chefs devait y faire une conférence. Aux premiers mots de l'orateur, le chef de la police crut devoir l'inviter à se taire par raison d'ordre public, et il invita aussi la foule à circuler. Mais la foule n'obéit pas : on cria : *A bas la police! vive le socialisme !* On lança des pierres contre les agents de la sûreté, dont trois furent blessés. Ce fut l'arrivée des gendarmes qui put mettre fin au tumulte.

On arrêta 24 individus : et l'arrêt du tribunal qui les condamna à différentes peines affirme : « que, dans le cas en question, ce n'était pas une *foule* mais une *secte* (la secte socialiste) qui avait agi ; et que *s'il est juste que les délits commis par la foule aient droit à une diminution de la responsabilité individuelle,* on ne peut dire la même chose pour les délits commis par une *secte,* c'est-à-dire par une foule qui a agi avec préméditation dans un but déterminé. »

Comme on le voit, cet arrêt confirme — quoique incidemment — la théorie de la foule criminelle, et croit pouvoir appliquer la théorie de la secte criminelle. J'ai exposé ailleurs (voyez ma brochure : *Foule criminelle et secte criminelle* dans la *Scuola Positiva,* VII, 1897, 8e livraison), les raisons pour lesquelles je ne crois pas que dans la rébellion de Gravina il se soit agi d'une secte criminelle. Ici, il m'a suffi de noter cette adhésion du tribunal de Bari à ma théorie sur la foule criminelle [1].

----

(1) Voyez aussi à ce sujet : CAMMAROTA. *Folla o setta delinquente* dans la *Rivista di med. leg. e di giurispr. med.,* f. 2°, p. 330, 1887.

VII

ARRÊT DE LA COUR D'APPEL DE VENISE

(28 mai 1897.)

Dans la commune de Limana il y avait depuis plusieurs années un grave débat à propos de certains prés et bois qui étaient loués à des particuliers et que la population au contraire voulait distribuer aux citoyens en parties égales.

Le 8 mars 1897 il y avait séance à la mairie pour prendre une décision à ce sujet. Tous les conseillers municipaux — à l'exception d'un seul, un notaire, M. Cesare Mori, — furent d'accord pour approuver la distribution des biens aux citoyens.

A peine la foule, qui attendait en bas, sur la place, la décision du Conseil municipal, eut-elle su que le notaire avait émis un vote contraire — qu'elle commença à crier contre lui : *Canaille! tu bois le sang des pauvres! tu passeras parmi nous pour sortir! nous allons te faire voir s'il est bon de voter contre nous!*

M. Mori n'osait pas quitter la mairie. Le tumulte continuait : on lançait des pierres. M. Mori se décida à signer la rétractation de son vote. Il espérait, de la sorte, qu'on le laisserait retourner chez lui. Mais il dut attendre encore deux heures, parce que le maire, et le brigadier de gendarmerie lui déconseillaient de traverser la foule hurlante et menaçante. Enfin, il sortit de la mairie entouré des gendarmes qui le protégeaient et suivi par les hurlements de la populace. Au moment où il montait en voiture, une pierre tomba à ses pieds. Il fut sauvé par miracle.

On arrêta 18 paysans sous l'inculpation d'outrages et de menaces. Le tribunal de Bellune, par son arrêt du 12 avril 1897 en condamna 17 à un an et huit mois de réclusion, sans tenir compte de ce fait que le délit avait été commis par une foule surexcitée. Mais la Cour de Venise — à laquelle avait fait appel un des défenseurs des accusés, l'avocat R. Protti — rectifia l'arrêt du tribunal de Bellune, et condamna les 17 accusés à neuf mois de réclusion seulement, appliquant l'article 47 du Code pénal (demi-responsabilité), parce que les délits avaient été déterminés par une impulsion collective qui avait obscurci la raison des accusés, des paysans honnêtes, très loués et estimés par tous les témoins et qui n'auraient certainement rien commis de pareil dans un état d'esprit normal.

TABLE DES MATIÈRES

CHAPITRE II

LES FOULES CRIMINELLES

CHAPITRE III

LA RESPONSABILITÉ DE LA FOULE CRIMINELLE

DEUXIÈME PARTIE

LA FOULE AU POINT DE VUE SOCIOLOGIQUE

CHAPITRE PREMIER

L'INTELLIGENCE ET LA MORALITÉ DE LA FOULE

CHAPITRE II

PHYSIOLOGIE DU SUCCÈS

CHAPITRE III

L'OPINION PUBLIQUE

CHAPITRE IV

LE PROBLÈME MORAL DE LA PSYCHOLOGIE COLLECTIVE

CHAPITRE V

L'ART ET LA FOULE

TROISIÈME PARTIE

LA THÉORIE SUR LA FOULE CRIMINELLE
DEVANT LES TRIBUNAUX   263

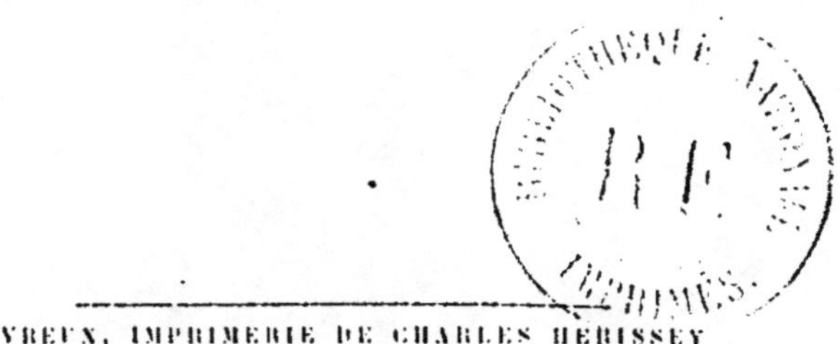

ÉVREUX, IMPRIMERIE DE CHARLES HÉRISSEY

FÉLIX ALCAN, ÉDITEUR

108, BOULEVARD SAINT-GERMAIN, PARIS, 6ᵉ

BIBLIOTHÈQUE

DE

PHILOSOPHIE CONTEMPORAINE

ANTHROPOLOGIE CRIMINELLE

AUBRY (le Dʳ Paul). — **La contagion du meurtre.** 1896. 3ᵉ édit. 1 vol. in-8, préface de M. le docteur CORRE . . . . 5 fr.

FÉRÉ (Ch.), médecin de Bicêtre. — **Dégénérescence et criminalité.** 3ᵉ éd., 1900. 1 vol. in-18, avec 21 graphiques . . . . . . 2 fr. 50

FERRI (E.), professeur à l'Université de Rome. — **Les Criminels dans l'art et la littérature.** 1897. 1 vol. in-18 . . . . 2 fr. 50

FLEURY (Dʳ M. de). — **L'Ame du Criminel.** 1899. 1 vol. in-18 2 fr. 50

GAROFALO, conseiller à la cour d'appel et professeur agrégé à l'Université de Naples. — **La criminologie.** 1 vol. in-8, 4ᵉ édit. 1895 . . . . : . . . . 7 fr. 50

LOMBROSO (Cesare), professeur à l'Université de Turin. — **Nouvelles recherches de psychiatrie et d'anthropologie criminelle.** 1892. 1 vol. in-18. 2 fr. 50

— **Les applications de l'anthropologie criminelle.** 1892. 1 vol. in-18. . . . . 2 fr. 50

— **L'anthropologie criminelle et ses récents progrès.** 1 vol. in-18, 3ᵉ édit., 1896 . . . . 2 fr. 50

— **L'homme criminel** (*criminel-né, fou-moral, épileptique*). 2ᵉ édit., 1895, 2 vol. in-8, avec atlas. . . . . 36 fr.

LOMBROSO et FERRERO. — **La Femme criminelle et la Prostituée.** 1 vol. in-8, avec 13 planches hors texte, 1896. . . . . 15 fr.

LOMBROSO et LASCHI. — **Le crime politique et les Révolutions.** 2 vol. in-8, avec planches hors texte, 1892 . . . . 15 fr.

PROAL (Louis), président à la cour d'appel de Riom, lauréat de l'Institut. — **La criminalité politique.** 1895. 1 vol. in-8. . . . . . 5 fr.

— **Le crime et la peine.** 3ᵉ édit., 1899. 1 vol. in-8 . . . . . 10 fr.

— **Le crime et le suicide passionnels,** 1900. 1 vol. in-8°. . . 10 fr.

SIGHELE. — **La foule criminelle.** 2ᵉ édit. 1901, 1 vol. in-8°. . 5 fr.

TARDE (G.). — **La criminalité comparée.** 4ᵉ édit., 1898. 1 vol. in-18 . . . . 2 fr. 50

PSYCHOLOGIE EXPÉRIMENTALE

ARRÉAT (Lucien). — **La psychologie du peintre.** 1892. 1 vol. in-18. . . . . 2 fr. 50

BINET (Alfred), directeur du laboratoire de psychologie physiologique à la Sorbonne. — **La psychologie du raisonnement,** *recherches expérimentales par l'hypnotisme.* 2ᵉ édit., 1896. 1 vol. in-18. . . . . 2 fr. 50

CRÉPIEUX-JAMIN (J.). — **L'Écriture et le caractère.** 4ᵉ édit., 1896. 1 vol. in-8 . . . . 7 fr. 50

DANVILLE (Gaston). — **Psychologie de l'amour.** 1900. 2ᵉ édit. 1 vol. in-18. . . . . 2 fr. 50

DUMAS (Georges), agrégé de philosophie, docteur en médecine. — **Les états intellectuels dans la mélancolie.** 1895. 1 vol. in-18   2 fr. 50

FERRERO (Guillaume). — **Les lois psychologiques du symbolisme.** 1895. 1 vol. in-8 . . . . 5 fr.

GERARD-VARET (L.), chargé de cours à la Faculté des lettres de l'Université de Dijon. — **L'ignorance et l'irréflexion,** *essai de psychologie objective.* 1899, 1 vol. in-8 . . . . 5 fr.

GODFERNAUX (A.), docteur ès lettres. — **Le sentiment et la pensée** *et leurs principaux aspects physiologiques.* 1894. 1 vol. in-8. 5 fr.

JAELL (Mᵐᵉ Marie). — **La musique et la psycho-physiologie.** 1896. 1 vol. in-18 . . . . 2 fr. 50

JANET (Pierre), chargé d'un cours à la Faculté des lettres de Paris. — **L'automatisme psychologique.** 2ᵉ édit., 1899. 1 vol. in-8. 7 fr. 50

LANGE (Dʳ), professeur à l'Université de Copenhague. — **Les émotions,** *Étude psycho-physiologique,* traduite par le Dʳ Georges Dumas, agrégé de philosophie, 1895. 1 vol. in-18 . . . .   2 fr. 50

MALAPERT (P.), docteur ès lettres, professeur au lycée Louis-le-Grand. — **Les éléments du caractère** *et leurs lois de combinaison.* 1897. 1 vol. in-8 . . . .   5 fr.

MOSSO, professeur à l'Université de Turin. — **La peur,** *étude psycho-physiologique,* traduite de l'italien par M. F. Hément. 2ᵉ édit., 1892. 1 vol. in-18, avec figures dans le texte. . . . . ,   2 fr. 50

— **La fatigue intellectuelle et physique.** Traduit de l'italien par P. Langlois. 2ᵉ édit., 1896. 1 vol. in-12, avec gravure dans le texte. . . . .   2 fr. 50

PIDERIT. — **La mimique et la physiognomonie,** trad. de l'allemand par M. Girot. 1888, 1 vol. in-8, avec 100 grav . . . .   5 fr.

RAUH (F.), professeur à la Faculté des lettres de Toulouse. — **De la méthode dans la psychologie des sentiments.** 1899. 1 vol. in-8. . . . .   5 fr.

RIBOT (Th.), professeur au Collège de France. — **La psychologie de l'attention.** 5ᵉ édit., 1898. 1 vol. in-18. . . . .   2 fr. 50

— **L'hérédité psychologique.** 5ᵉ édit., 1897. 1 vol. in-8. .   7 fr. 50

— **La psychologie des sentiments.** 3ᵉ édit., 1899. 1 vol. in-8   7 fr. 50

— **Essai sur l'imagination créatrice.** 1900. 1 vol. in-8. . . .   5 fr.

SERGI, professeur à l'Université de Rome. **Eléments de psychologie.** 1888. 1 vol. in-8, avec grav. . . . .   7 fr. 50

THOMAS (P.-F.), docteur ès lettres, agrégé de philosophie. — **La suggestion,** *son rôle dans l'éducation.* 1895, 1 vol. in-18. . . .   2 fr. 50

TISSIÉ. — **Les rêves,** physiologie et pathologie, avec préface de M. le prof. Azam, 2ᵉ édit., 1898. 1 vol. in-8. . . . .   2 fr. 50

WUNDT, professeur à l'Université de Leipzig. — **Eléments de psychologie physiologique,** traduits de l'allemand par M. le docteur Elie Rouvier. 1886. 2 vol. in-8, avec 180 figures dans le texte, précédés d'une préface écrite par l'auteur pour l'édition française et d'une introduction par M. D. Nolen . . . .   20 fr.

— **Hypnotisme et suggestion,** traduit de l'allemand par E. Keller. 1893. 1 vol. in-18 . . . .   2 fr. 50

ANCIENNE LIBRAIRIE GERMER BAILLIÈRE ET Cⁱᵉ

FÉLIX ALCAN, Éditeur

PHILOSOPHIE — HISTOIRE

CATALOGUE

DES

Livres de Fonds

On peut se procurer tous les ouvrages
qui se trouvent dans ce Catalogue par l'intermédiaire des libraires
de France et de l'Étranger.

On peut également les recevoir franco par la poste,
sans augmentation des prix désignés, en joignant à la demande
des TIMBRES-POSTE FRANÇAIS OU UN MANDAT *sur Paris.*

PARIS
108, BOULEVARD SAINT-GERMAIN (VIᵉ)

OCTOBRE 1900

Les titres précédés d'un *astérisque* sont recommandés par le Ministère de l'Instruction publique pour les Bibliothèques des élèves et des professeurs et pour les distributions de prix des lycées et collèges.

BIBLIOTHÈQUE DE PHILOSOPHIE CONTEMPORAINE

Volumes in-12, brochés, à 2 fr. 50.

Cartonnés toile, 3 francs. — En demi-reliure, plats papier, 4 francs.

La *psychologie*, avec ses auxiliaires indispensables, l'*anatomie* et la *physiologie du système nerveux*, la *pathologie mentale*, la *psychologie des races inférieures et des animaux*, les recherches *expérimentales des laboratoires*; — la *logique*; — les théories générales fondées sur les découvertes scientifiques; — l'*esthétique*; — les *hypothèses métaphysiques*; — la *criminologie* et la *sociologie*; — l'*histoire des principales théories philosophiques*; tels sont les principaux sujets traités dans cette Bibliothèque.

ALAUX, professeur à la Faculté des lettres d'Alger. **Philosophie de V. Cousin.**
ALLIER (R.). ***La Philosophie d'Ernest Renan.** 1895.
ARRÉAT (L.). * **La Morale dans le drame, l'épopée et le roman.** 2° édition.
— ***Mémoire et imagination** (Peintres, Musiciens, Poètes, Orateurs). 1895.
— **Les Croyances de demain.** 1898.
— **Dix ans de critique philosophique.** 1900.
BALLET (G.). **Le Langage intérieur et les diverses formes de l'aphasie.** 2° édit.
BEAUSSIRE, de l'Institut. * **Antécédents de l'hégél. dans la philos. française.**
BERGSON (H.), profe. seur au Collège de France. **Le Rire.** Essai sur la significa-
   tion du comique. 1900.
BERSOT (Ernest), de l'Institut. * **Libre philosophie.**
BERTAULD. **De la Philosophie sociale.**
BERTRAND (A.), professeur à l'Université de Lyon. **La Psychologie de l'effort
   et les doctrines contemporaines.**
BINET (A.), directeur du lab. de psych. physiol. de la Sorbonne. **La Psychologie
   du raisonnement, expériences par l'hypnotisme.** 2° édit.
BOUGLÉ, maître de conf. à l'Univ. Montpellier. **Les Sciences sociales en Allemagne.**
BOUTROUX, de l'Institut. * **De la contingence des lois de la nature.** 3° éd. 1896.
BRUNSCHVICG, agr. de phil., docteur ès lettres. **Introduction à la vie de l'es-
   prit.** 1900.
CARUS (P.). * **Le Problème de la conscience du moi,** trad. par M. A. MONOD.
CONTA (B.). *** Les Fondements de la métaphysique,** trad. du roumain par D. TESCANU.
COQUEREL FILS (Ath.). **Transformations historiques du christianisme.**
COSTE (Ad.). *** Les Conditions sociales du bonheur et de la force.** 3° édit.
CRESSON (A.), agrégé de philos. **La Morale de Kant.** Couronné par l'Institut.
DAURIAC (L.), professeur au lycée Janson-de-Sailly. **La Psychologie dans l'Opéra
   français** (Auber, Rossini, Meyerbeer). 1897.
DANVILLE (Gaston). **Psychologie de l'amour.** 2° édit. 1900.
DUGAS, docteur ès lettres. * **Le Psittacisme et la pensée symbolique.** 1896.
— **La Timidité.** 2° éd. 1900.
DUMAS (docteur G.), agrégé de philosophie. *** Les états intellectuels dans la
   Mélancolie.** 2° éd. 1900.
DUNAN, docteur ès lettres. **La théorie psychologique de l'Espace.** 1895.

Suite de la *Bibliothèque de philosophie contemporaine*, format in-18, à 2 fr. 50 le vol.

DUPRAT (G.-L.), docteur ès lettres. Les Causes sociales de la Folie. 1900.

DURKHEIM (Émile), professeur à l'Université de Bordeaux. * Les règles de la méthode sociologique. 1895.

D'EICHTHAL (Eug.). Les Problèmes sociaux et le Socialisme. 1899.

ESPINAS (A.), prof. à la Sorbonne. * La Philosophie expérimentale en Italie.

FAIVRE (E.). De la Variabilité des espèces.

FÉRÉ (Ch.). Sensation et Mouvement. Étude de psycho-mécanique, avec fig. 2e éd.

— Dégénérescence et Criminalité, avec figures. 3e édit.

FERRI (E.). *Les Criminels dans l'Art et la Littérature. 1897.

FIERENS-GEVAERT. Essai sur l'Art contemporain. (Couronné par l'Acad. franç.).

— La Tristesse contemporaine, essai sur les grands courants moraux et intellectuels du XIXe siècle. 3e édit. 1900.

FLEURY (Maurice de). L'Ame du criminel. 1898.

FONSEGRIVE, professeur au lycée Buffon. La Causalité efficiente. 1893.

FRANCK (Ad.), de l'Institut. * Philosophie du droit pénal. 5e édit.

— Des Rapports de la Religion et de l'État. 2e édit.

— La Philosophie mystique en France au XVIIIe siècle.

GAUCKLER. Le Beau et son histoire.

GREEF (de). Les Lois sociologiques. 2e édit.

GUYAU. * La Genèse de l'idée de temps. 2e édit.

HARTMANN (E. de). La Religion de l'avenir. 5e édit.

— Le Darwinisme, ce qu'il y a de vrai et de faux dans cette doctrine. 6e édit.

HERCKENRATH (C.-R.-C.) Problèmes d'Esthétique et de Morale. 1897.

HERBERT SPENCER. * Classification des sciences. 6e édit.

— L'Individu contre l'État. 5e édit.

HERVÉ BLONDEL. Les approximations de la vérité. 1900.

JAELL (Mme). * La Musique et la psycho-physiologie. 1895.

JANET (Paul), de l'Institut. * Les Origines du socialisme contemporain. 3e édit. 1896.

— * La Philosophie de Lamennais.

LACHELIER, de l'Institut. Du fondement de l'induction, suivi de psychologie et métaphysique. 3e édit. 1898.

LAMPÉRIÈRE (Mme A.). * Rôle social de la femme, son éducation. 1898.

LANESSAN (J.-L. de). La Morale des philosophes chinois. 1896.

LANGE, professeur à l'Université de Copenhague. * Les émotions, étude psycho-physiologique, traduit par G. Dumas. 1895.

LAPIE, maître de conf. à l'Univ. de Rennes. La Justice par l'État. 1899.

LAUGEL (Auguste). L'Optique et les Arts.

— * Les Problèmes de l'âme.

LE BON (Dr Gustave). * Lois psychol. de l'évolution des peuples. 4e édit.

— * Psychologie des foules. 5e édit.

LÉCHALAS. * Étude sur l'espace et le temps. 1895.

LE DANTEC, chargé du cours d'Embryologie générale à la Sorbonne. Le Déterminisme biologique et la Personnalité consciente. 1897.

— * L'Individualité et l'Erreur individualiste. 1898.

— Lamarckiens et Darwiniens. 1899.

LEFÈVRE, prof. à l'Univ. de Lille. Obligation morale et idéalisme. 1895.

LEVALLOIS (Jules). Déisme et Christianisme.

LIARD, de l'Institut. * Les Logiciens anglais contemporains. 3e édit.

— Des définitions géométriques et des définitions empiriques. 2e édit.

LICHTENBERGER (Henri), professeur à l'Université de Nancy. *La philosophie de Nietzsche. 5e édit. 1900.

— Friedrich Nietzsche, Aphorismes et fragments choisis. 1899.

LOMBROSO. L'Anthropologie criminelle et ses récents progrès. 4e édit. 1901.

— Nouvelles recherches d'anthropologie criminelle et de psychiatrie. 1892.

— Les Applications de l'anthropologie criminelle. 1892.

LUBBOCK (Sir John). * Le Bonheur de vivre. 2 volumes. 5e édit.

— *L'Emploi de la vie. 2e éd. 1897.

Suite de la *Bibliothèque de philosophie contemporaine*, format in-12, à 2 fr. 50 le vol.

LYON (Georges), maître de conf. à l'École normale. * La Philosophie de Hobbes.
MARGUERY (E.). L'Œuvre d'art et l'évolution, 1899.
MARIANO. La Philosophie contemporaine en Italie.
MARION. professeur à la Sorbonne. * J. Locke, sa vie, son œuvre. 2° édit.
MAUXION, professeur à l'Université de Poitiers. L'Instruction par l'éducation et les Théories pédagogiques de Herbart. 1900.
MAUS (I.), avocat à la Cour d'appel de Bruxelles. De la Justice pénale.
MILHAUD (G.), professeur à l'Université de Montpellier. * Le Rationnel. 1898.
— *Essai sur les conditions et les limites de la Certitude logique. 2° édit. 1898.
MOSSO. * La Peur. Étude psycho-physiologique (avec figures). 3° édit.
— * La fatigue intellectuelle et physique, trad. Langlois. 3° édit.
NORDAU (Max). * Paradoxes psychologiques, trad. Dietrich. 4° édit. 1900.
— Paradoxes sociologiques, trad. Dietrich. 2° édit. 1898.
— * Psycho-physiologie du Génie et du Talent, trad. Dietrich. 2° édit. 1898.
NOVICOW (J.). L'Avenir de la Race blanche. 1897.
OSSIP-LOURIÉ, lauréat de l'Institut. Pensées de Tolstoï. 1898.
— La Philosophie de Tolstoï. 1899.
— La Philosophie sociale dans le théâtre d'Ibsen. 1900.
PAULHAN (Fr.). Les Phénomènes affectifs et les lois de leur apparition.
— * Joseph de Maistre et sa philosophie. 1893.
— Psychologie de l'invention. 1900.
PILLON (F.). * La Philosophie de Ch. Secrétan. 1898.
PILO (Mario). * La psychologie du Beau et de l'Art, trad. Aug. Dietrich
PIOGER (D" Julien). Le Monde physique, essai de conception expérimentale. 1893.
QUEYRAT, prof. de l'Univ. * L'imagination et ses variétés chez l'enfant. 2° édit.
— *L'abstraction, son rôle dans l'éducation intellectuelle. 1894.
— Les Caractères et l'éducation morale. 1896.
REGNAUD (P.), professeur à l'Université de Lyon. Logique évolutionniste. *L'Entendement dans ses rapports avec le langage.* 1897.
— Comment naissent les mythes. 1897.
RÉMUSAT (Charles de), de l'Académie française. * Philosophie religieuse.
RENARD (Georges), professeur au Conservatoire des arts et métiers.* Le régime socialiste, son organisation politique et économique. 2° édit. 1898.
RIBOT (Th.), de l'Institut, professeur au Collège de France, directeur de la *Revue philosophique.* La Philosophie de Schopenhauer. 8° édition.
— * Les Maladies de la mémoire. 13° édit.
— * Les Maladies de la volonté. 15° édit.
— * Les Maladies de la personnalité. 8° édit.
— * La Psychologie de l'attention. 5° édit.
RICHARD (G.), docteur ès lettres. * Le Socialisme et la Science sociale. 2° édit.
RICHET (Ch.). Essai de psychologie générale (avec figures). 4° édit. 1901.
ROBERTY (E. de). L'Inconnaissable, sa métaphysique, sa psychologie.
— L'Agnosticisme. Essai sur quelques théories pessim. de la connaissance. 2° édit.
— La Recherche de l'Unité. 1893.
— Auguste Comte et Herbert Spencer. 2° édit.
— * Le Bien et le Mal. 1896.
— Le Psychisme social. 1897.
— Les Fondements de l'Ethique. 1898.
ROISEL. De la Substance.
— L'Idée spiritualiste. 1897.
SAIGEY. La Physique moderne. 2° édit.
SAISSET (Émile), de l'Institut. * L'Ame et la Vie.
SCHŒBEL. Philosophie de la raison pure.
SCHOPENHAUER. *Le Libre arbitre, trad. par M. Salomon Reinach, de l'Institut. 8° éd.
— * Le Fondement de la morale, traduit par M. A. Burdeau. 7° édit.
— Pensées et Fragments, avec intr. par M. J. Bourdeau. 15° édit.
SELDEN (Camille). La Musique en Allemagne, étude sur Mendelssohn.

Suite de la *Bibliothèque de philosophie contemporaine*, format in-12 à 1 fr. 50 le vol.

STUART MILL. *Auguste Comte et la Philosophie positive. 6ᵉ édit.
— * L'Utilitarisme. 3ᵉ édit.
— Correspondance inédite avec Gustave d'Eichthal (1828-1842) — (1864-1871), avant-propos et trad. par Eug. d'Eichthal. 1898.
TAINE (H.), de l'Académie française. * Philosophie de l'art dans les Pays-Bas
TANON. L'Évolution du droit et la Conscience sociale. 1900.
TARDE. La Criminalité comparée. 4ᵉ édition. 1898.
— * Les Transformations du Droit. 2ᵉ édit. 1899.
— * Les Lois sociales. 2ᵉ édit. 1898.
THAMIN (R.), prof. au lycée Condorcet. * Éducation et positivisme. 2ᵉ édit. Couronné par l'Institut.
THOMAS (P. Félix), docteur ès lettres. * La suggestion, son rôle dans l'éducation intellectuelle. 2ᵉ édit. 1898.
THOMAS (P. Félix), Morale et éducation, 1899.
TISSIÉ. * Les Rêves, avec préface du professeur Azam. 2ᵉ éd. 1898.
VIANNA DE LIMA. L'Homme selon le transformisme.
WECHNIAKOFF. Savants, penseurs et artistes, publié par RAPHAEL PETRUCCI.
WUNDT. Hypnotisme et suggestion. Étude critique, traduit par M. Keller.
ZELLER. Christian Baur et l'École de Tubingue, traduit par M. Ritter.
ZIEGLER. La Question sociale est une Question morale, trad. Palante. 2ᵉ édit.

BIBLIOTHÈQUE DE PHILOSOPHIE CONTEMPORAINE

Volumes in-8.

Br. à 5 fr., 7 fr. 50 et 10 fr.; Cart. angl., 1 fr. en plus par vol.; Demi-rel. en plus 2 fr. par vol.

ADAM (Ch.), recteur de l'Académie de Dijon. * La Philosophie en France (première moitié du XIXᵉ siècle).   7 fr. 50
AGASSIZ.* De l'Espèce et des Classifications.   5 fr.
ALENGRY (Franck), docteur ès lettres, inspecteur d'académie. Essai historique et critique sur la Sociologie chez Aug. Comte. 1900.   10 fr.
ARRÉAT. * Psychologie du peintre.   5 fr.
AUBRY (le Dʳ P.). La contagion du meurtre. 1896. 3ᵉ édit.   5 fr.
BAIN (Alex.). La Logique inductive et déductive. Trad. Compayré. 2 vol. 3ᵉ éd. 20 fr.
— * Les Sens et l'Intelligence. 1 vol. Trad. Cazelles. 3ᵉ édit.   10 fr.
— * Les Émotions et la Volonté. Trad. Le Monnier.   10 fr.
BALDWIN (Mark), professeur à l'Université de Princeton (États-Unis). Le Développement mental chez l'enfant et dans la race. Trad. Nourry. 1897.   7 fr. 50
BARTHÉLEMY-SAINT HILAIRE, de l'Institut. La Philosophie dans ses rapports avec les sciences et la religion.   5 fr.
BARZELOTTI, prof. à l'Univ. de Rome. La Philosophie de H. Taine. Trad. Aug. Dietrich. 1900.   7 fr. 50
BERGSON (H.), professeur au Collège de France. * Matière et mémoire, essai sur les relations du corps à l'esprit. 2ᵉ édit. 1900.   5 fr.
— Essai sur les données immédiates de la concience. 2ᵉ édit. 1898.   3 fr. 75
BERTRAND, prof. à l'Université de Lyon. * L'Enseignement intégral. 1898   5 fr.
— Les Études dans la démocratie. 1900.   5 fr.
BOIRAC (Émile), recteur de l'Acad. de Grenoble. * L'idée du Phénomène.   5 fr.
BOUGLÉ, maître de conf. à l'Univ. de Montpellier. Les idées égalitaires. 1899.   3 fr. 75
BOURDEAU (L.). Le Problème de la mort. 3ᵉ édition. 1900.   5 fr.
— Le Problème de la vie. 1 vol. in-8. 1901.   7 fr. 50

Suite de la *Bibliothèque de philosophie contemporaine*, format in-8.

BOURDON, professeur à l'Université de Rennes. * **L'expression des émotions et des tendances dans le langage.** 7 fr. 50
BOUTROUX (Em.), de l'Institut. Etudes d'histoire de la philos. 1898. 7 fr. 50
BROCHARD (V.), de l'Institut. De l'Erreur. 1 vol. 2ᵉ édit. 1897. 5 fr.
BRUNSCHWICG (E.), agrégé de phil., docteur ès lettres. * Spinoza. 3 fr. 75
— La modalité du jugement. 5 fr.
CARRAU (Ludovic), professeur à la Sorbonne. La Philosophie religieuse en Angleterre, depuis Locke jusqu'à nos jours. 5 fr.
CHABOT (Ch.), prof. à l'Univ. de Lyon. *Nature et Moralité. 1897. 5 fr.
CLAY (R.). * L'Alternative, *Contribution à la psychologie*. 2ᵉ édit. 10 fr.
COLLINS (Howard). *La Philosophie de Herbert Spencer, avec préface de M. Herbert Spencer, traduit par H. de Varigny. 3ᵉ édit. 1900. 10 fr.
COMTE (Aug.). La Sociologie, résumé par E. RIGOLAGE. 1897. 7 fr. 50
CONTA (B.). Théorie de l'ondulation universelle. 1894. 3 fr. 75
COSTE. Les principes d'une Sociologie objective. 1899. 3 fr. 75
— L'Expérience des peuples et les prévisions qu'elle autorise. Suite à la *Sociologie objective*. 1900. 10 fr.
CRÉPIEUX-JAMIN. L'Écriture et le Caractère. 4ᵉ édit. 1897. 7 fr. 50
DE LA GRASSERIE (R.), lauréat de l'Institut. De la psychologie des religions. 1899. 5 fr.
DEWAULE, docteur ès lettres. *Condillac et la Psychol. anglaise contemp. 5 fr.
DUPRAT (G. L.), docteur ès lettres. L'Instabilité mentale. 1899. 5 fr.
DUPROIX (P.), professeur à l'Université de Genève. * Kant et Fichte et le problème de l'éducation. 2ᵉ édit. 1897. (Ouvrage couronné par l'Académie française.). 5 fr.
DURAND (DE GROS). Aperçus de taxinomie générale. 1898. 5 fr.
— Nouvelles recherches sur l'esthétique et la morale. 1 vol. in-8. 1899. 5 fr.
— Variétés philosophiques. 2ᵉ édit. revue et augmentée. 1900. 5 fr.
DURKHEIM, prof. à l'Univ. de Bordeaux. * De la division du travail social. 1893. 7 fr. 50
— Le Suicide, *étude sociologique*. 1897. 7 fr. 50
— L'Année sociologique. Collaborateurs : MM. SIMMEL, BOUGLÉ, MAUSS, FAUCONNET, HUBERT, LAPIE, EM. LÉVY, RICHARD, A. MILHAUD, SIMIAND, MUFFANG et PARODI. — 1ʳᵉ année, 1896-1897. — 2ᵉ année, 1897-1898. — 3ᵉ année, 1898-1899. Chaque volume. 10 fr.
ESPINAS (A.), professeur à la Sorbonne. La philosophie sociale du XVIIIᵉ siècle et la Révolution française. 1898. 7 fr. 50
FERRERO (G.). Les lois psychologiques du symbolisme. 1895. 5 fr.
FERRI (Louis). La Psychologie de l'association, depuis Hobbes. 7 fr. 50
FLINT, prof. à l'Univ. d'Edimbourg. *La Philos. de l'histoire en Allemagne. 7 fr. 50
FONSEGRIVE, professeur au lycée Buffon. * Essai sur le libre arbitre. Couronné par l'Institut. 2ᵉ édit. 1895. 10 fr.
FOUILLÉE (Alf.), de l'Institut. *La Liberté et le Déterminisme. 5ᵉ édit. 7 fr. 50
— Critique des systèmes de morale contemporains. 4ᵉ édit. 7 fr. 50
— *La Morale, l'Art, la Religion, d'après GUYAU. 4ᵉ édit. augm. 3 fr. 75
— L'Avenir de la Métaphysique fondée sur l'expérience. 2ᵉ édit. 5 fr.
— * L'Évolutionnisme des idées-forces. 7 fr. 50
— * La Psychologie des idées-forces. 2 vol. 2ᵉ édit. 15 fr.
— * Tempérament et caractère. 2ᵉ édit. 7 fr. 50
— Le Mouvement positiviste et la conception sociol. du monde. 2ᵉ édit. 7 fr. 50
— Le Mouvement idéaliste et la réaction contre la science posit. 2ᵉ édit. 7 fr. 50
— Psychologie du peuple français. 7 fr. 50
— La France au point de vue moral. 1900. 7 fr. 50
FRANCK (A.), de l'Institut. Philosophie du droit civil. 5 fr.
FULLIQUET. Essai sur l'Obligation morale. 1898. 7 fr. 50
GAROFALO, agrégé de l'Université de Naples. La Criminologie. 4ᵉ édit. 7 fr. 50
— La superstition socialiste. 1895. 5 fr.
GÉRARD-VARET, professeur à l'Université de Dijon. L'Ignorance et l'Irréflexion. 1899. 5 fr.

Suite de la *Bibliothèque de philosophie contemporaine*, format in-8.

GOBLOT (E.), Professeur à l'Université de Caen. *Essai sur la Classification des sciences. 1898. 5 fr.

GODFERNAUX (A.), docteur ès lettres. * Le sentiment et la pensée. 1894. 5 fr.

GORY (G.), docteur ès lettres. L'Immanence de la raison dans la connaissance sensible. 1896. 5 fr.

GREEF (de), prof. à la nouvelle Université libre de Bruxelles. **Le transformisme social.** Essai sur le progrès et le regrès des sociétés. 1895. 7 fr. 50

GURNEY, MYERS et PODMORE. **Les Hallucinations télépathiques,** traduit et abrégé des «Phantasms of The Living» par L. MARILLIER, préf. de CH. RICHET. 3ᵉ éd. 7 fr. 50

GUYAU (M.). * **La Morale anglaise contemporaine.** 4ᵉ édit. 7 fr. 50
— **Les Problèmes de l'esthétique contemporaine.** 6ᵉ édit. 5 fr.
— **Esquisse d'une morale sans obligation ni sanction.** 5ᵉ édit. 5 fr.
— **L'Irréligion de l'avenir,** étude de sociologie. 7ᵉ édit. 7 fr. 50
— * **L'Art au point de vue sociologique.** 5ᵉ édit. 7 fr. 50
— *** Education et Hérédité,** étude sociologique. 5ᵉ édit. 5 fr.

HANNEQUIN, professeur à l'Université de Lyon. Essai sur l'hypothèse des atomes. 2ᵉ édition. 1899. 7 fr. 50

HERBERT SPENCER. * **Les Premiers principes.** Traduc. Cazelles. 8ᵉ éd. 10 fr.
— * **Principes de biologie.** Traduct. Cazelles. 4ᵉ édit. 2 vol. 20 fr.
— * **Principes de psychologie.** Trad. par MM. Ribot et Espinas. 2 vol. 20 fr.
— * **Principes de sociologie.** 4 vol., traduits par MM. Cazelles et Gerschel : Tome I. 10 fr. — Tome II. 7 fr. 50. — Tome III. 15 fr. — Tome IV. 3 fr. 75
— * **Essais sur le progrès.** Trad. A. Burdeau. 5ᵉ édit. 7 fr. 50
— **Essais de politique.** Trad. A. Burdeau. 4ᵉ édit. 7 fr. 50
— **Essais scientifiques.** Trad. A. Burdeau. 3ᵉ édit. 7 fr. 50
— * **De l'Education physique, intellectuelle et morale.** 10ᵉ édit. (Voy. p. 3, 20, 21 et 32.) 5 fr.

HIRTH (G.). * **Physiologie de l'Art.** Trad. et introd. de M. L. Arréat. 5 fr.

HOFFDING, professeur à l'Université de Copenhague. Esquisse d'une psychologie fondée sur l'expérience. Trad. par L. POITEVIN. Préf. de Pierre JANET. 1900. 7 fr. 50

IZOULET (J.), professeur au Collège de France. * **La Cité moderne.** 4ᵉ édit. 1897. 10 fr.

JANET (Paul), de l'Institut. * **Les Causes finales.** 3ᵉ édit. 10 fr.
— * **Victor Cousin et son œuvre.** 3ᵉ édition. 7 fr. 50
— **Œuvres philosophiques de Leibniz.** 2ᵉ édit. 2 vol. 1900. 20 fr.

JANET (Pierre), chargé de cours à la Sorbonne. * **L'Automatisme psychologique,** essai sur les formes inférieures de l'activité mentale. 3ᵉ édit. 7 fr. 50

LALANDE (A.), agrégé de philosophie, docteur ès lettres. La dissolution opposée à l'évolution, dans les sciences physiques et morales. 1 vol. in-8. 1899. 7 fr. 50

LANG (A.). * **Mythes, Cultes et Religion.** Traduit par MM. Marillier et Durr, introduction de Marillier. 1896. 10 fr.

LAVELEYE (de). * **De la Propriété et de ses formes primitives.** 4ᵉ édit. 10 fr.
— * **Le Gouvernement dans la démocratie.** 2 vol. 3ᵉ édit. 1896. 15 fr.

LE BON (Dʳ Gustave). Psychologie du socialisme. 3ᵉ édit. 1900. 7 fr. 50

LECHARTIER (G.). David Hume, moraliste et sociologue. 1900. 5 fr.

LÉVY-BRUHL, maître de conférences à la Sorbonne. * **La Philosophie de Jacobi.** 1894. 5 fr.
— Lettres inédites de J.-S. Mill à Auguste Comte, *publiées avec les réponses de Comte et une introduction.* 1899. 10 fr.
— La Philosophie d'Aug. Comte. 1900. 7 fr. 50

LIARD, de l'Institut. * **Descartes.** 5 fr.
— * **La Science positive et la Métaphysique.** 4ᵉ édit. 7 fr. 50

LICHTENBERGER (H.), professeur à l'Université de Nancy. Richard Wagner, poëte et penseur. 2ᵉ édit. 1899. (Ouvrage couronné par l'Académie française, prix Bordin). 10 fr.

Suite de la *Bibliothèque de philosophie contemporaine*, format in-8.

LOMBROSO. * L'Homme criminel (criminel-né, fou-moral, épileptique), précédé d'une préface de M. le docteur LETOURNEAU. 3° éd. 2 vol. et atlas. 1895.   36 fr.

LOMBROSO ET FERRERO. La Femme criminelle et la prostituée.   15 fr.

LOMBROSO et LASCHI. Le Crime politique et les Révolutions. 2 vol.   15 fr.

LYON (Georges), maître de conférences à l'École normale supérieure. * L'Idéalisme en Angleterre au XVIII° siècle.   7 fr. 50

MALAPERT (P.), docteur ès lettres, prof. au lycée Louis-le-Grand. * Les Éléments du caractère et leurs lois de combinaison. 1897.   5 fr.

MARION (H.), professeur à la Sorbonne. * De la Solidarité morale. Essai de psychologie appliquée. 6° édit. 1897.   5 fr.

MARTIN (Fr.), docteur ès lettres, prof. au lycée Saint-Louis. * La perception extérieure et la science positive, essai de philosophie des sciences. 1894.   5 fr.

MATTHEW ARNOLD. La Crise religieuse.   7 fr. 50

MAX MULLER, prof. à l'Université d'Oxford. * Nouvelles études de mythologie, trad. de l'anglais par L. Job, docteur ès lettres. 1898.   12 fr. 50

NAVILLE (E.), correspond. de l'Institut. La physique moderne. 2° édit.   5 fr.
— * La Logique de l'hypothèse. 2° édit.   5 fr.
— * La définition de la philosophie. 1894.   5 fr.
— Le Libre arbitre. 2° édit. 1898.   5 fr.
— Les philosophies négatives. 1899.   5 fr.

NORDAU (Max). * Dégénérescence, trad. de Aug. Dietrich. 5° éd. 1898. 2 vol. Tome I. 7 fr. 50. Tome II.   10 fr.
— Les Mensonges conventionnels de notre civilisation. 5° édit. 1899.   5 fr.

NOVICOW. Les Luttes entre Sociétés humaines. 2° édit.   10 fr.
— * Les gaspillages des sociétés modernes. 2° édit. 1899.   5 fr.

OLDENBERG, professeur à l'Université de Kiel. * Le Bouddha, sa Vie, sa Doctrine, sa Communauté, trad. par P. Foucher. Préf. de Lucien Lévy.   7 fr. 50

OUVRÉ (H.), professeur à l'Université de Bordeaux. Les formes littéraires de la pensée grecque. 1900.   10 fr.

PAULHAN (Fr.). L'Activité mentale et les Éléments de l'esprit.   10 fr.
— Les types intellectuels : esprits logiques et esprits faux. 1896.   7 fr. 50

PAYOT (J.), inspect. d'académie. * L'Éducation de la volonté. 11° édit. 1900.   5 fr.
— De la croyance. 1896.   5 fr.

PÉRÈS (Jean), professeur au lycée de Toulouse. L'Art et le Réel. 1898. 3 fr. 75

PÉREZ (Bernard). Les Trois premières années de l'enfant. 5° édit..   5 fr.
— L'Éducation morale dès le berceau. 3° édit. 1896.   5 fr.
— * L'éducation intellectuelle dès le berceau. 1896.   5 fr.

PIAT (C.). La Personne humaine. 1898. (Couronné par l'Institut).   7 fr. 50
— * Destinée de l'homme. 1898.   5 fr.

PICAVET (E.), maître de conférences à l'École des hautes études. * Les Idéologues, essai sur l'histoire des idées, des théories scientifiques, philosophiques, religieuses, etc., en France, depuis 1789. (Ouvr. couronné par l'Académie française.)   10 fr.

PIDERIT. La Mimique et la Physiognomonie. Trad. par M. Girot.   5 fr.

PILLON (F.). * L'Année philosophique. 9 années : 1890, 1891, 1892, 1893 (épuisé), 1894, 1895, 1896, 1897, 1898 et 1899. 10 vol. Chaque volume séparément.   5 fr.

PIOGER (J.). La Vie et la Pensée, essai de conception expérimentale. 1894.   5 fr.
— La vie sociale, la morale et le progrès. 1894.   5 fr.

PREYER, prof. à l'Université de Berlin. Éléments de physiologie.   5 fr.
— * L'Ame de l'enfant. Développement psychique des premières années.   10 fr.

PROAL, président à la Cour de Riom. * Le Crime et la Peine. 3° édit. Couronné par l'Institut.   10 fr.
— * La criminalité politique. 1895.   5 fr.
— Le Crime et le Suicide passionnels. 1900.   10 fr.

RAUH, professeur à l'Université de Toulouse. De la méthode dans la psychologie des sentiments. 1899.   5 fr.

RÉCEJAC, docteur ès lettres. Essai sur les Fondements de la Connaissance mystique. 1897.   5 fr.

Suite de la *Bibliothèque de philosophie contemporaine*, format in-8.

RENARD (G.), professeur au Conservatoire des arts et métiers. **La Méthode scientifique de l'histoire littéraire.** 1900.   10 fr.

RENOUVIER (Ch.). **Les Dilemmes de la métaphysique pure.** 1900.   5 fr.

RIBOT (Th.), de l'Institut. * **L'Hérédité psychologique.** 5° édit.   7 fr. 50
— * **La Psychologie anglaise contemporaine.** 3° édit.   7 fr. 50
— * **La Psychologie allemande contemporaine.** 4° édit.   7 fr. 50
— **La Psychologie des sentiments.** 3° édit. 1899.   7 fr. 50
— **L'Évolution des idées générales.** 1897.   5 fr.
— **Essai sur l'imagination créatrice.** 1900.   5 fr.

RICARDOU (A.), docteur ès lettres. * **De l'Idéal.** Couronné par l'Institut. 5 fr.

ROBERTY (E. de). **L'Ancienne et la Nouvelle philosophie.**   7 fr. 50
— * **La Philosophie du siècle** (positivisme, criticisme, évolutionnisme). 5 fr.

ROMANES. * **L'Évolution mentale chez l'homme.**   7 fr. 50

SAIGEY (E.). * **Les Sciences au XVIII° siècle.** La Physique de Voltaire. 5 fr.

SANZ Y ESCARTIN. **L'Individu et la réforme sociale,** trad. Dietrich.   7 fr. 50

SCHOPENHAUER. **Aphor. sur la sagesse dans la vie.** Trad. Cantacuzène.   5 fr.
— * **De la Quadruple racine du principe de la raison suffisante,** suivi d'une *Histoire de la doctrine de l'idéal et du réel.* Trad. par M. Cantacuzène.   5 fr.
— * **Le Monde comme volonté et comme représentation.** Traduit par M. A. Burdeau. 3° éd. 3 vol. Chacun séparément.   7 fr. 50

SÉAILLES (G.), prof. à la Sorbonne. **Essai sur le génie dans l'art.** 2° édit. 5 fr.

SERGI, prof. à l'Univ. de Rome. **La Psychologie physiologique.**   7 fr. 50

SIGHELE (Scipio). **La Foule criminelle.** Essai de psychologie collective. 2° édition augmentée. 1900.   5 fr.

SOLLIER. **Le Problème de la mémoire.** 1900.   3 fr. 75

SOURIAU (Paul), prof. à l'Univ. de Nancy. **L'Esthétique du mouvement.** 5 fr.
— * **La suggestion dans l'art.**   5 fr.

STEIN (L.), professeur à l'Université de Berne. **La Question sociale au point de vue philosophique.** 1900.   10 fr.

STUART MILL. * **Mes Mémoires.** Histoire de ma vie et de mes idées. 3° éd. 5 fr.
— * **Système de logique déductive et inductive.** 4° édit. 2 vol.   20 fr.
— * **Essais sur la religion.** 2° édit.   5 fr.
— **Lettres inédites à Aug. Comte et réponses d'Aug. Comte,** publiées et précédées d'une introduction par L. LÉVY BRUHL. 1899.   10 fr.

SULLY (James). **Le Pessimisme.** Trad. Bertrand. 2° édit.   7 fr. 50
— * **Études sur l'enfance.** Trad. A. Monod, préface de G. Compayré. 1898. 10 fr.

TARDE (G.), prof. au Collège de France. * **La logique sociale.** 2° édit. 1898. 7 fr. 50
— * **Les lois de l'imitation.** 3° édit. 1900.   7 fr. 50
— **L'Opposition universelle.** *Essai d'une théorie des contraires.* 1897. 7 fr. 50

THOMAS (P.-F.), docteur ès lettres. * **L'Éducation des sentiments.** 1898, couronné par l'Institut.   5 fr.

THOUVEREZ (Émile), professeur à l'Université de Toulouse. **Le Réalisme métaphysique** 1894. Couronné par l'Institut.   5 fr.

VACHEROT (Et.), de l'Institut. * **Essais de philosophie critique.**   7 fr. 50
— **La Religion.**   7 fr. 50

WUNDT. **Éléments de psychologie physiologique.** 2 vol. avec figures.   20 fr.

COLLECTION HISTORIQUE DES GRANDS PHILOSOPHES

PHILOSOPHIE ANCIENNE

ARISTOTE (Œuvres d'), traduction de J. BARTHÉLEMY-SAINT-HILAIRE, de l'Institut.
— *Rhétorique. 2 vol. in-8. 16 fr.
— *Politique. 1 vol. in-8... 10 fr.
— La Métaphysique d'Aristote. 3 vol. in-8. .... 30 fr.
— De la Logique d'Aristote, par M. BARTHÉLEMY-SAINT-HILAIRE. 2 vol. in-8.............. 10 fr.
— Table alphabétique des matières de la traduction générale d'Aristote, par M. BARTHÉLEMY-SAINT-HILAIRE, 2 forts vol. in-8. 1892 .... 30 fr.
— L'Esthétique d'Aristote, par M. BÉNARD. 1 vol. in-8. 1889. 5 fr.
— La poétique d'Aristote, par HATZFELD (A.), prof. hon. au Lycée Louis-le-Grand et M. DUFOUR, prof. à l'Univ. de Lille. 1 vol. in-8 1900..................... 6 fr.
SOCRATE. * La Philosophie de Socrate, par Alf. FOUILLÉE. 2 vol. in-8................... 16 fr.
— Le Procès de Socrate, par G. SOREL. 1 vol. in-8...... 3 fr. 50
PLATON. Études sur la Dialectique dans Platon et dans Hegel, par Paul JANET. 1 vol. in-8. 6 fr.
— *Platon, sa philosophie, sa vie et de ses œuvres, par CH. BÉNARD. 1 vol. in-8. 1893....... 10 fr.
— La Théorie platonicienne des Sciences, par ÉLIE HALÉVY. In-8. 1895................... 5 fr.

PLATON. Œuvres, traduction VICTOR COUSIN revue par J. BARTHÉLEMY-SAINT-HILAIRE : Socrate et Platon ou le Platonisme — Eutyphron — Apologie de Socrate — Criton — Phédon. 1 vol. in-8. 1896. 7 fr. 50
ÉPICURE. *La Morale d'Épicure et ses rapports avec les doctrines contemporaines, par M. GUYAU. 1 volume in-8. 3ᵉ édit...... 7 fr. 50
BÉNARD. La Philosophie ancienne, histoire de ses systèmes. La Philosophie et la Sagesse orientales. — La Philosophie grecque avant Socrate. — Socrate et les socratiques. — Études sur les sophistes grecs. 1 v. in-8........ 9 fr.
FAVRE (Mᵐᵉ Jules), née VELTEN. La Morale de Socrate. In-18. 3 fr. 50
— La Morale d'Aristote. In-18. 3 fr. 50
OGEREAU. Système philosophique des stoïciens. In-8..... 5 fr.
RODIER (G.). *La Physique de Straton de Lampsaque. In-8. 3 fr.
TANNERY (Paul). Pour l'histoire de la science hellène (de Thalès à Empédocle). 1 v. in-8. 1887................ 7 fr. 50
MILHAUD (G.). *Les origines de la science grecque. 1 vol. in-8. 1893................... 5 fr.
— Les philosophes géomètres de la Grèce, Platon et ses prédécesseurs. 1 vol. in-8. 1900. 6 fr.

PHILOSOPHIE MODERNE

* DESCARTES, par L. LIARD. 1 vol. in-8.................... 5 fr.
— Essai sur l'Esthétique de Descartes, par E. KRANTZ. 1 vol. in-8, 2ᵉ éd. 1897.......... 6 fr.
SPINOZA. Benedicti de Spinoza opera, quotquot reperta sunt, recognoverunt J. Van Vloten et J.-P.-N. Land. 2 forts vol. in-8 sur papier de Hollande........... 45 fr.
Le même en 3 volumes élégamment reliés............ 18 fr.
— Inventaire des livres formant sa bibliothèque, publié d'après un document inédit avec des

notes biographiques et bibliographiques et une introduction par A.-J. SERVAAS VAN RYOIJEN. 1 v. in-4 sur papier de Hollande....... 15 fr.
SPINOZA. La Doctrine de Spinoza, exposée à la lumière des faits scientifiques, par E. FERRIÈRE. 1 vol in-12.......... 3 fr. 50
GEULINCK (Arnoldi). Opera philosophica recognovit J.-P.-N. LAND, 3 volumes, sur papier de Hollande, gr. in-8. Chaque vol... 17 fr. 75
GASSENDI. La Philosophie de Gassendi, par P.-F. THOMAS. In-8. 1889................... 6 fr.

LOCKE. *Sa vie et ses œuvres, par MARION. In-18. 3e éd... 2 fr. 50

MALEBRANCHE. *La Philosophie de Malebranche, par OLLÉ-LAPRUNE, de l'Institut. 2 v. in-8. 16 fr.

PASCAL. Études sur le scepticisme de Pascal, par DROZ. 1 vol. in-8... 6 fr.

VOLTAIRE. Les Sciences au XVIIIe siècle. Voltaire physicien, par Em. SAIGEY. 1 vol. in-8. 5 fr.

FRANCK (Ad.), de l'Institut. La Philosophie mystique en France au XVIIIe siècle. 1 volume in-18... 2 fr. 50

DAMIRON. Mémoires pour servir à l'histoire de la philosophie au XVIIIe siècle. 3 vol. in-8. 15 fr.

J.-J. ROUSSEAU *Du Contrat social, édition comprenant avec le texte définitif les versions primitives de l'ouvrage d'après les manuscrits de Genève et de Neuchâtel, avec introduction par EDMOND DREYFUS-BRISAC. 1 fort volume grand in-8. 12 fr.

ERASME. Stultitiæ laus des. Erasmi Rot. declamatio. Publié et annoté par J.-B. KAN, avec les figures de HOLBEIN. 1 v. in-8. 6 fr. 75

PHILOSOPHIE ÉCOSSAISE

DUGALD STEWART. *Éléments de la philosophie de l'esprit humain. 3 vol. in-12... 9 fr.

BACON. Étude sur François Bacon, par J. BARTHÉLEMY-SAINT-HILAIRE. In-18... 2 fr. 50

— *Philosophie de François Bacon, par CH. ADAM. (Couronné par l'Institut). In-8... 7 fr. 50

BERKELEY. Œuvres choisies. Essai d'une nouvelle théorie de la vision. Dialogues d'Hylas et de Philonoüs. Trad. de l'angl. par MM. BEAULAVON (G.) et PARODI (D.). In-8. 1895. 5 fr.

PHILOSOPHIE ALLEMANDE

KANT. La Critique de la raison pratique, traduction nouvelle avec introduction et notes, par M. PICAVET. 1 vol. in-8... 6 fr.

— Éclaircissements sur la Critique de la raison pure, trad. TISSOT. 1 vol. in-8... 6 fr.

— *Principes métaphysiques de la morale, et Fondements de la métaphysique des mœurs, traduct. TISSOT. In-8... 8 fr.

— Doctrine de la vertu, traduction BARNI. 1 vol. in-8... 8 fr.

— *Mélanges de logique, traduction TISSOT. 1 v. in-8... 6 fr.

— *Prolégomènes à toute métaphysique future qui se présentera comme science, traduction TISSOT. 1 vol. in-8... 6 fr.

— *Anthropologie, suivie de divers fragments relatifs aux rapports du physique et du moral de l'homme, et du commerce des esprits d'un monde à l'autre, traduction TISSOT. 1 vol. in-8... 6 fr.

— *Essai critique sur l'Esthétique de Kant, par V. BASCH. 1 vol. in-8. 1896... 10 fr.

— Sa morale, par CRESSON. 1 vol. in-12... 2 fr. 50

KANT et FICHTE et le problème de l'éducation par PAUL DUPROIX. 1 vol. in-8. 1897... 5 fr.

SCHELLING. Bruno, ou du principe divin. 1 vol. in-8... 3 fr. 50

HEGEL. *Logique. 2 vol. in-8. 14 fr.

— *Philosophie de la nature. 3 vol. in-8... 25 fr.

— *Philosophie de l'esprit. 2 vol. in-8... 18 fr.

— *Philosophie de la religion. 2 vol. in-8... 20 fr.

— La Poétique, trad. par M. Ch. BÉNARD. Extraits de Schiller, Gœthe, Jean-Paul, etc., 2 v. in-8. 12 fr.

— Esthétique. 2 vol. in-8, trad. BÉNARD... 16 fr.

— Antécédents de l'hégélianisme dans la philosophie française, par E. BEAUSSIRE. 1 vol. in-18... 2 fr. 50

— Introduction à la philosophie de Hegel, par VÉRA. 1 vol. in-8. 2e édit... 6 fr. 50

— *La logique de Hegel, par EUG. NOEL. In-8. 1897... 3 fr.

HERBART. *Principales œuvres pédagogiques, trad. A. PINLOCHE. In-8. 1894... 7 fr. 50

HUMBOLDT (G. de). Essai sur les limites de l'action de l'État. In-8... 3 fr. 50

MAUXION (M.). La métaphysique de Herbart et la critique de Kant. 1 vol. in-8... 7 fr. 50

RICHTER (Jean-Paul-Fr.). Poétique ou Introduction à l'Esthétique. 2 vol. in-8. 1862....... 15 fr.

SCHILLER, Son esthétique, par Fr. Montargis. In-8..... 4 fr.

SCHILLER Essai sur le mysticisme spéculatif en Allemagne au XIV° siècle, par Delacroix (H.), agr. de philos., docteur ès lettres. 1 vol. in-8, 1900 .... 5 fr.

PHILOSOPHIE ANGLAISE CONTEMPORAINE
(Voir *Bibliothèque de philosophie contemporaine*, pages 2 à 9.)

Arnold (Matt.). — Bain (Alex.). — Carrau (Lud.). — Clay (R.). — Collins (H.). — Carus. — Ferri (L.). — Flint. — Guyau. — Gurney, Myers et Podmor. — Herbert-Spencer. — Huxley. — Ribot. — Liard. — Lang. — Lubbock (Sir John). — Lyon (Georges). — Marion. — Maudsley. — Stuart-Mill (John). — Romanes. — Sully (James).

PHILOSOPHIE ALLEMANDE CONTEMPORAINE
(Voir *Bibliothèque de philosophie contemporaine*, pages 2 à 9.)

Bouglé — Hartmann (E. de). — Nordau (Max). — Nietzsche. — Oldenberg. — Piderit. — Preyer. — Ribot (Th.). — Schmidt (O.). — Schoebel. — Schopenhauer. — Selden (C.). — Stricker. — Wundt. — Zeller. — Ziegler.

PHILOSOPHIE ITALIENNE CONTEMPORAINE
(Voir *Bibliothèque de philosophie contemporaine*, pages 2 à 9.)

Barzelotti. — Espinas. — Ferrero. — Ferri (Enrico). — Ferri (L.). — Garofalo. — Léopardi. — Lombroso. — Lombroso et Ferrero. — Lombroso et Laschi. — Mariano. — Mosso. — Pilo (Marco). — Sergi. — Sighele.

LES GRANDS PHILOSOPHES
Publié sous la direction de M. C. PIAT
Agrégé de philosophie, docteur ès lettres, professeur à l'École des Carmes.

VOLUMES PUBLIÉS :

Kant, par M. Ruyssen, agrégé de l'Université, professeur au lycée de Bordeaux.

Socrate, par M. l'abbé C. Piat.

Avicenne, par le baron Carra de Vaux.

Chaque étude forme un volume in-8° carré de 300 pages environ, du prix de 5 francs.

SOUS PRESSE OU EN PRÉPARATION :

Saint Anselme, par M. Domet de Vorges, ancien ministre plénipotentiaire.

Saint Augustin, par M. l'abbé Jules Martin.

Descartes, par M. le baron Denys Cochin, député de Paris.

Saint Thomas d'Aquin, par M⁰ʳ Mercier, directeur de l'Institut supérieur de philosophie de l'Université de Louvain, et par M. de Wulf, professeur au même Institut.

Malebranche, par M. Henri Joly, ancien doyen de la Faculté des lettres de Dijon.

Saint Bonaventure, par M⁰ʳ Dadolle, recteur des Facultés libres de Lyon.

Maine de Biran, par M. Marius Couailhac, docteur ès lettres.

Rosmini, par M. Bazaillas, agrégé de l'Université, professeur au collège Stanislas.

Pascal, par M. Hatzfeld, professeur honoraire au lycée Louis-le-Grand.

Spinoza, par M. G. Fonsegrive, professeur au lycée Buffon.

Dunsscot, par le R. P. David Fleming, définiteur général de l'ordre des Franciscains.

BIBLIOTHÈQUE
D'HISTOIRE CONTEMPORAINE

Volumes in-12 brochés à 3 fr. 50. — Volumes in-8 brochés de divers prix

EUROPE

SYBEL (H. de). * **Histoire de l'Europe pendant la Révolution française,** traduit de l'allemand par Mlle Dosquet. Ouvrage complet en 6 vol. in-8. 42 fr.

DEBIDOUR, inspecteur général de l'Instruction publique. * **Histoire diplomatique de l'Europe, de 1815 à 1878.** 2 vol. in-8. (Ouvrage couronné par l'Institut.) 18 fr.

FRANCE

AULARD, professeur à la Sorbonne. * **Le Culte de la Raison et le Culte de l'Être suprême,** étude historique (1793-1794). 1 vol. in-12. 3 fr. 50

— * **Études et leçons sur la Révolution française.** 2 vol. in-12. Chacun. 3 fr. 50

DESPOIS (Eug.). * **Le Vandalisme révolutionnaire. Fondations littéraires, scientifiques et artistiques de la Convention.** 4° édition, précédée d'une notice sur l'auteur par M. Charles Bigot. 1 vol. in-12. 3 fr. 50

DEBIDOUR, inspecteur général de l'instruction publique. * **Histoire des rapports de l'Église et de l'État en France (1789-1870).** 1 fort vol. in-8. 1898. (Couronné par l'Institut.) 12 fr.

ISAMBERT (G.). * **La vie à Paris pendant une année de la Révolution (1791-1792).** 1 vol. in-12. 1896. 3 fr. 50

MARCELLIN PELL ancien député. **Variétés révolutionnaires.** 3 vol. in-12, précédés d'une préface de A. Ranc. Chaque vol. séparém. 3 fr. 50

BONDOIS (P.), agrégé d l'Université. * **Napoléon et la société de son temps (1793-1821).** 1 vol. in-8. 7 fr.

CARNOT (H.), sénateur. * **La Révolution française,** résumé historique. 1 volume in-12. Nouvelle édit. 3 fr. 50

WEILL (G.), docteur ès lettres, agrégé de l'Université. **Histoire du parti républicain en France, de 1814 à 1870.** 1 vol. in-8. 1900. 10 fr.

BLANC (Louis). * **Histoire de Dix ans (1830-1840).** 5 vol. in-8. 25 fr.

— 25 pl. en taille-douce. Illustrations pour l'*Histoire de Dix ans.* 6 fr.

ÉLIAS REGNAULT. Histoire de Huit ans (1840-1848). 3 vol. in-8. 15 fr.

— 14 planches en taille-dou . Illustrations pour l'*Histoire de Huit ans.* 4 fr.

GAFFAREL (P.), professeur à l'Université de Dijon. * **Les Colonies françaises.** 1 vol. in-8. 6° édition revue et augmentée. 5 fr.

LAUGEL (A.). * **La France politique et sociale.** 1 vol. in-8. 5 fr.

SPULLER (E.), ancien ministre de l'Instruction publique. * **Figures disparues, portraits contemp., littér. et politiq.** 3 vol. in-12. Chacun. 3 fr. 50

— **Histoire parlementaire de la deuxième République.** 1 volume in-12. 2° édit. 3 fr. 50

— **Hommes et choses de la Révolution.** 1 vol. in-12. 1896. 3 fr. 50

TAXILE DELORD. * **Histoire du second Empire (1848-1870).** 6 v. in-8. 42 fr.

VALLAUX (C.). Les campagnes des armées françaises (1792-1815). 1 vol. in-12, avec 17 cartes dans le texte. 3 fr. 50

ZEVORT (E.), recteur de l'Académie de Caen. **Histoire de la troisième République:**

Tome I. * **La présidence de M. Thiers.** 1 vol. in-8. 2° édit. 7 fr.

Tome II. * **La présidence du Maréchal.** 1 vol. in-8. 2° édit. 7 fr.

Tome III. **La présidence de Jules Grévy.** 1 vol. in-8. 7 fr.

Tome IV. **La présidence de Sadi Carnot.** 1 vol. in-8. (*Sous presse.*) 7 fr.

WAHL, inspecteur général honoraire de l'Instruction aux colonies. * **L'Algérie.** 1 vol. in-8. 4° édit. refondue, 1901. (Ouvrage couronné par l'Institut.) 5 fr.

LANESSAN (J.-L. de). * **L'Indo-Chine française.** Étude économique, politique et administrative sur *la Cochinchine, le Cambodge, l'Annam et le Tonkin.* (Ouvrage couronné par la Société de géographie commerciale de Paris, médaille Dupleix.) 1 vol. in-8, avec 5 cartes en couleurs hors texte. 15 fr.

LANESSAN (J.-L. de) * **La colonisation française en Indo-Chine.** 1 vol. in-12, avec une carte de l'Indo-Chine. 1895.   3 fr. 50

PIOLET (J.-B.). **La France hors de France,** notre émigration, sa nécessité. 1 vol. in-8. 1900.   10 fr.

LAPIE (P.), agrégé de l'Université. * **Les Civilisations tunisiennes** (Musulmans, Israélites, Européens). 1 vol. in-12. 1898. (Couronné par l'Académie française.)   3 fr. 50

WEILL (Georges), agrégé de l'Université, docteur ès lettres. **L'École saint-simonienne,** son histoire, son influence jusqu'à nos jours. 1 vol. in-12. 1896.   3 fr. 50

ANGLETERRE

LAUGEL (Aug.). * **Lord Palmerston et lord Russell.** 1 vol. in-12. 3 fr. 50

SIR CORNEWAL LEWIS. * **Histoire gouvernementale de l'Angleterre,** depuis 1770 jusqu'à 1830. Traduit de l'anglais. 1 vol. in-8.   7 fr.

REYNALD (H.), doyen de la Faculté des lettres d'Aix. * **Histoire de l'Angleterre,** depuis la reine Anne jusqu'à nos jours. 1 vol. in-12. 2e éd. 3 fr. 50

MÉTIN (Albert). * **Le Socialisme en Angleterre.** 1 vol. in-12. 1897. 3 fr. 50

ALLEMAGNE

VÉRON (Eug.). * **Histoire de la Prusse,** depuis la mort de Frédéric II jusqu'à la bataille de Sadowa. 1 vol. in-12. 6e édit., augmentée d'un chapitre nouveau contenant le résumé des événements jusqu'à nos jours, par P. BONDOIS, professeur agrégé d'histoire au lycée Buffon.   3 fr. 50

— * **Histoire de l'Allemagne,** depuis la bataille de Sadowa jusqu'à nos jours. 1 vol. in-12. 3e éd., mise au courant des événements par P. BONDOIS. 3 fr. 50

ANDLER (Ch.), maître de conférences à l'École normale. **Les origines du socialisme d'état en Allemagne.** 1 vol. in-8. 1897.   7 fr.

GUILLAND (A.), professeur d'histoire à l'École polytechnique suisse. **L'Allemagne nouvelle et ses historiens.** NIEBUHR, RANKE, MOMMSEN, SYBEL, TREITSCHKE. 1 vol. in-8. 1899.   5 fr.

AUTRICHE-HONGRIE

ASSELINE (L.). * **Histoire de l'Autriche,** depuis la mort de Marie-Thérèse jusqu'à nos jours. 1 vol. in-12. 3e édit.   3 fr. 50

BOURLIER (J.). * **Les Tchèques et la Bohême contemporaine,** avec préface de M. FLOURENS, ancien ministre des Affaires étrangères. 1 vol. in-12. 1897.   3 fr. 50

AUERBACH, professeur à la Faculté des lettres de Nancy. **Les races et les nationalités en Autriche-Hongrie.** In-8, 1898.   5 fr.

SAYOUS (Ed.), professeur à la Faculté des lettres de Toulouse. **Histoire des Hongrois et de leur littérature politique,** de 1790 à 1815. 1 vol. in-12. 3 fr. 50

ITALIE

SORIN (Élie). * **Histoire de l'Italie,** depuis 1815 jusqu'à la mort de Victor-Emmanuel. 1 vol. in-12. 1888.   3 fr. 50

GAFFAREL (P.), professeur à la Faculté des lettres de Dijon. * **Bonaparte et les Républiques italiennes** (1796-1799). 1895. 1 vol. in-8.   5 fr.

BOLTON KING (M. A.). **Histoire de l'unité italienne.** Histoire politique de l'Italie, de 1814 à 1871, traduit de l'anglais, introduction de M. Yves GUYOT. 1900.   15 fr.

ESPAGNE

REYNALD (H.). * **Histoire de l'Espagne,** depuis la mort de Charles III jusqu'à nos jours. 1 vol. in-12.   3 fr. 50

ROUMANIE

DAMÉ (Fr.). **Histoire de la Roumanie contemporaine,** depuis l'avènement des princes indigènes jusqu'à nos jours. 1 vol. in-8. 1900.   7 fr.

RUSSIE

CRÉHANGE (M.), agrégé de l'Université. * **Histoire contemporaine de la Russie,** depuis la mort de Paul Ier jusqu'à l'avènement de Nicolas II (1801-1894). 1 vol. in-12. 2e édit. 1895.   3 fr. 50

SUISSE

DAENDLIKER. *Histoire du peuple suisse. Trad. de l'allem. par M⁰⁰ Jules
FAVRE et précédée d'une Introduction de Jules FAVRE. 1 vol. in-8.   5 fr.

GRÈCE & TURQUIE

BÉRARD (V.), docteur ès lettres. * La Turquie et l'Hellénisme contemporain.(Ouvrage cour. par l'Acad. française.) 1 v. in-12. 3ᵉ éd.   3 fr. 50
RODOCANACHI (E.). Bonaparte et les îles Ioniennes, épisode des conquêtes de la République et du premier Empire (1797-1816). 1 volume
in-8. 1899.   5 fr.

AMÉRIQUE

DEBERLE (Alf.). * Histoire de l'Amérique du Sud, depuis sa conquête
jusqu'à nos jours. 1 vol. in-12. 3ᵉ édit., revue par A. MILHAUD, agrégé de
l'Université.   3 fr. 50

———

BARNI (Jules). * Histoire des idées morales et politiques en France
au XVIIIᵉ siècle. 2 vol. in-12. Chaque volume.   3 fr. 50
— * Les Moralistes français au XVIIIᵉ siècle. 1 vol. in-12 faisant suite
aux deux précédents.   3 fr. 50
BEAUSSIRE (Émile), de l'Institut. La Guerre étrangère et la Guerre
civile. 1 vol. in-12.   3 fr. 50
BOURDEAU (J.). *Le Socialisme allemand et le Nihilisme russe. 1 vol.
in-12. 2ᵉ édit. 1894.   3 fr. 50
D'EICHTHAL (Eug.). Souveraineté du peuple et gouvernement. 1 vol.
in-12. 1895.   3 fr. 50
DEPASSE (Hector). Transformations sociales. 1894. 1 vol. in-12.   3 fr. 50
— Du Travail et de ses conditions (Chambres et Conseils du travail).
1 vol. in-12. 1895.   3 fr. 50
DRIAULT (E.). *La question d'Orient, préface de G. MONOD, de l'Institut.
1 vol. in-8. 2ᵉ édit. 1900.   7 fr.
DRIAULT (E.), prof. agr. au lycée d'Orléans. Les problèmes politiques
et sociaux à la fin du XIXᵉ siècle. In-8. 1900.   7 fr.
GUÉROULT (G.). * Le Centenaire de 1789, évolution polit., philos., artist.
et scient. de l'Europe depuis cent ans. 1 vol. in-12. 1889.   3 fr. 50
LAVELEYE (E. de), correspondant de l'Institut. Le Socialisme contem-
porain. 1 vol. in-12. 10ᵉ édit. augmentée.   3 fr. 50
LICHTENBERGER (A.). * Le Socialisme utopique, étude sur quelques pré-
curseurs du Socialisme. 1 vol. in-12. 1898.   3 fr. 50
— * Le Socialisme et la Révolution française. 1 vol. in-8.   5 fr.
MATTER (P.). La dissolution des assemblées parlementaires, étude de
droit public et d'histoire. 1 vol. in-8. 1898.   5 fr.
REINACH (Joseph). Pages républicaines. 1894. 1 vol. in-12.   3 fr. 50
SCHEFER (C.). Bernadotte roi (1810 — 1818-1844). 1 vol. in-8. 1899. 5 fr.
SPULLER (E.).* Éducation de la démocratie. 1 vol. in-12. 1892. 3 fr. 50,
— L'Évolution politique et sociale de l'Église. 1 vol. in-12. 1893. 3 fr. 50
BONET-MAURY. Histoire de la liberté de conscience depuis l'édit de
Nantes jusqu'à juillet 1870. 1 vol. in-8. 1900.   5 fr.

BIBLIOTHÈQUE HISTORIQUE ET POLITIQUE

DESCHANEL (E.), sénateur, professeur au Collège de France. * Le Peuple
et la Bourgeoisie. 1 vol. in-8. 2ᵉ édit.   5 fr.
DU CASSE. Les Rois frères de Napoléon Iᵉʳ. 1 vol. in-8.   10 fr.
LOUIS BLANC. Discours politiques (1848-1881). 1 vol. in-8.   7 fr. 50
PHILIPPSON. La Contre-révolution religieuse au XVIᵉ siècle.
1 vol. in-8.   10 fr.
HENRARD (P.). Henri IV et la princesse de Condé. 1 vol. in-8   6 fr.
NOVICOST. La Politique internationale. 1 fort vol. in-8.   7 fr.
REINACH (Joseph). * La France et l'Italie devant l'histoire
1 vol. in-8. 1893.   5 fr.
LORIA (A.). Les Bases économiques de la constitution sociale.
1 vol. in-8. 1893.   7 fr. 50

BIBLIOTHÈQUE DE LA FACULTÉ DES LETTRES DE L'UNIVERSITÉ DE PARIS

*De l'authenticité des épigrammes de Simonide, par AM. HAUVETTE, professeur adjoint. 1 vol. in-8.   5 fr.

*Antinomies linguistiques, par M. le Prof. VICTOR HENRY, 1 v. in-8. 2 fr.

*Mélanges d'histoire du moyen âge, par MM. le Prof. A. LUCHAIRE, DUPONT, FERRIER et POUPARDIN. 1 vol. in-8.   3 fr. 50

*Études linguistiques sur la Basse-Auvergne, phonétique historique du patois de Vinzelles (Puy-de-Dôme), par ALBERT DAUZAT, préface de M. le Prof. ANT. THOMAS. 1 vol. in-8.   6 fr.

*De la flexion dans Lucrèce, par M. le Prof. A. CARTAULT, 1 v. in-8. 4 fr.

*Le treize vendémiaire an IV, par HENRY ZIVY. 1 vol. in-8. 4 fr.

Essai de restitution des plus anciens Mémoriaux de la Chambre des Comptes de Paris, par MM. J. PETIT, GAVRILOVITCH, MAURY et TÉODORU, préface de M. CH.-V. LANGLOIS, chargé de cours. 1 vol. in-8. 9 fr.

Étude sur quelques manuscrits de Rome et de Paris, par M. le Prof. A. LUCHAIRE, membre de l'Institut. 1 vol. in-8.   6 fr.

Études sur les Satires d'Horace, par M. le Prof. A. CARTAULT. 1 vol. in-8.   11 fr.

L'imagination et les mathématiques selon Descartes, par P. BOUTROUX, licencié ès lettres. 1 vol. in-8.   2 fr.

Le dialecte alaman de Colmar (Haute-Alsace) en 1870, grammaire et lexique, par M. le prof. VICTOR HENRY. 1 vol. in-8.   8 fr.

La main-d'œuvre industrielle dans l'ancienne Grèce, par M. le Prof. GUIRAUD. 1 vol. in-8.   7 fr.

TRAVAUX DE L'UNIVERSITÉ DE LILLE

PAUL FABRE. La polyptyque du chanoine Benoît — Étude sur un manuscrit de la bibliothèque de Cambrai.   3 fr. 50

MÉDÉRIC DUFOUR. Sur la constitution rythmique et métrique du drame grec. 1re série, 4 fr.; 2e série, 2 fr. 50; 3e série, 2 fr. 50.

A. PINLOCHE. * Principales œuvres de Herbart.   7 fr. 50

A. PENJON. Pensée et réalité, de A. SPIR, trad. de l'allem. in-8. 10 fr.

G. LEFÈVRE. Les variations de Guillaume de Champeaux et la question des Universaux. Étude suivie de documents originaux. 1898. 3 fr.

ANNALES DE L'UNIVERSITÉ DE LYON

Lettres intimes de J.-M. Alberoni adressées au comte J. Rocca, ministre des finances du duc de Parme, par Emile BOURGEOIS, maître de conférences à l'École normale. 1 vol. in-8.   10 fr.

Saint Ambroise et la morale chrétienne au IVe siècle, par Raymond THAMIN, recteur de l'Académie de Rennes. 1 vol. in-8.   7 fr. 50

La république des Provinces-Unies, la France et les Pays-Bas espagnols, de 1630 à 1650, par M. le Prof. A. WADDINGTON. TOME I (1630-42). 1 vol. in-8. 6 fr. — TOME II (1642-50). 1 vol. in-8. 6 fr.

Le Vivarais, essai de géographie régionale, par BURDIN. 1 vol. in-8. 6 fr.

PUBLICATIONS HISTORIQUES ILLUSTRÉES

*DE SAINT-LOUIS A TRIPOLI PAR LE LAC TCHAD, par le lieutenant-colonel MONTEIL. 1 beau vol. in-8 colombier, précédé d'une préface de M. DE VOGÜÉ, de l'Académie française, illustrations de RIOU. 1895. *Ouvrage couronné par l'Académie française (Prix Montyon).*   20 fr.

*HISTOIRE ILLUSTRÉE DU SECOND EMPIRE, par Taxile DELORD. 6 vol. in-8, avec 500 gravures. Chaque vol. broché,   8 fr.

HISTOIRE POPULAIRE DE LA FRANCE, depuis les origines jusqu'en 1815. — 4 vol. in-8, avec 1323 gravures. Chacun,   7 fr. 50

*REVUE PHILOSOPHIQUE
DE LA FRANCE ET DE L'ÉTRANGER
Dirigée par Th. RIBOT, Membre de l'Institut, Professeur au Collège de France.
(23e année, 1900.)

Paraît tous les mois, par livraisons de 7 feuilles grand in-8, et forme chaque année
deux volumes de 680 pages chacun.

Prix d'abonnement : Un an, pour Paris, 30 fr. — Pour les départements
et l'étranger, 33 fr. — La livraison, 3 fr.

Les années écoulées, chacune 30 francs, et la livraison, 3 fr.

Tables des matières (1876-1887), in-8...... 3 fr. — (1888-1895), in-8...... 5 fr.

*REVUE HISTORIQUE
Dirigée par G. MONOD
Membre de l'Institut, Maître de conférences à l'École normale,
Président de la section historique et philologique à l'École des hautes études.
(25e année, 1900.)

Paraît tous les deux mois, par livraisons grand in-8 de 15 feuilles et forme par an
trois volumes de 500 pages chacun.

Prix d'abonnement : Un an, pour Paris, 30 fr. — Pour les départements
et l'étranger, 33 fr. — La livraison, 6 fr.

Les années écoulées, chacune 30 fr.; le fascicule, 6 fr. Les fascicules de la 1re année, 9 fr.

TABLES GÉNÉRALES DES MATIÈRES

I. 1876 à 1880. 3 fr.; pour les abonnés, 1 fr. 50	III. 1886 à 18'0. 5 fr.; pour les abonnés, 2 fr. 50
II. 1881 à 1885. 3 fr.; — 1 fr. 50	IV. 1891 à 1895. 3 fr.; — 1 fr. 50

ANNALES DES SCIENCES POLITIQUES
RECUEIL BIMESTRIEL
Publié avec la collaboration des professeurs et des anciens élèves
de l'École libre des sciences politiques
(*Quinzième année*, 1900.)

COMITÉ DE RÉDACTION : M. Émile BOUTMY, de l'Institut, directeur de l'Ecole;
M. ALF. DE FOVILLE, de l'Institut, conseiller maître à la Cour des comptes; M. R.
STOURM, ancien inspecteur des finances et administrateur des Contributions indi-
rectes; M. Alexandre RIBOT, député, ancien ministre; M. Gabriel ALIX; M. L.
RENAULT, professeur à la Faculté de droit; M. Albert SOREL, de l'Académie fran-
çaise; M. A. VANDAL, de l'Académie française; M. Aug. ARNAUNÉ, Directeur de la
Monnaie; M. Emile BOURGEOIS, maître de conférences à l'Ecole normale supérieure;
Directeurs des groupes de travail, professeurs à l'Ecole.

Rédacteur en chef : M. A. VIALLATE.

Conditions d'abonnement. — Un an (du 15 janvier) : Paris, 18 fr.;
départements et étranger, 19 fr. — La livraison, 3 fr. 50.

*Les trois premières années (1886-1887-1888) se vendent chacune 16 francs, les
livraisons, chacune 5 francs, la quatrième année (1889) et les suivantes se vendent
chacune 18 francs, et les livraisons, chacune 3 fr. 50.*

Revue mensuelle de l'École d'Anthropologie de Paris
(10e année, 1900)
Publiée par les professeurs :
MM. CAPITAN (Anthropologie pathologique); Mathias DUVAL (Anthropogénie et Embryo-
logie), Georges HERVÉ (Ethnologie), J.-V. LABORDE (Anthropologie biologique), André
LEFÈVRE (Ethnographie et Linguistique), Ch. LETOURNEAU (Histoire des civilisations),
MANOUVRIER (Anthropologie physiologique), MAHOUDEAU (Anthropologie zoologique),
SCHRADER (Anthropologie géographique), H. THULIÉ, directeur de l'Ecole.

Abonnement : France et Étranger, 10 fr. — Le numéro, 1 fr.

ANNALES DES SCIENCES PSYCHIQUES
Dirigées par le Dr DARIEX
(10e année, 1900)

Les ANNALES DES SCIENCES PSYCHIQUES paraissent tous les deux mois par numéros
de quatre feuilles in-8 carré (64 pages), *depuis le 15 janvier 1891.*

Abonnement : Pour tous pays, 12 fr. — Le numéro, 2 fr. 50.

REVUE DE MORALE SOCIALE
(2e année, 1900)
Directeur : Louis BRIDEL, professeur à l'Université de Genève.

La *Revue de Morale sociale* paraît tous les 3 mois par livraisons de 8 feuilles au moins.

Abonnement : Un an, 10 fr. — Le numéro, 2 fr. 75

L'année commence le 1er avril.

BIBLIOTHÈQUE SCIENTIFIQUE
INTERNATIONALE
Publiée sous la direction de M. Émile ALGLAVE

La *Bibliothèque scientifique internationale* est une œuvre dirigée par les auteurs mêmes, en vue des intérêts de la science, pour la populariser sous toutes ses formes, et faire connaître immédiatement dans le monde entier les idées originales, les directions nouvelles, les découvertes importantes qui se font chaque jour dans tous les pays. Chaque savant expose les idées qu'il a introduites dans la science et condense pour ainsi dire ses doctrines les plus originales.

La *Bibliothèque scientifique internationale* ne comprend pas seulement des ouvrages consacrés aux sciences physiques et naturelles; elle aborde aussi les sciences morales, comme la philosophie, l'histoire, la politique et l'économie sociale, la haute législation, etc.; mais les livres traitant des sujets de ce genre se rattachent encore aux sciences naturelles, en leur empruntant les méthodes d'observation et d'expérience qui les ont rendues si fécondes depuis deux siècles.

Cette collection paraît à la fois en français et en anglais : à Paris, chez Félix Alcan; à Londres, chez C. Kégan, Paul et Cⁱᵉ; à New-York, chez Appleton.

Les titres marqués d'un astérisque* sont adoptés par le *Ministère de l'Instruction publique de France* pour les bibliothèques des lycées et des collèges.

LISTE DES OUVRAGES PAR ORDRE D'APPARITION
93 VOLUMES IN-8, CARTONNÉS A L'ANGLAISE. CHAQUE VOLUME : 6 FRANCS.

1. J. TYNDALL. * **Les Glaciers et les Transformations de l'eau,** avec figures. 1 vol. in-8. 6ᵉ édition. 6 fr.
2. BAGEHOT. * **Lois scientifiques du développement des nations** dans leurs rapports avec les principes de la sélection naturelle et de l'hérédité. 1 vol. in-8. 6ᵉ édition. 6 fr.
3. MAREY. * **La Machine animale,** locomotion terrestre et aérienne, avec de nombreuses fig. 1 vol. in-8. 6ᵉ édit. augmentée. 6 fr.
4. BAIN. * **L'Esprit et le Corps.** 1 vol. in-8. 6ᵉ édition. 6 fr.
5. PETTIGREW. * **La Locomotion chez les animaux,** marche, natation. 1 vol. in-8, avec figures. 2ᵉ édit. 6 fr.
6. HERBERT SPENCER. * **La Science sociale.** 1 v. in-8, 12ᵉ édit. 6 fr.
7. SCHMIDT (O.). * **La Descendance de l'homme et le Darwinisme.** 1 vol. in-8, avec fig. 6ᵉ édition. 6 fr.
8. MAUDSLEY. * **Le Crime et la Folie.** 1 vol. in-8. 6ᵉ édit. 6 fr.
9. VAN BENEDEN. * **Les Commensaux et les Parasites dans le** règne animal. 1 vol. in-8, avec figures. 4ᵉ édit. 6 fr.
10. BALFOUR STEWART. * **La Conservation de l'énergie,** suivi d'une Étude sur la *nature de la force,* par M. P. de SAINT-ROBERT, avec figures. 1 vol. in-8. 6ᵉ édition. 6 fr.
11. DRAPER. **Les Conflits de la science et de la religion.** 1 vol. in-8. 10ᵉ édition. 6 fr.
12. L. DUMONT. * **Théorie scientifique de la sensibilité.** 1 vol. in-8. 4ᵉ édition. 6 fr.
13. SCHUTZENBERGER. * **Les Fermentations.** 1 vol. in-8, avec fig. 6ᵉ édit. 6 fr.
14. WHITNEY. * **La Vie du langage.** 1 vol. in-8. 4ᵉ édit. 6 fr.
15. COOKE et BERKELEY. * **Les Champignons.** 1 vol. in-8, avec figures. 4ᵉ édition. 6 fr.
16. BERNSTEIN. * **Les Sens.** 1 vol. in-8, avec 91 fig. 5ᵉ édit. 6 fr.
17. BERTHELOT. * **La Synthèse chimique.** 1 vol. in-8, 8ᵉ édit. 6 fr.

18. NIEWENGLOWSKI (H.). *La photographie et la photochimie. 1 vol. in-8, avec gravures et une planche hors texte.   6 fr.
19. LUYS. *Le Cerveau et ses fonctions, avec figures. 1 vol. in-8. 7e édition.   6 fr.
20. STANLEY JEVONS. *La Monnaie et le Mécanisme de l'échange. 1 vol. in-8. 5e édition.   6 fr.
21. FUCHS. *Les Volcans et les Tremblements de terre. 1 vol. in-8, avec figures et une carte en couleur. 5e édition.   6 fr.
22. GÉNÉRAL BRIALMONT. *Les Camps retranchés et leur rôle dans la défense des États, avec fig. dans le texte et 2 planches hors texte. 3e édit. Épuisé.
23. DE QUATREFAGES. *L'Espèce humaine. 1 v. in-8. 13e édit.   6 fr.
24. BLASERNA et HELMHOLTZ. *Le Son et la Musique. 1 vol. in-8, avec figures. 5e édition.   6 fr.
25. ROSENTHAL. *Les Nerfs et les Muscles. 1 vol. in-8, avec 75 figures. 3e édition. Épuisé.
26. BRUCKE et HELMHOLTZ. *Principes scientifiques des beaux-arts. 1 vol. in-8, avec 39 figures. 4e édition.   6 fr.
27. WURTZ. *La Théorie atomique. 1 vol. in-8. 8e édition.   6 fr.
28-29. SECCHI (le père). *Les Étoiles. 2 vol. in-8, avec 63 figures dans le texte et 17 pl. en noir et en couleur hors texte. 3e édit.   12 fr.
30. JOLY. *L'Homme avant les métaux. 1 v. in-8, avec fig. 4e éd. Épuisé.
31. A. BAIN. *La Science de l'éducation. 1 vol. in-8. 9e édit.   6 fr.
32-33. THURSTON (R.). *Histoire de la machine à vapeur, précédée d'une Introduction par M. HIRSCH. 2 vol. in-8, avec 140 figures dans le texte et 16 planches hors texte. 3e édition.   12 fr.
34. HARTMANN (R.). *Les Peuples de l'Afrique. 1 vol. in-8, avec figures. 2e édition. Épuisé.
35. HERBERT SPENCER. *Les Bases de la morale évolutionniste. 1 vol. in-8. 6e édition.   6 fr.
36. HUXLEY. *L'Écrevisse, introduction à l'étude de la zoologie. 1 vol. in-8, avec figures. 2e édition.   6 fr.
37. DE ROBERTY. *De la Sociologie. 1 vol. in-8. 3e édition.   6 fr.
38. ROOD. *Théorie scientifique des couleurs. 1 vol. in-8, avec figures et une planche en couleur hors texte. 2e édition.   6 fr.
39. DE SAPORTA et MARION. *L'Évolution du règne végétal (les Cryptogames). 1 vol. in-8, avec figures.   6 fr.
40-41. CHARLTON BASTIAN. *Le Cerveau, organe de la pensée chez l'homme et chez les animaux. 2 vol. in-8, avec figures. 2e éd. 12 fr.
42. JAMES SULLY. *Les Illusions des sens et de l'esprit. 1 vol. in-8, avec figures. 3e édit.   6 fr.
43. YOUNG. *Le Soleil. 1 vol. in-8, avec figures. Épuisé.
44. DE CANDOLLE. *L'Origine des plantes cultivées. 4e édition. 1 vol. in-8.   6 fr.
45-46. SIR JOHN LUBBOCK. *Fourmis, abeilles et guêpes. Études expérimentales sur l'organisation et les mœurs des sociétés d'insectes hyménoptères. 2 vol. in-8, avec 65 figures dans le texte et 13 planches hors texte, dont 5 coloriées. Épuisé.
47. PERRIER (Edm.). La Philosophie zoologique avant Darwin. 1 vol. in-8. 3e édition.   6 fr.
48. STALLO. *La Matière et la Physique moderne. 1 vol. in-8. 3e éd., précédé d'une Introduction par CH. FRIEDEL.   6 fr.
49. MANTEGAZZA. La Physionomie et l'Expression des sentiments. 1 vol. in-8. 3e édit., avec huit planches hors texte.   6 fr.
50. DE MEYER. *Les Organes de la parole et leur emploi pour la formation des sons du langage. 1 vol. in-8, avec 51 figures, précédé d'une Introd. par M. O. CLAVEAU.   6 fr.
51. DE LANESSAN. *Introduction à l'Étude de la botanique (le Sapin.) 1 vol. in-8. 2e édit., avec 143 figures dans le texte.   6 fr.

52-53. DE SAPORTA et MARION. *L'Évolution du règne végétal (les Phanérogames). 2 vol. in-8, avec 136 figures. 12 fr.

54. TROUESSART. *Les Microbes, les Ferments et les Moisissures. 1 vol. in-8. 2e édit., avec 107 figures dans le texte. 6 fr.

55. HARTMANN (R.).*Les Singes anthropoïdes, et leur organisation comparée à celle de l'homme. 1 vol. in-8, avec figures. 6 fr.

56. SCHMIDT (O.).*Les Mammifères dans leurs rapports avec leurs ancêtres géologiques. 1 vol. in-8, avec 51 figures. 6 fr.

57. BINET et FÉRÉ. Le Magnétisme animal. 1 vol. in-8. 4e édit. 6 fr.

58-59. ROMANES.* L'Intelligence des animaux. 2 v. in-8. 3e édit. 12 fr.

60. F. LAGRANGE. Physiologie des exercices du corps. 1 vol. in-8. 7e édition. 6 fr.

61. DREYFUS.* Évolution des mondes et des sociétés. 1 vol. in-8. 8e édit. 6 fr.

62. DAUBRÉE.* Les Régions invisibles du globe et des espaces célestes. 1 vol. in-8, avec 85 fig. dans le texte. 2e édit. 6 fr.

63-64. SIR JOHN LUBBOCK. * L'Homme préhistorique. 2 vol. in-8, avec 228 figures dans le texte. 4e édit. 12 fr.

65. RICHET (Ch.). La Chaleur animale. 1 vol. in-8, avec figures. 6 fr.

66. FALSAN (A.). *La Période glaciaire principalement en France et en Suisse. 1 vol. in-8, avec 105 figures et 2 cartes. *Épuisé.*

67. BEAUNIS (H.). Les Sensations internes. 1 vol. in-8. 6 fr.

68. CARTAILHAC (E.). La France préhistorique, d'après les sépultures et les monuments. 1 vol. in-8, avec 162 figures. 2e édit. 6 fr.

69. BERTHELOT.*La Révolution chimique, Lavoisier. 1 vol. in-8. 6 fr.

70. SIR JOHN LUBBOCK. * Les Sens et l'Instinct chez les animaux, principalement chez les insectes. 1 vol. in-8, avec 150 figures. 6 fr.

71. STARCKE. *La Famille primitive. 1 vol. in-8. 6 fr.

72. ARLOING. * Les Virus. 1 vol. in-8, avec figures. 6 fr.

73. TOPINARD. * L'Homme dans la Nature. 1 vol. in-8, avec fig. 6 fr.

74. BINET (Alf.).*Les Altérations de la personnalité. 1 vol. in-8, avec figures. 6 fr.

75. DE QUATREFAGES (A.).*Darwin et ses précurseurs français. 1 vol. in-8. 2e édition refondue. 6 fr.

76. LEFÈVRE (A.). * Les Races et les langues. 1 vol. in-8. 6 fr.

77-78. DE QUATREFAGES. * Les Émules de Darwin. 2 vol. in-8, avec préfaces de MM. E. Perrier et Hamy. 12 fr.

79. BRUNACHE (P.).*Le Centre de l'Afrique. Autour du Tchad. 1 vol. in-8, avec figures. 6 fr.

80. ANGOT (A.). *Les Aurores polaires. 1 vol. in-8, avec figures. 6 fr.

81. JACCARD. *Le pétrole, le bitume et l'asphalte au point de vue géologique. 1 vol. in-8, avec figures. 6 fr.

82. MEUNIER (Stan.). *La Géologie comparée. 1 vol. in-8, avec fig. 6 fr.

83. LE DANTEC. *Théorie nouvelle de la vie. 1 vol. in-8. 2e éd. 6 fr.

84. DE LANESSAN.* Principes de colonisation. 1 vol. in-8. 6 fr.

85. DEMOOR, MASSART et VANDERVELDE. *L'évolution régressive en biologie et en sociologie. 1 vol. in-8, avec gravures. 6 fr.

86. MORTILLET (G. de). *Formation de la Nation française. 1 vol. in-8, avec 150 gravures et 18 cartes. 2e édit. 6 fr.

87. ROCHÉ (G.).*La Culture des Mers (piscifacture, pisciculture, ostréiculture). 1 vol. in-8, avec 81 gravures. 6 fr.

88. COSTANTIN (J.).*Les Végétaux et les Milieux cosmiques (adaptation, évolution). 1 vol. in-8, avec 171 gravures. 6 fr.

89. LE DANTEC. L'évolution individuelle et l'hérédité. 1 vol. in-8. 6 fr.

90. GUIGNET et GARNIER.*La Céramique ancienne et moderne. 1 vol. avec grav. 6 fr.

91. GELLÉ (E.-M.). L'audition et ses organes. 1 v. in-8, avec grav. 6 fr.

92. MEUNIER (St.). La Géologie expérimentale. 1 v. in-8, avec grav. 6 fr.

93. COSTANTIN (J.). La Nature tropicale. 1 vol. in-8, avec grav. 6 fr.

LISTE PAR ORDRE DE MATIÈRES
DES 93 VOLUMES PUBLIÉS
DE LA BIBLIOTHÈQUE SCIENTIFIQUE INTERNATIONALE
Chaque volume in-8, cartonné à l'anglaise..... 6 francs.

SCIENCES SOCIALES

* Introduction à la science sociale, par HERBERT SPENCER. 1 vol. in-8. 12e édit. **6 fr.**
* Les Bases de la morale évolutionniste, par HERBERT SPENCER. 1 vol. in-8. 4e édit. **6 fr.**
Les Conflits de la science et de la religion, par DRAPER, professeur à l'Université de New-York. 1 vol. in-8. 8e édit. **6 fr.**
* Le Crime et la Folie, par H. MAUDSLEY, professeur de médecine légale à l'Université de Londres. 1 vol. in-8. 5e édit. **6 fr.**
* La Monnaie et le Mécanisme de l'échange, par W. STANLEY JEVONS, professeur à l'Université de Londres. 1 vol. in-8. 5e édit. **6 fr.**
* La Sociologie, par DE ROBERTY. 1 vol. in-8. 3e édit. **6 fr.**
* La Science de l'éducation, par Alex. BAIN, professeur à l'Université d'Aberdeen (Écosse). 1 vol. in-8. 9e édit. **6 fr.**
* Lois scientifiques du développement des nations dans leurs rapports avec les principes de l'hérédité et de la sélection naturelle, par W. BAGEHOT. 1 vol. in-8. 6e édit. **6 fr.**
* La Vie du langage, par D. WHITNEY, professeur de philologie comparée à Yale-College de Boston (États-Unis). 1 vol. in-8. 3e édit. **6 fr.**
* La Famille primitive, par J. STARCKE, professeur à l'Université de Copenhague. 1 vol. in-8. **6 fr.**
* Principes de colonisation, par J.-L. de LANESSAN, prof. à la Faculté de Médecine de Paris, ancien gouverneur de l'Indo-Chine, 1 vol. in-8. **6 fr.**

PHYSIOLOGIE

* Les Illusions des sens et de l'esprit, par James SULLY. 1 v. in-8. 2e édit. **6 fr.**
* La Locomotion chez les animaux (marche, natation et vol), par J.-B. PETTIGREW, professeur au Collège royal de chirurgie d'Édimbourg (Écosse). 1 vol. in-8, avec 140 figures dans le texte. 2e édit. **6 fr.**
* La Machine animale, par E.-J. MAREY, membre de l'Institut, prof. au Collège de France. 1 vol. in-8, avec 117 figures. 6e édit. **6 fr.**
* Les Sens, par BERNSTEIN, professeur de physiologie à l'Université de Halle (Prusse). 1 vol. in-8, avec 91 figures dans le texte. 4e édit. **6 fr.**
* Les Organes de la parole, par H. DE MEYER, professeur à l'Université de Zurich, traduit de l'allemand et précédé d'une introduction sur l'*Enseignement de la parole aux sourds-muets*, par O. CLAVEAU, inspecteur général des établissements de bienfaisance. 1 vol. in-8, avec 51 grav. **6 fr.**
La Physionomie et l'Expression des sentiments, par P. MANTEGAZZA, professeur au Muséum d'histoire naturelle de Florence. 1 vol. in-8, avec figures et 8 planches hors texte. 3e édit. **6 fr.**
* Physiologie des exercices du corps, par le docteur F. LAGRANGE. 1 vol. in-8. 7e édit. (Ouvrage couronné par l'Institut.) **6 fr.**
La Chaleur animale, par CH. RICHET, professeur de physiologie à la Faculté de médecine de Paris. 1 vol. in-8, avec figures dans le texte. **6 fr.**
Les Sensations internes, par H. BEAUNIS. 1 vol. in-8. **6 fr.**
* Les Virus, par M. ARLOING, professeur à la Faculté de médecine de Lyon, directeur de l'école vétérinaire. 1 vol. in-8, avec fig. **6 fr.**
* Théorie nouvelle de la vie, par F. LE DANTEC, docteur ès sciences, 1 vol. in-8, avec figures. **6 fr.**
L'évolution individuelle et l'hérédité, par *le même*. 1 vol. in-8. **6 fr.**
L'audition et ses organes, par le Doct. E.-M. GELLÉ, membre de la Société de biologie. 1 vol. in-8 avec grav. **6 fr.**

PHILOSOPHIE SCIENTIFIQUE

* Le Cerveau et ses fonctions, par J. LUYS, membre de l'Académie de médecine, médecin de la Charité. 1 vol. in-8, avec fig. 7e édit. **6 fr.**
* Le Cerveau et la Pensée chez l'homme et les animaux, par CHARLTON BASTIAN, professeur à l'Université de Londres. 2 vol. in-8, avec 184 fig. dans le texte. 2e édit. **12 fr.**

* **Le Crime et la Folie**, par H. MAUDSLEY, professeur à l'Université de Londres. 1 vol. in-8. 6° édit. 6 fr.
* **L'Esprit et le Corps**, considérés au point de vue de leurs relations, suivi d'études sur les *Erreurs généralement répandues au sujet de l'esprit*, par Alex. BAIN, prof. à l'Université d'Aberdeen (Écosse). 1 v. in-8, 6° éd. 6 fr.
* **Théorie scientifique de la sensibilité** : *le Plaisir et la Peine*, par Léon DUMONT. 1 vol. in-8. 3° édit. 6 fr.
* **La Matière et la Physique moderne**, par STALLO, précédé d'une préface par M. Ch. FRIEDEL, de l'Institut. 1 vol. in-8. 2° édit. 6 fr.
Le Magnétisme animal, par Alf. BINET et Ch. FÉRÉ. 1 vol. in-8, avec figures dans le texte. 4° édit. 6 fr.
* **L'Intelligence des animaux**, par ROMANES. 2 v. in-8. 2° éd. précédée d'une préface de M. E. PERRIER, prof. au Muséum d'histoire naturelle. 12 fr.
* **L'Évolution des mondes et des sociétés**, par C. DREYFUS. In-8. 6 fr.
* **L'évolution régressive en biologie et en sociologie**, par DEMOOR, MASSART et VANDERVELDE, prof. des Univ. de Bruxelles. 1 v. in-8, avec grav. 6 fr.
* **Les Altérations de la personnalité**, par Alf. BINET, directeur du laboratoire de psychologie à la Sorbonne. In-8, avec gravures. 6 fr.

ANTHROPOLOGIE

* **L'Espèce humaine**, par A. DE QUATREFAGES, de l'Institut, professeur au Muséum d'histoire naturelle de Paris. 1 vol. in-8. 12° édit. 6 fr.
* **Ch. Darwin et ses précurseurs français**, par A. DE QUATREFAGES. 1 v. in-8. 2° édition. 6 fr.
* **Les Émules de Darwin**, par A. DE QUATREFAGES, avec une préface de M. EDM. PERRIER, de l'Institut, et une notice sur la vie et les travaux de l'auteur par E.-T. HAMY, de l'Institut. 2 vol. in-8. 12 fr.
* **Les Singes anthropoïdes** et leur organisation comparée à celle de l'homme, par R. HARTMANN, prof. à l'Univ. de Berlin. 1 vol. in-8, avec 63 fig. 6 fr.
* **L'Homme préhistorique**, par SIR JOHN LUBBOCK, membre de la Société royale de Londres. 2 vol. in-8, avec 228 gravures dans le texte. 3° édit. 12 fr.
La France préhistorique, par E. CARTAILHAC. In-8, avec 150 gr. 2° édit. 6 fr.
* **L'Homme dans la Nature**, par TOPINARD, ancien secrétaire général de la Société d'Anthropologie de Paris. 1 vol. in-8, avec 101 gravures. 6 fr.
* **Les Races et les Langues**, par André LEFÈVRE, professeur à l'École d'Anthropologie de Paris. 1 vol. in-8. 6 fr.
* **Le centre de l'Afrique. Autour du Tchad**, par P. BRUNACHE, administrateur à Aïn-Fezza (Algérie). 1 vol. in-8, avec gravures. 6 fr.
* **Formation de la Nation française**, par G. de MORTILLET, professeur à l'École d'Anthropologie. In-8, avec 150 grav. et 18 cartes. 2° édit. 6 fr.

ZOOLOGIE

* **La Descendance de l'homme et le Darwinisme**, par O. SCHMIDT, professeur à l'Université de Strasbourg. 1 vol. in-8, avec figures. 6° édit. 6 fr.
* **Les Mammifères dans leurs rapports avec leurs ancêtres géologiques**, par O. SCHMIDT. 1 vol. in-8, avec 51 figures dans le texte. 6 fr.
* **Les Sens et l'instinct chez les animaux**, et principalement chez les insectes, par Sir JOHN LUBBOCK. 1 vol. in-8 avec grav. 6 fr.
* **L'Écrevisse**, introduction à l'étude de la zoologie, par Th.-H. HUXLEY, membre de la Société royale de Londres. 1 vol. in-8, avec 82 grav. 6 fr.
* **Les Commensaux et les Parasites dans le règne animal**, par P.-J. VAN BENEDEN, professeur à l'Université de Louvain (Belgique). 1 vol. in-8, avec 82 figures dans le texte. 3° édit. 6 fr.
* **La Philosophie zoologique avant Darwin**, par EDMOND PERRIER, de l'Institut, prof. au Muséum. 1 vol. in-8. 2° édit. 6 fr.
* **Darwin et ses précurseurs français**, par A. de QUATREFAGES, de l'Institut. 1 vol. in-8. 2° édit. 6 fr.
* **La Culture des mers en Europe** (Pisciculture, piscifacture, ostréiculture), par G. ROCHÉ, insp. gén. des pêches maritimes. In-8, avec 81 grav. 6 fr.

BOTANIQUE — GÉOLOGIE

* **Les Champignons**, par COOKE et BERKELEY. 1 v. in-8, avec 110 fig. 4° éd. 6 fr.
* **L'Évolution du règne végétal**, par G. DE SAPORTA et MARION, prof. à la Faculté des sciences de Marseille :
* I. *Les Cryptogames*. 1 vol. in-8, avec 85 figures dans le texte. 6 fr.
* II. *Les Phanérogames*. 2 vol. in-8, avec 136 fig. dans le texte. 12 fr.
* **Les Volcans et les Tremblements de terre**, par FUCHS, prof. à l'Univ. de Heidelberg. 1 vol. in-8, avec 36 fig. 5° éd. et une carte en couleurs. 6 fr.

* **La Période glaciaire, principalement en France et en Suisse,** par A. FALSAN, 1 vol. in-8, avec 105 gravures et 2 cartes hors texte. *Epuisé.*
* **Les Régions invisibles du globe et des espaces célestes,** par A. DAUBRÉE, de l'Institut. 1 vol. in-8, 2° édit., avec 89 gravures.   6 fr.
* **Le Pétrole, le Bitume et l'Asphalte,** par M. JACCARD, professeur à l'Académie de Neuchâtel (Suisse). 1 vol. in-8, avec figures.   6 fr.
* **L'Origine des plantes cultivées,** par A. DE CANDOLLE, correspondant de l'Institut. 1 vol. in-8. 4° édit.   6 fr.
* **Introduction à l'étude de la botanique** (*le Sapin*), par J. DE LANESSAN, professeur agrégé à la Faculté de médecine de Paris. 1 vol. in-8, 2° édit., avec figures dans le texte.   6 fr.
* **Microbes, Ferments et Moisissures,** par le docteur L. TROUESSART. 1 vol. in-8, avec 108 figures dans le texte. 2° édit.   6 fr.
* **La Géologie comparée,** par STANISLAS MEUNIER, professeur au Muséum. 1 vol. in-8, avec figures.   6 fr.
* **Les Végétaux et les milieux cosmiques** (adaptation, évolution), par J. COSTANTIN, maître de conférences à l'Ecole normale supérieure. 1 vol. in-8, avec 171 gravures.   6 fr.
La Géologie expérimentale, par STANISLAS MEUNIER, professeur au Muséum. 1 vol. in-8, avec fig.   6 fr.
La Nature tropicale, par J. COSTANTIN, maître de conférences à l'Ecole normale supérieure. 1 vol. in-8, avec fig.   6 fr.

CHIMIE

* **Les Fermentations,** par P. SCHUTZENBERGER, memb. de l'Institut. 1 v. in-8, avec fig. 6° édit.   6 fr.
* **La Synthèse chimique,** par M. BERTHELOT, secrétaire perpétuel de l'Académie des sciences. 1 vol. in-8. 8° édit.   6 fr.
* **La Théorie atomique,** par Ad. WURTZ, membre de l'Institut. 1 vol. in-8. 8° édit., précédée d'une introduction sur *la Vie et les Travaux* de l'auteur, par M. Ch. FRIEDEL, de l'Institut.
La Révolution chimique (*Lavoisier*), par M. BERTHELOT. 1 vol. in-8. 6 fr.
* **La Photographie et la Photochimie,** par H. NIEWENGLOWSKI. 1 vol, avec gravures et une planche hors texte.   6 fr.

ASTRONOMIE — MÉCANIQUE

* **Histoire de la Machine à vapeur, de la Locomotive et des Bateaux à vapeur,** par R. THURSTON, professeur à l'Institut technique de Hoboken, près de New-York, revue, annotée et augmentée d'une introduction par M. HIRSCH, professeur à l'École des ponts et chaussées de Paris. 2 vol. in-8, avec 160 figures et 16 planches hors texte. 3° édit.   12 fr.
* **Les Etoiles,** notions d'astronomie sidérale, par le P. A. SECCHI, directeur de l'Observatoire du Collège Romain. 2 vol. in-8, avec 68 figures dans le texte et 16 planches en noir et en couleurs. 2° édit.   12 fr.
* **Les Aurores polaires,** par A. ANGOT, membre du Bureau central météorologique de France. 1 vol. in-8 avec figures.   6 fr.

PHYSIQUE

La Conservation de l'énergie, par BALFOUR STEWART, prof. de physique au collège Owens de Manchester (Angleterre). 1 vol. in-8 avec fig. 6° édit.   6 fr.
* **Les Glaciers et les Transformations de l'eau,** par J. TYNDALL, suiv. d'une étude sur le même sujet, par HELMHOLTZ, professeur à l'Université de Berlin. 1 vol. in-8, avec fig. et 8 planches hors texte. 5° édit. 6 fr.
* **La Matière et la Physique moderne,** par STALLO, précédé d'une préface par Ch. FRIEDEL, membre de l'Institut. 1 vol. in-8, 3° édit.   6 fr.

THÉORIE DES BEAUX-ARTS

* **Le Son et la Musique,** par P. BLASERNA, prof. à l'Université de Rome, prof. à l'Université de Berlin. 1 vol. in-8, avec 41 fig. 5° édit.   6 fr.
* **Principes scientifiques des Beaux-Arts,** par E. BRUCKE, professeur à l'Université de Vienne. 1 vol. in-8, avec fig. 4° édit.   6 fr.
* **Théorie scientifique des couleurs** et leurs applications aux arts et à l'industrie, par O. N. ROOD, professeur à Colombia-College de New-York. 1 vol. in-8, avec 130 figures et une planche en couleurs.   6 fr.
* **La Céramique ancienne et moderne,** par MM. GUIGNET, directeur des teintures à la Manufacture des Gobelins, et GARNIER, directeur du Musée de la Manufacture de Sèvres. 1 vol. in-8, avec grav.   6 fr.

RÉCENTES PUBLICATIONS
HISTORIQUES, PHILOSOPHIQUES ET SCIENTIFIQUES
qui ne se trouvent pas dans les collections précédentes.

ALAUX. Esquisse d'une philosophie de l'être. In-8. 4 fr.
— Les Problèmes religieux au XIX° siècle. 1 vol. in-8. 7 fr. 50
— Philosophie morale et politique, In-8. 1893. 7 fr. 50
— Théorie de l'âme humaine. 1 vol. in-8. 1895. 10 fr. (Voy. p. 2.)
ALTMEYER (J.-J.). Les Précurseurs de la réforme aux Pays-Bas. 2 forts volumes in-8. 12 fr.
AMIABLE (Louis). Une loge maçonnique d'avant 1789. 1 v. in-8. 6 fr.
ANSIAUX (M.). Heures de travail et salaires, étude sur l'amélioration directe de la condition des ouvriers industriels. 1 vol. in-8. 1896. 5 fr.
ARNAUNÉ (A.). La monnaie, le crédit et le change. In-8. 7 fr.
ARRÉAT. Une Éducation intellectuelle. 1 vol. in-18. 2 fr. 50
— Journal d'un philosophe. 1 vol. in-18. 3 fr. 50 (Voy. p. 2 et 5.)
AZAM. Hypnotisme et double conscience. 1 vol. in-8. 9 fr.
BAETS (Abbé M. de). Les Bases de la morale et du droit. In-8. 6 fr.
BAISSAC (J.). Les Origines de la religion. 2 vol. in-8. 12 fr.
BALFOUR STEWART et TAIT. L'Univers invisible. 1 vol. in-8. 7 fr.
BARNI. Les Martyrs de la libre pensée. 1 vol. in-18. 2° édit. 3 fr. 50
BARTHÉLEMY-SAINT-HILAIRE. (Voy. pages 5 et 10, ARISTOTE.)
— *Victor Cousin, sa vie, sa correspondance. 3 vol. in-8. 1895. 30 fr.
BEAUMONT (G. de). Paroles d'un vivant. Préface de M. ERNEST NAVILLE, 1 vol. in-8 avec 2 portraits et notice biogr. 1900. 5 fr.
BEAUNIS(H.). Impressions de campagne (1870-1871). In-18. 3 fr. 50
BERTAULD (P.-A.). Positivisme et philosophie scientifique. 1 vol. in-12. 1899. 2 fr. 50
BERTON (H.), docteur en droit. L'évolution constitutionnelle du second empire. Doctrines, textes, histoire. 1 fort vol. in-8. 1900. 12 fr.
BLONDEAU (C.). L'absolu et sa loi constitutive. 1 vol. in-8. 1897. 6 fr.
BOILLEY (P.). La Législation internationale du travail. In-12. 3 fr.
— Les trois socialismes : anarchisme, collectivisme, réformisme. 3 fr. 50
— De la production industrielle, association du capital, du travail et du talent. 1 vol. in-12. 1899. 2 fr. 50
BOURDEAU (Louis). Théorie des sciences. 2 vol. in-8. 20 fr.
— La Conquête du monde animal. In-8. 5 fr.
— La Conquête du monde végétal. In-8. 1893. 5 fr.
— L'Histoire et les historiens. 1 vol. in-8. 7 fr. 50
— *Histoire de l'alimentation. 1894. 1 vol. in-8. 5 fr. (V. p. 5.)
BOUSREZ (L.). L'Anjou aux âges de la Pierre et du Bronze. 1 vol. gr. in-8, avec pl. h. texte. 1897. 3 fr. 50
BOUTROUX (Em.). *De l'idée de loi naturelle dans la science et la philosophie. 1 vol. in-8. 1895. 2 fr. 50. (V. p. 2 et 6.)
BRASSEUR. La question sociale. 1 vol. in-8. 1900. 7 fr. 50
BROOKS ADAMS. La loi de la civilisation et de la décadence, et loi historique. 1 vol. in-8, trad. Aug. DIETRICH. 1899. 7 fr. 50
BUNGE (N.-Ch.). Esquisses de littérature politico-économique. 1 vol. in-8. 1898. 7 fr. 50
CARDON (G.). *Les Fondateurs de l'Université de Douai. In-8. 10 fr.
CLAMAGERAN. La Réaction économique et la démocratie. In-18. 1 fr. 25
— La lutte contre le mal. 1 vol. in-18. 1897. 3 fr. 50
COIGNET (Mme). * Victor Considérant, sa vie et son œuvre. In-8. 2 fr.
COLLIGNON (A.). *Diderot, sa vie et sa correspondance. In-12. 1895. 3 fr. 50
COMBARIEU (J.). *Les rapports de la musique et de la poésie considérés au point de vue de l'expression. 1893. 1 vol. in-8. 7 fr. 50

COSTE (Ad.). **Hygiène sociale contre le paupérisme.** In-8.   6 fr.
— **Nouvel exposé d'économie politique et de physiologie sociale.**
  In-18.   3 fr. 50 (Voy. p. 2, 6 et 32.)
COUTURAT (Louis). *De l'infini mathématique. In-8. 1896.   12 fr.
DAURIAC. **Croyance et réalité.** 1 vol. in-18. 1889.   3 fr. 50
— **Le Réalisme de Reid.** In-8.   1 fr. (V. p. 2.)
DAUZAT (A.), docteur en droit. **Du Rôle des chambres en matière**
  de traités internationaux. 1 vol. grand in-8. 1899. 5 fr. (V. p. 17.)
DENEUS. **De la réserve héréditaire des enfants.** In-8.   5 fr.
DENIS (Abbé Ch.). **Esquisse d'une apologie du Christianisme dans**
  les limites de la nature et de la révélation. 1 vol. in-12. 1898. 4 fr.
DERAISMES (Mlle Maria). **Œuvres complètes:**
— Tome I. **France et progrès. — Conférences sur la noblesse.**
  — Tome II. **Eve dans l'humanité. — Les droits de l'enfant.** —
  Tome III. **Nos principes et nos mœurs. — L'ancien devant le**
  nouveau. — Tome IV. **Lettre au clergé français. Polémique**
  religieuse. Chaque volume   3 fr. 50
DESCHAMPS. **La Philosophie de l'écriture.** 1 vol. in-8. 1892.   3 fr.
DESPAUX. **Genèse de la matière et de l'énergie.** In-8. 1900.   4 fr.
DOUHÉRET. **Idéologie,** discours sur la philos. prem. In-18. 1900. 1 fr. 25
DROZ (Numa). **Etudes et portraits politiques.** 1 vol. in-8. 1895. 7 fr. 50
— **Essais économiques.** 1 vol. in-8. 1896.   7 fr. 50
— **La démocratie fédérative et le socialisme d'État.** In-12.   1 fr.
DUBUC (P). *Essai sur la méthode en métaphysique. 1 vol. in-8. 5 fr.
DUGAS (L.). *L'amitié antique. 1 vol. in-8. 1895.   7 fr. 50 (V. p. 2.)
DUNAN. *Sur les formes à priori de la sensibilité. 1 vol. in-8. 5 fr.
— **Zénon d'Élée et le mouvement.** In-8.   1 fr. 50 (V. p. 2.)
DUPUY (Paul). **Les fondements de la morale.** In-8. 1900.   5 fr.
DUVERGIER DE HAURANNE (Mme E.). **Histoire populaire de la Révo-**
  lution française. 1 vol. in-18. 5e édit.   3 fr. 50
Éléments de science sociale. 1 vol. in-18. 4e édit.   3 fr. 50
ESPINAS (A.). *Les Origines de la technologie. 1 vol. in-8. 1897. 5 fr.
FEDERICI. **Les Lois du progrès.** 2 vol. in-8. Chacun.   6 fr.
FERRÈRE (F.). **La situation religieuse de l'Afrique romaine** depuis
  la fin du IVe siècle jusqu'à l'invasion des Vandales. 1 v. in-8. 1898. 7 fr. 50
FERRIÈRE (Em.). **Les Apôtres,** essai d'histoire religieuse. 1 vol. in-12. 4 fr. 50
— **L'Ame est la fonction du cerveau.** 2 volumes in-18.   7 fr.
— **Le Paganisme des Hébreux jusqu'à la captivité de Babylone.**
  1 vol. in-18.   3 fr. 50
— **La Matière et l'énergie.** 1 vol. in-18.   4 fr. 50
— **L'Ame et la vie.** 1 vol. in-18.   4 fr. 50
— **Les Mythes de la Bible.** 1 vol. in-18. 1893.   3 fr. 50
— **La cause première d'après les données expérim.** In-18. 1896. 3 fr. 50
— **Étymologie de 400 prénoms usités en France.** 1 vol. in-18.
  1898.   1 fr. 50 (Voy. p. 10 et 32).
FLEURY (Maurice de). **Introduction à la médecine de l'Esprit.**
  1 vol. in-8. 6e éd. 1900.   7 fr. 50 (V. p. 3.)
FLOURNOY. **Des phénomènes de synopsie.** In-8. 1893.   6 fr.
— **Des Indes à la planète Mars.** Etude sur un cas de somnambulisme
  avec glossolalie. 1 vol. in-8, avec grav. 3e éd. 1900.   8 fr.
FRÉDÉRICQ (P.), prof. à l'Univ. de Gand. **L'Enseignement supérieur**
  de l'histoire. Allemagne, France, Ecosse, Angleterre, Hollande, Belgique.
  In-8. 1899.   7 fr.
GOBLET D'ALVIELLA. **L'Idée de Dieu,** d'après l'anthr. et l'histoire. In-8. 6 fr.
— **La représentation proportionnelle en Belgique.** Histoire d'une
  réforme. 1900.   4 fr. 50
GOURD. **Le Phénomène.** 1 vol. in-8.   7 fr. 50
GREEF (Guillaume de). **Introduction à la Sociologie.** 2 vol. in-8. 10 fr.

GREEF (Guillaume de). **L'évolution des croyances et des doctrines politiques.** 1 vol. in-12. 1895. 4 fr. (V. p. 7.)

GRIMAUX (Ed.). *Lavoisier (1748-1794), d'après sa correspondance et divers documents inédits. 1 vol. gr. in-8, avec gravures. 3° éd. 1898. 15 fr.

GRIVEAU (M.). **Les Éléments du beau.** In-18. 4 fr. 50

GUYAU. **Vers d'un philosophe.** In-18. 3° édit. 3 fr. 50 (Voy. p. 3, 7 et 10.)

GYEL (le D' E.). **L'être subconscient.** 1 vol. in-8. 1899. 4 fr.

HALLEUX (J.). **Les principes du positivisme contemporain, exposé et critique.** (Ouvrage récompensé par l'Institut). 1 vol. in-12. 1895. 3 fr. 50

HARRACA (J.-M.). **Contributions à l'étude de l'Hérédité et des principes de la formation des races.** 1 vol. in-18. 1898. 2 fr.

HENNEGUY (Félix). **Le Sphinx.** Poèmes dramatiques. 1 v. in-18. 1899. 3 fr. 50

— **Les Aïeux.** Poèmes dramatiques. 1 vol. in-18. 1900. 3 fr. 50

HIRTH (G.). **La Vue plastique, fonction de l'écorce cérébrale.** In-8. Trad. de l'allem. par L. Arréat, avec grav. et 34 pl. 8 fr. (Voy. p. 7.)

— **Les localisations cérébrales en psychologie. Pourquoi sommes-nous distraits?** 1 vol. in-8. 1895. 2 fr.

HOCQUART (E.). **L'Art de juger le caractère des hommes sur leur écriture,** préface de J. Crépieux-Jamin. Br. in-8. 1898. 1 fr.

HORION. **Essai de Synthèse évolutionniste,** in-8. 1899. 7 fr.

HORVATH, KARDOS ET ENDRODI. **Histoire de la littérature hongroise,** adapté du hongrois par J. Kont. Gr. in-8, avec gr. 1900. Br. 10 fr. Rel. 15 fr.

ICARD (S.). **Paradoxes ou vérités.** 1 vol. in-12. 1895. 3 fr. 50

JANET (Pierre) et PROF. RAYMOND. **Névroses et idées fixes.** 2 vol. grand in-8, avec gravures. 1898-1899. Tome I, 12 fr.; tome II. 14 fr.

JOYAU. **De l'Invention dans les arts et dans les sciences.** 1 v. in-8. 5 fr.

— **Essai sur la liberté morale.** 1 vol. in-18. 3 fr. 50

KAUFMAN. **Etude de la cause finale et son importance au temps présent.** Trad. de l'allem. par Deiber. In-12. 1898. 2 fr. 50

KINGSFORD (A.) et MAITLAND (E.). **La Voie parfaite ou le Christ ésotérique,** précédé d'une préface d'Edouard Schuré. 1 vol. in-8. 1892. 6 fr.

KUFFERATH (Maurice). **Musiciens et philosophes.** (Tolstoï, Schopenhauer, Nietzsche, Richard Wagner). 1 vol. in-12. 1899. 3 fr. 50

KUMS (A.). *Les choses naturelles dans Homère. 1 vol. in-8. 1897. 5 fr.

— Supplément au précédent. 1 fr. 25

LABORDE. **Les Hommes et les Actes de l'insurrection de Paris devant la psychologie morbide.** 1 vol. in-18. 2 fr. 50

LAVELEYE (Em. de). **De l'avenir des peuples catholiques.** In-8. 25 c.

— **L'Afrique centrale.** 1 vol. in-12. 3 fr.

— **Essais et Études.** Première série (1861-1875). — Deuxième série (1875-1882). — Troisième série (1892-1894). Chaque vol. in-8. 7 fr. 50

LÉGER (C.). **La liberté intégrale.** 1 vol. in-12. 1896. 1 fr. 50

LETAINTURIER (J.). **Le socialisme devant le bon sens.** in-18. 1 fr. 50

LEVY (Albert). *Psychologie du caractère. In-8. 1896. 5 fr.

LICHTENBERGER (A.). **Le socialisme au XVIII° siècle. Les idées socialistes dans les écrivains français au XVIII° siècle.** In-8. 1895. 7 fr. 50

MABILLEAU (L.). *Histoire de la philosophie atomistique. 1 vol. in-8. 1895. (Ouvrage couronné par l'Institut.) 12 fr.

MAINDRON (Ernest). *L'Académie des sciences (Histoire de l'Académie; fondation de l'Institut national; Bonaparte, membre de l'Institut). In-8 cavalier, 53 grav., portraits, plans. 8 pl. hors texte et 2 autographes. 12 fr.

MALCOLM MAC COLL. **Le Sultan et les grandes puissances,** essai historique, traduct. de Jean Longuet. 1 vol. in-8. 1899. 5 fr.

MANACÉINE (Marie de). **L'anarchie passive et Tolstoï.** In-18. 2 fr.

MARSAUCHE (L.). **La Confédération helvétique d'après la constitution,** préface de M. Frédéric Passy. 1 vol. in-18. 1891. 3 fr. 50

MATAGRIN. — **L'esthétique de Lotze.** 1 vol. in-12. 1900. 2 fr.

MATTEUZZI. — **Les facteurs de l'évolution des peuples.** 1 vol. in-8. 1900. 6 fr.

MERCIER (Mgr). **Les origines de la psych. contemp.** In-12. 1898. 5 fr.
— **La Définition philosophique de la vie.** Broch. in-8. 1899. 1 fr. 50
MISMER (Ch.). **Principes sociologiques.** 1 vol. in-8. 2ᵉ éd. 1897. 5 fr.
MONCALM. **Origine de la pensée et de la parole.** In-8. 1899. 5 fr.
MONNIER (Marcel). **Le drame chinois.** 1 vol. in-16. 1900. 2 fr. 50
MONTIER (Amand). **Robert Lindet, député à l'Assemblée législative et à
la Convention,** etc. 1 fort vol. grand in-8. 1899. 10 fr.
MORIAUD (P.). **La question de la liberté et la conduite humaine.**
1 vol. in-12. 1897. 3 fr. 50
MOSSO (A.). **L'éducation physique de la jeunesse.** 1 vol. in-12, cart.,
préface du commandant Legros. 1895. 4 fr.
NAUDIER (F.). **Le socialisme et la révolution sociale.** In-18. 3 fr. 50
NEPLOYEFF (N. de). **La confrérie ouvrière et ses écoles.** 1 vol. in-12.
1900. 2 fr.
NIZET. **L'Hypnotisme,** étude critique. 1 vol. in-12. 1892. 2 fr. 50
NODET (V.). **Les agnosies, la cécité psychique.** In-8. 1899. 4 fr.
NOVICOW (J.). **La Question d'Alsace-Lorraine.** In-8. 1 fr. (V. p. 4, 8 et 16.)
— **La Fédération de l'Europe.** 1 vol. in-18. 1901. 3 fr. 50
NYS (Ernest). **Les Théories politiques et le droit intern.** In-8. 4 fr.
PARIS (comte de). **Les Associations ouvrières en Angleterre (Trades-
unions).** 1 vol. in-18. 7ᵉ édit. 1 fr. — **Édition sur papier fort.** 2 fr. 50
PAUL-BONCOUR (J.). **Le fédéralisme économique,** préf. de M. WALDECK-
ROUSSEAU. 1 vol. in-8. 1900. 8 fr.
PAULHAN (Fr.). **Le Nouveau mysticisme.** 1 vol. in-18. 1891. 2 fr. 50
PELLETAN (Eugène). ***La Naissance d'une ville (Royan).** In-18. 2 fr.
— ***Jarousseau, le pasteur du désert.** 1 vol. in-18. 2 fr.
— ***Un Roi philosophe, Frédéric le Grand.** In-18. 3 fr. 50
— **Droits de l'homme.** 1 vol. in-12. 3 fr. 50
— **Profession de foi du XIXᵉ siècle.** In-12. 3 fr. 50 (V. p. 31.)
PEREZ (Bernard). **Thiery Tiedmann. Mes deux chats.** In-12. 2 fr.
— **Jacotot et sa Méthode d'émancipation intellect.** In-18. 3 fr.
— **Dictionnaire abrégé de philosophie.** 1893. in-12. 1 fr. 50 (V. p. 8.)
PHILBERT (Louis). **Le Rire.** In-8. (Cour. par l'Académie française.) 7 fr. 50
PHILIPPE (J.). **Lucrèce dans la théologie chrétienne du IIIᵉ au
XIIIᵉ siècle.** 1 vol. in-8. 1896. 2 fr. 50
PIAT (C.). **L'Intellect actif ou Du rôle de l'activité mentale dans
la formation des idées.** 1 vol. in-8. 4 fr. (V. p. 8.)
PICARD (Ch.). **Sémites et Aryens** (1893). In-18. 1 fr. 50
PICARD (E.). **Le Droit pur, les permanences juridiques abstraites.**
1 vol. in-8. 1899. 7 fr. 50
PICAVET (F.). **La Mettrie et la crit. allem.** 1889. In-8. 1 fr. (V. p. 8.)
PICTET (Raoul). **Étude critique du matérialisme et du spiritua-
lisme par la physique expérimentale.** 1 vol. gr. in-8. 1896. 10 fr.
POEY. **Le Positivisme.** 1 fort vol. in-12. 4 fr. 50
— **M. Littré et Auguste Comte.** 1 vol. in-18. 3 fr. 50
PORT. **La Légende de Cathelineau.** In-8. 5 fr.
POULLET. **La Campagne de l'Est (1870-1871).** In-8, avec cartes. 7 fr.
***Pour et contre l'enseignement philosophique,** par MM. VANDEREM
(Fernand), RIBOT (Th.), BOUTROUX (F.), MARION (H.), JANET (P.) et FOUILLÉE
(A.) de l'Institut ; MOXOD (G.), LYON (Georges), MARILLIER (L.), CLAMADIEU
(abbé), BOURDEAU (J.), LACAZE (G.), TAINE (H.). 1894. In-18. 2 fr.
PRAT (Louis). **Le mystère de Platon (Aglaophæmos).** 1 v. in-8. 1900. 5 fr.
PRÉAUBERT. **La vie, mode de mouvement.** In-8. 1897. 5 fr.
PRINS (Ad.). **L'organisation de la liberté et le devoir social.** 1 vol.
in-8. 1895. 4 fr.
PUJO (Maurice). ***Le règne de la grâce.** 1 vol. in-18. 3 fr. 50
RATAZZI (Mmᵉ). **Emilio Castelar.** In-8, avec illustr., portr. 1899. 3 fr. 50
RAYMOND (P.). **L'arrondissement d'Uzès avant l'histoire.** In-8, avec
gravures. 1900. 6 fr.

RIBOT (Paul). **Spiritualisme et Matérialisme.** 2ᵉ éd. 1 vol. in-8. 6 fr.

ROISEL. **Chronologie des temps préhistoriques.** In-12. 1900. 1 fr.

ROTT (E.-I.). **Histoire de la représentation diplomatique de la France auprès des cantons Suisses, de leurs alliés et de leurs confédérés,** tome I. 1 fort vol. gr. in-8. 1900. 12 fr.

RUTE (Marie-Letizia de). **Lettres d'une voyageuse.** Vienne, Budapest, Constantinople. 1 vol. in-8. 1896. 3 fr.

SANDERVAL (O. de). **De l'Absolu. La loi de vie.** 1 vol. in-8. 2ᵉ éd. 5 fr.

— **Kahel. Le Soudan français.** In-8, avec gravures et cartes. 8 fr.

SAUSSURE (L. de). **Psychologie de la colonisation française.** 1 vol. in-12. 1899. 3 fr. 50

SAYOUS (E.), professeur à l'Université de Besançon. **Histoire générale des Hongrois.** 2ᵉ éd. revisée par ANDRÉ SAYOUS et J. DOLENECZ. 1 vol. grand in-8, avec grav. et pl. hors texte. 1900. Br. 15 fr. Relié, 20 fr.

SECRÉTAN (Ch.). **Études sociales.** 1889. 1 vol. in-18. 3 fr. 50

— **Les Droits de l'humanité.** 1 vol. in-18. 1891. 3 fr. 50

— **La Croyance et la civilisation.** 1 vol. in-18. 2ᵉ édit. 1891. 3 fr. 50

— **Mon Utopie.** 1 vol. in-18. 3 fr. 50

— **Le Principe de la morale.** 1 vol. in-8. 2ᵉ éd. 7 fr. 50

— **Essais de philosophie et de littérature.** 1 vol. in-12. 1896. 3 fr. 50

SECRÉTAN (H.). **La Société et la morale.** 1 vol. in-12. 1897. 3 fr. 50

SOLOWEITSCHIK (Leonty). **Un prolétariat méconnu,** étude sur la situation sociale et économique des juifs. 1 vol. in-8. 1898. 2 fr. 50

SOREL (Albert) **Le Traité de Paris du 30 novembre 1815.** In-8. 4 fr. 50

SPIR (A.). **Esquisses de philosophie critique.** 1 vol. in-18. 2 fr. 50

— **Nouvelles études de philosophie critique.** In-8. 1899. 3 fr. 50

STOCQUART (Emile). **Le contrat de travail.** In-12. 1895. 3 fr.

STRADA (J.). **La loi de l'histoire.** 1 vol. in-8. 1894. 5 fr.

— **Jésus et l'ère de la science.** 1 vol. in-8. 1896. 5 fr.

— **Ultimum organum,** constit. scient. de la mét. générale. 2 v. in-12. 7 fr.

— **La Méthode générale.** 1 vol. in-12. 2 fr.

— **La religion de la science et de l'esprit pur,** constitution scientifique de la religion, 2 vol. in-8. 1897. Chacun séparément. 7 fr.

TERQUEM (A.). **Science romaine à l'époque d'Auguste.** In-8, 3 fr.

TISSOT. **Principes de morale.** 1 vol. in-8. 6 fr. (Voy. KANT, p. 11.)

VACHEROT. **La Science et la Métaphysique.** 3 vol. in-18. 10 fr. 50

VAN BIERVLIET (J.-J.). **Psychologie humaine.** 1 vol. in-8. 8 fr.

— **La Mémoire.** Br. in-8. 1893. 2 fr.

VIALLATE (A.). **Joseph Chamberlain.** 1 vol. in-12, préface de E. BOUTMY, de l'Institut. 1899. 2 fr. 50

VIALLET (C.-Paul). **Je pense, donc je suis.** Introduction à la méthode cartésienne. 1 vol. in-12. 1896. 2 fr. 50

VIGOUREUX (Ch.). **L'Avenir de l'Europe au double point de vue de la politique de sentiment et de la politique d'intérêt.** 1892. 1 vol. in-18. 3 fr. 50

WEIL (Denis). **Le Droit d'association et le Droit de réunion devant les chambres et les tribunaux.** 1893. 1 vol. in-12. 3 fr. 50

— **Les Élections législatives.** Histoire de la législation et des mœurs. 1 vol. in-18. 1895. 3 fr. 50

WUARIN (L.). **Le Contribuable.** 1 vol. in-16. 3 fr. 50

WULF (M. de). **Histoire de la philosophie scolastique dans les Pays-Bas et la principauté de Liège jusqu'à la Révol. franç.** In-8, 5 fr.

— **Sur l'esthétique de saint Thomas d'Aquin.** In-8. 1 fr. 50

— **La Philosophie médiévale,** précédée d'un *Aperçu sur la philosophie ancienne.* 1 vol. in-8. 1899. 7 fr. 50

ZIESING (Th.). **Érasme ou Salignac.** Étude sur la lettre de François Rabelais. 1 vol. gr. in-8. 4 fr.

ZOLLA (D.). **Les questions agricoles d'hier et d'aujourd'hui,** 1894, 1895. 2 vol. in-12. Chacun. 3 fr. 50

BIBLIOTHÈQUE UTILE

122 VOLUMES PARUS
Le volume de 192 pages, broché, 60 centimes.
Cartonné à l'anglaise, 1 fr.

La plupart des livres de cette collection ont été adoptés par le *Ministre de l'Instruction publique* pour les Bibliothèques des Lycées et Collèges de garçons et de jeunes filles, celles des Écoles normales, les Bibliothèques populaires et scolaires.

HISTOIRE DE FRANCE

Les Mérovingiens, par BUCHEZ.

Les Carlovingiens, par BUCHEZ.

Les Luttes religieuses des premiers siècles, par J. BASTIDE. 4º édit.

Les Guerres de la Réforme, par J. BASTIDE. 4º édit.

La France au moyen âge, par F. MORIN.

Jeanne d'Arc, par Fréd. LOCK.

Décadence de la monarchie française, par Eug. PELLETAN, sénateur. 4º édit.

La Révolution française, par H. CARNOT (2 volumes).

La Défense nationale en 1792, par P. GAFFAREL, professeur à la Faculté des lettres de Dijon.

Napoléon Iᵉʳ, par Jules BARNI. 3º édit.

Histoire de la Restauration, par Fréd. LOCK. 3º édit.

Histoire de Louis-Philippe, par Edgar ZEVORT, recteur de l'Académie de Caen. 2º édit.

Mœurs et Institutions de la France, par P. BONDOIS, prof. au lycée Buffon, 2 vol.

Léon Gambetta, par J. REINACH.

Histoire de l'armée française, par L. BÈRE.

Histoire de la marine française, par DONEAUD, prof. à l'École navale, 2º édit.

Histoire de la conquête de l'Algérie, par QUESNEL.

*Les Origines de la guerre de 1870, par Ch. DE LARIVIÈRE.

Histoire de la littérature française, par Georges MEUNIER, agrégé de l'Université.

Histoire de l'Art ancien et moderne, par le même (avec grav.).

PAYS ÉTRANGERS

L'Espagne et le Portugal, par E. RAYMOND. 2º édition.

Histoire de l'Empire ottoman, par L. COLLAS. 2º édition.

Les Révolutions d'Angleterre, par Eug. DESPOIS. 3º édition.

Histoire de la maison d'Autriche, par Ch. ROLLAND. 2º édition.

L'Europe contemporaine (1789-1879), par P. BONDOIS, prof. au lycée Buffon.

Histoire contemporaine de la Prusse, par Alfr. DONEAUD.

Histoire contemporaine de l'Italie, par Félix HENNEGUY.

Histoire contemporaine de l'Angleterre, par A. REGNARD.

HISTOIRE ANCIENNE

La Grèce ancienne, par L. COMBES.

L'Asie occid. et l'Égypte, par A. OTT.

L'Inde et la Chine, par A. OTT.

Histoire romaine, par CREIGHTON.

L'Antiquité romaine, par WILKINS.

L'Antiquité grecque, par MAHAFFY.

GÉOGRAPHIE

Torrents, fleuves et canaux de la France, par H. BLERZY.

Les Colonies anglaises, par H. BLERZY.

Les Iles du Pacifique, par le capitaine de vaisseau JOUAN (avec une carte).

Les Peuples de l'Afrique et de l'Amérique, par GIRARD DE RIALLE.

Les Peuples de l'Asie et de l'Europe, par GIRARD DE RIALLE.

L'Indo-Chine française, par FAQUE.

Géographie physique, par GEIKIE.

Continents et Océans, par GROVE (avec figures).

Les Frontières de la France, par P. GAFFAREL, prof. à la Faculté de Dijon.

L'Afrique française, par A. JOYEUX.

Madagascar, par A. MILHAUD, prof. agrégé d'histoire et de géographie (avec carte).

Les grands ports de commerce, par D. BELLET.

COSMOGRAPHIE

Les Entretiens de Fontenelle sur la pluralité des mondes, mis au courant de la science, par BOILLOT.

Le Soleil et les Étoiles, par le P. SECCHI, BRIOT, WOLF et DELAUNAY. 2º éd. (avec fig.).

Les Phénomènes célestes, par ZURCHER et MARGOLLÉ.

A travers le ciel, par AMIGUES, proviseur du lycée de Toulon.

Origines et Fin des mondes, par Ch. RICHARD. 3º édition.

Notions d'astronomie, par L. CATALAN. 4º édition (avec figures).

SCIENCES APPLIQUÉES

Le Génie de la science et de l'industrie, par B. GASTINEAU.

Causeries sur la mécanique, par BROTHIER. 2º édit.

Médecine populaire, par le Dr TURCK. 7e édit., revue par le Dr L. LARRIVÉ.

La Médecine des accidents, par le Dr BROQUÈRE.

Les Maladies épidémiques (Hygiène et Prévention), par le Dr L. MONIN.

Hygiène générale, par le Dr CRUVEILHIER.

La tuberculose, son traitement hygiénique, par P. MERKLEN, interne des hôpitaux.

Petit Dictionnaire des falsifications, par DUFOUR, pharmacien de 1re classe.

L'Hygiène de la cuisine, par le Dr LAUMONIER.

Les Mines de la France et de ses colonies, par P. MAIGNE.

Les Matières premières et leur emploi, par le Dr H. GENEVOIX, pharmacien de 1re cl.

Les Procédés industriels, du même.

La Photographie, par H. GOSSIN.

La Machine à vapeur, du même (avec figures).

La Navigation aérienne, par G. DALLET.

L'Agriculture française, par A. LARBALÉTRIER, prof. d'agriculture (avec figures).

La Culture des plantes d'appartement, par A. LARBALÉTRIER (avec figures).

*La Viticulture nouvelle, par A. BERGET.

Les Chemins de fer, p. G. MAYER (av. fig.).

Les grands ports maritimes de commerce, par D. BELLET (avec figures).

SCIENCES PHYSIQUES ET NATURELLES

Télescope et Microscope, par ZURCHER et MARGOLLÉ.

Les Phénomènes de l'atmosphère, par ZURCHER, 7e édit.

Histoire de l'air, par ALBERT-LÉVY.

Histoire de la terre, par BROTHIER.

Principaux faits de la chimie, par BOUANT, prof. au lycée Charlemagne.

Les Phénomènes de la mer, par E. MARGOLLÉ. 5e édit.

L'Homme préhistorique, par ZABOROWSKI. 2e édit.

Les Mondes disparus, du même.

Les grands Singes, du même.

Histoire de l'eau, par BOUANT, prof. au lycée Charlemagne (avec grav.).

Introduction à l'étude des sciences physiques, par MORAND. 5e édit.

Le Darwinisme, par E. FERRIÈRE.

Géologie, par GEIKIE (avec figures).

Les Migrations des animaux et le Pigeon voyageur, par ZABOROWSKI. 4e éd.

Premières Notions sur les sciences, par Th. HUXLEY.

La Chasse et la Pêche des animaux marins, par JOUAN.

Zoologie générale, par H. BEAUREGARD.

Botanique générale, par E. GÉRARDIN, (avec figures).

La Vie dans les mers, par H. COUPIN.

Les Insectes nuisibles, par A. ACLOQUE.

PHILOSOPHIE

La Vie éternelle, par ENFANTIN. 2e éd.

Voltaire et Rousseau, par E. NOEL. 3e éd.

Histoire populaire de la philosophie, par L. BROTHIER. 3e édit.

La Philosophie zoologique, par Victor MEUNIER. 3e édit.

L'Origine du langage, par ZABOROWSKI.

Physiologie de l'esprit, par PAULHAN (avec figures).

L'Homme est-il libre? par G. RENARD.

La Philosophie positive, par le docteur ROBINET. 2e édition.

ENSEIGNEMENT. — ÉCONOMIE DOMESTIQUE

De l'Éducation, par H. SPENCER. 8e édit.

La Statistique humaine de la France, par Jacques BERTILLON.

Le Journal, par HATIN.

De l'Enseignement professionnel, par CORBON. 3e édit.

Les Délassements du travail, par Maurice CRISTAL. 2e édit.

Le Budget du foyer, par H. LENEVEUX.

Paris municipal, par H. LENEVEUX.

Histoire du travail manuel en France, par H. LENEVEUX.

L'Art et les Artistes en France, par Laurent PICHAT, sénateur. 4e édit.

Premiers principes des beaux-arts, par J. COLLIER (avec gravures).

Économie politique, par STANLEY JEVONS.

Le Patriotisme à l'école, par JOURDY, colonel d'artillerie.

Histoire du libre-échange en Angleterre, par MONGREDIEN.

Économie rurale et agricole, par PETIT.

La Richesse et le Bonheur, par Ad. COSTE.

Alcoolisme ou épargne, le dilemme social, par Ad. COSTE.

*L'Alcool et la lutte contre l'alcoolisme, par les Drs SÉRIEUX et MATHIEU.

Les plantes d'appartement, de fenêtres et de balcons, par A. LARBALÉTRIER.

L'Assistance publique en France, par le Dr L. LARRIVÉ.

La pratique des vins, par A. BERGET.

Les vins de France, par A. BERGET.

DROIT

La Loi civile en France, par MORIN, 3e édit.

La Justice criminelle en France, par G. JOURDAN. 3e édit.

L.-Imprimeries réunies, rue Saint-Benoît, 7, Paris. — 879